谨以此书纪念世界反法西斯战争暨中国人民抗日战争胜利70周年

回望二战烽烟

欧非角逐

余志和　编著

经济科学出版社

图书在版编目（CIP）数据

回望二战烽烟：欧非角逐/余志和编著．—北京：
经济科学出版社，2014.9
 ISBN 978-7-5141-5019-3

Ⅰ.①回… Ⅱ.①余… Ⅲ.①第二次世界大战-史料
-欧洲 ②第二次世界大战-史料-非洲 Ⅳ.①K152

中国版本图书馆 CIP 数据核字（2014）第 219299 号

责任编辑：侯晓霞
责任校对：杨晓莹
版式设计：齐　杰
责任印制：李　鹏

回望二战烽烟·欧非角逐

余志和　编著

经济科学出版社出版、发行　新华书店经销
社址：北京市海淀区阜成路甲 28 号　邮编：100142
教材分社电话：010-88191345　发行部电话：010-88191522
网址：www.esp.com.cn
电子邮件：houxiaoxia@esp.com.cn
天猫网店：经济科学出版社旗舰店
网址：http://jjkxcbs.tmall.com
固安华明印业有限公司印装
710×1000　16 开　27 印张　470000 字
2014 年 12 月第 1 版　2014 年 12 月第 1 次印刷
ISBN 978-7-5141-5019-3　定价：48.00 元
（图书出现印装问题，本社负责调换。电话：010-88191502）
（版权所有　翻印必究）

历史不会忘记

　　第二次世界大战已经过去70周年。但是，这场最惨烈、最血腥的浩劫留给人类的苦痛和思索，却如江河行地，日月经天。

　　历史不会忘记，在这场灾难中，有60多个国家的20亿人（约占当时世界人口的80%）被卷入战争。

　　历史不会忘记，在法西斯的屠刀下，苏联死亡了2700万人，中国死亡了2100万人，美国军人也有40多万丧生。

　　历史不会忘记，在那腥风血雨的时空里，人类的道德也空前堕落。德国野兽在疯狂轮奸了俄罗斯女英雄卓娅后，又用烧红的烙铁烫焦了她的乳房和下身，强迫她赤裸着身子在-30℃的风雪中来回行走。在中国南京，日本鬼子用刺刀逼着公公奸污儿媳，强迫儿子侮辱母亲。

　　物换星移，时过境迁，但法西斯的阴霾至今未散。在德国，还有少数年轻人身着纳粹军服，高呼"希特勒万岁"的口号，而在日本，竟有执政者带头参拜靖国神社，甚至以当年侵华巡洋舰"出云"之名为新建直升机航母命名，严重践踏历史事实和国际法理，公然否定世界反法西斯战争的胜利成果，对战后国际秩序发起恶意挑战。

　　历史真的不会忘记吗？……

目录

欧非角逐

德寇肆虐

欧战序幕 / 3
希特勒上台 / 15
西班牙悲歌 / 24
闪击波兰 / 26
苏芬冬季战争 / 37
入侵北欧 / 40
占领比荷卢 / 46
敦刻尔克大撤退 / 50
希特勒的"停止前进令" / 55
法国屈膝投降 / 57
戴高乐与贝当 / 64
不列颠之战 / 68
丘吉尔的秘密指挥部 / 77
破译希特勒密码 / 79
逐鹿巴尔干 / 84
南斯拉夫人民的抗争 / 91

苏德较量

德寇侵苏闪电战 / 99
双重间谍佐尔格 / 113
《卡秋莎》与火箭炮 / 121
基辅战役——史上最大围歼战 / 124

莫斯科保卫战 / 127
全城皆兵 / 140
列宁格勒之围 / 143
萨维切娃日记 / 152
传奇乐队 / 154
保卫塞瓦斯托波尔 / 158
斯大林格勒大血战 / 161
固守一座楼房 / 174
库尔斯克会战 / 180
苏军大反攻 / 186
卫国战争中的游击队 / 189
女英雄卓娅 / 192
黄金的故事 / 196

胜利进军

阿拉曼之战 / 203
盟军登陆北非 / 215
"月亮女神"辛西娅 / 222
攻占西西里岛 / 225
"馅饼行动"蒙住德军眼睛 / 230
意大利法西斯覆灭 / 233
墨索里尼悬尸米兰街头 / 238

诺曼底登陆 / 240
血腥的奥马哈海滩 / 250
诺曼底地图传奇 / 252
盟军的进攻和希特勒的反扑 / 255
德累斯顿大轰炸 / 262
易北河会师 / 266
莫德尔的最后一战 / 271
悲壮的华沙起义 / 275
攻克柏林 / 278
第三帝国的灭亡 / 292
三巨头遇险 / 295
丘吉尔曾想进攻苏联 / 299
大西洋海战 / 301
地中海海战 / 310

纳粹暴行

犹太人的苦难 / 317
希特勒为何要屠杀犹太人 / 321
生死攸关的签证 / 324
辛德勒与国际义人 / 327
纳粹集中营 / 330
人间地狱——在波兰的德国
　法西斯集中营 / 333
令人发指的暴行 / 337
希特勒的谋杀罪行 / 341
波罗的海纳粹暴行 / 343
一个弗里茨的日记 / 347

外交风云

苏德三次媾和秘档 / 355
苏联"反革命军事法西斯组织"
　案 / 359
《大西洋宪章》与《联合国家共同
　宣言》/ 363
第二战场之争 / 367
太平洋会议：中国对西藏拥有
　主权 / 375
开罗会议 / 376
《开罗宣言》无庸置疑 / 383
德黑兰会议 / 387
"西塞罗"秘密行动 / 390
雅尔塔会议 / 394
保卫雅尔塔的"谷地战役" / 398
波茨坦会议 / 401
纽伦堡审判 / 403
绞刑 / 412

参考文献 / 419

德寇肆虐

欧战序幕

人类历史表明，大国之间的冲突实质上就是利益的冲突。美国政治家小约翰·J·米尔斯海默（John J. Mearsheimer）曾这样揭示国际政治中的弱肉强食的本质：国际体系是一个险恶而残忍的角斗场，要想在其中生存，无论国家好坏善恶，都别无选择，只能为了权力而相互竞争和厮杀。

历时4年又3个月的第一次世界大战结束以后，帝国主义争夺世界霸权的斗争进入一个新的阶段。可悲的是，在新的争霸中，就连战败国德国也贪得无厌。

1919年6月28日在凡尔赛镜厅签订的《凡尔赛条约》，使德国陷入了一种屈辱的境地——它既割地（丧失1/8领土和1/10人口），又赔款①，在海外的殖民地则全部被英法日等国瓜分。德国丧失了65%的铁矿、45%的煤矿以及大部分海外投资、商船和海军舰队。《凡尔赛条约》还对德国的军备进行了严格的限制：解散总参谋部，废除义务兵役制，陆军不得超过10万人，海军不得超过1.5万人，不准有主力舰，不许建立空军，禁止拥有飞机、坦克和重炮。对此，德国人极为不满，其代表团甚至在凡尔赛折断了签字用笔，报纸也大骂"《凡尔赛条约》是历史上最卑鄙的罪恶"。

此时，德国人仿佛走到了世界末日。百业凋敝，人心惶惶，柏林的许多家庭没有面包可吃，只能啃些蔓菁。资产阶级和地主不甘心于自己的失败，更不会长期容忍《凡尔赛条约》的束缚，因而搬出了本国政治家毕洛夫19世纪末在国会上的宣示："其他各国人民分享土地和水，而我们德国人仅仅满足于蓝天的时代已经一去不复返了。我们要为自己要

---

① 胜利一方的协约国——英国、法国和美国，在条约中提出德国政府需支付2260亿金马克的赔款。1921年1月，赔款委员会要求德国赔偿2690亿金马克（相当于10万吨黄金和今天的近4000亿美元）。直到2010年10月3日，即在92年后，德国才付清最后一笔赔款。

求太阳下面的地方。"

1929～1933年，西方世界爆发了严重的经济危机，各国资产阶级需要急切寻求出路，国与国之间的关系空前恶化，一场新的世界大战像达摩克里斯利剑一样悬在世人的头顶。

法西斯加紧扩军备战

1933年1月30日，德国总统兴登堡在极度混乱的政治和经济情势下，把纳粹党头子希特勒推为总理，让他登上了德国权力的巅峰。希特勒一上台就提出了"要大炮不要黄油"的口号，明目张胆地破坏《凡尔赛条约》对德国军备的限制，试图把德国从一个受辱国变成欧洲最大的军事强国。根据军方上层人物制定的一项计划，德国将把《凡尔赛条约》允许的10万兵力扩充到280万，并将之编入102个师和8个完整的集团军。在军事装备方面，早在1922年，德国国防部就同克虏伯公司签订了研制大炮和坦克的协定。1928～1929年，德国开始秘密制造飞机、装甲车和坦克，并在西班牙等国建造潜艇和其他军舰。纳粹分子还精心绘制和到处张贴了一种"大德国"地图，把荷兰、奥地利、波兰等国都纳入德国疆土之内。

德国利用西方列强憎恨社会主义苏联的心理，大谈"苏俄威胁"，埋怨自己"毫无防御能力"。于是，1932年12月，英、美、法、意、日5国首脑会议通过决议，原则上承认了德国军备平等的权利。1935年3月16日，希特勒正式废止了《凡尔赛条约》中关于禁止德国军队复活的内容。他发表讲话说："通过重新武装，德意志帝国政府表达了一个满怀信心的希望，即重新获得荣誉的德意志民族，能在独立平等的基础上，有权在与其他国家自由和开放的合作中，创造出一种有利于世界和平和稳定的环境。"这一年的11月1日，希特勒要求所有年满21岁、身体健康的男性公民全部参军。按照新的计划，德国军队将拥有36个师、55万人。

1936年9月8日，希特勒宣布实施扩充军备的"四年计划"，他在关于该计划的《备忘录》中写道：

1. 德国军队应在4年内做好作战准备。
2. 德国经济应在4年内为战争做好准备。

纳粹宣传部部长戈培尔甚至毫不掩饰地说："好吧，我们现在承认，

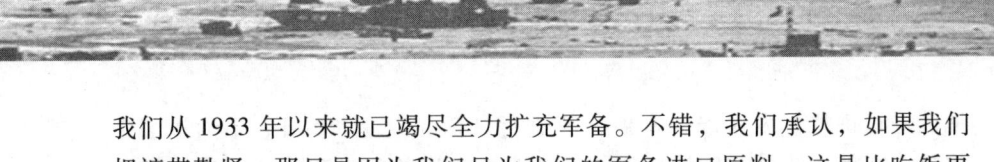

我们从1933年以来就已竭尽全力扩充军备。不错，我们承认，如果我们把裤带勒紧，那只是因为我们只为我们的军备进口原料，这是比吃饭更重要的事情。"

1935～1936年的整个冬天，希特勒一直在等待时机。1936年2月27日，法国议会批准了同莫斯科的联盟，希特勒认为有了借口，就于3月1日决定出兵莱茵河非军事区。根据《凡尔赛条约》的规定，德国不得在莱茵河两岸驻扎军队和建立军事设施。3月2日，德国最高统帅部发出了占领莱茵区的正式命令。3月7日凌晨，德国1000多名步兵和骑兵开进了非军事区，完成了占领。据希特勒的副官霍斯巴赫后来回忆，希特勒在下达进军命令后非常紧张，不止一次地跪下来祈求上帝显灵。上帝果真显灵！从此，希特勒的扩张野心迅速膨胀。

1937年11月5日，希特勒在柏林总理府举行的会议上声言："在欧洲寻找与德国直接相关的原料地区，比到海外去寻找这些地区更为适宜。解决这个问题必须要有一两代人的时间。……各个时代——罗马帝国和大英帝国的历史都已证明，扩大空间只有通过粉碎抵抗和进行冒险才能实现。挫折是不可避免的。无论是过去还是现在，从来没有无主的空间，进攻者总是要同占有者遭遇。……对德国来说，问题在于：哪里可以用最低的代价取得最大的收获。……为了改善我们军事方面和政治方面的地位，我们的第一个目标是在任何一种卷入战争的情况下，必须是征服捷克斯洛伐克和奥地利，以便在可能对西方进行的战争中解除我们侧翼的威胁。"

意大利抢先入侵非洲

对于巴黎和会的结果，意大利也表示不满。先前，英、法、俄三国为了拉拢意大利参加协约国一方作战，曾在1915年的《伦敦条约》中答应把的里雅斯特、普拉、伊斯的里亚半岛以及亚得里亚海东部海岸的部分地区交给意大利，还许诺在小亚细亚和非洲向意大利提供便利。但是，由于英、法不愿履行诺言，意大利总嫌分赃太少。

早在1922年10月，自封为"新恺撒"的墨索里尼就在意大利建立了法西斯政府。这个"贫穷的帝国主义"国家，一心要把地中海变成本国的内湖，以"恢复罗马帝国的光荣"。

1934年，意大利向其殖民地厄立特里亚和索马里运去了飞机和坦克；12月5日，意军在埃塞俄比亚（时称阿比西尼亚）与索马里接壤的地区进行挑衅，为入侵埃塞俄比亚进行试探。12月30日，墨索里尼把侵略埃塞俄比亚的行动计划交给了意军总参谋长巴多里奥，而巴多里奥只用了半年多的时间，就在埃塞俄比亚北部和东南部边境上集结了30万军队。

1935年10月2日，意大利罗马城里演出了一场闹剧：随着"咚咚咚！咚咚咚！"不停的鼓声，一队队身穿黑衫、头戴高帽、腰佩手枪的法西斯党徒快步奔向广场。每队的前头都有一面旗帜，旗上的图案是一束木棒围着一把斧头。这就是法西斯的标志。墨索里尼翘着下巴登上检阅台，先是高举右手表示致礼，再用他嘶哑的嗓音发表演讲："现在是一劳永逸地解决埃塞俄比亚的时候了！39年前，我们远征该国吃了大败仗，死了1万多人。现在，我以意大利首相的名义宣布，我们要惩罚他们！"

10月3日，意军从北、东、南3个方向发动袭击，越过马雷布河边界，侵入埃塞俄比亚境内。埃塞俄比亚人民虽然没有现代化的武器，但他们勇敢地拿起长矛、棍棒，同意大利侵略军进行了殊死的奋战。年轻的皇帝海尔·塞拉西一世亲临前线巡视，指挥作战。老百姓组成支援前线的队伍，用省下的粮食和肉类供应部队。在东部沙漠地带，军队缺少水源，牧民们就到很远的地方打水，把水装在皮袋里，用成群的驴子驮到士兵营地。有个士兵身负重伤后对同伴说："我快要死了，鸟儿会把我的尸体吃掉，但我并不感到痛苦，因为那是埃塞俄比亚的鸟呀！"由于埃塞俄比亚军民的顽强抵抗，战争的头10天，意军就损失了近1万人。

1936年4月，侵埃意军达到40万人，大炮增至1.2万门。意大利空军对埃塞俄比亚城市和乡村狂轰滥炸。这样，意军得以在5月5日攻占了埃塞俄比亚首都亚的斯亚贝巴，塞拉西皇帝流亡英国。5月9日，意大利正式宣布吞并埃塞俄比亚，建立意属"东非帝国"。

1936年10月24日，墨索里尼的女婿、外交部长齐亚诺到德国会见了希特勒。希特勒称，意大利同德国站在一起，不仅可以征服布尔什维克，而且还可以征服包括英国在内的西方国家。次日，双方签订了德意正式协定，其内容包括德国承认意大利对埃塞俄比亚的占领。

1937年11月6日，意大利正式加入《德日反共产国际协定》。3国缔约后3天，希特勒就在慕尼黑叫嚣："三个国家联合起来了。起初是欧洲轴心，现在是世界的大三角。……这个三角并不是由三个微弱的幻影组成的，而是由三个大国组成的，它们准备并决心实现它们的权利和确保它们的生死利益。"希特勒在《我的奋斗》中说过："缔结同盟的目的如果不包括战争，这种同盟就毫无意义，毫无价值。我们缔结同盟只是

为了进行战争。"

希特勒梦寐以求的目标是建立一个"大日耳曼帝国"。他说,这个大帝国要把所有日耳曼人包括进去——北起挪威,南至意大利北部。而要建立这样一个帝国,首先就要吞并奥地利,进而侵占捷克斯洛伐克,再往后就要发动对波兰的战争。1937年6月24日,德国军事部部长兼武装部队总司令冯·勃洛姆堡向三军总司令部透露了一个绝密指示,要武装部队对可能发生的几种战争做好准备:吞并奥地利的战争代号为"奥托方案",袭击捷克斯洛伐克的战争代号为"绿色方案",进攻法国的战争代号为"红色方案"。

德国兼并奥地利

奥地利位处欧洲腹地,占领这个国家就可以从3面包围捷克斯洛伐克,打开进攻东南欧和巴尔干半岛的大门。因此,希特勒把兼并奥地利作为在欧洲发动战争的第一步。英法美3国虽然深知希特勒的侵略野心,仍然对德国采取了容忍态度。在欧洲争霸问题上,英国一贯认为:"英国没有永久的盟友和永久的敌人,只有永久的利益,我们的行动应该以利益为准绳。"1937年5月31日,英国驻柏林大使亨德逊在同德国驻奥地利公使弗朗兹·冯·巴本会谈时声明,英国完全理解在德国范围内解决奥地利问题的必要性。11月,法国总理旭丹也对德国吞并奥地利表示赞同。

为了强占奥地利,早在1934年7月25日,德国民社党人就同奥地利民族社会主义分子一起策划了一次暴动。暴动的结果,总理陶尔富斯虽遭到暗杀,但侵占奥地利的目的并未达到。民社党在奥地利被宣布为非法组织。1936年7月11日,德、奥两国缔结条约,其第一条规定:"德国政府遵循领袖兼总理1935年5月21日的声明精神,承认奥地利联邦的完整主权。"第二条又规定:"两国政府的任何一方把另一方的内政情势,包括奥地利的民族社会主义问题,视为另一国的内部事务,对此不施加直接或间接的影响。"

但是,奥地利的民族社会主义运动仍在秘密从事非法活动,而且,德国纳粹分子依旧给予该党以有力的支持,由此而产生的"事件"被德国纳粹分子用来作为干涉奥地利内部事务的借口。两国关系不断恶化。

于是,希特勒以奥地利有人闹事,该国政府无力控制局面为由,于1938年2月上旬在德奥边境集结了25万军队。2月12日,希特勒把奥地利总理许士尼格和外长施密特"请"到德国，在德奥边境的伯希特斯加登别墅举行会谈。3人见面后，许士尼格照例寒暄几句关于当地风景、天气之类的话，但希特勒立即板起面孔，打断对方说："我们不是到这里来谈风景和天气的。我要设法解决奥地利问题。我只要一声令下，一夜功夫，你们可笑的全部防务就将被炸得粉碎。不要以为世界上有什么人能使我放弃我的决定。意大利？我同墨索里尼是一致的。英国？英国不会为奥地利动一动指头。法国？法国本来可以在莱茵区制止德国，那么我就不得不后退，但是现在对法国来说为时已晚。……许士尼格先生，我再一次也是最后一次给你谈成条件的机会，否则事情就无法挽回了。考虑考虑吧，我只能等到今天下午。"希特勒说完，竟撇下许士尼格扬长而去。

由于许士尼格和施密特不肯屈服，上午的会谈毫无结果。下午，德国外长里宾特洛甫当着希特勒的面，交给许士尼格一份已经打印好的"协议草案"。协议规定：立即取消对奥地利纳粹党的禁令，释放全部被监禁的纳粹分子；由亲纳粹党的赛斯、格拉斯、菲许包克3人分别担任奥地利内政部长、国防部部长和财政部部长；交换100名军官，使德奥军队建立更密切的关系；准备使奥地利并入德国经济体。

希特勒强令许士尼格无条件地在这个协议上签字。他凶相毕露地说："许士尼格先生，这儿是文件的草案，其中没有什么可以讨论的余地。我不会改变一丝一毫，不然我就下令向奥地利进军。"许士尼格只好答应："我将回国说服总统。"2月20日，希特勒在国会发表演说，说是许士尼格的"谅解"促成了德奥之间"更密切的了解"。

1938年3月9日，许士尼格为保持奥地利的独立，决定于3月13日就奥地利独立问题举行全民投票。两天后，希特勒向许士尼格提出最后通牒，要求取消全民投票。就在这一天——3月11日，希特勒下达了实施"奥托方案"的第一号指令，随后又强逼许士尼格辞职，并坚持由亲德国的赛斯-英夸特担任总理。许士尼格被迫下台，但奥地利总统威廉·米克拉斯却不同意任命赛斯-英夸特为总理。在此情况下，德国指使奥地利的纳粹分子冲上大街，强占了总理府，夺取了政权。

接着，希特勒命令德国军队于3月12日拂晓越过边界进入奥地利。德国二号人物、空军总司令戈林在遵照希特勒的命令发出进军令后，立即同德国驻维也纳公使馆通了电话，口授一份电报，要赛斯-英夸特给希特勒发去这一电报，为已经下达的军事行动令进行辩护。电报说："奥地利政府在许士尼格政府辞职后，鉴于其本身的任务是恢复奥地利的安

宁与秩序,特紧急请求德国政府支持他完成这项任务,并帮助他防止流血事件。为此目的,奥地利政府请求德国政府尽速派遣德国军队。"

这一天,出生在奥地利的希特勒作为"大英雄"回到维也纳,受到奥地利人的"狂热欢迎"。希特勒即刻下达命令:签署"德奥合并"的法律。按照这一命令,德国内政部副部长斯图卡特将一份"法律草案"交给了奥地利政府,该法案规定奥地利只是德国的一个省。赛斯-英夸特当即在上面签了字。

3月14日,69岁的英国首相张伯伦在下院辩论时说:"无可动摇的事实是,没有什么能制止奥地利发生的事情。"17日,他又拒绝了苏联关于举行一次4国会议以讨论制止德国进一步侵略的建议。

1946年9月30日,纽伦堡审判的《判决书》指出:"对奥地利的入侵是进一步对其他国家实施侵略战争计划的一个预谋的步骤,其结果是德国的侧翼得到了保障,捷克斯洛伐克则明显地被削弱了。夺取'生存空间'的第一步完成了;同时建立了由受过训练的士兵所组成的许多新师;通过获得外国的外汇储备,扩充军备的计划大大加强了。"

"绿色方案"剑指捷克

希特勒在奥地利得手后,更大胆地盯上了另一个目标——捷克斯洛伐克。

捷克斯洛伐克位于欧洲中心,它被喻为"一截粗短的楔子,插进了新德意志的心脏"。它资源丰富,工业发达,希特勒早就对它垂涎欲滴。希特勒敢于对它下手,既是因为他认为"欧洲不存在什么团结",也是因为捷克境内有300万日耳曼人聚居在与德国接壤的苏台德区,这使他有了再好不过的借口。于是,他开始实施"绿色方案"。

1938年5月20日,捷克斯洛伐克总统贝奈斯召集会议,决定让军队开往边境构筑防御工事;苏联表示将向捷克斯洛伐克政府提供援助。5月28日,希特勒下令,占领捷克斯洛伐克的准备工作要在10月2日完成。从那时起,进攻捷克斯洛伐克的计划便经常受到密切的注意。5月30日,希特勒在他签署的一项指示中宣告,他的"不可动摇的决心就是在不久的将来以军事行动粉碎捷克斯洛伐克"。6月8日,德国驻苏大使舒伦堡在经过认真分析后,向柏林报告:苏联"不可能出兵保卫一个资产阶级国家——捷克斯洛伐克"。同时,波兰为了自身利益,表示不愿苏联军队借道增援捷克斯洛伐克。

战后从柏林党卫队保安勤务处档案中搜获的一个文件表明，德国在1938年6月已经制订了一份在捷克斯洛伐克使用党卫队保安勤务处的周密计划。这个计划规定，"如果可能，党卫队保安勤务处紧紧跟随作战部队，承担像他们在德国一样的类似任务"。

秘密警察官员奉命同党卫队保安勤务处在某些任务方面进行合作。为了防止破坏，特工人员应当事先接受训练；他们应当"在发动攻击之前及时得到通知，以便隐蔽起来，避免被逮捕和驱逐"。"在最初的时期内，预料会遭遇非正规部队的战斗或游击战，因此有必要配备武装"。情报资料应依照下列提示编排："逮捕"……"肃清"……"没收"……"没收护照"等。

该计划还规定，要把捷克斯洛伐克暂时分为大小不等的许多地区，并研究了把该国的居民和地区并入德国的各种"建议"。最后一项建议涉及整个国家，包括斯洛伐克和喀尔巴阡－俄罗斯地区，人口将近1500万。

1938年8月3日，英国首相张伯伦派人赴捷克斯洛伐克"调查"，并充当苏台德危机的"调解人"。实际上，他的真正意图是为把苏台德区转交给德国人铺平道路。

8月31日，希特勒批准了德军最高统帅部作战处处长约德尔8月24日的一份备忘录，这份备忘录提出了入侵捷克斯洛伐克的命令发布的时间和防卫措施，其中包含这样一句话："'绿色'行动将通过在捷克斯洛伐克制造事端，使德国有机会进行军事干涉。决定这一事端的确切时间至关重要。"

希特勒上台后，即通过在该地的代理人、体育教员康拉德·汉莱因组织了一个苏台德日耳曼人党。到1935年，这个党每月从德国外交部领取1.5万马克的活动经费。1938年3月28日，希特勒把汉莱因叫到柏林，密令他在捷克斯洛伐克制造事端，提出捷克斯洛伐克政府"不能接受的要求"。汉莱因对希特勒的企图心领神会，表示"我们必须老是提出永远无法使我们得到满足的要求"。

汉莱因于1938年4月24日召开苏台德日耳曼人党代表大会，制定了《卡罗维发利纲领》，公开提出成立"自治政府"，要把苏台德区从捷克斯洛伐克分割出去。消息传开，捷克斯洛伐克人民十分愤怒，要求政府镇压汉莱因分子。捷克斯洛伐克政府在人民的压力下，宣布苏台德区处于军事状态。汉莱因慌忙逃往德国。于是，5月20日，希特勒在德捷边境集结兵力，以战争相威胁，酿成所谓"五月危机"。这天下午，在

布拉格的赫拉德欣宫,由贝奈斯总统主持召开了内阁紧急会议,决定实行部分动员。21日,捷克斯洛伐克人民为抵抗法西斯的侵略积极行动起来,40万后备军应征入伍,他们在6小时内就迅速而有秩序地进入防御阵地,走上边境各要塞的战斗岗位。与此同时,德军最高统帅部和陆军总司令部仍在日夜工作,加紧草拟10月1日向捷克斯洛伐克进攻的最后计划。

没过多久,希特勒已不满足于苏台德区的"广泛自治"。9月12日,他在纽伦堡体育场上对纳粹党徒发表演说,宣称要为苏台德人"伸张正义",并且扬言,如果捷克斯洛伐克政府不接受德国的全部要求,就将面临战争危险。当晚,日耳曼人党策动叛乱,德军大规模向德捷边境移动。

希特勒得寸进尺

法国和捷克斯洛伐克原本订有同盟条约——当捷克斯洛伐克的领土完整和独立受到威胁时,法国有义务给予援助。但是,法国达拉第政府虽在口头上多次声明恪守条约义务,背后却同英国首相张伯伦一起,大搞出卖捷克斯洛伐克的勾当。1938年4月底,达拉第前往英国同张伯伦磋商,张伯伦对他说,英国是不会为捷克斯洛伐克作战的,法国也应这样。双方会谈后,法国通过外交途径密告希特勒说,法国要尽力摆脱对捷克斯洛伐克的条约义务。英法均表示,他们在任何情况下都不会卷入军事冲突。

9月13日,法国内阁整天开会,讨论法国是否应当履行对捷克斯洛伐克的义务的问题。内阁意见不能统一。最后,达拉第要求英国火速同德国谈判。15日清晨,张伯伦拿着雨伞,行色匆匆地赶往德国去拜见希特勒。他生平第一次乘上飞机,经过4小时飞行,在德国慕尼黑机场着陆,然后又乘了3小时火车,才到达德国西南角的小城伯希特斯加登。然而,他万万没有想到,希特勒在高山别墅会见他时竟然坚决表示,德国决心要"在最短时间内,用一切办法来结束苏台德区不能容忍的局面";"现在不是苏台德日耳曼人自治的问题,而是把这一地区割让给德国的问题"。

第二天,张伯伦匆匆从德国回到伦敦。英法两国很快就商量出一项强加给捷克斯洛伐克的联合提案。提案规定:"凡是苏台德区日耳曼籍居民占50%以上的全部领土,都直接转让给德意志帝国"。另外,英、法、德将一起"担保"捷克斯洛伐克的"新边界不受无端侵略",这种"国际保证"将代替捷法、捷苏之间的现有条约。这样，既可以把苏台德区作为礼物奉送德国，又可使法国从法捷条约中脱身，并使捷苏条约不能生效。

9月16日，张伯伦召开内阁会议，说是只有答应德国的要求，才能阻止希特勒进犯捷克斯洛伐克。达拉第同日也赶到伦敦，联合向捷克斯洛伐克施加压力。无奈之下，捷克斯洛伐克总统贝奈特9月21日发表公报说："我们没有别的选择，因为我们被抛弃了！"

9月20日，斯洛伐克人向捷克斯洛伐克政府提出了实行自治的要求。9月21日，波兰向捷克斯洛伐克政府提出在特青地区举行公民投票的要求。9月22日，匈牙利向捷克斯洛伐克的卢西尼亚地区提出领土要求。这天，张伯伦口袋里装着英法提案，到了莱茵河畔的小城哥德斯堡。希特勒一看两国送货上门，立即又抬高了要价。他说："我极其抱歉，由于过去几天形势的发展，这个计划再也没有什么用处了。"他斩钉截铁地要求：苏台德区必须立即由德国实行军事占领，这个问题至迟要在10月1日完全地、最后地解决。

9月23日早饭后，张伯伦给希特勒写了一封信，表示愿意把希特勒的要求提交给捷克人，并愿意向布拉格建议，在苏台德区正式移交以前，可由那里的日耳曼人自己来维持当地的法律和秩序。英国首相等了一天，才收到一个措词激烈的照会：看来只有战争才能解决问题！当天晚上，张伯伦同希特勒举行最后一次会谈，希特勒以备忘录的形式提出了他的全部要求并附有地图。

希特勒善于察言观色。他见张伯伦不愿再谈下去，生怕张伯伦就此脱钩而去，于是做出一项让步。他说："我很少给别人做这样的事情，你是难得的一个。我准备只给捷克人撤退的期限规定一个日期——10月1日——如果那样能便于你完成任务的话。"他一边说，一边拿铅笔把日期改掉了。其实，这不是什么让步，因为10月1日本来就是希特勒计划向捷克斯洛伐克进军的日期。

9月26日，希特勒在柏林体育馆声言："如果10月1日苏台德区还没有交给德国，我希特勒就是打进捷克去的第一个士兵。"次日，希特勒命令7个师的德国军队进逼捷克斯洛伐克边境的出击点，要求部队必须在9月30日准备好按照"绿色方案"行动。

然而，另一方面，这一天天刚黑，希特勒就口授了一封信给张伯伦，以温和的口吻否认他"会剥夺捷克斯洛伐克得以生存的一切保证"，否认他的军队到了分界线以后会继续前进，还说他打算同捷克人谈判细节

问题，并不准备对和平的最后一线希望砰然关上大门。最后，希特勒敦请张伯伦继续努力，使布拉格政府在这最后关头"恢复理智"。张伯伦接信后喜出望外，马上给希特勒回信说："我深信我们能在一个星期之内达成协议。"

慕尼黑阴谋得逞

9月28日早晨，法国驻德大使按照本国政府的指示，前往总理府晋见希特勒，并献计说："当你的主要要求能不需要战争而得到满足时，为什么你要冒那种风险呢？"这正合希特勒的心意。希特勒同意把总动员的时间推迟24小时。下午2时，希特勒做出决定；向英、法、意3国发出请帖，要他们第二天中午到慕尼黑开会，解决捷克斯洛伐克问题。下午4时15分，正在下院发表演说的张伯伦收到希特勒的信，如获至宝，欣喜若狂地对议员们说："我刚刚接到希特勒先生的通知，他邀请我明天早晨去慕尼黑同他会晤。他也邀请了墨索里尼先生和达拉第先生。……我们都是爱国者，危机又一次推迟，再一次给我们提供一个机会……对此，本院不会有哪一位尊敬的议员先生不感到万分激动。"晚上6时45分，张伯伦给捷克斯洛伐克总统贝奈斯发出电报，正式通知他到慕尼黑开会。

1938年9月29日，张伯伦兴致勃勃地奔向伦敦机场。他在机场发表谈话说："当我是一个小孩子的时候，我总是爱说：'如果开头没有成功，就再试一试，再试一试，再试一试。'我现在要做的正是如此。当我回来的时候，我希望能像莎士比亚的历史剧本《亨利四世》里霍士泼所说的：'把那芬芳可爱的蔷薇拔了下来，不让一颗刺人的荆棘在他的土地上生长发育。'"

当天12时45分，张伯伦、达拉第、希特勒、墨索里尼及其随从在慕尼黑纳粹新厦"褐色宫"举行正式会议。这就是历史上臭名昭著的慕尼黑会议。会上，张伯伦和达拉第极力迎合希特勒和墨索里尼提出的出卖捷克斯洛伐克的建议。

开会时，两位捷克斯洛伐克的代表在德国秘密警察的监护下，坐警车来到举行会议的"褐色宫"，在会议室隔壁的房间里等候四大国首脑对他们祖国命运的判决。

慕尼黑会议进行到晚上9时，希特勒邀请与会者出席宴会。此时，译员们都在忙于准备协定草稿。9月30日凌晨1时，四大国首脑在慕尼黑协定上签字。协定载明：德国得到捷克斯洛伐克的苏台德区（约1.1

万平方英里，居民350万人），波兰得到特青地区（约400平方英里，居民24万人），匈牙利得到卢西尼亚南部地区（约5000平方英里，居民100万人）。会议结束后，张伯伦连连打着哈欠。有人问他是不是累了，他说："我累，但累得很舒服。"他勉强打起精神，叫人把捷克斯洛伐克的两名代表带进会议厅。张伯伦同达拉第等人一起，向捷克斯洛伐克代表介绍了协定的内容。捷克斯洛伐克代表还被告知，这是一个"无权上诉和不能修改的判决书"。30日下午12时50分，捷克斯洛伐克政府终于投降。

就在当天，张伯伦又去看望希特勒，要同德国法西斯头子商讨另一笔交易。张伯伦从衣服口袋里掏出在伦敦拟好的《英德宣言》，要希特勒同他一起在上面签字。希特勒心不在焉地听着张伯伦的谈话，看了一下宣言，很快就在上面签了字。张伯伦回到伦敦后，站在唐宁街10号二楼的阳台上高呼："我相信，这是我们时代的和平……我建议你们安然睡觉去吧。"

捷克斯洛伐克的下场使各国看清了英法的可憎面目，迫使东欧各国重新考虑同法国结盟的意义，并盘算自己的后路，争先恐后地向德国靠拢。法国同捷克斯洛伐克、波兰、南斯拉夫和罗马尼亚的同盟土崩瓦解。

慕尼黑协定签字不到10天，甚至希特勒还没有最后占领苏台德区，他就下令德国军队进行战争准备，"清算捷克斯洛伐克的剩余部分"。

11月22日，张伯伦访问巴黎时，迎接他的是"打倒慕尼黑！"的口号声。

1939年，捷克斯洛伐克总统哈查被迫接受了希特勒的要求——让斯洛伐克脱离捷克独立。3月15日，捷克并入德国版图，德军24个师随即开进布拉格，独立的捷克斯洛伐克在世界地图上暂时消失了。

慕尼黑的道路是一条通往战争的道路。希特勒灭亡捷克斯洛伐克后，得意洋洋地说："现在我才知道，西方是多么软弱。我要进行战争，使全球都接受我的思想。"

《马太福音》有言："当你和你的对手同路时，赶快同他和解。"后人把这一说法套用于外交事务，并将之称为"绥靖政策"。英国首相张伯伦在1937～1939年奉行的正是这种政策，因为据说"联合王国太弱，不能有其他办法"。

希特勒上台

阿道夫·希特勒（Adolf Hitler）总是对他的身世讳莫如深。这首先是因为，他的父亲阿洛伊斯·希特勒是个险些被人抛弃的私生子。

阿洛伊斯于1837年出生在奥地利施特罗斯村，他的母亲玛丽亚·安娜·施克尔格鲁勃是个农村姑娘。在阿洛伊斯5岁时，她嫁给了约翰·格奥尔格·海德勃。海德勃并不承认阿洛伊斯是他的儿子，于是，阿洛伊斯只好寄居在海德勃的兄弟家，并在13岁时开始学习皮匠手艺。5年后，他进了帝国海关机构，当上了一名小税吏。1877年，他通过合法手续，把他的姓氏施克尔格鲁勃改成了希特勒。

阿洛伊斯·希特勒早先曾同两个女人有过瓜葛，留下了一个私生儿子和一个合法女儿。在他48岁那年，他同年方25岁的克拉拉·波尔兹尔结了婚。

1889年4月20日傍晚，阿道夫·希特勒在紧靠德奥边境的布劳瑙小镇的一家小客栈里呱呱坠地。

阿洛伊斯·希特勒于1903年1月3日因肺出血逝世。是年，波尔兹尔搬到林茨郊外乌尔法尔一所简陋的公寓里，靠微薄的积蓄和养老金艰难度日。少年阿道夫在林茨的梅尔斯丘尔技术学校里学习，科科成绩都令人失望。为了免于留级，他又转到一所教育学校就读。但是，他仍未拿到毕业文凭。母亲忧心忡忡，他却不以为然，幻想当一名艺术家。1907年，他说服母亲拿出一笔钱，让他到维也纳报考美术学院。结果，他又因试画成绩不够理想被拒之门外。两个月后，他的母亲死于癌症。阿道夫赶回林茨参加了母亲的葬礼，然后立即返回维也纳。

维也纳位于树木葱郁的维纳瓦尔德山麓，山坡上到处点缀着黄绿色的葡萄园。"蓝色的多瑙河"缓缓流淌，空气中充满了音乐天才海顿、莫扎特、贝多芬、舒伯特，尤其是约翰·施特劳斯圆舞曲美妙的音符。达官贵人们喝着葡萄酒，跳着华尔兹，过着纸醉金迷的生活。但是，在城里的贫民窟里，却住着许多衣衫褴褛、营养不良的穷人。阿道夫·希特勒正是夹在无数流浪汉中间，靠施粥站的赏赐打发辘辘饥肠。他前额斜梳，破大衣长至足踝，但畸形的思辨能力却使他的头脑里滋生了妄图称霸世界的政治邪念。

群魔蹦出潘多拉盒

1913年春天，24岁的希特勒窜到了德国慕尼黑。他依旧囊空如洗，举目无亲。次年，大战爆发，他上书巴伐利亚国王路德维希三世，申请志愿参加步兵团，结果获准。在战争中，他因表现勇敢而两次受奖。他在《我的奋斗》中写道："对我来说，这仿佛是把我从年轻时代压在我身上的穷困中拯救出来。我很坦率地承认，在热情冲动之下，我跪了下来，衷心感谢上帝赐给我这个能够活在这样一个时代的幸福机会。……对我来说，对所有德国人来说都是一样，现在我的生命中最值得纪念的时期开始了。同这场巨大的斗争相比，过去的一切都成了过眼烟云。"

1918年11月，德国战败。当文官们垂头丧气地开始吞咽投降的苦果时，将军们却扬着脖子，满腔愤慨地大骂"后方的背叛"——革命运动的兴起。国王退位，首相倒台，人心惶惶，局势混乱。恩斯特·罗姆上尉等军人浑水摸鱼，乘机创办了所谓"政治训练班"，并把"决定投身政治"的上等兵阿道夫·希特勒吸收了进来。次年9月，希特勒在慕尼黑参加了锁匠安东·德莱克斯勒等人组建的德国工人党，成为该党的第七名成员。他能言善辩，精明狡诈，很快就成为该党所代表的政治潮流的首领，横冲直闯于德国政坛。

1920年年初，希特勒抛出了他哗众取宠的《二十五条纲领》，提出了建立大德意志国家的主张。接着，德国工人党在其名称上塞进了"国家社会主义"的字样，遂成"德国国家社会主义工人党"，按德文字母发音简称为"纳粹党"。

纳粹党起先以巴伐利亚为活动中心，得力于当地一个闻名全国的人物赫尔曼·戈林。戈林颇具歪才，精力过人，曾任战时著名的里希特霍芬战斗队的最后一任队长，在20来次空战中立下赫赫战功。1921年入党后，他对党和"相见恨晚"的希特勒个人慷慨解囊，并帮助罗姆组织了恶名昭彰的冲锋队。

纳粹党的另一个重要成员约瑟夫·戈培尔是个思维敏捷、心态复杂的撒谎专家，他的大喊大叫使该党受益匪浅。他创办的《进攻报》打出

的"支持被压迫者"的旗号,更取得了廉价的宣传效果。

就这样,诚如《第三帝国的兴亡》所形容的,"各种各样的乌龟、屁精、杀人凶手、同性恋者、酗酒滋事之徒、讹诈钱财的人都像飞鸟投林一般自然地来投奔纳粹党。"

这一切还没有使希特勒得到满足。在他看来,纳粹党还缺少一个能打动人心的徽号。为此,他在试了不少图样后,终于认准了一面红地白圆心、中嵌黑色卐字的旗帜。他得意地宣称:"这是一个真正的象征!红色象征我们这个运动的社会意义,白色象征民族主义思想,卐字象征争取亚利安人胜利的斗争的使命。"此后,希特勒又设计了纳粹党的旗徽:旗徽的上部是黑色卐字,一只鹰踩着银色花环,下部是长方形金属框,上面刻着纳粹党缩写字母;徽记之下则是一面旗帜,上面醒目地写着:"德意志醒来!"

于是,古希腊神话中装满灾祸的潘多拉之盒被打开了,盒中蹦出了一群恶魔……

政变引出《我的奋斗》

1923年11月8日晚,时针已指向9点。在慕尼黑东南郊一家名为贝格勒劳凯勒的大啤酒馆里,大约有3000市民坐在粗木桌旁,一边咕噜咕噜地喝着啤酒,一边聆听巴伐利亚邦行政长官卡尔讲述他的施政纲领。

谁也没有料到,就在这时,一群纳粹党冲锋队员身着褐色制服,气势汹汹地包围了集会会场,并在门口架起了一挺机关枪。全场哗然。纳粹党党魁希特勒在冲锋队员的簇拥下,排开人群,走进大厅,跳上了一张桌子。为了引人注目,他环视四周,掏出手枪,"砰"地在天花板上击出了一个大窟窿。全场惊愕。卡尔顿时停止了讲话。希特勒用手指对着企图阻拦他的警察,大步走向讲台。卡尔吓得面如土色,手足无措地从讲台上退了下来。

"全国革命开始了!"希特勒挥动拳头,大声喊叫。"这个地方已经由600名武装人员占领,任何人都不许离开大厅。大家必须肃静,否则我就在楼厅上架起机关枪。巴伐利亚政府和全国政府已被推翻,全国临时政府已经成立。国防军营房和警察营房已被占领,军队和警察已在卐字旗下向市内挺进。"

这场"革命",其实是希特勒精心策划的虚张声势的一个阴谋。

在1923年的头几个月里,希特勒抓住国内政局动荡、通货膨胀的机会，一心要推翻共和国，建立独裁政权。他到处煽动说："政府镇定沉着地继续印发这些废纸，因为，如果停止印发的话，政府就完蛋了。……国家本身已经成了最大的骗子和恶棍。这是个强盗的国家。……如果受惊的人民注意到，他们即使有几十亿马克，也只有挨饿的份儿，那他们一定会做出这个结论：我们不能再听命于一个建立在骗人的多数人决定的玩意儿上面的国家了。我们需要独裁……"

为了摆脱纳粹党势单力薄的困境，这年2月，希特勒借助罗姆出色的组织才能，同巴伐利亚4个武装的"爱国团体"联合组成了"祖国战斗团体工作联盟"，自任首领。9月，规模更大的"德国人战斗联盟"组建成功，希特勒成为3人领导之一。此时，德意志共和国和巴伐利亚邦之间的危机达到了顶点。巴伐利亚的三巨头——行政长官卡尔、国防军司令洛索夫将军和警察局长赛塞尔上校，意欲同柏林共和政府分庭抗礼。于是，共和政府的冯·西克特将军决心要平定巴伐利亚纳粹党和邦政府的"双重反叛"。他向希特勒和三巨头发出明确的警告：他们的任何越轨行为都将受到武装的镇压。

在这种情况下，一名冲锋队队长勃鲁克纳中尉鼓动希特勒说："时候到了，我已约束不住兄弟们了。如果现在再不采取行动，他们就要离开我们了。"希特勒当机立断，决定铤而走险：劫持三巨头，强迫他们就范，然后向柏林进军。

11月4日是德国阵亡将士纪念日，慕尼黑市中心要举行军事检阅。希特勒计划用卡车把几百名冲锋队员抢先运到设置检阅台的小街，用机枪加以封锁，然后由他宣布"革命"，并胁迫权贵们参加"革命"。但是，在约定的那一天，一大批全副武装的政府警察早早就把那条狭窄的街道堵得水泄不通。

希特勒一计不成，又生一计。他决定在11月10日夜间，将冲锋队和战斗联盟的武装团体集中在慕尼黑正北方向的弗罗特曼宁格荒地，在11日这个可耻的停战纪念日的上午开入市内，占据有利地形，宣布全国革命，使踌躇观望的三巨头面对既成事实。然而，就在这个时候，报上一条简短的消息使希特勒欣喜若狂：应慕尼黑一些企业之邀，卡尔将在贝格勃劳凯勒啤酒馆的集会上发表讲话，洛索夫将军和赛塞尔上校也将参加。

于是，希特勒枪击啤酒馆天花板的一幕发生了。这是实实在在的一枪。希特勒现在命令卡尔、洛索夫和赛塞尔跟他到台后一间私室里去。巴伐利亚的三巨头在冲锋队员的推搡下，乖乖地听从了希特勒的吩咐。

企业家们既目瞪口呆,又心怀不满。他们之中有人向警察喊道:"别像1918年那样胆小,快开枪!"但是,警察们看到自己的局长已垂头丧气,谁都没有动弹。再说,希特勒早有防范,已买通啤酒馆值班的警察。人群开始大声喧哗,发泄不满。戈林只好走上讲台,大声宣布:"没有什么可以害怕的,我们没有恶意。因此,你们没有不满的理由,还是喝你们的啤酒吧!隔壁房间里正在组织新政府。"

这是一句实话。希特勒把三巨头逼进隔壁房间后,马上向他们宣布:"没有我的许可,谁都别想活着走出这个房间!"接着,他又宣布,他们3人可以在巴伐利亚政府中,或在他与战时将军鲁登道夫一起组织的全国政府中,保有重要的职位。

3人不为所动,继续保持沉默。希特勒急了,向他们挥动手枪说:"我的手枪里有4颗子弹!如果你们不肯跟我合作,3颗送给你们,1颗留给我自己!"他还把黑洞洞的枪口对准自己的前额,嚷道:"如果明天下午我还没有成功,我就不要这条命了!"

"希特勒先生,"卡尔壮着胆子说,"你尽管嘱咐他们把我枪毙,或者你亲自动手也行。我死不死无伤大雅。"

洛索夫将军也轻蔑地保持沉默。当他同卡尔咬耳朵时,希特勒马上制止:"住嘴!没有我的许可,不许交谈!"

纳粹党头子见三巨头软硬不吃,便急中生智,冲到大厅,当众撒谎,说是3人已同他一起组成了一个新的全国政府。他高声叫道:"新政府将在今天在慕尼黑这个地方宣布成立。鲁登道夫将担任德国国防军的领导工作……"

这时,就好像变戏法一样,鲁登道夫将军真的被接来了。他虽对他被蒙在鼓里暗自生气,但仍顺水推舟,默许战时的上等兵盗用了他的大名。不仅如此,他还奉劝3位先生同希特勒合作。就这样,三巨头真的退让了。

散场时,有人前来报告:一个名叫"联盟"的武装团体在陆军工兵队营房里同正规军发生了冲突。此事不处理,将拖延向柏林的进军。希特勒决定驱车前往出事地点,亲自解决争端,并吩咐鲁登道夫立即在啤酒馆拟出一个进军柏林的计划。

然而,希特勒犯了一个致命的错误——洛索夫、卡尔和赛塞尔相继找借口溜掉了。当希特勒兴高采烈地返回啤酒馆时,鸟儿已经飞出了笼子。

希特勒本以为唾手可得的胜利,顷刻间化为泡影。他向老将军提出

希特勒上台 | 19

建议，一同到罗森海姆附近的乡间去，动员农民支持武装团体袭击慕尼黑，但鲁登道夫却提出另一项计划：由他和希特勒带领他们的支持者，游行到市中心去，随后加以占领。他相信，德国士兵和警察是不会对他这个传奇式司令官开火的——说不定他们还会跟着他走，听从他的作战命令哩。对此，希特勒将信将疑，但最后还是同意了。事实上，他当时也没有别的出路。

11月9日即德意志共和国成立纪念日的上午11时，希特勒和鲁登道夫率领3000名冲锋队员，从贝格勃劳凯勒啤酒馆的花园里出发，浩浩荡荡地向慕尼黑市中心走去。同他们并肩前进的，还有冲锋队队长戈林、施勃纳-里希特、罗森堡、希特勒的卫士格拉夫，以及六七个纳粹党的其他头目和战斗联盟的领袖。一幅卐字旗在队伍前面迎风招展。头几排人后面跟着一辆卡车，车上架着机关枪。冲锋队员们肩挂马枪，刺刀闪亮。

北行几百米，临近横跨伊萨河的路德维希桥时，这些反叛分子遇到了第一重障碍。一队守桥的武装警察不让他们通过。戈林一跃向前，对警察队长说，如果警察开枪，他就把押在队伍后面的人质枪毙。在前一天夜里，赫斯等人已搜捕了一些人质，其中包括两个内阁部长。警察队长果然不再阻拦。

中午，游行队伍走近了目的地。希特勒和鲁登道夫领着队伍穿过狭窄的府邸街，企图通向开阔的奥第昂广场。就在这条狭窄街道的尽头，100来名荷枪实弹的警察严阵以待，不准通过。他们位居战略要冲。

这一次，纳粹党人又想蒙混过关。希特勒的卫士格拉夫冲向前去，向带队的警官大声喊道："别开枪！带队的是鲁登道夫阁下！"希特勒也跟着叫起来："投降吧！投降吧！"但是，鲁登道夫的大名不起作用。双方一阵对射。施勃纳-里希特受了重伤，倒了下来。戈林的大腿上也中了一枪。仅仅1分钟，枪声就停止了。但是，有16名纳粹党人和3名警察躺在街上。其余的人大多卧倒在地，躲避子弹。鲁登道夫没有卧倒，他像一个优秀的军人一样，傲然挺立，并在副官施特莱克少校的跟随下，泰然自若地继续前进，一直走到奥第昂广场。他当场被捕了。

受伤的戈林被抬到附近一家银行，得到犹太老板的急救，然后由他妻子陪着，偷偷越过边界，进入奥地利治疗。赫斯也逃到了奥地利。其他所有反叛的领袖被捕入狱。纳粹党人的政变以失败收场。

对射开始后，希特勒是第一个飞奔逃命的人。他原本用左臂挽着卫士的右臂，因此，后者倒地时，把他也拉倒了。他以为自己受了伤，感

到一阵剧痛，后来才发现只是肩脱臼。接着，他跳起来就拼命往后跑，登上一辆候在附近的汽车，向汉夫施丹格尔在乌芬的乡间别墅驶去。两天以后，他也被捕了，接着被判处5年徒刑。

政变虽然失败，希特勒却成了全国著名的人物，而且被许多人视为"英雄"。

1924年夏天，在俯瞰列赫河的兰德斯堡旧炮台监狱里，阿道夫·希特勒得到贵族般的待遇，独处一室。窗外，景色宜人。他婉拒了许多访客，却召来忠实的鲁道夫·赫斯，一章接一章地口授他的著作。

希特勒想把他的书题名为《四年半来对谎言、愚蠢和胆怯的斗争》，但纳粹党出版社有实际头脑的经理阿曼觉得这个题目太累赘，便把它简化成《我的奋斗》。

《我的奋斗》于1925年秋天开始出版。全书共782页。它虽枯燥冗长，却充满了为求得"生存空间"而对外扩张，为取代民主政治而推行"领袖原则"等反动思想。截至1940年，纳粹党的这本"圣经"在德国共销售了600万册。这本书的每个字，后来使155人丧生；每一页，使4700人死亡；每一章，使120万人丢命。

希特勒在"监狱"里呆了不到9个月，就又获得了自由。

希特勒爬上总理宝座

1924年圣诞节前，希特勒走出了兰德斯堡监狱。他面对着困难的局面：纳粹党及其报纸已被取缔；原来的一些头目或者相互攻讦，或者干脆倒戈；而他本人，则被禁止在公开场合演讲。许多人以为，希特勒已经完蛋了。

但是，希特勒没有善罢甘休。他仍在等待时机，并决心另辟蹊径，放弃单纯的暴力手段，而利用宪法斗争的合法讲坛，攀登德国政治权力的顶峰。

从1929年开始，整个资本主义世界爆发了第一次世界大战后最严重的经济危机，进而引发了政治危机。在德国，几乎有一半的工人丢掉了饭碗。斗争的烈焰遍及全国。1932年，仅两个月中就爆发了900次罢工。大资产阶级如临深渊，坐立不安，竭力寻找出路。他们感到，建立在议会制度基础上的软弱政府已经毫无作用，"只有剑才是德国的经济政策"。他们迫切希望建立法西斯独裁统治，以便对内镇压人民革命，对外则用血腥的屠刀、大炮、坦克去争夺原料产地和商品市场。

希特勒东山再起的时候到了。他开始到处进行竞选活动，甚至乘飞机到各地进行"飞行演说"，有时一天竟演说40多次。他大讲人民的苦难、民族的仇恨和政府的无能，并向人民许下了无数美妙的诺言。一些处于绝望中的市民、工人、农民和学生被他的甜言蜜语打动了。1929~1930年，纳粹党徒由17万人猛增至38万人。到1932年，希特勒通过竞选，获得了1300万张选票，纳粹党在议会中占据了230个席位，成为全国第一大党。纳粹党的冲锋队也发展到10多万人，成了比国防军还要庞大的一支队伍。希特勒越来越成为德国统治阶级的宠儿和"救星"。17个工业、银行巨头上书总统兴登堡，要求责令希特勒组阁。

1933年1月30日，柏林寒流滚滚，冷气逼人。经过希特勒的阴谋策划，才执政57天的施莱彻尔内阁倒台了。上午11时，希特勒驱车来到总理府，86岁的兴登堡总统慑于种种压力，把总理的印章授予纳粹党党魁。当天晚上，从黄昏到深夜，两万多名纳粹分子在总统府和总理府前举行了盛大的火炬游行，庆祝"民族崛起"。卍字旗在火海中狂舞。疯狂的冲锋队、党卫队和钢盔团的勇士们从希特勒脚下列队走过，声嘶力竭地叫喊："元首，我们紧跟你前进！"希特勒时而挥手，时而微笑，十分得意。

游行结束后，戈林在电台宣布说："今天翻开了新的一页，在这一页上，自由和荣誉将构成新国家的基础。"戈培尔则在日记中写道："这几乎同梦境一般。……新帝国诞生了。14年的辛勤工作终于得到了胜利的结果。"

希特勒把自己的帝国称为"第三帝国"。此前的第一帝国是指中世纪的神圣罗马帝国，第二帝国是指普鲁士击败法国后由俾斯麦首相于1871年建立的帝国。

然而，当时参加希特勒内阁的纳粹党和民族党在国会中并不占有多数。而在内阁12名成员中，纳粹党人只有3名——希特勒任总理，戈林任不管部长和普鲁士内务部部长，弗利克任内务部部长。为了攫取多数，进而实现法西斯独裁统治，希特勒和戈林建议举行新的选举。2月1日，兴登堡宣布解散国会，决定选举在3月5日举行。

纳粹党用以对付这次选举的主要手段是实施恐怖，消灭对手，而主要打击对象则是德国共产党。它企图通过杀鸡儆猴来造成社会民主党等其他政党的混乱，使力量的天平倒向纳粹党一边。在这方面，最好的办法是进行反共挑衅，惹得共产党孤立无援地动用武力，然后把自己打扮成德国人民的救世主。1月31日，戈培尔在日记中写道："同元首一起

开会时，我们定下了同赤色恐怖进行斗争的方针。目前我们暂不采取直接的对抗行动。必须先让布尔什维克的革命尝试爆发出来。"

2月2日，戈林宣布禁止共产党组织示威游行，还出动大批警察搜查了共产党的办事处李卜克内西大楼。9日，戈林的警察冲击了共产党人的聚会场所，谎称他们搜出的文件证明，共产党人企图发动起义，并把焚烧公共建筑物作为信号。19日，内务部长弗利克宣称，政府将动员人民来铲除共产主义。25日，戈林索性查封了李卜克内西大楼，妄图以此激怒共产党挥戈上阵。但是，共产党并未上当。

一连串挑衅没有奏效，难道就不能制造一起"共产党革命"吗？

2月27日晚，纳粹党二号头子戈林派一群纳粹冲锋队员，从他的官邸通往国会大厦的秘密地道潜入国会，放火焚烧了国会大厦，制造了骇人听闻的"国会纵火案"，然后又把罪名强加在共产党头上。两小时后，法西斯分子便对共产党员和进步人士实行大逮捕和大屠杀。仅当天晚上，被逮捕的反法西斯战士即达1万人。之后，被捕人数增加到六七万人。全国笼罩在一片恐怖之中。

从此，法西斯专政得以确立。

西班牙悲歌

1931年4月,西班牙爆发革命,国王逃亡国外,资产阶级建立了由其掌权的共和国。

1936年1月,西班牙人民阵线正式建立,参加者有共产党、工人社会党、社会主义青年团、左翼共和党等。2月,人民阵线在国会选举中获胜,左翼共和党开始执政,以何塞·迪亚斯为首的西班牙共产党的威信也迅速提高,党员人数从两万名猛增到10万名。

这一切使西班牙国内外反动派深感不安,他们策划阴谋,企图推翻这个初生的共和国政权。7月17日,以佛朗哥为首的西班牙驻摩洛哥殖民军将领们发动了武装叛乱,这股祸水很快就涌流到了西班牙本土。西班牙人民在共产党的领导下,给予叛军以迎头痛击,首都马德里的局势渐渐稳定下来。佛朗哥见势不妙,于7月21日和22日接连派人到罗马和柏林乞求援助。7月30日,德、意各派飞机20架飞抵西属摩洛哥的得土安,从那里把叛军输送到西班牙的南方;7月31日,德国的28架飞机又装载着炸弹和军需品,从汉堡飞到了西班牙。这是德意两国全面干涉西班牙的开始。

德国把对西班牙的武装干涉看成是将来打一场世界大战的预演。法西斯将领莱希瑙后来供称:"西班牙使我们学会了很多东西,我们在西班牙纠正了我们的若干战略错误。……我们对西班牙的干涉使我们能在法国和英国的主要战略路线上站稳脚跟。"因此,在此后近3年的时间里,德国约有5万官兵开进了西班牙,而花费约为5亿马克。意大利的开销约为140亿里拉,其中还不包括1000架飞机。

1936年10月底和11月初,叛军和德意干涉军对首都马德里发动了进攻,市内奸细和破坏分子的活动也十分猖獗。叛军一个叫做莫拉的头目把马德里的内奸称为"第五纵队",他说:"除了进攻马德里的四路纵队以外,我在西班牙首都还有一个'第五纵队'。"从此,"第五纵队"

就成了特务、内奸的同义语。

在马德里保卫战中,共产党发出号召:"马德里的男人和妇女们!全世界都在注视着我们。必须使我们所处的这个历史性时刻以胜利告终。……战斗吧,我们必胜!"当时在马德里的2.5万共产党员中,有2.1万人进入了战壕,英勇杀敌。截至1937年3月,广大军民浴血奋战,3次打败叛军和干涉军的进攻,并俘虏了几千人。

西班牙人民的民族革命战争得到了全世界无产阶级和进步人士的支持。苏联、意大利、法国、美国、加拿大、中国等54国的共产党员和进步人士,响应共产国际的号召,组成"国际纵队",开赴西班牙前线,同西班牙人民并肩作战。在总共54000名"国际纵队"战士中,约有1万人献出了宝贵的生命。深受中国人民尊敬和怀念的加拿大共产党员诺尔曼·白求恩,就曾为战斗的西班牙人民提供了医疗服务。

1937年5月15日,中华苏维埃政府发表致西班牙人民书,表达了共产党领导的中国人民的坚决支持。周恩来、朱德和彭德怀还向约有100人的"国际纵队"中国支队赠送了一面锦旗,上面的题词是:"中西人民联合起来!打倒人类公敌——法西斯蒂!"

1938年春,叛军伙同德意侵略军发动了总进攻,3月9日突破阿拉贡防线,把国家分成南北两半,共和国的处境更加困难。6月,法国达拉第政府悍然封锁了法西边界,使西班牙政府从国外购买的大量军用物资无法运回国内。12月底,敌人再次集中30万兵力,出动大批飞机、坦克、大炮,在北方的加泰罗尼亚发动了新的攻势,共和国的10万军队经过一个多月的激战,于1939年2月退出了这一地区。

2月27日,英法政府抛弃了"不干涉"的假面具,公开承认佛朗哥为西班牙政府的首脑,同时断绝了他们同西班牙共和国的外交关系。3月3日,共和国海军在卡塔黑纳基地叛变,把舰队开到了突尼斯的宾泽特港。3月5日,右翼社会党头目贝斯泰罗和陆军上校卡萨多在马德里发动政变,成立了"国防委员会",公然夺取政权,并向敌军开放前线,使法西斯匪军长驱直入西班牙首都。3月28日,马德里陷落;4月初,法西斯铁蹄踏遍全国。就这样,年轻的西班牙共和国被国内外反动派彻底颠覆了。

西班牙人民的战斗可歌可泣,永载史册,但这却是第二次世界大战前的一曲悲歌!

闪击波兰

1938 年 9 月 30 日,《慕尼黑协定》签字生效。第二天,英国首相张伯伦回到伦敦,一下飞机就向欢迎的人群宣称:"我把光荣的和平带回来了!今后,整整一代人的和平有保障了!"有人提醒他说,希特勒从来就不讲信义,他却辩解道:"这次可不一样,这次是他亲自对我做出的允诺。"同日,法国总理达拉第也从慕尼黑回到巴黎,受到国内妥协分子的欢迎。他们高呼口号:"达拉第万岁!""和平万岁!"

正当张伯伦和达拉第大做和平美梦的时候,希特勒已把魔爪暗暗伸向英法的另一个盟国——波兰。

波兰位于欧洲大陆东部,东接苏联,西邻德国,南界捷克,北临波罗的海,具有重要的战略意义。对希特勒来说,占领波兰不但可以扩大德国的势力范围,消除进攻西欧的后顾之忧,而且还可以将之作为进攻苏联的跳板。

两军对垒

第一次世界大战后,波兰复国,收回了被德国占领的波莫瑞和波兹南地区,其中包括重要港口城市但泽(今格但斯克)。波兰还由此获得了一条从维斯瓦河通往波罗的海的狭长地带——"波兰走廊",这条"走廊"把德国领土分成两块,并使东边的东普鲁士成为远离本土的一个"孤岛"。希特勒对此一直耿耿于怀。1938 年 10 月 24 日,德国外交部部长里宾特洛甫在宴请波兰驻柏林大使利普斯基时,提出了将但泽市划归德国的要求,当即遭到波兰政府的严词拒绝。1939 年 3 月 21 日,德国在完成了对波兰的正面包围后,再次提出了索取但泽市的要求。3 月 26 日,波兰大使将拒绝接受德国要求的备忘录交给了里宾特洛甫。

为了防止德国入侵,波兰开始征召预备役士兵,宣布局部动员,命

令部队向但泽附近集中。3月22日，波兰外交部部长贝克向英国驻波大使肯纳德建议，立即缔结一项英法给予波兰援助的协定。英法两国也认识到，如果波兰被德国占领，自身的安全就受到威胁，因此，英国首相张伯伦3月31日在下院宣布：如果波兰受到攻击，英法将给予全力支持。他说："不论发生什么举动，只要它将明显地威胁波兰的独立，而波兰政府又认为必须以本国的武装力量进行相应的抵抗，陛下的政府就认为自己有义务立即向波兰政府提供一切力所能及的援助。"希特勒听到这个消息，暴跳如雷，他在威廉港战斗舰"铁比茨"号下水典礼上讲话时，警告英法不要利用追随他们的国家来反对德国。他同时恫吓波兰说："准备为大国火中取栗的人，必将自焚其手！"

4月3日，希特勒正式下达了以"白色方案"为代号的入侵波兰的指令，要德军在9月1日以前完成作战准备。他在指令中指出："一切努力和准备工作，必须集中于发动巨大规模的突然袭击。"按照"白色方案"，德军将以闪击方式突破波兰防线，占领波兰西部和南部的工业区，然后再向内地推进。

5月23日，就在德意结成"钢铁同盟"的次日，希特勒在柏林总理府召开的秘密军事首脑会议上杀气腾腾地叫嚣，"但泽根本不是争执的中心问题"，"中心问题"是要把德国的"生存空间向东方扩张"。如果英法干涉德波冲突，那么，"战斗主要应当针对英国和法国"，因为"对英法的战争是一场决定生死存亡的战争"，"必须破釜沉舟，有进无退"。英法得知这一情况，慌了手脚。为了自身的安全，两国立即互换照会，正式结盟。

6月14日，德军北方集团军群司令布拉斯科维茨下达了根据"白色方案"实施作战的详细命令。次日，陆军总司令布劳希奇签署了关于"Y日"向波兰进攻的命令，要求"以强大而出敌不意的突击开始战争"。

波军统帅部也为抵御德军入侵制定了代号为"西方计划"的作战方案，想乘德军主力尚未东调之机，首先向北挺进，在西部和西南边境采取守势，以阻止德军的进攻，等待英法在西线发起攻击时再东西夹击。为此，波军动用了7个集团军、40个师又22个旅、407架飞机、870辆坦克和4300门火炮，总兵力约100万人。其中在与东普鲁士相邻的边境上部署了由4个步兵师、两个骑兵旅组成的战役集群和由博尔特诺夫斯基将军指挥的波莫瑞集团军，并沿瓦尔塔河至捷克边境一带，部署了由库特谢巴将军指挥的波兹南集团军，由鲁梅尔将军指挥的罗兹集团军和由席林将军指挥的克拉科夫集团军。

鉴于欧洲局势异常紧张，战争有一触即发之势，苏联政府在7月份向英法提出建议：三国要打破常规，既举行政治谈判，也举行军事谈判，并派出了以国防人民委员伏罗希洛夫为首的全权代表团。但是，英法采取了拖延策略。8月15日，苏联高级军事代表团在克里姆林宫同英国和法国高级军事代表团会谈时，苏军总参谋长沙波什尼科夫主动提出，如果波兰允许苏联红军过境，苏联在战争开始时就可以派出136个师、5000门大炮、1万辆坦克和5000架飞机来对付侵略者。然而，历史的悲剧是，英法政府只是派遣代表去苏联谈判，却没有授权他们签署约束性协议，因此他们没有回应苏联的建议。至于波兰，它在历史上曾被俄国三次瓜分，其领导人现在面对苏联的建议，斩钉截铁地回答："德国人来了，我们有丧失自由的危险；俄国人来了，我们有丧失灵魂的危险。绝不允许俄国士兵进入我们的领土。"

俄罗斯对外情报部门列夫·索茨科夫少将战后指出："如果英国、法国和他们的欧洲盟友波兰严肃地对待这一提议，我们就能在德国面对的两个战线上投入300个师或者更多——这是希特勒当时兵力的两倍。这是一个拯救世界或至少阻挡豺狼道路的机会。"

希特勒推迟进攻时间

8月23日，希特勒把德军将领召集到奥伯萨尔茨堡他的一个乡村隐秘居所内，向他们下达了8月26日进攻波兰的命令。一群排列整齐、穿着耀眼制服的将官们，仔细聆听了希特勒的战前训示："如果部队停止不前，那就是指挥官的责任。在战争中要不惜采用任何手段取得胜利。"大批德军向德波边境集结。

但是，8月24日，希特勒收到了英国首相张伯伦的一封信。张伯伦在信中表示，不论出现什么情况，都不能改变大不列颠对波兰所承担的义务；一旦发生对波兰的入侵，英国政府决心并且准备毫不迟疑地使用所拥有的一切力量来援助波兰。法国也对波兰做出了相应的保证。

对于英法的恫吓，希特勒嗤之以鼻。孰料，就在他准备进攻波兰的前夜，他又收到了"钢铁盟友"墨索里尼的来信。墨索里尼在信中说，一旦德国进攻波兰，波兰的盟友英国和法国就会向德国宣战，但意大利还没有做好同英法作战的准备。墨索里尼在最后一刻变卦，气得希特勒破口大骂，但又无可奈何，只好撤销原来的命令，推迟了战期。

当时的确切时间是 8 月 25 日下午 6 时 30 分，距预定发动进攻的时间只有 19 个小时。要在这么短的时间内命令德国的十多个集团军全部停下来，是一件颇费周折的事情，因为许多部队已经开始行动了。在东普鲁士，取消进攻的命令直到晚上 9 时 37 分才送达贝茨尔将军的第 1 军。南面的克莱施将军属下的摩托化纵队，在黄昏时分已经逼近波兰边境，一个参谋军官驾着小型侦察机在国境线上快速着陆后，才把他们拦下。

有一支部队始终没有接到撤退的命令。8 月 26 日中午 12 时 1 分，由艾尔伯特·赫兹纳中尉率领的部队夺取了波兰的战略要地——简伦科夫城要塞，接着又占领了莫斯梯火车站，俘虏了一小批波兰人。当赫兹纳给总指挥部打电话汇报战果时，才知道他提前发动了进攻。根据上级的命令，他释放了俘虏，把部队撤了回来。

战争以"电台事件"拉开序幕

1939 年 8 月 31 日中午，希特勒再次下达了入侵波兰的"第 1 号作战指令"：

一、通过和平方式消除东部边境德国不能容忍的局势的一切政治可能性既已告罄，我已决定用武力解决。

二、对波兰的进攻应按照"白色方案"所作的准备工作进行，但陆军方面由于现在几乎完成了集结，因此有所变更。任务区分和作战目标未变。进攻时间：1939 年 9 月 1 日 4 时 45 分。……

德国党卫队头目希姆莱立马实施了他一手策划的"希姆莱行动"——"格兰维茨电台事件"：8 月 31 日中午，一批伪装成波兰士兵的德国党卫队队员冲进靠近德波边境的德国格兰维茨电台，向天花板连续射击，然后把一批死囚扔在地上，冒充被"波军"打死的士兵。接着，这伙伪装成波军的党卫队员占据了电台，并用波语发表了 3 分多钟的反德讲话，说是"波兰反德战争的时刻到了"。

第二天清晨，德国记者涌向格兰维茨电台。几小时后，德国所有出版物都登载了被"守卫电台的德国士兵"击毙的"波兰士兵"的照片，这些照片激起了德国民众的强烈义愤。希特勒正是以这个"血腥的挑衅"为借口，发动了侵波战争。

9 月 1 日凌晨 4 时 45 分，从本国和捷克起飞的德军轰炸机群铺天盖地，在黑暗中呼啸着向波兰境内飞去。1 小时后，隆隆的炮声划破黎明

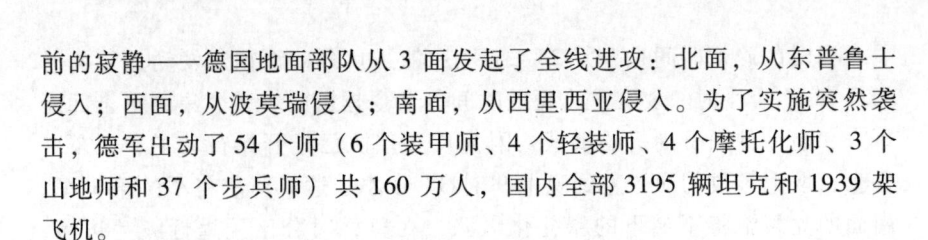

前的寂静——德国地面部队从3面发起了全线进攻：北面，从东普鲁士侵入；西面，从波莫瑞侵入；南面，从西里西亚侵入。为了实施突然袭击，德军出动了54个师（6个装甲师、4个轻装师、4个摩托化师、3个山地师和37个步兵师）共160万人，国内全部3195辆坦克和1939架飞机。

波兰当时的兵力为：38个步兵师、2个摩托化师、11个骑兵旅、1143辆轻型装甲车辆（2.4吨~8.9吨）和总共745架飞机。

这天早晨，希特勒起得很早，他特意穿上那件他成为元首后并不常穿的褐色军装，左臂上佩戴着党卫队的袖箍，小胡子修剪得整整齐齐，胸前那枚一战时获得的铁十字勋章尤其扎眼。他在帝国会议上对着扩音器大声嚷道："昨天晚间，波兰的正规军已经对我们的领土发起了第一次进攻。为了制止这种疯狂的行为，我别无选择，只能以武力对付武力。我又穿上了这身对我来说最为神圣、最为宝贵的军服。在取得最后胜利以前，我决不脱下这身衣服，要不然就以身殉国。"

德军飞机对波兰的主要机场、中心城市、交通要道、通讯枢纽、电站和行政中心进行了狂轰滥炸。停泊在但泽港外进行"友好访问"的德国"石勒苏益格－荷尔斯泰因"号战舰，突然向波兰但泽湾畔的韦斯特普拉特要塞猛烈开火，火光映红了整个海面。潜伏在波兰的德国第5纵队的间谍纷纷出动，冒充波兰军队，夺取军事要地，炸毁桥梁，破坏交通。混进城市的第5纵队队员则负责夺取电台，传播假消息扰乱人心。在军事目标和空降地点，第5纵队队员还发出信号，引导德国飞机进行轰炸或投放伞兵。他们甚至冲进波军指挥机构，利用无线电设备发布假命令，破坏波军的指挥系统。

仓皇应战的波兰空军的500多架飞机，还没有来得及起飞就被德国空军炸掉，机场的地面设施全部被毁，地勤人员死的死，伤的伤。波军无数大炮、汽车以及辎重，来不及撤退就被全部毁坏。由于通讯中断，波兰大部分地区陷入混乱，难民潮水般向东涌去。

英法的"静坐战争"

德军入侵波兰，打破了英国首相张伯伦的美梦。9月1日，英法向德国发出照会，要求德国停止军事行动，撤退一切德军。希特勒置之不理。意大利的墨索里尼由于此时还未做好参战的准备，便于9月2日以调停人的身份，建议双方"原地停火"，进行谈判。希特勒断然拒绝。9

月 3 日上午 9 时，英国驻德大使韩德森把最后通牒交给德国，德国外长里宾特洛甫表示拒绝，并把照会交给自己的译员施米特。施米特把照会的内容报告了希特勒。英国照会称："德国对波兰的进攻在继续。因此，我荣幸地通知您，如果在今天英格兰时间 11 时前伦敦不列颠政府得不到满意的答复，那么从上述时间开始，两国将处于战争状态。"希特勒静静坐着，一言不发，只有旁边的戈林表示："假使我们输掉了这场战争，那么上帝应该饶恕我们。"过了一会儿，德国又收到了法国驻德大使库隆德送来的最后通牒。

11 时 15 分，韩德森和库隆德到里宾特洛甫那里要求答复。里宾特洛甫傲慢地宣称："德国拒绝英国和法国的最后通牒，并要求英法政府承担发动战争的责任。"于是，英国立即对德宣战。张伯伦在英国下院发表演说时声称："今天，对我们所有的人，特别是对我，是一个令人可悲的日子。我为之奋斗的一切，我指望的一切，我在自己的全部政治生涯中所信奉的一切，都已毁于一旦。"

6 小时后，法国对德宣战。接着，英法的自治领地也相继对德宣战。希特勒对英法的"宣战"作了这样的解释："虽然他们已对我们宣战……但这并不意味着他们将真正同我们打仗。"

其时，德国西线的 C 集团军群下辖 3 个集团军，共 33 个步兵师，其中只有 11 个现役师，而且没有装甲部队和摩托化部队。法国兵力为 110 个师，其中 57 个现役步兵师、1 个装甲师、2 个机械化师、5 个骑兵师和约 4000 辆坦克。只要英法从西面发起进攻，就会使德军首尾不能相顾，面临严重的危险。然而，英法军队只躲在马奇诺防线的工事里，任凭德国的军车在德法边境上奔驰而不开一枪。莱茵河两岸的法德士兵隔河相望，甚至下河洗澡，秘密交换法国葡萄酒和德国啤酒。法英空军不对德国进行空袭，只在德国上空播撒传单。

德军为了避免腹背受敌、两面作战，曾投下上百万张赭色的"秋叶"，上面印着宣传部部长戈培尔的名言："秋天，叶在落。我们也和秋叶一样要落了。叶枯死了，这是上帝的安排。待来春，有谁会记起这枯叶，又有谁会记起倒下去的法国士兵呢，而生命在我们的墓地上犹存。"晚上，德军向马奇诺防线的法军播放缠绵的法国歌曲，而在节目结束时，德国广播员会说："晚安，亲爱的敌人，与你们一样，我们也不喜欢战争。谁该负责呢？不是你们，也不是我们。所以，我们为什么要互相射击呢？又一天结束了，我们大家又可睡上一晚甜觉了。"最后是一首轻柔的催眠曲。

闪击波兰 | 31

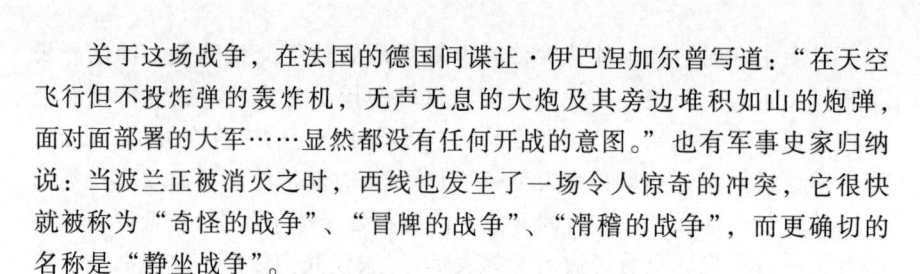

关于这场战争，在法国的德国间谍让·伊巴涅加尔曾写道："在天空飞行但不投炸弹的轰炸机，无声无息的大炮及其旁边堆积如山的炮弹，面对面部署的大军……显然都没有任何开战的意图。"也有军事史家归纳说：当波兰正被消灭之时，西线也发生了一场令人惊奇的冲突，它很快就被称为"奇怪的战争"、"冒牌的战争"、"滑稽的战争"，而更确切的名称是"静坐战争"。

战时德国西线总司令的参谋长西·韦斯特法尔战后在《评论：决定命运的一年》一文中透彻地写道："使许多德国军官感到惊讶的是，虽然法国人一定十分清楚我们暂时的弱点，他们却按兵不动。……沿着前线的其他地方，尤其是沿着莱茵河上游，都是处在'奇怪的战争'时期。连续好几个星期，任何一方都未开枪，不论是白天还是黑夜，双方的民工都可以在紧靠边界的地方构筑工事。甚至德国野战部队几乎全部都在西线集结时，这种状况还在继续。希特勒断言，法国人将坐失这千载难逢的良机，他说对了；由于他们没有利用德国这种虚弱的处境发动进攻，从而失去了重创希特勒德国的机会。对希特勒来说，下一步就是在尽早的适当时机打败法国。"

波兰政府外逃

9月3日晚，希特勒将办公地点从柏林的总理府移到了"亚美尼亚"号火车专列上，并乘车去前线视察。他的办公车厢用桃花心木制成，古色古香，车厢内一张栗色的长方形条桌旁，是一圈套着红垫的棕色皮椅。进早餐时，他手指地图，对陪同他的德军将官们说："我军已顺利完成第一阶段的任务。从总体态势上来说，我们的南北两大集群有如一把钢钳，紧紧钳住整个波兰。……波兰人愚蠢至极，竟还趴在第一次世界大战的陈腐兵法上，在一线配置了80%的实力。这对我们来说，真是再好不过了。我正好能以全新的闪击战略，粉碎波兰人的防线。"

确实，德军此时正集中兵力，以坦克、战机为前导，每天向波兰腹地推进60公里。经过3天战斗，德国第1军将波兰"莫德林"集团军逐出姆瓦瓦阵地。古德里安上将的第19装甲军突破但泽走廊，向库尔姆和格劳登茨（今格鲁琼茨）推进，波兰"波莫瑞"集团军大部被合围，至9月5日全部被歼。德国第10集团军突破琴斯托霍瓦两侧防线，波兰第7步兵师被歼。一个星期后，波兰军队已无力重建防线。9月7日，波军总司令雷兹－西米格威元帅和他的司令部躲进了布列斯特要塞。

9月8日，德军分两路向波兰中部和首都华沙发起进攻。11日，德军北路集团军群占领了离华沙只有30多公里的布列斯特铁路，南路集团军群也抵达华沙近郊。14日，德军在维斯瓦河一带歼灭了波兰从西北方向溃退下来的基本兵力，占领了波兰的中部地区，完成了对首都华沙的半包围。17日，德军南北两路集团军群在华沙以东200公里的布列斯特至立托夫斯克附近会师，波兰政府和波军统帅部仓皇逃往罗马尼亚。

9月19日，德军向华沙发起总攻击。华沙12万守军和民众在罗梅尔将军的指挥下，在城市中心修筑工事，设置街垒，而当德军临近华沙城时，他们就点燃成桶的松香油，阻止德军的攻入。希特勒非常恼怒，命令空军从9月24日起对华沙实施大规模空袭。华沙变成了一片火海，水、电、煤气和粮食供应完全中断。26日，德军坦克和步兵又发起了更为猛烈的进攻，华沙城防司令罗梅尔将军被迫要求停火。

9月21~23日，德军撤到维斯瓦河，该线是德苏双方8月23日确定的分界线。9月25日，德国航空师出动1176架次飞机袭击华沙，投掷燃烧弹72吨、爆破弹486吨。

9月28日，德军进入已成一片瓦砾的华沙。罗梅尔将军统领12万华沙守军，向德国集团军司令布拉斯科维茨上将正式签署了投降书。同日，里宾特洛甫和莫洛托夫分别代表两国在莫斯科签署德苏边界条约和友好条约，"势力范围分界线"由8月23日确定的维斯瓦河改为布格河，德军随即进至该线。

9月30日，以西科尔斯基将军为首的波兰流亡政府在法国成立，逃往西方的波兰军队均在其领导之下，到1940年春共约8.4万人。

10月1日，海尔半岛的波兰海军投降。10月2日，进行战斗的最后一个波兰城市格丁尼亚停止抵抗。10月6日，波兰最后一批部队在科茨克和卢布林缴械。至此，德波战争结束。但是，游击战一直持续到1940年春。

波兰的速败有许多原因，其中之一就是军事观念落后。在战争爆发前，速射机枪、坦克、潜艇、无线电设备等一大批新式武器和器材已经问世，战争正在进入机械化时代，但波军对此似乎一无所知。更为可悲的是，波兰骑兵竟然不了解坦克的性能，误以为坦克的装甲不过是些用锡板做成的伪装物。战场上，波兰骑兵往往喊着"上帝保佑波兰"、"祖国万岁"等口号，蜂拥而上，杀声震天，义无反顾地用马刀向德军坦克发起猛攻，但他们在德军坦克部队的枪炮绞杀下，还是一排一排地倒下去了。由德军"装甲兵之父"古德里安将军指挥的装甲兵第19军势如破

闪击波兰 | 33

竹,迅速推进。当希特勒到该师视察时,古德里安还对他说:"波兰人的勇敢和坚强是不可低估的,甚至是令我们吃惊。我们在这次战役中损失很小,完全是因为我们的坦克发挥了威力。"

这场战争历时36天,波军死亡6.6万人,伤13.3万人,被俘69.4万人,出逃10万人,其中大多数经匈牙利进入同盟国势力范围。德军死亡10572人,伤30322人(苏联报道死737人,伤101859人),失踪3404人,损失坦克217辆,飞机285架。

1939年10月8日,希特勒发布命令,宣布将波兰波兹南省、罗兹省以及基埃尔策省的一部分并入德国版图,并在其余地区建立"总督辖区",归希特勒委任的总督弗兰克管辖。弗兰克将总督府设在克拉科夫城堡的韦佛尔宫——波兰人的民族圣地,并声称:"我握有波兰人的生杀大权。"

苏军占领波兰东部

根据1939年8月23日签订的《苏德条约秘密附加议定书》,两国实际上已经瓜分了波兰。因此,德国在进攻波兰后,多次通过驻莫斯科大使舒伦堡,催促苏联出兵波兰东部。苏联迟迟没有出兵,并不是因为准备军事行动有什么困难,而是一时找不到适当的借口。阿诺德·托因比主编的《第二次世界大战全史》第3卷《轴心国的初期胜利》写道:"俄国人想借口德国威胁在波兰的乌克兰人和白俄罗斯人,作为他们干涉的动机,德国政府自然不喜欢这种主意。……莫洛托夫承认,'苏联政府提出的理由,含有刺激德国人感情的口气',但是他要求,'鉴于苏联政府的困难处境',德国人不要对这一点小事介意,苏联政府'不幸实在看不出有可能找到其他任何理由,因为苏联以前从来没有为他居住在波兰的少数民族同胞的困境操过心,目前的干涉,对外界总得找个借口,以言之成理。'"

为了师出有名和等待有利时机,苏联通过各种途径传达这样的信息:由德国进攻波兰所引起的战争,只不过是一场两个法西斯国家之间的战争。9月7日,斯大林对共产国际总书记季米特洛夫说:苏联并不反对德波这两个想要重新瓜分、统治世界的资本主义国家相互厮杀和削弱,波兰如被消灭,意味着少了一个资产阶级法西斯国家,这将有利于苏联把社会主义制度拓展到新的领土上和居民中。

1939年9月17日清晨,即在波兰政府首脑逃跑的当天,苏联外交人

民委员莫洛托夫发表声明称：苏联为了保护住在波兰境内的乌克兰人和白俄罗斯人免遭德军的蹂躏，命令军队越过国境，进入波兰东部的西乌克兰和西白俄罗斯地区。苏方在给波方的照会中还说："波德战争表明波兰国家内部是软弱无力的。华沙已经不再是波兰的首都了。波兰政府瓦解了，失去了生存的征兆。这就是说，波兰作为一个国家以及它的政府已经不复存在了。"

当时进入波兰的是由科瓦廖夫大将指挥的白俄罗斯方面军（下辖第3、第11、第10、第4集团军）和由铁木辛哥指挥的乌克兰方面军（下辖第5、第6、第12集团军）。《第二次世界大战全史》继续写道："驻在东部各省的波军在9月的第三周中溃不成军，俄国人的进攻完全出乎波军的意料。俄国人散发的传单上印有德军进攻范围的地图，以涣散波军的士气，入侵者还造谣说，他们是来打德国人，而不是来打波兰人的。"

9月18日，苏德两国军队在布列斯特－里托夫斯克会师。

据沈志华主编的《苏联历史档案选编》，苏联副国防人民委员库利克9月21日向斯大林、莫洛托夫、伏罗希洛夫报告前线状况说："1. 红军转入进攻时，波兰军队士气一落千丈。除边防部队、民团和总司令部领导的撤退部队所进行的零星抵抗外，红军几乎没有遇到任何抵抗。2. 俘获了大量普通士兵和军官。……4. 大部分居民情绪高昂地迎接红军。但在大城市中，特别是在斯坦尼斯拉沃夫，知识分子和商人对红军的态度比较冷淡。5. 在与罗马尼亚接壤的扎列希基市获得了一家银行，其中有尚未运走的部分贵重物品和纸币。在那里还缴获了一辆准备开往罗马尼亚的装满钱的汽车。……7. 由于我们推进速度快，所以除几座小桥外，铁路网桥梁都没有被破坏。……"

波兰利沃夫城防司令西科尔斯基10月20日在俘虏营里写给苏军乌克兰方面军司令员铁木辛哥的申辩信说："您肯定相信，我们彻底履行了我们作为士兵的天职，与德国侵略者进行了斗争，同时，我们也以相应的形式执行了波兰最高统帅部的命令，没有把红军看成是作战的对象。"

10月27日，波兰东部地区"要求"通过投票对并入白俄罗斯和乌克兰苏维埃共和国的问题做出决断。10月31日，莫洛托夫向苏联最高苏维埃报告说："必须指出波兰军队和波兰国家瓦解的事实。波兰当局经常以其国家'巩固'和军队'强大'自夸。可是，只需给波兰一个短时间的打击——首先是从德军方面，然后是从红军方面——就足够使《凡尔赛条约》的这一专靠压迫非波兰民族而生活的畸形儿消灭殆尽了。"

作家沃尔科夫后来在《第二次世界大战内幕》一书中写道:"1939年9月17日,红军进入面积为19万平方公里,住有600多万乌克兰人和300多万白俄罗斯人的西乌克兰和西白俄罗斯的领土,把那里的居民的生命和财产置于自己的保护之下。不久,在那里举行了民主选举,成立了国民会议,宣布成立苏维埃政权,并向苏联最高苏维埃提出申请,要求把西乌克兰和西白俄罗斯分别重新与乌克兰苏维埃社会主义共和国和白俄罗斯苏维埃社会主义共和国合并。这一要求于1939年11月初得到满足。"

苏芬冬季战争

1809 年俄瑞战争后，芬兰成为俄国的一个大公国。从此，芬兰人民为维护自治权和反抗沙皇的统治，进行了长达一个世纪的斗争。随着资本主义的发展和马克思主义的传播，芬兰人于 1899 年组建了工人党（后更名为芬兰社会民主党）。1905 年，该党领导了芬兰历史上第一次全国性罢工，迫使沙皇恢复了芬兰的自治权。1917 年"十月革命"后，芬兰于同年 12 月 6 日宣布独立。

1932 年，为期 10 年的《苏芬互不侵犯条约》得以签订。1938 年 4 月，苏联开始同芬兰进行外交谈判，希望芬兰能将列宁格勒外围领土同苏联北方领土进行交换，以便保护列宁格勒的安全，但谈判始终没有取得进展。1939 年秋季，苏联又要求芬兰把边界从列宁格勒退后 25 公里，并租借汉科半岛 30 年，以供苏联建立海军基地之用，为此，苏联愿割让两倍面积的北方领土作为交换。芬兰拖至 11 月才提出一项让步较小的解决方案，遭到苏方的拒绝。

1939 年 8 月 23 日签订的《苏德互不侵犯条约》，包含了一项秘密条款，规定将芬兰等国划入苏联的势力范围。据此，苏联迫使波罗的海沿岸诸国同他结盟：9 月 28 日和 10 月 5 日，爱沙尼亚和拉脱维亚准许苏联红军将其领土作为基地使用；10 月 10 日，苏联同立陶宛签订互助协定，立陶宛同意将其领土作为苏联红军的基地，并割让维尔纳。[1]

10 月 5 日，芬兰外交部长埃尔柯应邀访问莫斯科，于 10 月 12 日就"特定的政治问题"开始同苏方会谈。斯大林当时担心德国可能最终对苏联发动进攻，因而要求芬兰仿效波罗的海沿岸诸国，同苏联签订互助条约，并把芬兰一些边境地带割让给苏联，以保卫列宁格勒。苏联的这

---

[1] 1940 年 7 月 21 日，爱沙尼亚、拉脱维亚和立陶宛并入苏联。8 月 3～6 日，三国成为苏联的加盟共和国。

些要求均遭拒绝，因为芬兰当时既不愿放弃中立政策，也不愿放弃独立的地位。接着，苏联抓住一个机会，硬说芬兰军队炮击曼尼拉村造成苏联士兵死亡，并以此为借口，废除了两国1932年签订的互不侵犯条约。10月30日，苏军列宁格勒军区的约30个师在苏芬漫长的边境线上发起大规模的进攻，并对赫尔辛基、汉科和拉赫蒂实施空袭。苏联海军同时炮击芬兰南部海岸。卡尔·曼纳海姆元帅指挥芬兰10个步兵师、7个混编旅共30万人和150架飞机，以大片森林为依托进行抵抗，使苏军遭受了重大损失。许多苏联士兵称芬兰军人为"白色死神"。

12月2日，苏联同在芬兰边境城市泰里约基成立的反现政权的芬兰共产党政府签订《互助协定》，但由于苏联的攻势在越过旧边界不久便停滞不前，新政府未起任何作用。

战争爆发后，英法声言要组织一支反苏"十字军"，从南北两面进攻苏联：在北面，英法不顾挪威和瑞典的中立，准备派遣15万人的远征军，经这两国进入芬兰，直接同苏军作战；在南面，两国计划以中东一些国家为基地，用飞机炸毁苏联的主要油田，使苏联崩溃。瑞典在这场冲突中一直保持中立，并拒绝了国际联盟提出的援助芬兰的建议。但是，英法两国仍然向芬兰运去了大量武器。在大西洋彼岸，美国总统罗斯福对"强占芬兰的骇人听闻的行径"表示义愤，并谴责"这种重新诉诸军事力量的行为"。

12月14日，国际联盟宣布苏联为侵略者，并将其开除出安全体系。

1940年1月1～3日，苏联重新组织攻势，其西北方面军的第7集团军和第13集团军在轰炸机和歼击机的配合下，对由芬兰6个师防守的卡累利阿地峡上的"曼纳海姆防线"发动进攻，但被芬军击退。接着，芬兰第9师在苏奥穆萨尔米东部歼灭苏军第44步兵师，苏军死亡27500人，被俘1300人，损失坦克50余辆。芬军死亡900人，伤1770人。

2月5日，盟国战争委员会在巴黎作出决定，派一支由5万人组成的远征军，支援芬兰的防御。但是，战争此时已变得对苏联非常有利。2月11～13日，苏军第7集团军在穆奥拉湖和库奥莱马湖之间发起第二次进攻。在苏马达城突破，芬军被迫将其南翼撤至维堡以东地域。3月5日，芬兰军队已濒于兵力枯竭、弹尽粮绝、缺乏外援的险境。

3月7日，曼纳海姆在芬兰军事委员会会议上支持同苏联谈判的建议，他表示，在芬军已伤亡、失踪6万人（占全军20%）的情况下，仍继续无望的战争，他将不承担任何责任。3月8日，以帕西基维为首的

芬兰代表团前往莫斯科谈判。3月12日，苏军停战。3月15日，两国签订《莫斯科和约》。和约规定：1. 把卡累利阿地峡、维堡市、芬兰北部一些地方以及芬兰湾内一些岛屿割让给苏联，这些领土的面积共约4万平方公里，占全国面积的1/10；2. 把波罗的海岸边的汉科港租借给苏联作为海军基地，为期30年。曼纳海姆元帅为此哀叹道："该协定给我国的战略地位带来了灾难性的后果，我们丧失了本来可以保证我们阻止入侵军队前进的全部要地。新的国界使芬兰暴露在侵略者面前，而汉科则像一支指向我们心脏的手枪。"然而，一年以后，芬兰就在苏德战争中配合德军，夺回了失去的土地。

在苏芬冬季战争中，芬兰国防军死亡24923人，伤43577人，空军损失飞机61架。苏联外交人民委员莫洛托夫3月29日向苏联最高统帅部报告的红军损失为：死亡48745人，伤158863人。

入侵北欧

英法原指望德国在打败波兰之后继续东进，消灭苏联，殊不知德国却在玩弄声东击西的伎俩。

1939年9月27日，即在华沙陷落前夕，希特勒对德国三军司令官说，他已决定尽快在西线发动进攻，因为英法联军现在还没有做好准备。为了迷惑英法两国，希特勒再次老调重弹，呼吁和平。10月6日，他在德国国会发表讲话说："我的努力主要是使我们同法国的关系摆脱一切恶意的痕迹……我一直向法国表示愿意永远埋葬彼此之间的旧仇宿怨，并使这两个具有光荣历史的国家互相接近。"对于英国，他说："我也做了同样多的努力来争取英德之间的谅解以至友谊……只有德国同英国达成谅解，欧洲和全世界才能有真正的和平。"

然而，仅隔3天，10月9日，希特勒就下达了西线作战的第6号指令，即所谓"黄色方案"。指令规定，德军的目标"在于尽量歼灭法国作战部队以及与其并肩作战的同盟国军队；同时在荷兰、比利时以及法国北部尽可能多地占领土地，以作为对英国进行有利的空战和海战的基地，以及作为经济要地鲁尔的广阔保护区"。

德军抓住英法在西线宣而不战的大好时机，将波兰战场上的部队大量西调。广阔的德波平原上，带着硝烟味的大炮还没有来得及穿上炮衣，便被拖上了火车；一辆辆坦克吱吱嘎嘎地爬过月台，伏在一个个平板车皮上；士兵们则从四面八方赶往集结地，被匆忙塞进闷罐车。

谁料不久，1939年11月底苏联和芬兰之间的冬季战争，使欧洲形势发生了新的变化。希特勒害怕英法军队途经挪威和瑞典开进芬兰后，借故留在那里不走，对德国构成威胁，因而急忙改弦更张，调兵遣将，决意先占北欧再攻西欧。

此时，法国统治集团四分五裂，很多人根本不想打仗，而是静坐观望，同希特勒妥协。戴高乐在《战争回忆录》中说："占统治地位的党

派，又企图把这种观望政策说成是一种卓有成效的战略。政府人员，首先是总理本人，在无线电里大肆吹嘘静守政策的好处，报纸上有许多人也随声附和。他们说：我们多亏这一政策，才能不折一兵一卒而保住了国土的完整。"

希特勒趁西线"静坐"的8个月时间，大肆扩军备战，制造了许多飞机、坦克和大炮，潜艇也从战争初期的60艘增加到100艘。德国陆军扩展到156个师，超过英法两国兵力的总和。

1940年3月1日，希特勒签署了占领丹麦和挪威，代号为"威塞演习"的第一个作战指令。他在三军首脑会议上宣称："斯堪的纳维亚局势的发展，要求我们的武装部队首先占领丹麦和挪威。这一作战行动，可以防止英国对斯堪的纳维亚和波罗的海的侵犯，保证我们从瑞典得到铁矿石供应……"

消息传到伦敦，英国海军大臣丘吉尔立即要求政府采取措施，英国政府于是制定了两个军事行动计划：一个代号为"维尔弗雷德行动"，即4月5日在挪威水域布雷，阻止德国从瑞典经挪威运出铁矿石；另一个代号为"R-4计划"，即派一支军队去挪威南部的特隆赫姆、卑尔根等军事基地登陆，阻止德军前进。此外，英国还要采取"尽量有力的措施"，减少罗马尼亚对德国的石油供给。

4月2日下午，希特勒召集空军元帅戈林和海军元帅雷德尔会商，发布了一道正式指令，规定4月9日上午5时开始实施"威塞演习"行动计划。当天，德国最高统帅部向外交部部长里宾特洛甫下达了一道命令，指示他采取措施，劝诱丹麦和挪威在德军到达时不战而降。

4月4日，德国情报局中央处处长奥斯特上校把德军进攻日期通知了荷兰驻柏林武官萨斯，但这并没有引起这个受到威胁的国家的重视。

4月5日，盲目自满的英国首相张伯伦在德国第一批海军补给舰已经出港两天的情况下，还在伦敦讲话说："由于希特勒没有在我们尚无准备的情况下进攻西欧，他已经错过了赢得胜利的机会。"

丹麦缴械投降

4月7日，德国负责进攻丹麦的特遣部队参谋长库特·希麦尔将军身着便衣，乘火车到达哥本哈根侦察丹麦首都的地形，并为德国登陆部队作了必要的安排。9日凌晨5时15分，德军开始了"威塞演习"，分别对丹麦和挪威发动了陆海空袭击。11支舰队中有2艘战列巡洋舰、3

艘重型巡洋舰、4艘轻型巡洋舰、14艘驱逐舰、8艘鱼雷艇、31艘潜艇和12艘快艇。

当德军的地面部队越过边界，狼奔豕突般冲进丹麦国境时，丹麦人还在蒙头大睡。5时20分，即开始攻击5分钟后，德国驻哥本哈根和奥斯陆的使节才分别向丹麦和挪威政府递送了德国的最后通牒："德国政府希望不要抵抗。任何抵抗都将受到一切可能的手段的打击。"

丹麦地势平坦，又缺乏必要的防御准备，因此，德国两个装甲旅几乎没有遇到抵抗就占领了日德兰半岛。

首都哥本哈根位于日德兰半岛东面的西兰岛上，德军司令希麦尔将军随即派出3艘运兵船，在飞机的掩护下长驱直入，安然停靠在市中心的兰盖里尼码头上。接着，德国登陆部队蜂拥上岸，向国王居住的阿玛连宫和陆军总司令部挺进。

兰盖里尼码头离国王克里斯蒂安十世居住的阿玛连宫很近，离丹麦陆军司令部也只有一箭之遥。德军很快便包围了阿玛连宫，并迅速占领了陆军总司令部。被围困在王宫楼上的丹麦国王和大臣们，在卫队射击敌人的疏疏落落的枪声中慌忙研究对策。会上，多数大臣主张投降，只有陆军总司令普莱奥尔将军请求一战，但他立即遭到首相、外交部长和国王的否决。国王命令他的卫队停止抵抗，并在王宫的窗户上挂起白旗。此时离德国发动攻击不过才3个多小时。丹麦军队战死16人，而德军死了2人，受伤10人。

当天下午2时，希麦尔将军在德国驻丹麦公使西锡尔·冯·伦特－劳克的陪同下，去阿玛连宫会见了70多岁的丹麦国王，商谈签署丹麦投降协定的问题。希麦尔从公文包中取出已经拟好的"投降书"，请国王过目。2时50分，国王在投降书上签了字，并号召全国人民"不要做任何抵抗"。至此，独立的丹麦成了纳粹德国的"模范保护国"。战争期间，国王每天的工作就是骑着马在大街上跑一圈，以此告诉人们他还健在。

挪威顽强抵抗

4月9日凌晨，挪威国王哈康七世突然在睡梦中被人叫醒。他问明情况后当即表示："咱们作为一个中立国已经被'强暴'，挪威已进入战争状态。"天亮前，当德国驻奥斯陆公使把最后通牒交给挪威政府时，后者立即做出答复："我们决不屈服！我们将以武力对抗武力！"

德国用于占领挪威首都和主要港口的兵力有：海军的2艘战斗巡洋舰、1艘袖珍战列舰、7艘巡洋舰、14艘驱逐舰、28艘潜艇以及一些辅助舰艇；陆军3个师的兵力；空军的800架作战飞机和250架运输机以及一个伞兵营。

德军首先把挪威北方重要港口纳尔维克和首都奥斯陆作为攻击目标。4月9日天亮前，德国的10艘驱逐舰已迫近纳尔维克长长的港口峡湾。当时，港内停靠着挪威两艘老旧的装甲舰"艾得斯伏尔德"号和"挪奇"号。舰上的指挥官看见德国舰只逼近，立即下令发炮警告，要求德舰停止前进，并用信号表明身份。狡猾的德国驱逐舰避不作答。指挥德国驱逐舰队的弗里茨·邦迪海军少将还派了一个军官，乘汽艇去向挪威人说明情况。

德国汽艇驶近"艾得斯伏尔德"号，表明他们是来保卫纳尔维克港免遭英法占领的，要挪威军舰立即投降。"艾得斯伏尔德"号上的官兵万分愤怒，谴责了德国人的横蛮要求，并表示决不投降。于是，德国汽艇上的军官只好用信号通知弗里茨·邦迪少将，说挪威人拒绝投降。弗里茨·邦迪立即火了。在德国汽艇离开"艾得斯伏尔德"号后，他下令发射鱼雷，将"艾得斯伏尔德"号击沉。另一艘装甲舰"挪奇"号也向德军舰艇开火，但很快就被德国军舰的炮火击毁。当天上午8时，德国人攻占了纳尔维克港。

为了夺取挪威首都奥斯陆，德军派出了以袖珍舰"卢佐夫"号和崭新的重巡洋舰"勃吕彻尔"号率领的庞大舰队。在奥斯陆峡湾的入口处，德国舰队遭到了挪威布雷艇"奥拉夫·特格逊"号的袭击，一艘鱼雷艇被打沉，轻巡洋舰"埃姆登"号被打伤。奥斯陆峡湾的炮台也向德军舰队开火，一些炮弹击中了德军战舰，一些炮弹在水中溅起了浪花，使德军舰队无法前进。

德军舰队于是改变战术，派出一小股兵力从侧面登陆，用火力压住岸上的炮台，再乘机驶进峡湾入口。不久，峡湾炮台上280毫米口径的克虏伯大炮，又重新向德国舰队射击，还从岸上发射了鱼雷。德舰"卢佐夫"号中弹起火，万吨级的"勃吕彻尔"号巡洋舰也中弹爆炸，船身破裂沉没。"勃吕彻尔"号上的德国舰队司令奥斯卡·孔末茨海军少将和率领德国步兵师的埃尔温·思格尔布莱特将军，在舰只起火后便跳入海中，拼命向岸上游去。跳水的德军官兵们勉强游到岸上，也成了挪威军队的俘虏。德军舰队在遭此失败后，只好撤退。

柏林最高统率部在接到战报后，立即做出决定：加速派兵占领挪威主要城市，同时派出伞兵并空运步兵，在奥斯陆的福纳布机场着陆，奇袭挪威首都。不过，以国王哈康七世为首的挪威王室、政府和议会议员，在德国空降部队着陆前，就已由首都奔向奥斯陆以北约 80 英里的哈马尔。20 辆载着挪威银行的黄金和 3 辆载着外交部机密文件的卡车也同时撤离首都。

当德军 5 个轻装连的兵力在福纳布机场集结时，惊恐的气氛登时笼罩全城。德军利用挪威军民的惊惶心理，以一支军乐队为前导，吹吹打打、大摇大摆地开进了奥斯陆。

逃到哈马尔的 195 名挪威议员于 9 日下午开会商讨对策。他们情绪激昂，主张坚决抵抗。但是，由于德军逼近，议会只好休会，议员们连同国王哈康七世、王室，一道向离瑞典边境只有几英里的艾尔佛鲁姆小镇转移。

此时，希特勒采用了两手策略：一方面，命令他早已收买、豢养的挪威卖国贼、前国防部长韦德昆·吉斯林出台活动，发表广播演说，自封为新政府的"首脑"，扰乱民心，从内部进行破坏①；另一方面，德国驻挪威公使勃劳耶按照希特勒的训令，于 4 月 10 日下午 3 时单枪匹马赶到国王和政府的临时驻地同国王谈判。勃劳耶对哈康七世说，德国希望保留王室，挪威人对德国军队的抵抗是愚蠢的，只会招致无益的屠杀。他还要求哈康七世批准吉斯林政府，回到奥斯陆。哈康七世对德国公使说："待内阁讨论并做出一致决定后，我会用电话通知您。"于是，德国公使返回奥斯陆等待挪威国王的答复。哈康国王立刻同他的王室、内阁和议员们转移到艾尔佛鲁姆镇附近的纽伯格宋村，在那里的一家简陋的旅馆里召集全体内阁成员举行国务会议。会上，国王发表了激愤的演说，议员们一致做出决定：决不投降！当晚，哈康国王通过村里一个微弱的电台，向强大的希特勒第三帝国说"不"。

德国公使又于 4 月 11 日下午奉命发出急电，要求再见哈康七世，但他遭到拒绝。国王任命鲁盖取代已辞职的洛克任军队统帅，以示决心抗战。希特勒恼羞成怒，决定派飞机轰炸纽柏格宋村，想把挪威国王和内阁成员统统炸死。4 月 11 日晚，德国空军的轰炸机把该村变成一片火海，纳粹飞行员还用机枪扫射那些企图从烈焰中逃生的人。幸运的是，国王和政府成员保持着很高的警惕性，早就躲进了附近的森林。

① "吉斯林"从此成了内奸或卖国贼的同义词。其时，他只当了 6 天首相就下了台。1942 年，德国再次把他扶为"首相"，充当傀儡。1945 年 10 月，他以叛国罪被判处死刑。

德军飞机飞走后，挪威政府成员和议员决定撤到积满春雪的山区去。他们沿着崎岖的古德勃兰德斯山谷，越过高山峻岭，向挪威的西北岸走去。4月29日夜间，已经撤退到莫尔德的挪威国王和他的内阁成员，又登上英国"格拉斯哥"号巡洋舰抵达特罗姆索。5月1日，挪威国王在这里建立了临时首都。6月7日，哈康国王和他的政府又乘上英国"得文郡"号巡洋舰去了伦敦，成立了流亡政府。6月9日，哈康国王命令国内军队停止战斗。6月10日，挪威北部的部队投降。此后，哈康国王在伦敦度过了5年的流亡时光。

在整个挪威战役中，德军伤亡5000多人，挪、英、法、波军队伤亡5000人。但在挪威水域的海战中，盟军却稍胜一筹。

瑞典宣布中立

瑞典是德国铁矿石的重要供应国。德国在战争的第一年消耗了1500万吨铁矿石，其中有1100万吨来自瑞典。冬季，这些铁矿石主要通过挪威北部的纳尔维克港出海，沿挪威海面运往德国。早在1939年秋冬，英国海军大臣丘吉尔就曾建议在挪威布雷，切断德国铁矿石的运输线，但由于受到张伯伦反对以及法国担心德国报复，这一建议未被采纳。

瑞典在德国开战后即宣布中立。在德军占领挪威和迫近它的边界时，它的对内对外政策发生了急剧的变化。对内，压制人民的反法西斯运动，禁止出版反法西斯的宣传品和举行群众集会；对外，它倒向德国，向德国提供英法行动的信息。在整个战争期间，瑞典政府将铁矿石和木材源源不断地运往德国，帮助了希特勒的侵略战争。

德国在征服北欧诸国后，便可以在海上近距离攻击英国，其舰队也有了一条经过北海进入大西洋的通道。在这种战略形势下，德国加速了横扫西欧诸国——荷兰、比利时、卢森堡和法国的战争。

占领比荷卢

1938年8月,德国在准备进攻捷克斯洛伐克时,就已考虑了侵占比利时、荷兰和卢森堡的计划。希特勒认为,这项计划对德国大有裨益——德国能充分利用这些国家来达到自己在欧洲扩大"生存空间"的目的,特别是可以把这些国家作为对英法作战的空军基地。1939年5月,当希特勒最后做出进攻波兰的决定,并预见到要同英法作战时,曾对他的军事司令官们说:"必须军事占领荷兰和比利时的空军基地,而对于他们的中立声明,可以置之不理!"

8月22日,希特勒对他的军事司令官们说,按照他的看法,英国和法国"不会侵犯这些国家的中立"。同时,他向比利时、荷兰和卢森堡保证,他将尊重它们的中立。然而,就在同时,陆军总司令冯·布劳希奇将军却向B集团军群发出指示:"如果形势需要,应作好立即进攻荷兰和比利时领土的准备。"

1939年10月,希特勒在德军最高统帅部签发了进攻西欧的第6号作战指令,即"黄色方案"。该方案指出,德军的主要突击方向是比利时的中部和法国的巴黎。

11月23日,希特勒在一次讲话中说:"我们唯一的致命弱点是鲁尔区。进行战争有赖于占有鲁尔区。如果英法两国通过比利时和荷兰进入鲁尔区,我们就会陷入最大的危险……如果英国和法国完成扩充军备,它们肯定会向德国发动进攻。英国和法国都拥有迫使比利时和荷兰请求英法给予援助的压榨手段。在比利时和荷兰存在着对法英两国的同情……英国军队进入比利时对我们发动袭击,对我们来说,就为时晚矣,我们必须率先行动……我们将用无法排除的鱼雷封锁英国的海岸。用空军进行水雷战需要另外的出击基地。切断供应,英国就无法生存。我们能够自给自足。长期沿英国海岸布雷将迫使英国屈服。但是,只有当我们占领比利时和荷兰之后,才能做到这一点……我的决定是不可改

变的。"

1940年1月10日，德国第2航空队派出联络官莱因伯格和赫恩曼斯空军少校前往总部，安排西线作战细节。莱因伯格的座机起飞后，天气骤变，狂风大作，厚厚的铅灰色云层使能见度大大降低。在德国和比利时边界上空，飞行员迷失了航线，无线电也收不到基地的信号。眼见油箱的汽油就要耗尽，飞行员只得扎下机头，寻找迫降之处。见一条小河边有一片田地，飞行员顾不得许多，盘旋两圈减速后便强行着陆。这里是比利时的梅赫伦。当莱因伯格和赫恩曼斯爬出飞机，正在分辨东西南北时，一队比利时士兵已驱车赶到。两个德国军官急忙拉开大公文包，取出绝密的"黄色方案"，划火点燃。无奈文本太厚，一时难以尽毁，比军士兵抢下了尚未燃尽的残余部分。次日，希特勒发布"1号原则命令"，其核心是："对于保密之事，任何人……如不是出于工作之必须，绝不允许知道。"

德军A集团军群参谋长曼施坦因认为，既然"黄色方案"已落入英法联军之手，它肯定已经泄密，如果继续执行，战略的突然性就无从谈起。他建议对方案进行修改。德军最高统帅部同意他的意见。1月13日，希特勒命令停止西线的一切军事行动。1月16日，希特勒最终把西线攻势的发起时间定在春季。

2月17日，曼施坦因向希特勒提出：将德军主要打击力量放在西线中央，以强大的装甲部队突破比利时的阿登山区森林，插入法国北方后直趋英吉利海峡。希特勒采纳了这一建议。2月24日，他在最高统帅部发布了一道执行修改过的新方案的指示。

5月初，德国在西线部署了136个师、2580辆坦克、3824架飞机，组成A、B、C集团军群，准备随时出击。英、法、比、荷也部署了135个师与之对峙，双方势均力敌。

阿登山区地跨比、卢、法3国，面积近1万平方公里。山体虽不算太高，但坡陡路险，沟壑纵横。山地深处，古木参天，2000多年来一直是欧洲兵家必争之地。在这条蜿蜒曲折的峡谷里，曾发生多次战役。但是，19世纪以后，法国统帅部以至整个欧洲军界认为，这是一个不能进行大规模军事行动的地方。因此，法国现时把最弱的一支部队——武器装备低劣，士兵大多是预备役人员的科拉普的第9集团军派驻在这里。

5月9日，希特勒命令军队作好准备，于次日凌晨对西线发动全面进攻。陆军总司令为冯·布劳希奇大将，总参谋长为哈尔德上将。北段B集团军群由冯·博克大将指挥，中段（重点）A集团军群由冯·龙德施泰特大将指挥，南段C集团军群由冯·勒布大将指挥。

像历次入侵都要寻找借口一样，希特勒这一次找到的"理由"可谓冠冕堂皇——5月9日夜间，戈林命令德国空军第5大队的约瑟夫·康胡别尔担任指挥，空袭了本国的大学城弗赖堡，结果，一所女子寄宿中学和一所医院被炸，死伤数百人。德军统帅部把这次袭击归罪于比利时和荷兰的空军。

5月10日4时30分，德国大本营向德军各部队宣读了希特勒的文告："从今天开始的这场战争，将决定德意志民族今后1000年的命运。"5时30分，天刚破晓，希特勒就在凯特尔、约德尔等将军的陪同下，来到缪恩施特莱附近的"鹰巢"大本营召开会议，发布命令。

德国参战兵力共141个师，包括10个装甲师、4个摩托化师、3700架飞机、2445辆坦克、7378门75毫米口径火炮。英、法、荷、比盟军共有147个师，3800架飞机、3100辆坦克、14500门75毫米口径火炮，其中还不包括英伦三岛上的1000多架可提供支援的战斗机，因而在数量上占有优势。

德国的进攻开始于空袭荷兰、比利时和法国的机场、指挥所、军营、军用仓库和最重要的工业中心。由空军元帅凯塞林和施佩尔指挥的航空队的1480架轰炸机，在战斗机群的掩护下，倾巢出动。天亮之前，德国空军一举轰炸了荷兰、比利时和法国北部的72个机场，摧毁了盟国的几百架飞机。接着，德国的铁甲洪流涌入荷兰、比利时和卢森堡；德军伞兵和陆军空运部队也在荷兰、比利时的后方空降着陆，占领了机场、重要设施和桥梁。就这样，德军在从北海到马其诺防线之间的175英里的战线上，从比利时和卢森堡南部的阿登山区分3路前进，纵深达100英里，迅速深入两国腹地。

同一天，德国大使分别向荷兰和比利时政府发出照会，硬说英法军队在比利时和荷兰的同意下，计划取道这两个国家进攻鲁尔。卢森堡也收到了同样的照会。

5月11日，英法联军企图驰援荷兰，但因受到德军的阻击，未能如愿，只好从安特卫普经鲁文、那慕尔沿马斯河往南建立了一道防线。盟军在那慕尔和安特卫普之间短短的60英里的防线上部署了36个师，而德军的进攻部队只有20个师，这正中了德军的调虎离山计。5月13日，德军在从迪南和色当两地猛攻马斯河防线时，"与其说是正规的军事战役，不如说是一场赛跑"——法国守军尚未修好工事就被冲垮了。

5月14日，希特勒发出第11号指令，其中指出："近日攻势的进展

表明，敌人还没有及时理解我们作战行动的基本意图，他们仍然把重兵放在那慕尔－安特卫普一线，似乎忽视了 A 集团军群所攻击的地区。"确实，德军 A 集团军群的 7 个坦克师在 3 天之内就跨过了阿登，进逼马斯河，突破法国第 9、第 2 集团军的防线，然后向西挺进。

就在 5 月 14 日，在鹿特丹受到破坏性轰炸之后，威廉·敏娜女王乘驱逐舰流亡英国，组成流亡政府，在其殖民地的支持下，站在英国一边继续与德国作战。

15 日 11 时 45 分，荷兰武装部队总司令温克尔曼向德军投降。这离战争开始才 5 天时间。

5 月 17 日，德军兵不血刃地占领了布鲁塞尔。5 月 27 日，比利时军队再遭惨败，惊慌失措的比利时国王利奥波德三世急忙于当天下午派出参谋总部副参谋长罗骚将军去见德军负责人，要求休战。德方提出，比利时必须无条件投降。次日清晨，利奥波德三世宣布向德国无条件投降。

德国对荷、比、卢的猛烈进攻，使英法联军处于极其被动的地位。消息传到伦敦，英国舆论大哗，一贯执行绥靖政策的张伯伦政府受到猛烈冲击，立即下台，由强硬路线的代表海军大臣丘吉尔执掌政权。在巴黎，法国总理达拉第同样受到朝野上下的指责，也于当天被迫辞职，由雷诺组成新政府。

敦刻尔克大撤退

敦刻尔克位于法国北部与比利时临近的边境，仅有居民万余人。北面是英吉利海峡，与英国本土遥遥相望。

"敦刻尔克"一名来源于佛兰芒语"沙丘上的教堂"（Church of the dunes）。这个城市从中世纪以来曾 6 次遭受围攻和洗劫，是法国、西班牙、英国和荷兰发生冲突的中心，直到 1662 年才为法国收复。路易十四时期，这里修筑了强大的防御工事，使它成为法国截击、俘获外国船只的基地。

1940 年 5 月，德军发动了对西欧诸国的进攻，迅速占领了荷兰、比利时、卢森堡。5 月 20 日，南翼德军越过阿登山区进入法国北部，占领了色当要塞。接着，德军在突破马斯河防线后，兵分两路：一路向法国首都巴黎挺进，一路沿宽阔平坦的公路向英吉利海峡方向进攻。德军 25 日占领土伦，26 日夺取加莱，直逼英吉利海峡，把法国北部和比利时境内的英、法、比部队同法国中央部队拦腰切断。北退的约 40 万联军被逼到敦刻尔克海港狭小的三角地带，溃不成军，孤立无援。英军将领蒙哥马利后来在回忆录中戏谑地写道：他的随从参谋被一块弹片击中头部，钢盔滚落在地，他大骂这个参谋惊慌失措，连钢盔也丢了。这位参谋毕恭毕敬地指着他的脑袋说："长官，您头上也是这样。"

此时的敦刻尔克虽有 7 个大型船渠、4 个干船坞和 8 公里长的码头，但是，由于德国飞机的轰炸，大多已成为一片废墟。

英国首相丘吉尔经过摸底，发觉法国最高统帅部内弥漫着浓厚的失败主义气氛，便开始考虑撤走英军的问题。说来也巧，5 月 19 日，英国远征军司令戈特将军正式向伦敦提出了撤退的建议："我知道这个方案甚至在理论上也是万不得已的解决办法，因为它意味着英国远征军在法国人需要英国给予最大限度的支援时，却退出了战区。"于是，丘吉尔命令海军开会，讨论并制订以"发电机"为代号的撤退计划。

"敦刻尔克怪事"

5月23日，德军古德里安上将的第19装甲军到达格拉夫林，这里离敦刻尔克还有16公里，而在其右翼的莱因哈特的第41装甲军，也已到达拉巴塞运河一线。两支劲旅只需再加一把劲，就可以直取敦刻尔克。

5月24日，英国戈特将军未经盟军最高统帅部批准就自作主张，命令阿腊斯地区的英军向北后撤，致使盟军失去了与法国南部的联系。被困的盟国军队溃不成军，只好沿着公路退到海边。但是，公路上堵塞着被丢弃的武器、车辆以及难民，盟军只好用推土机把废物推入公路两侧的沟渠，把难民转移到田野上去。

然而，正是在这一天，正是在这样的背景下，希特勒来到夏尔维尔的A集团军群司令部视察。他在听取了龙德施泰特将军的战况报告后，下令德国坦克部队停止前进，撤回先头部队，只准执行侦察和警戒任务的部队继续往前。古德里安接到命令后，大吃一惊，马上询问总部到底是怎么回事，可是，他得到的回答是："元首的命令不可更改。"

世界军事史把希特勒的这一决定称为"敦刻尔克怪事"。

这一"怪事"在德军总部引起了一片混乱，各级指挥官认为这道命令极其荒唐。德军总司令布劳希奇和总参谋长哈尔德还提出了辞职申请——他们主张一鼓作气围歼英法盟军。然而，希特勒指责他们"缺乏远见"，并说："我已将西线作战的指挥权交给了A集团军群，而A集团军群司令龙德施泰特元帅也不同意继续进攻，坚持将装甲部队投入下一阶段的南方作战。"

5月26日，德国A集团军群又准许装甲部队越过拉巴塞运河，但仍不准进攻敦刻尔克，只能炮击。

总而言之，这让英国戈特将军有了死里逃生的机会！他利用这段喘息时间，一面加紧修筑防御工事，一面开始执行"发电机"计划。英国海军部迅速征集到860多艘各类船只，泰晤士河上的拖轮、快艇、渔船、游船等也都一一登记，随时待命。

撤！撤！撤！

5月26日晚6时57分，当希特勒命令德军重新发起进攻时，由英国海军中将拉姆齐领导的16人参谋班子也使"发电机"开始转动。傍晚，

敦刻尔克大撤退 | 51

800多艘舰船升火起锚,开出英国多佛尔、希尔内斯、马加特、拉姆斯格特、福克斯通和纽黑6个港口,冒着汹涌的海浪和德国飞机的轰炸驶向彼岸。当船队驶进敦刻尔克港口时,聚集在沙滩上的英国远征军排列成行,向前移动,走进没踝的、没膝的、齐腰的、齐胸的海水,最后被拉上大船。海潮涨落时,同伴们的尸体往往撞到他们身上,这些同伴有的是被德军的炮火打死的,有的是由于救援船只沉没而溺水身亡的。不管怎样,当天夜里只有1300多人撤回了英国。

第二天,德军对敦刻尔克的进攻更为猛烈。成群的德国轰炸机在港区和海滩上空俯冲轰炸,共投下1.5万枚炸弹和3万枚燃烧弹,1000多个居民被埋在废墟里,盟军的处境也极其危险。由于码头被毁,船只无法靠岸,士兵们只好从深水中先攀上小船,再登上大船。不少士兵还没有来得及爬上大船就被炸死。

敦刻尔克港和港口通道上堆着无数船只残骸和盟军士兵的尸体。英国坦南特海军上校不得不向总部发出告急信号:"撤退颇成问题!"皇家空军为了掩护撤退,把每一架可以动用的战斗机都投入了敦刻尔克上空的战斗。双方的机群在空中互相冲撞、攻击,浓烟掩天盖日。部分盟军的船只躲过敌机的轰炸,驶过了恶浪滚滚的海面。

5月28日,撤退工作进行得比较顺利。英国人开始利用绳索牵引小船,使之靠近敦刻尔克海面。撤退的士兵先乘上这些小船,再驶向停在深水处的大船,这就大大加速了撤退的过程。此时,英法的驱逐舰一面运送士兵,一面攻击敌人的鱼雷艇、潜水艇和轰炸机,有时还出其不意地逼近海岸,轰击被占领的加莱、格拉夫林和纽波特一带的德军炮群。

5月29日,潮汐虽高达15英尺,但士兵们仍然巧妙地利用木板等物,以每小时1000人的速度顺序登船。这天下午,德国施图卡机群又来袭击,等待撤退的士兵伤亡惨重。敦刻尔克港口和海口通道被炸得七零八落。法国一些较为先进的海军舰艇也在这一天果断撤走。白天难以撤退,盟军就在夜间继续行动。其时,浓密的大雾从海面升起,吞没了敦刻尔克附近的海域,德军轰炸机完全失去了目标,英国的救援船队颠簸起伏地来回渡越海峡。

经过几天的轰炸,盟军士兵也增加了躲避敌机投弹的经验。他们发现柔软的沙滩能吸收炸弹的爆炸力,所以当德军投弹时,他们便卧倒在沙滩上,这样即使炸弹在身边爆炸,也可以减少伤亡。

5月30日,丘吉尔召集海陆空三军大臣和参谋长举行会议,研究撤退情况。丘吉尔对总共撤走了12.6万多人(包括6000多法国士兵)感

到高兴和满意——原计划是撤走 4.5 万人。

5月31日，天气突变，乍起的北风吹过海面，掀起层层波涛，英国大批小船、汽艇被推向岸边搁浅，由疲惫不堪的部队辛辛苦苦用卡车搭起的码头也被海浪摧垮。到了下午，风力减弱，船队才又开始忙碌起来。

6月1日清晨，德国空军全面出击，步兵也在炮兵和坦克的支援下发动进攻。炮弹和炸弹四下呼啸爆炸，海滩、港口又成了一片火海。仅这一天，由于受德军空袭、触雷、快速鱼雷艇的袭击或者相互冲撞而沉没的盟军船只就有31艘，被击毁的有11艘，几乎等于前一个星期损失的总和。

6月2日晚，负责执行"发电机"计划的拉姆齐将军把一切可以利用的船只再次调往敦刻尔克。夜幕降临时，最后一批英国远征军登上了船只。

6月3日凌晨，英国亚历山大将军偕同坦南特上校在海滩上巡视了一圈，对英国远征军已全部撤退感到十分兴奋。然后，他们冒着敌人机枪的扫射，登上驱逐舰胜利返航。

6月4日凌晨3时零5分，最后一名法军高级指挥官、32师师长卢卡斯将军等来了英国内阁专门派来接他的一艘快艇。他默默地向分成4排整整齐齐地站在海滩上的1000多名法国士兵，长长地敬了一个军礼，然后带着参谋人员登上快艇，消失在晨雾之中。上午11时，满载着法国士兵的最后一艘"希卡里"号英舰驶离敦刻尔克港口。下午2时23分，英国海军部正式宣布"发电机"行动结束。就在这一天，德军攻占了成为一片废墟的敦刻尔克，担任后卫的4万法国官兵成了俘虏。

从5月26日到6月4日，盟军从敦刻尔克共撤走366162人，其中英军224717人，法军141145人，创造了世界战争史上的一大奇迹。[①] 撤退期间，盟军的武器装备丧失殆尽，仅英国就有240艘船只被击沉，180架飞机被击落，10个师的武器装备和车辆全部成了德军的战利品。

战争不是靠撤退赢得的

在敦刻尔克撤退的9个日日夜夜中，丘吉尔一直没有离开他的办公

[①] 战后联邦德国公布的数字是：盟军通过法国北海岸的"周波"行动、比斯开湾沿岸的"天线"行动和"发电机"行动，撤出英军144171人，法军18246人，波兰军队24352人，捷克军队4938人，比利时军队163人，共计191870人。

室，两只布满血丝的眼睛始终紧紧盯着悬挂在墙上的敦刻尔克地形图，疲乏极了就趴在办公桌上打个盹。他还通过扩音器，把鼓励的话语送到正在撤退的英国军民的耳朵里。撤退过程中，他同法国海军总司令达尔朗上将有过一场争论：他代表英军提出，让法军先上船，英军担任后卫，而达尔朗则向法军下达命令，让英军先上船，法军担任后卫。

6月4日，丘吉尔在下院提醒议员们说："我们必须非常谨慎，不要把这次援救说成是胜利。战争不是靠撤退赢得的。"就是在这个时刻，他发表了那篇令人难忘的战时演说：

欧洲大片的土地和许多古老著名的国家，即使已经陷入或者可能陷入秘密警察和纳粹统治的种种罪恶机关的魔掌，我们也毫不动摇，毫不气馁。我们将战斗到底。我们将在法国作战，我们将在海上和大洋中作战，我们将具有愈来愈大的信心和愈来愈强的力量在空中作战；我们将不惜任何代价防卫本土，我们将在海滩上作战，我们将在敌人登陆的地点作战，我们将在田野和街头作战，我们将在山区作战；我们决不投降……

希特勒的"停止前进令"

1940年5月23日,德国陆军总司令布劳希奇下达了继续进攻英法联军的命令,还特别强调要让坦克部队承担主要的突击任务。24日早晨,德军坦克集群进抵格拉沃利讷-圣奥梅尔-贝蒂讷一线,只要沿着海岸完成最后一击,就会切断英法联军同海上的联系,来一个"瓮中捉鳖"。然而,令人不解的是,希特勒却在同A集团军群司令龙德施泰特商量后,下达了一项"停止前进令",禁止坦克集群越过拉巴塞运河。

接着,德军统帅部发布第13号指令,规定消灭英法军队的任务由B集团军群的步兵师和航空兵承担。该指令说:"下一个作战目标是,以我军右翼实施向心进攻,歼灭被包围在阿图瓦和佛兰德地区的法国、英国和比利时军队,并迅速夺占这一地区的拉芒什海岸。"

这就是说,希特勒命令暂停进攻,并不是要完全停止进攻,而只是改变了战术计划,即把主要突击力量由坦克集群换为步兵师和航空兵。

就在当天,英国统帅部截获了德军在敦刻尔克-阿兹布鲁克-梅尔维尔一线暂停进攻的明码电报,如释重负。

这就发生了一个问题:促使希特勒在战役的决定时刻停止坦克集群行动的原因究竟是否合理?多数军事史家认为,这是希特勒及其将军们的一大失误,但也有人认为,希特勒的做法不无道理,因为佛兰德地区的沼泽地太多,不宜坦克通过。由于遍地沼泽,德军坦克部队经过两周的猛烈进攻后,非常需要暂时休息,变更部署,为战局的第二阶段保存实力,夺占巴黎,彻底抑止法国的抵抗。

希特勒在1940年5月26日致墨索里尼的信中,曾就他暂停坦克集群进攻的原因作了这样的说明:"在下达关于向拉芒什实施最后突破之前,我认为必须暂时停止我军的进攻,甚至不惜冒险让英法部队撤走或突围。我们可以利用这样赢得的两天时间清理道路。……因此,现在我们一点也不必担心军队补给会发生什么困难。同时,步兵师……现在可

以重新同坦克和摩托化兵团联合作战……"

龙德施泰特后来也写道:"希特勒决定的依据是,从他当时在柏林所用地图上看,港口周围的地形是沼泽地,不便于坦克部队行动。鉴于坦克数量少,地面通行不便,南面的法军尚未被消灭,希特勒决定放弃坦克冲击,因为他认为坦克冲击太冒险了。"

当然,希特勒军队有足够的工程保障,能够在布满壕沟、障碍、水渠的起伏地形上为坦克开辟道路。但是,这会使坦克集群受到重大损失,这种损失在敦刻尔克可能发生的巷战中,会不可估量地增大。德国最高统帅部的守则规定,绝对禁止使用坦克进行巷战,其中包括敦刻尔克在内。当时哈尔德也表示反对在巷战中使用坦克,因为他认为,巷战应由步兵师进行。德军坦克在阿拉斯战斗中的损失达到50%。在布洛涅-加莱-伊珀尔-里尔战役后,克莱斯特坦克集群更加不振。从5月10日至30日,德军共损失坦克466辆。

事后又有材料证明,影响希特勒决心的,还有同希特勒亲近的军事顾问,如凯特尔、约德尔、戈林等人的意见。戈林当时特别坚持争取把彻底击溃英法被围军队的"荣誉"归功于空军,他嫉妒陆军将领们的胜利,力图为自己及其亲信争夺第一批战功。

利德尔-哈特后来在《德国将领谈话录》一书中总结说:"希特勒的性格非常复杂,所以任何简单的解释都未必是真实的。他做出这一决定,很有可能是交织着好几条线。三条是看得清楚的——他希望保存坦克力量以备下一次出击之用;他长期以来始终惧怕佛兰德沼泽地;戈林为纳粹空军争功。不过,十之八九,这个生性爱好政治权术、头脑里装着很多花招的人,他心中交织着一条政治线和这三条军事线。"

法国屈膝投降

1940年5月15日一大早,电话铃声惊动了英国首相丘吉尔。他拿起电话听筒,听见了法国总理雷诺急促的声音:"我们被打败了……通往巴黎之路被打开了。"丘吉尔惊诧得说不出话来,半天才问:"不会败得这么惨吧?"雷诺绝望地说:"色当附近的战线被突破了!德军的坦克和装甲车大批大批地涌了过来。"丘吉尔大惊失色:"什么?法兰西军队就这样倒下去了吗?……"

第二天,丘吉尔在迪尔将军和伊斯梅将军的陪同下,急忙飞往巴黎,他的"火烈鸟式"座机在布尔歇机场着陆。5时30分,他在凯德奥尔赛外交部花园里同法国总理雷诺、国防部部长兼陆军部长达拉第和总司令甘末林将军一起开会。丘吉尔问:"战略预备队在哪里?"甘末林摇摇头,耸耸肩,回答说:"没有战略预备队。"突然,丘吉尔发现,花园里燃起了一堆大火,乌黑的烟团滚滚冲向夏日的天空。灰烬和纸片飞向凯德奥尔赛堤岸和街上。再往上看,法国外交部的官员们正用手推车把秘密档案送到火堆上。

与此同时,德军博克元帅指挥的B集团军群加强了对正向比利时斯凯尔特河退却的比、法、英军的压力,以强大的楔形队伍继续向西挺进。法军第9集团军不断溃退,全军覆没,司令官科拉普将军被俘。

雷诺政府手忙脚乱

5月17日,雷诺被迫改组政府,自己兼任国防部部长,驻马德里大使贝当元帅任副总理,达拉第任外交部部长(至6月5日),芒代尔任内政部部长。两天后,雷诺又下令解除了甘末林将军的职务,任命刚从中东召回的"东方集团军"司令魏刚将军为法国的陆海空三军总司令。魏刚匆忙命令盟军渡过索姆河向北突击,而被合围的部队则由北向南突击,试图重建联系。但是，只有阿拉斯地域的部队服从命令，最后被德军击退。

6月5日，德军统帅部调集143个师，其中包括10个装甲师，在从英吉利海峡边缘到莱茵河上游这条横贯法国北部的战线上发起了总攻，计划以A、B两个集团军群实施强大突击，迅速占领法国首都巴黎，前进到马其诺防线的后方，再配合部署在马其诺防线正面的C集团军群攻占马其诺防线，围歼该处法军，迅速结束战争。

法军统帅部看清了德军的意图，魏刚匆忙下令，调集65个师的兵力，在松姆河和安纳河一线布防，以阻止德军向南挺进。这条防线被称为"魏刚防线"。但是，"魏刚防线"未能抵挡住德军的猛烈进攻，不到3天就被冲垮了。德军所到之处如风卷残云，大批法军战俘在德军坦克旁边缓步行进，失魂落魄地把步枪交给德军，放在坦克下面压毁。

此时，尽管主战的戴高乐被任命为国防部副部长，但贝当和魏刚等人控制的法军最高统帅部，已经浸透了悲观情绪。魏刚认为，法兰西帝国"只是一个玩笑而已"，它已经"完啦"！贝当也"准备用他的名字和威望来为法国换取一个和平条约"。

巴黎成为"不设防城市"

6月6日，希特勒离开设在德国西部边境一个小山坡上的战地司令部，"起驾"前往比利时南部一片森林。那里刚刚赶造了他的新大本营，代号为"森林草地"。希特勒要在那里继续指挥这场战争。

6月10日，德国的两路大军从东南和西南两个方向迂回直逼巴黎，并出现在马其诺防线的后方。雷诺致电美国总统罗斯福："今天眼看敌军就要兵临巴黎城下，我们将在巴黎前方战斗，我们将在巴黎后方战斗，我们将在一个省聚集力量进行战斗，万一被赶出该省，就在北非建立根据地继续战斗，必要时我们将在美洲属地继续战斗。政府一部分已经撤离巴黎。我正准备去前线，目的是让我们所有的部队继续战斗，而不是停战。"但他没有像他所说的那样到前线去战斗，而是连夜撤到了巴黎南部250公里处的奥尔良市。

这一天，德军庞大的轰炸机群出现在法国腹地。随着阵阵震天动地的爆炸声，法军的许多重要目标遭到轰炸。巴黎附近的空军基地遭受的损失最为严重，数百架战斗机毁于一旦。同时，2000多辆坦克在法国大地上横冲直闯，100多个步兵师则如入无人之境。

这一天，意大利趁火打劫——墨索里尼借口解决意法边界问题，在罗马通过电台向法国宣战，并同时命令由王储乌姆贝托亲王指挥的集团军群越过阿尔卑斯山，侵入法国境内，以32个师的兵力，在从勃朗峰到地中海的200公里战线上发动进攻。他说："我只要付出几千条生命的代价，即可成为战争参加者坐到和会的桌旁。"而法国总理雷诺却说："意大利人是多么杰出的、高贵的、令人敬佩的民族啊——竟在这个时候往我们背上捅了一刀！"不过，意军的进攻遭到了法国奥里尔将军指挥的阿尔卑斯集团军的有力抵抗，战斗进行了3天，意大利几十万大军未能前进一步。结果，意军战死1247人，失踪和受伤2631人，另有2151人被严重冻伤。奥里尔的军队只损失229人。

与此同时，英国皇家空军猛烈轰炸意大利西北部城市都灵和热那亚，法国驱逐舰也参与炮轰热那亚和瓦多港，使意大利军队狼狈不堪。更可笑的是，6月28日，在抗击英国对托卜鲁克的空袭时，意大利高炮误将意大利驻利比亚总督巴尔博元帅的座机击落。

6月11日，法国政府抛弃了巴黎，逃往南方的图尔。12日，法国政府在离图尔10英里的一个城堡开会讨论局势，决定再把政府迁往波尔多。会上，贝当和魏刚做出了投降的决定，次日即宣布巴黎为"不设防城市"，授权亲德派将军枪毙那些企图抵抗的巴黎市民和士兵。

13日，丘吉尔乘飞机到了法国。当他的飞机在弹坑累累的图尔机场着陆时，机场上竟没有人迎接他们。丘吉尔从机场城防司令处借了一部军用汽车，驱车前往市政府，但在那里也没有遇到一个重要人物。一行人先到街上的一家小餐馆随便吃了些东西，才把雷诺总理等来。从乡下返回的雷诺十分沮丧，因为魏刚向他报告，法军已经精疲力竭，难以坚持战斗了。贝当也提出，要趁法国还有足够的军队维持秩序的时候，要求德国停战。这一天，法军护城部队撤至巴黎以南的朗布依埃－儒维西一线。下午5时10分，德军先头部队抵达巴黎北郊。随后，德军B集团军群包围了整个巴黎。

14日，德军库希勒将军统率的第18集团军第87步兵师，兵不血刃地占领了巴黎，在法国政府大厦和埃菲尔铁塔的顶端挂起了卍字旗。随后，B集团军群司令博克在香榭丽舍大街举行了阅兵仪式。苏联记者爱伦堡在《巴黎陷落后的一个月》这篇通讯中写道："机械化部队穿过了城，开向南方去。巴黎是空虚了：在城的四郊有一些老太婆，在香榭丽舍有一些盛装入时的女郎，此外就是些奉公守法的举手行礼的警察。这是一个新的幻想的城市，这不是巴黎，而是它的骨骼：房子关上了百叶

法国屈膝投降 | 59

窗，商店拉上了铁门，长而直的街道没有一个行人，垃圾箱里面装满了垃圾。静寂。猫儿在跑着，鸟儿在叫着。马达的响声惊吓了猫儿和鸟儿；飞机是成天成夜地在城市的上空低飞着。"

投降派占了上风

巴黎沦陷后，希特勒十分得意。一个秘书记录了他当时的一段谈话："我个人无法相信6月之后战争将继续下去。昨天在巴黎开了一个军事会议；魏刚宣布巴黎战败了，并提议单独和解，贝当支持他的提议，但雷诺和一些其他成员声色俱厉地向他提出抗议。准确地知道战争态势，却仍然命令你的士兵继续战斗，直到战死，这说明完全缺乏道义。"

15日，法国北部边境长达400公里的马奇诺防线被突破，法军节节败退，德军占领凡尔登。16日，法国政府从图尔迁到波尔多，雷诺在内阁会议上宣布辞职。勒布伦总统任命贝当为政府总理，魏刚任国防部部长，赖伐尔任外交部部长。就在当晚，贝当在内阁第一次会议上宣布："政府已经组成，它的首要任务是毫不迟疑地请求德国政府提出停止敌对行动的条件，因为我们已经丧失了很多时间。"

为了挽救危局，英国当即向法国政府建议：两国组成一个联盟——一个国籍、一个政府、一支军队。但是，法国内阁多数成员拒绝这一计划，要求停战。

17日，古德里安装甲集群到达瑞士边界，将法国陆军大部合围在马奇诺防线和洛林。C集团军群进至德法边境的莱茵河畔，攻占了斯特拉斯堡。在近50万法军中，除小部逃至瑞士外，全部被歼。贝当通过西班牙大使向德国要求停战，还通过电台对法国人民发表讲话说："今天，我怀着沉重的心情告诉你们，我们必须停止战斗……"德国人抓住机会，立即把贝当的号召书印成传单，用飞机在法军阵地上广为散发。德军的坦克则打着白旗去俘虏那些停止抵抗的法军士兵。德国《人民观察家报》颂扬贝当是"一贯正确的老战士"，说是"当今唯独他一人还能给法国人民带来慰藉"。

就在当天，希特勒收到了放逐中的德意志第二帝国皇帝威廉二世的一封贺信，其中说："法国的投降，使我深受感动。我祝贺你和全体武装部队靠上帝恩赐，获得了伟大的胜利。"

20日，法国政府也向意大利请求停战。据德国军方当时的记录，这一天，"希特勒听到（法国投降）这个消息时，乐得跳了起来。从未见

过他如此开心放纵。"于是,德国政府答复贝当政府,接受法国的停战请求,同意双方进行谈判。法国政府随即组成了以色当第2集团军司令查理·亨茨格将军为全权代表的谈判代表团。

德法之战的结果是:德军以死亡2.7万多人、受伤11.1万多人和失踪1.8万多人的代价占领了法国。法国死亡9.2万人,伤20万人,被俘190万人。英军损失6.8万多人。有鉴于此,美国新任陆军部长史汀生说:"希特勒军队的扩张……把1940年春天变成了一场噩梦,这是当时活着的人永远不会忘记的。很明显,对希特勒的战争机器是可悲地估计不足,而与此同时,遭到攻击的各个国家都没有预计的那么强大……"

史学家指出:尽管法军当时的处境非常危险,但它仍有大量的抵抗手段和充分的回旋余地。法国仍有2/3的领土没有落入德军之手,仍可以集中起为数众多的士兵和坦克以及400多架战机。此外,法属北非3国——阿尔及利亚、突尼斯和摩洛哥,拥有丰富的人力、物力资源,占世界第三位的法国舰队仍享有航线自由、海外港口安全等便利条件。然而,贝当没有看到也不想看到法国的这些潜在力量。

"自由法国"运动

当失败主义论调在巴黎甚嚣尘上之时,另有一批爱国者决心同德国法西斯战斗到底。6月17日,在法国投降前,一架法国飞机突然降落在伦敦机场,从飞机舷梯上走下来的是法国国防部副部长戴高乐。他是作为法国特使被派到英国来的,但他丝毫没有重返法国的意思。第二天,他在BBC的演播室里,单枪匹马地开始了重振法兰西的战斗——"自由法国"运动。他向法国人民,也向全世界宣读了《告法国人民书》:

……这场战争并不局限于我们这个不幸的国家。法国之战没有决定斗争的结局。这是一场世界大战。错误是犯过的,曾经有过迟延和说不尽的苦难;但是事实仍旧是,我们来日粉碎敌人所需要的一切依然在世界上存在着。今天我们被机械化的无情力量击败了,但是我们还能够瞩望未来,更加强大的机械化实力将给我们带来胜利。世界的命运正处在危急关头。

我是戴高乐将军,我现在在伦敦,我向目前在英国土地上和将来可能来到英国土地上的持有武器或没有武器的法国官兵发出号召,我向目前在英国土地上和将来可能来到英国土地上的军火工厂的一切工程师和

技术人员发出号召,请你们和我们取得联系。

无论发生什么事情,法国抵抗的火焰不能熄灭,也绝不会熄灭。

6月23日晚,即在法国投降后,戴高乐在伦敦再次发表了广播演说。他说,由于法国投降所造成的局势,贝当政府已不能代表法国,更不能代表法国人民的意志,因此,他在英国政府同意下,在伦敦成立"法国民族委员会",以"自由法国"的名义代表法国。他说:

法国民族委员会将统辖现在英国领土上的所有法国公民,并负责指导现在大不列颠或在将来可能到大不列颠的所有法国军政人员。法国民族委员会将同这些人接触,以便号召他们参加建立这个委员会。……战争没有失败,法国没有灭亡,希望没有破灭。法国万岁!

当晚,英国政府用法语发布新闻,宣布"它将承认这一临时的法国民族委员会"。28日,英国政府最后决定宣布正式承认戴高乐将军:"英王陛下政府承认戴高乐将军为集合在他周围支持同盟国事业的一切自由法国人的领袖,不管他们在什么地方。"

戴高乐住在伦敦一套普通的公寓里,房间里的陈设十分简朴。他几乎一无所有:两条裤子、4件衬衫和一幅全家照片,就是他最重要的家当。他没有亲人在身边。他的妹妹和一个侄子被盖世太保逮捕,一个外甥在反法西斯战斗中牺牲,还有3个侄子和3个外甥在国内参加了"自由法国"运动。

7月14日是法国国庆。这天清晨,戴高乐在伦敦检阅了第一批"自由法国"军队。一星期后,他组织首批法国飞行员参加了对德国鲁尔区的轰炸。

贡比涅森林之辱

希特勒把法国签署停战协定的地点,故意安排在1918年11月11日第一次世界大战结束后,德国向法国及其盟国签署投降书的贡比涅森林。21日,法国代表团来到贡比涅,希特勒在里宾特洛甫、戈林等人的陪同下接见了他们,并举行了停战条件的谈判。

22日下午3时,希特勒一行乘车来到贡比涅森林,在阿尔萨斯-洛林雕像前下了车。他向雕像瞥了一眼,又走到标志1918年第一次世界大战德国投降的石碑旁,看了看碑文。这碑文是:

1918年11月11日德意志帝国在此屈膝投降——被它企图奴役的自由人民击败。

希特勒的脸色顿时阴沉下来。他的眼睛射出愤怒、蔑视和复仇的冷光。他向身边的副官低声说道："待协定签字后，立刻把它炸掉！"接着，他走进了一节火车车厢。

两天前，德国工兵推倒了这里的一个博物馆，并拖出了一节已成为历史文物的森林小火车的车厢。这节车厢用松木制成，原为餐车。车厢里有一张长条桌子，桌子两边各放了一排高背椅。一端的角落里放着一个小酒柜，另一端则通向厨房。1918年11月11日，德国代表就是在这节车厢里，同协约国军总司令福煦元帅签订了停战协定。今天，德国人又把这节车厢作为签约场所，只是签约双方的地位已经倒过来了。

此时，希特勒坐在当年福煦坐过的那把椅子上。5分钟后，以亨茨格将军为首的法国代表团被带进了车厢。下午6时50分，亨茨格代表法国在停战协定上签了字。协定规定把法国的领土一分为二：包括巴黎在内的3/5的领土由德国直接占领，2/5仍然处于法国政府的控制之下。法国陆军减少到10万人，少量空军和海军则保持中立。100多万法军战俘仍然被关在德国，成为德国的战时劳工。此外，法国还要支付德国对法国的一切占领费用。

6月24日，法国贝当政府与意大利签订了停战协定。意大利得到了它所占领的法国南部几百平方米的一小块地方，并在法意边境设置了非军事区。此外，意大利还攫取了法国在非洲的一些权利。

6月25日1时35分，法国实现全面停火。7月1日，法国政府迁都小城维希，管辖法国南部地区，成为受德国操纵的傀儡政权，即所谓"维希政府"。7月10日，法国国民议会投票中止了1875年颁布的《法兰西第三共和国宪法》，把立法、司法和行政权力移交给了国家元首。11日，在勒布伦总统引退后，84岁的贝当元帅自任"法国元首"，成了那个时期名副其实的独裁者。

尽管贝当政府努力讨好希特勒，德国政府还是在1942年11月占领了停战协定留给法国人的所有"非占领区"，使"维希政府"名存实亡。

法国屈膝投降

戴高乐与贝当[①]

[法] 雅克·迪凯纳

戴高乐的一生充满了传奇色彩。他刚愎自用，但不失理智；嫉恶如仇，但又能够与人为善。理解与宽容是他的高贵之所在。他同为数颇多的头面人物均有过不同程度的较量，而他总是胜利者。

在政治生涯中，他的第一位对手是曾经栽培并提拔过他的老上司亨利·菲力浦·贝当元帅。

1912年，年方22岁的戴高乐以优异成绩毕业于圣西尔军校，带着教官的最佳评语走进了56岁的贝当上校所率的第33步兵团。在那里，他有幸结识了当时已自以为晋升无望，正欲告老还乡的贝当。一席简短交谈竟使这两位年龄相差一代有余的军人心心相印，互相钦佩仰慕。贝当认为这位初出茅庐的青年军人学识渊博、志向远大、前途无量；而戴高乐则认为这位上校是一位英雄，"集法国参谋部全部精粹于一身"。

第一次世界大战期间，贝当元帅领兵镇守法国重镇要塞凡尔登，他指挥若定，顶住了德军长达半年的猛烈进攻。接着，他又转守为攻，率部反击，经过长达10个月的浴血奋战，终于粉碎了敌人的攻势，取得了凡尔登战役的伟大胜利。年轻的戴高乐勇敢地投入了这场被称为第一次世界大战中破坏最大的战役中，但不幸因负伤而被俘，关押在远离战场的英哥尔斯塔德城堡。他烦躁、愤怒，但不忘学习，每天都要阅读德国报纸，从报纸上获悉法军及其盟友已拥有优势坦克：德军指日可克。他抑制不住内心的喜悦，为能有这样英明的长官而自豪。他逢人就夸耀，见人便赞扬这位已升任法军总司令的老上司。

战火的硝烟消散了，戴高乐回到原来的兵团，见到了自己在狱中朝思暮想的老上司。贝当把他安排在自己身边，常带他参加各种社交活动，

---

① 原载《世界博览》1990年第9期，雷胜强编译自法国《观点》杂志。

使他得以结识政界和军界名流。戴高乐为了铭记这位上司对他的知遇之恩，给尚未出世的儿子取名菲力浦。

自从跟随贝当后，戴高乐一直勤勤恳恳、兢兢业业地为他服务。而贝当对他则是严格训练，大胆使用，竭力提拔。在相当长的一段时间内，他们情趣相投，配合默契。然而，无论是年逾古稀的贝当元帅，还是尚不到而立之年的戴高乐，都有着刚愎自用的习性，也许就是这个原因使两人之间渐渐出现了裂痕。

一件小事居然导致两人翻脸失和：戴高乐曾撰写一部书稿，写完后交给贝当审阅，但贝当却没有将书稿还给戴高乐。过了很长时间，贝当竟以自己的名义出版了这部作品。为此，两人大吵一场，戴高乐认定贝当已老朽昏庸，利欲熏心，不值得信赖了。在撰写《战争回忆录》时，他还选用了一句尖酸刻薄的话来概括自己的想法："老迈是一场灾难。"

尽管贝当老朽昏庸，甚至有时连路都走不稳，但他却从来不曾想过举贤让能。随着年龄的增长，他变得专横跋扈，目中无人，尤其不能容忍对立面。第二次世界大战爆发后，戴高乐力主抗战，更惹恼了这位只知一心一意向德国人求和的老朽元帅。他咬牙切齿地骂道："混蛋，想让我向德国人开枪，以卵击石，简直是白日做梦。"不过，老朽昏庸的贝当也有理智的时候，他有时也能冷静下来客观地评价这位旧日的部下。他曾不止一次地私下对人说："戴高乐是个了不起的人物，我们还会走到一起的，适当的时候，我会同他言归于好的。"

导致两人彻底决裂，且势不两立的根本原因，是对于战争的态度以及在军队建设的指导思想上的分歧。当希特勒法西斯疯狂备战，蠢蠢欲动时，贝当却认为"外敌入侵不可能"。后来战争爆发了，他又高喊已经修筑的工事足以御敌护国。他把法国安全的希望完全寄托在"马其诺防线"上。他反对装甲战术，认为坦克只能用来进攻。他推崇仁义之师，反对进攻他人。1940年5月10日，德军进入比利时，许多人主张正面迎击，他却被吓破了胆，反对法军冲出战壕，认为这样一来必将被进展神速的德军重重包围，白白送死。对于时局的看法，他由几天前的盲目乐观——认为德国不会侵略法国——突然转变为悲观消极，认定法国必败。因此，当戴高乐于国家危急存亡时刻出任国防部副部长、临时准将时，他却以轻蔑嘲弄的口气说："将军，我不想祝贺你。军队业已败北，国家眼见将亡，你此刻荣任要职又有何用？"在前线崩溃时，这位昔日大显神威的凡尔登战役的"天才"指挥官，赫赫有名的法军总司令贝当却灰溜溜地夹杂在逃难的人群中，躲进里昂火车站。由于他的怯懦，法军群龙

无首，乱作一团。希特勒的侵略军竟以每天 100 公里的速度向前推进。已认定法国必败的贝当这时迫不及待地组织卖国政府，并出任政府首脑。他上任后的第一件事就是向全国发出"停战"命令。为了扫清投降道路上的障碍，贝当首先把戴高乐清除出内阁，接着又在"停战"协定签字前两天的 1940 年 6 月 23 日急忙发布政令，宣布戴高乐"退休"。

　　对于力主抗战、"永不投降"的戴高乐来说，贝当的所作所为令人无法容忍。早在第二次世界大战爆发之前，他就批评国务会议主席保尔·雷诺，指责他过分重用这位"从头到脚都披着荣誉，却只知卖国求荣且又老朽专横"的贝当元帅。还在希特勒袭击法国之前，他就尖锐地批驳贝当的消极防御政策，指出"马其诺防线"无法遏止敌人的进攻。他主张装甲运动战术，并亲自率领新组建的第 4 装甲师浴血奋战于前线，多次切断敌军去路，阻击敌军的疯狂推进。他还主张组建职业兵种。为此，他奔走于内阁上下、议会内外，造访新闻编辑和广播部门，阐述他的战术思想，推销其关于组建职业兵种的专著，虽然只有少数支持游击战的议员对他的论述感兴趣，但他却深信历史将会证明他是正确的。当法军前线溃败，92 个正规师中的 32 个精锐师已在北方战役中被俘，只有几支由逃亡百姓和战场上侥幸逃出的少数军人生拼硬凑起来的阻击队边打边退时，他依然坚信法国必将取得最后胜利。他认为："大城市里输掉的战争是可以通过立足于海外赢回的。"因此，他对妻子说："我永远不会投降。"他不遗余力地宣传抗战，并把由敌人手中缴获的纳粹党旗做桌布，以示蔑视并激励部下抗击希特勒法西斯。

　　1940 年 6 月 16 日，戴高乐去伦敦请求英国政府支持。他曾与让·莫奈和丘吉尔商讨法英联合抗德事宜。当天晚上，溃逃至汉卡尔多的保尔·雷诺政府宣告解体，由亨利·菲力浦·贝当元帅出任第三共和国的第 100 位（也是最后一位）政府首脑。第二天，在从伦敦返回法国的飞机上，戴高乐才从梅里尼亚克口中获悉他已不再是副部长了。他决定独树抗战大旗，不顾一切危险，大干一场。后来，当有人问起他作此决定的原因时，他回答说："我眼前见到的是背叛和出卖，心里仇恨的是有人承认敌人的胜利。" 6 月 17 日早晨 7 点 30 分，他在下榻的诺曼底饭店会见了丘吉尔的代表斯皮尔将军和刚被改组下台的国务主席保尔·雷诺派来的一位特使。他接受了特使转交给他的 10 万法郎，这便是他在伦敦成立的"自由法国"的第一笔资金。随即，他带着助手乘上英国皇家空军的一架小型双翼飞机于午前抵达伦敦。然而，在愤怒之余，他对贝当等投降派还寄有一线希望，指望他们能回心转意，站起来抗击敌人。因此，

他一下飞机就给贝当政府的新任国防部长柯尔松将军挂去长途电话，询问关于作战的指令，他认为不能就这样砍断系泊缆绳，在遭到拒绝之后，他终于横下心，决心抗战到底。当天下午，他要求英国首相丘吉尔允许他在英国广播电台发表讲话，呼吁全体法国人民迎击德国侵略者。晚上，他在同让·莫奈共进晚餐时公开揭露贝当的背叛行为。

　　1940年6月18日晚，戴高乐在经过对英国内阁的每一位成员进行长时间的耐心劝说和深刻揭露贝当政府的投降背叛之后，终于使英国政府丢掉了对贝当政府所抱有的幻想，同意他在BBC广播电台发表讲话，紧急呼吁法国公民行动起来。虽然战乱及贝当政府的投降宣传大大减弱了戴高乐抗战呼吁的号召力，但这篇讲话对于决心投降侍敌的贝当政府无疑是一发重型炮弹。贝当对戴高乐既恼恨又害怕，因为"自由法国"的存在，戴高乐的存在，对其投降通敌构成极大威胁。因此，贝当急忙下令克莱蒙费朗军事法庭对戴高乐进行缺席审判，以"潜逃"和"为外国强权服务"的罪名判处他"死刑"。也许就因为戴高乐是贝当的部下，在法庭宣读"判决书"后，贝当又以政府名义宣布："死刑将不予执行"。这是因贝当不忘旧情而故意网开一面吗？此事至今还是一个谜。

　　无独有偶。1945年8月14日，法国最高军事法庭第20次开庭，宣布对贝当以通敌罪处以死刑，开除国籍并没收其全部财产。但鉴于贝当已年迈（90岁），最高法庭表示："死刑可不予执行。"而戴高乐几乎是在贝当的死刑判决宣布的同时，立即把死刑改为"终身监禁"。有些法国人认为贝当元帅与戴高乐将军在这件事情上私下进行了秘密交易。这种说法是毫无根据的。因为戴高乐并非落井下石之辈，宽恕和与人为善是他的处世哲学，而且理智和客观地看待历史又是他的一贯作风。他做出的关于处置贝当的决定是完全符合他的秉性的。

不列颠之战

法国投降后,希特勒德国称霸西欧的阻碍就只剩下英国。

1940年5月13日,当德国坦克出现在比利时阿登山口时,丘吉尔在英国下院发表了激动人心的就职演说:

严峻的形势使我们没有别的选择,我们只有用热血、辛劳、眼泪和汗水去争取胜利,要不惜一切代价去争取胜利!……

你们问:我们的政策是什么?我说:我们的政策就是用上帝给予我们的全部能力和全部力量在海上、陆上和空中进行战争;同一个在邪恶悲惨的人类罪恶史上还从来没有见过的穷凶极恶的暴政进行战争。这就是我们的政策。

你们问,我们的目的是什么?我可以用一个词来答复:胜利——不惜一切代价去争取胜利,无论多么恐怖也要去争取胜利,因为没有胜利,就不能生存。大家都要认识到:没有胜利就没有大英帝国的存在,就没有大英帝国所代表的一切,就没有促使人类朝着目标前进的那种时代要求和动力。我满怀兴奋和希望,担负起我的工作。我深信,人们不会让我们的事业遭到失败。在这个时候,我觉得我有权要求大家的支持。我说:起来,让我们把力量团结起来,共同前进!

希特勒对丘吉尔的强硬态度十分恼火,决意实施"海狮计划",全面进攻英国。他自知德国的海军不如英国,就试图对英国展开"空中闪电战",依靠4500多架飞机,对英国大肆轰炸,企图夺取制空权,把英国海军赶出英吉利海峡。丘吉尔把这场震动世界的战争命名为"不列颠之战"。

海峡上空比武

不列颠之战分为三个阶段,第一阶段是从1940年7月10日至8月

18日。德军在这一阶段的主要目的,是攻击英国在英吉利海峡的护航船队和港口,诱使皇家空军战斗机升空作战,予以歼灭。

7月10日这一天,英吉利海峡沐浴在灿烂的阳光中,海洋和天空呈现出深浅不同的蓝色,一缕轻雾飘浮在英国海岸的上空。英国船队就在德机下方,但相距很远,它们看上去就像许多玩具,船尾扬起细细的水波。船队发现德机,立即散开,英国护航军舰的高射炮立即把密集的炮弹射向空中。接着,英国皇家空军的战斗机迅速冲入德军战斗机群,在海岸上空辗转翻滚,同敌周旋。

整整1个月,德国空军一味在海峡上空耀武扬威,而英国皇家空军始终没有落入圈套。相反,皇家空军每每瞅准机会,以少量飞机出击,使德军元气大伤。经过较量,戈林不但没有制伏对手,而且还损失了286架飞机。

7月19日,希特勒在柏林的克罗尔歌剧院召集了一次国会会议,向英国提出警告:

我现在从英国只听到一个呼声:战争必须进行下去!……他们将继续打下去,并且说即使英国灭亡了,他也要到加拿大继续进行战争。……但是,这不是人民的声音,而是政客的声音。请相信我吧,先生们,我对于这种毁灭整个国家的无耻政客,是深感厌恶的。……丘吉尔先生这一次也许会相信我的预言:一个伟大的帝国——一个我从来也不想毁灭甚至不想伤害的伟大帝国,就要被毁灭了。……

现在我觉得在良心上有责任再一次向英国和其他国家呼吁,应该拿出理智和常识来。我认为我是有资格作这种呼吁的,因为我不是乞求恩惠的被征服者,而是以理智的名义说话的胜利者。我看不出有继续打下去的任何理由。

哪知不到一个小时,英国广播公司(BBC)的德语广播就送来评论员斩钉截铁的回答:"不!不!不!"

这是英国民众自己选择的答复。丘吉尔获悉后,心潮起伏,信心倍增。

7月31日,希特勒在一次同海军总司令雷德尔的会商中,将计划在英国登陆的日期初定在9月15日,确切日期将待对英国实施猛烈空袭后再定。

8月1日,希特勒发出了全面空袭英国的"第17号作战命令"。命令指出,从现在开始,德国空军要摧毁皇家空军以及英国的飞机制造业,

不列颠之战

"为最后征服英国创造必要的条件"。根据这一命令，戈林又明确指出："一切行动只能是针对敌人空军，对其他目标的袭击暂时放弃。"

8月6日，戈林召集空军高级将领，在东普鲁士豪华的乡村别墅举行了一次会议。他在会上宣布：8月10日是进行大规模空中攻势的发起日期，这一天的代号为"鹰日"。戈林说："我已告诉元首，英国皇家空军将被及时消灭，以使'海狮'行动能在9月15日之前进行，那时，我们的德国士兵就会在英国本土登陆。……我认为，我给空军用来消灭英国皇家空军的时间绰绰有余，德国空军的力量一定能在9月15日之前使英国陷于不堪一击的绝境。"

戈林为此集结了各种作战飞机2669架，其中包括轰炸机1015架、俯冲轰炸机346架、单引擎战斗机933架、双引擎战斗机375架。此时，英国空军有作战飞机1350架，其中包括战斗机704架、轰炸机646架。德国空军占有2∶1的数量优势，而英国空军却在"地利"、"人和"上大大超过对手。再说，英军还破译了德国空军几乎全部相关的电讯。

8月10日，英吉利海峡上空狂风大作，乌云翻滚，不时有电闪雷鸣，"鹰日"计划被迫取消。此后两天，不是多云就是多雾，德机的空袭成果不大。13日，德国空军总共出动轰炸机、俯冲轰炸机和战斗机1485架次，对英国7个空军基地和港口进行了猛烈攻击，英国空军出动700架战斗机奋力拦截。结果，德军损失了45架飞机，而皇家空军只有13架战斗机被击落，3个遭到严重破坏的机场也不是主要的空军基地。

1940年8月15日，星期四。德国空军的3个大队共940架飞机全部出动，企图夺回此前丢掉的面子。不料，德军的"超级"机密又被英军准确地破译，英国空军据此迅速调整部署，以29个中队的战斗机迎战敌机。这天早晨，天气放晴，德英两国第一次大规模的空战开始了。双方在500海里的战线上共进行了5次大交锋，德国空军虽然轰炸了英国的4个飞机制造厂和5个机场，但本身损失了75架飞机。由于激烈的空战，这一天被德军称为"黑色星期四"。

8月17日，德国空军又出动全部飞机，轰炸英国的雷达站，但他们刚一起飞就被英国雷达死死盯住，并遭到英国空军的拦截，结果，德军飞机又被击落71架。

在此期间，为了对付德国的登陆入侵，英国人民被广泛地动员起来了。到8月20日，已有200万人手中有了步枪和刺刀，其中3/4的人被编入了正规的军事组织。庞大的国民警卫军有的持步枪，有的拿棍棒，随时准备同敌人战斗。

新目标：地面设施

对于下级，帝国元帅赫尔曼·戈林坚信"胡萝卜加大棒"的策略。当他 1940 年 8 月 21 日去法国北部视察德国空军的轰炸机和战斗机部队时，他就带上了一根棒子。在此之前，他多是高度评价他的飞行员，很少说出伤害他们的话；可是现在，在布朗－内兹角，他只想痛痛快快地臭骂他们一顿。

戈林之所以怒气冲冲，是因为消灭英国作战能力的时间表已被打乱，而且实施"海狮行动"的日期也不得不推迟。每次他的情报官员都说皇家空军几乎全军覆没，可是结果还是有一队队的喷火式和飓风式飞机升上天空，把他的轰炸机打将下来。德国空军屡屡受挫，这使他疑问满腹。皇家空军的战斗机是从哪儿来的？怎么没有把它们从隐藏的地方找出来？皇家空军的军需工厂和维修站怎么总也炸不完？

下一步的目的，就是全面消灭英国的空中力量。仅仅在英吉利海峡上进行空战的日子已经过去了，德国空军要进行宏伟计划中的第二阶段：数量庞大的轰炸机在战斗机的充分掩护下，不仅要炸平皇家空军的地面设施，而且还要炸平为它提供燃料的油罐，以及为它生产零件和后备飞机的工厂。

在返回德国之前，戈林来到格里斯－内兹角的一个前线视察哨所。此处面向英吉利海峡。戈林通过高倍望远镜，盯着多佛尔断崖看了好一阵子。当时陪他视察的一个人说："他似乎要看穿那些白色的断崖，看到他的英国仇敌的心里去。"

但是，戈林仍然没有发现，皇家空军的战斗机指挥部此时遇到了十分棘手的问题：飞行员严重不足。自 8 月 8 日以来，由于战斗机的生产得到加强，皇家空军仍能派出 700 架飞机升空作战。但是，从那天开始，皇家空军还有 94 名飞行员已经丧生或者失踪，而另外 60 名飞行员因被打伤或者烧伤正在医院治疗。为了填补这个空缺，空军大元帅道丁和他的飞行大队指挥官，不得不招收一些刚从国外来到英国的志愿兵。有一个飞行中队完全由加拿大人组成，而其他一些中队则主要由波兰人和捷克人组成。

24 日是一个晴朗的星期六，上午 9 时，德国空军的 100 多架轰炸机和战斗机席卷了第 11 大队的基地。第一个遭到袭击的机场是在拉姆斯盖特附近的曼斯顿。这个机场的跑道上不一会儿就布满了弹坑，而机场的建筑几乎全部被毁,电话和电报线路也被切断。曼斯顿本身受到沉重的打击,有大量平民伤亡。所造成的破坏是如此之大,结果人们只好永远地废弃了这个镇子。离伦敦不远的另外两个战斗机基地北威尔德和霍恩彻奇也遭到了严重破坏。击中这些目标对德国来说是具有特殊意义的胜利,因为这些都是战斗机指挥部的扇形站——一旦英国飞行员起飞,这些扇形站就是控制指挥他们的神经中枢。

为了迷惑英国的雷达监测人员,德国空军的机群整天在法国沿岸飞上飞下,正好在皇家空军的雷达屏幕所能看到的范围内。这样一来,监测人员就无法预测哪一队飞机会突然转向北方,掠过英吉利海峡,发动真正的进攻。

8月27日,在德国陆军总司令部和海军总司令部所争论的"海狮"行动的"基本问题"上,希特勒决定采用"小解决"的办法,即在英国南部海岸大约140公里的正面登陆。计划投入的兵力为龙德施泰特指挥的A集团军群的25个师,而在诺曼底的第6集团军则充当预备队。此时,英国陆军共有26个野战师。

8月31日,皇家空军的战斗机指挥部遇到了它最糟糕的一天。一批又一批的德国轰炸机呼啸而来,使英国东南部的绝大多数基地陷于瘫痪。着陆场上弹痕累累,像月球上的环形山,机场仓库和指挥大楼被夷为平地,输电的线路被切断,飞机被炸毁,地面人员丧生。德国人共扔下4400吨炸弹。

误炸伦敦酿苦果

在德国空军第二阶段的行动中,帝国元帅戈林除了一件事情之外,一切都放手让下面的人去干。他们有权白天黑夜进行轰炸,可以袭击英国空军的任何地方,包括英国的许多城市。但是,戈林把一个城市严格地划在进攻范围之外,那就是这个国家的首都。

希特勒为什么明令禁止袭击伦敦呢?至今尚无令人信服的解释。也许是他希望在他征服英国之后,能骑着战马,从丝毫无损的白金汉宫,耀武扬威地穿过丝毫无损的蓓尔美尔大街,走到丝毫无损的国会大厦。也许是因为他担心,摧毁伦敦的古建筑,会引起不利于他的宣传,从而影响到那些中立国家。

但是,他的两名飞行员犯下的错误,使他彻底改变了主意。8月24日夜晚,德国空军的170架轰炸机奔向英国,它们将袭击从肯特郡一直

往北到苏格兰边界的若干目标。有一部分飞机奉命轰炸泰晤士河沿岸的城镇罗切斯特和金斯顿的飞机制造厂，以及距离伦敦约有15英里的巨型油罐储存设施。领航的飞机靠无线电导航，后面跟着一批没有这种装置的飞机。在飞往目标途中，两架后面的飞机同前面的飞机失去了视觉联系，偏离了主攻方向。地面的高射炮拼命拦截它们。当这两架飞机紧挨着向前飞去时，英国的防空火力网变得越来越密集了。两名飞行员在意识到自己迷路后，决定走他们预先设定的最后一条路——丢弃飞机上的炸弹，转头向东，朝家逃去。

当他们卸除炸弹时，他们正在伦敦上空。两颗炸弹落在城市中心，克里坡盖特古老的圣贾尔斯教堂被炸毁了，附近一个广场上的约翰·密尔顿塑像也从底座上被震了下来。其余炸弹落在伦敦北部和东部的伊思灵顿、芬奇利、斯特普尼、托坦汉和贝思纳尔格林等地区，炸死了一些关门时间从小酒馆里出来的顾客和看完电影后回家的观众。

无疑，这次轰炸是无意的，这一点甚至在当时也很清楚。但是，丘吉尔情愿认为这是故意的——他好就此做出相应的反应。他召集参谋部开会，全体成员做出了一致的决定。一项命令传到了皇家空军的轰炸机指挥部，随后又通过它传到了驻扎在英国东岸诺福克的一个汉普登轰炸机大队。在上一个星期，这个大队还只限于在德国上空撒些宣传传单，传单上警告说："希特勒发动的这场战争将继续下去，它将和希特勒活得一样长。"而现在，这个大队的指挥官约翰·奥克斯利奉命装上炸弹，对柏林进行报复性空袭。戈林曾一再向希特勒和德国人民保证，敌人的轰炸机决不会飞到德国的首都来。他还开玩笑说："如果它们飞来了，你们就叫我农夫。"

当8月25日皇家空军的汉普登飞机夜袭柏林的鲁勒本郊区时，这位帝国元帅十分狼狈。尽管空袭没有造成多大的损失，但它却在市民中引起了相当程度的恐慌，而且也有损戈林的威望。当他向希特勒保证不会再出现这种空袭时，炸弹仍在不停地投向柏林。丘吉尔当即下令，皇家空军继续袭击柏林，直到德国人做出反应。

在英国人又进行3次快速的空袭之后，希特勒坐不住了，他召见戈林并命令他准备好轰炸机部队，发动一次大规模的报复行动。9月4日，也就在皇家空军进行了第四次空袭之后，元首在柏林体育馆的一次群众集会上发表了讲话："丘吉尔先生正在展示他的新招术——夜间空袭。他进行这些空袭并不是因为这些空袭多么有效，而是因为他的空军无法在白天飞临德国上空。"

不列颠之战 | 73

接着，希特勒要他的听众放心，他计划对英国人的这种做法采取行动："当他们说他们将加强对我们城市的袭击时，我们将把他们的城市夷为平地。我们将制止这些夜间的空中强盗行径，愿上帝帮助我们！要是英国空军扔下 3000 公斤或 4000 公斤炸弹，我们就在一次袭击中扔下 30 万公斤或 40 万公斤炸弹。……在英国，他们充满好奇地一直在问：'他们为什么不来呀？'别着急，别着急，他就来了！他就来了！……总有一天，我们两个国家中会有一个国家要求饶，但这决不是国家社会主义的德国！"

戈林第二天早上就乘坐他的专列到了法国北部。次日晚上，在加莱港和布洛涅港之间的一条铁路上，他为航空队的指挥官们举行了一次宴会。宴会上有最好的法国葡萄酒和食品。戈林告诉他的客人，从现在起他将亲自指挥这场战役。大家一起喊着"胜利！"干杯。

12 小时之后，即 9 月 7 日星期六的下午，德国空军司令站在法国格里斯—内兹角的一个前线视察哨里，圆圆的脸放着红光。在他头顶上，一批又一批的德国轰炸机呼啸着飞过狭窄的英吉利海峡，他们的目的地是伦敦。终于，被惹急了的希特勒改变了他在不列颠之战中的基本战略，而帝国元帅戈林则兴奋得像个小孩。

在随后 7 天 24 小时的连轴空袭中，有 2000 多名伦敦人丧生，受伤和被埋在废墟下的人超过 1 万。整个城市满目疮痍。泰晤士河北岸的河滨地带被炸出了一个 1 平方公里的废墟堆；河里的废船烂板壅塞河道；船坞附近，断壁残垣四处可见。港内情况更惨：几个联运调车枢纽被毁，停在那里的车头、车皮已成了一堆废铁，未被炸断的铁轨也被拧成了麻花。调车中心楼被炸得壁倒顶塌，几个大油罐冒着十几米高的火焰，浓烟直冲高空，遮天蔽日。

如果说居民和古建筑正在遭难受罪，那么，那些竭力想使英国避免失败命运的战略家们却是信心满满。德国人将轰炸重点转向首都，立即产生了明显的效果——战斗机指挥部的机场和军需工厂的压力减轻了，皇家空军有了发动反击并重创敌军的能力。英国人现在可以做好充分准备，严阵以待，攻击敌人。

9 月 15 日，星期日。在皇家空军史上，这一天被称为"不列颠战役日"。在这个阳光灿烂的日子，只有一层淡淡的薄雾遮着本来秋高气爽的天空。上午大约刚过一半，英国的雷达屏幕上就出现了一群群飞机的信号。不一会儿，一批又一批的德国飞机冲过来了——大约有 400 架轰炸机和 700 架战斗机。

进攻者一到英国海岸就遭到打击，再也不能不受阻挠地长驱直入。英军战斗机指挥部把全部力量都派上了用场。在总共 24 个中队中，有 22 个中队的将近 300 架飞机马上与"麦-109"展开了激战，击落了一架架"多尔尼"和"海因克尔"战机。

战斗持续了一整天。天上布满了横七竖八的烟痕。在这一天的最后一次战斗中，驾驶着"飓风式"飞机的飞行员霍姆斯中士，在伦敦西区的上空把他的机关枪对准了两架"多尼尔"飞机，打掉了其中一架的一截机翼，另一架也在空中爆炸。

第二天，一家伦敦报纸刊出了《全歼 185 架》的大字标题——虽然这是被英国航空部夸大了的数字，但它也证明了英国的防御固若金汤。

戈林受到了惩罚。他告诉希特勒，9 月 15 日的大规模战斗，将成为这次战役的转折点。但是，这并不是朝德国人所希望的方向发生的转折。9 月 17 日，希特勒将"海狮"行动"不定期"推迟，要他的将领们用别的办法迫使英国人屈服。

"海狮计划"成泡影

在从 1940 年 10 月开始的第三阶段空战中，双方只进行了零星的战斗。这时，德军消灭英国空军的一切希望都已落空，登陆英国也成为泡影，因此，德国空军的轰炸目标十分模糊。德国第 3 航空队参谋长维·克赖佩后来写道："在整个战役中，我们没有集中我们的力量连续地打击同一类目标。戈林经常从柏林横加干涉，甚至下令取消一次经过精心准备的战役，代之以另一个根据未经证实的情报而组织的战役。"

10 月 12 日，希特勒密令取消对英国的入侵，并调走用于"海狮计划"的部队和船只。

12 月 8 日，丘吉尔在给美国总统罗斯福的一封信中承认，英国不久将无力偿还美国向其提供的物资的费用。为了使美国公众认识到美国继续支援英国的意义，罗斯福在 12 月 16 日举行的记者招待会上发表了著名的"橡皮管讲话"，把美国对英国的援助比作帮助邻居救火。他说："为解燃眉之急，在把自己的橡皮管借给邻居使用时，不应在橡皮管值多少钱上斤斤计较、纠缠不休。"英国人民为此受到极大的鼓舞。

1941 年 5 月 10 日 23 时 30 分，德国空军主力在撤往德苏战场以前，对伦敦进行了最后一次轰炸。这次轰炸的目的纯粹是为了发泄败在英国人手下的恼羞之怒。507 架德国飞机参加了战斗，飞行员们被告知，可

不列颠之战 | 75

以把炸弹随便扔在伦敦的任何地方。轰炸一直持续到第二天早晨5时30分，总重量700多吨的炸弹、燃烧弹和降落伞雷被投到了伦敦的各个角落，那些有着悠久历史的建筑物燃起的烈焰映红了漆黑的夜空。据统计，有1436个伦敦居民被轰炸夺去了生命，另有大约1800人受了重伤。

在整个不列颠战役中，德军损失飞机1733架，英军损失900架。

丘吉尔的秘密指挥部[1]

在英国政府所在地白厅的地下，有一个由伸向四面八方的隧道组成的迷宫。一间间鸽子笼式的钢筋水泥房间寂静无声，墙纸有些泛黄。看来，时间的流逝并未对这里的一切产生多大的影响。墙上挂的地图上插着彩色的大头针，马灯在等着人们去点燃，室内的一切看上去就像是学校的玩具。

这是内阁作战室博物馆，是温斯顿·丘吉尔爵士及其战时内阁在第二次世界大战期间的秘密指挥部。

一走进这座地下指挥部便可以听到另一个时代的鬼魂般的声音：身穿浅蓝色伞兵跳伞服的丘吉尔正以微妙、夸张的语调背诵作家基普林作品的声音；一位身穿苏格兰短裙的卫兵演奏的风笛声；银器和玻璃器皿碰撞时发出的叮当声；远处高射炮连射的砰砰声。

谁能想到在地下有这样一个作战指挥部呢？这个指挥部位于大乔治街政府办公大楼地下 10 英尺处，是在 1938 年投入使用的。发誓要保守秘密的工人在夜间工作，把离亨利八世的酒窖只有几步远的古代地道加固，改建成地下掩蔽部。

当时，丘吉尔下到这个充满灰尘的地下掩蔽部宣布："这就是我将指挥作战的地方。"

在这些房间里，他深夜召集过 100 多次内阁会议，利用世界上的第一条热线给美国总统富兰克林·罗斯福打电话，通过英国广播公司向全国发表广播讲话，也曾在铺着绿床单的床上和衣小憩。

这个占地 6 英亩的地下指挥部于战后封闭。1981 年，帝国战争博物馆清扫了 20 间最重要的房间对外开放。

一进入这个博物馆，就是按照 1940 年秋季的样子重新布置的内阁会

---

[1] 原载 1990 年 1 月 28 日《洛杉矶时报》。

议室。铺着台布的会议桌四周摆着 25 把椅子，每个座位的前面都放着一份已经退色的蓝皮记事簿，上面放着铅笔。

丘吉尔的木椅摆在老地方——长桌靠近门口那一端的中央，旁边放有一个盛沙的小桶，供他放雪茄烟头用。

门上有一红一绿两个灯泡，供发出或解除空袭警报之用。

一个过道的尽头藏有一间隔音的小屋，通往白宫罗斯福的热线电话就装在里面。据说丘吉尔当时从一个公厕偷了一把能显示"有人"、"无人"的门锁装在这间小屋的门上。博物馆馆长以赞赏的口吻说，这"半是玩笑，半是碰巧有这么一个门锁，但是它却为这间最为机密的房间提供了令人满意的掩护"。

转过角便到了丘吉尔的卧室兼办公室。屋里挂着厚厚的帷幕以掩盖墙上挂的英国防御工事图。地上铺着地毯，写字台上一个能保持一定湿度的雪茄烟盒里放着"罗密欧与朱丽叶"牌雪茄，还有大量的法国香槟酒。

丘吉尔觉得地下隧道有些幽深恐怖，喜欢到地面上或是在经过改装的唐宁街地铁车站里睡觉。

每年前来这个地下博物馆参观的有 24 万人，其中大部分人最喜欢的是地图室。战时，所有的情报都汇集到这个神经中枢，陆军、海军和空军军官日夜不停地在那里值班。

破译希特勒密码[1]

英国《观察家》提要 几乎从第二次世界大战一开始，希特勒就被他最机密的武器——用以传达重要情报的密码系统出卖了。马丁·吉尔伯特在他的历史新著《第二次世界大战》中，透露了是谁缴获了密码机、破译了它传送的密码，从而使盟国踏上了击败希特勒帝国之路。

在整个第二次世界大战过程中，希特勒始终坚信他可以靠一系列秘密武器打败英国，他曾一次又一次地扬言这些武器会给德国带来胜利。

这些所谓的秘密武器有德国空军，有难以制服的磁性水雷——1939年冬季，磁性水雷炸沉了 10 多艘英国军舰。另有两件秘密武器是 V-1 飞弹和 V-2 火箭——它们在 1944 年冬天曾经大显威力。

这些秘密武器都被一个接一个地制服了，但是又出现了新的武器，其机密程度使希特勒不敢吹嘘张扬。这就是他的绝密的联络系统——时时刻刻完全安全可靠地向德国海军、陆军和空军指挥官们传达命令和收取报告的手段。从希特勒突破波兰边界直到他在柏林地堡中度过苦恼的最后几小时为止，他都坚信他的海、陆、空联络路线是绝对安全的。

在战争的头 9 个月中，他的这种信念并非完全错误。德国的密码机成为一种可靠的盾牌，躲过了所有盟国的窃听。前线的指挥官们用它接收经过双重密码保护之后发出的、然后译解的电文。任何人从无线电中截收了它，得到的只是一些莫明其妙的文字符号。只有一台真正的密码机接收它才能弄清内容，而这只有在知道了它具体的使用方法和每日使用的密码表后才有可能。

在战争开始后的数月内，希特勒没想到这珍贵的机器并非掌握在他一人手中。当时正在日夜致力于抵抗德国入侵的法国和英国的密码人员，曾在 1940 年 1 月中旬努力探寻德国军队使用的密码。当时他们译解的电

---

[1] 曹道明译自英国《观察家》星期刊。

文还是3个月前从无线电波里截抄下来的，因而毫无军事价值。

1940年2月中旬，英国信号专家获得了意外成功。2月16日那天，英国"格利诺"号潜艇艇长休·普林斯不仅击沉了德国"U-33"号潜艇，而且在其沉落海底的时候，还发现了德国艇长接受命令的密码机。

但是，英国仍不知道密码机的使用方法。在击沉"U-33"号后两个月，即1940年4月中旬，德军入侵挪威，对密码机安全仍然毫无怀疑的德国空军和陆军司令使用这一看来与打字机一模一样的机器来传达命令。

英国人在窃听和破译过程中不断有所建树。希特勒发往挪威德军的大部分命令，在从柏林无线电台发出后数小时，就被英国情报机关破译了，甚至有些命令在发出后不到一小时后就被一字不漏地读了出来。

1940年5月10日，德军又侵入荷兰、比利时、法国和卢森堡。他们的密码机开始使用新密码表。英国人起先被难住了，到了5月22日，他们终于破译出德国空军经常使用的密码用法。刹时间，英国人读出了德国空军发出的绝密电文。有时，一天竟发出1000份密电。在最重要的电报中有关于德国前进部队情况的内容，例如德军转向海洋和敦刻尔克时的作战意图等。

就从5月22日开始，这些被称为"破译品"的最有用的东西，一部分经电传机，一部分由专人送往伦敦。德国人一点都不知道他们的绝密联络系统已被完全识破。

1940年5月破译的成功并未能及时在法国溃败方面帮上忙。在法国的英法部队已匆忙撤退。情况常常是这样：当英国人译出德国命令并把它传到法国时，密电上所说的法军阵地已经陷落了。

德国统帅部的图桌上有英国一个席位

法国陷落后，英国孤军作战。但是，英国已经能够破译越来越多的德国最绝密的电报。这简直就像德国统帅部圆桌上给英国设了一个席位。

1940年8月，一份被破译的密电说，德国在没有完全取得对英伦三岛的制空权以前不入侵英国本土。英国当时也发现轰炸英国的飞机已不是原来估计的2500架，而是1250架。鉴于眼下不再有入侵的威胁，英国便有可能集中一切资源准备应付德军来犯。

这一仗终于打胜了。德国下令取消登陆。英国人收到了这个命令。接着，1940年11月，英国破译的电报表明德军在苏联边境集结，随后柏

林又命令把德军转调到希腊和南斯拉夫边境。这些命令发出后数小时之内就被破译了。

在希特勒于1941年6月对俄国发动进攻后仅仅6天，英国密码破译人员又发现了德国密码机的名为"秃鹰"的密码用法，这是专供德国陆军在东部战线使用的。

英国政府并没有垄断这一异乎寻常的情报。6月28日，在英国人读出"秃鹰"的电文之后，丘吉尔亲自下令把这一秘密直接传给斯大林。从密码机上收到的关于德军在东线的具体军事意图，也一次又一次地送到了斯大林手中。

密码机还向它的窃听者透露出德国人正在监听英国的一些密码电报，于是英国人提高警惕，立即变更了这些密码。

日本人曾经对它的轴心国盟友在战场上多次失利犯疑，并警告德国人密码系统可能已不安全可靠了。但是德国人不以为然，他们担心的只是活动在柏林作战决策中心的间谍人员会泄露机密。

英国情报部门有意制造出一系列情况促使德国人这样想。在一切机密传送中，凡提到从密码系统弄来的情报时，都说明是从间谍和特工人员那里得到的。

在伦敦，知道的人不超过30个

在伦敦决策圈中，这一秘密也被严加限制，知道的人不超过30个，甚至丘吉尔的主要私人秘书也不知道每天送来好几次的那个特别的黄匣子装的是什么东西。唐宁街首相官邸人员不少，但只有首相一人掌握黄匣子的钥匙。

德国人不把日本的告诫看作一回事，而具有讽刺意味的是，日本人自己的无线电密码讯号系统也被英国和美国破译了。地中海主要轴心国盟国意大利自己的一套被称为"坚固"系统的密码讯号系统，也被英国人破译了。在海上，德国下令"俾斯麦"号战舰出发袭击北大西洋的航行船只，这一命令的发出招致了"俾斯麦"号战舰自身的毁灭。不过，这是它击沉英舰"胡德"号以后的事了。1942年8月，德国名将隆美尔在非洲西部沙漠发起进攻，想直取开罗和苏伊士运河。希特勒满怀信心，认为这将敲响英国在中东失败的丧钟。隆美尔和希特勒哪里知道，正是德国的密码系统给英国提供了德国这一计划的详情。

与此同时，被破译的意大利密码向英国的窃听者提供了为隆美尔运送军火和燃料的 5 艘舰只的具体出发时间、路线和货物清单。没等开战，4 艘举足轻重的舰只一一沉没，第 5 艘也在参战当天被击沉。

中东英军司令蒙哥马利还因破译德国和意大利的密码在阿拉曼战役中占了上风。又是由于事先获知德军油船的行进路线的缘故，当它们驶近北非海岸时，再次被英军飞机炸毁。

参战官兵的神勇决定着每次战斗的胜利，但是，他们并不知道，他们身后还有一支强大的队伍在帮助他们，这就是隐蔽在伦敦东北部布莱奇利茅舍下的 5000 多个无名英雄。

丘吉尔说："你们顶得上一个坦克师"

1941 年 9 月，丘吉尔看望了布莱奇利的工作人员，并对他们说："你们顶得上一个坦克师！"这些曾发誓保守机密的人，在战争结束之后很久才得以骄傲地重复丘吉尔的这句话。但是，甚至到了 1970 年，他们还不能、也没有透露为什么丘吉尔对他们做出如此之高的评价。而到了 1944 年，他们建立的功勋已大大超过一个师了。

1943 年 5 月 17 日，英美商定全面交换和传递来自无线电密码的情报。为了统一破译德、意、日密电的工作，采用了名叫"超级"的密码系统。当时，相关工作取得了巨大进展，一举破译了德国许多使用秘密的电传打字机发出的无线电绝密电报。因为这种电传机联系着德国军事当局的最上层，盟国读到这些破译的电文，便了解了德国各军事司令部和地中海与东部战线之间的往来密电。

为了击败希特勒，西方盟国需要盟军在西欧大规模登陆。为了登陆成功，首先必须欺骗德国人，使他们错误地断定盟军的登陆地点。在东英吉利亚，盟军一支虚假的部队已组建起来，还任命了巴顿将军为它的司令官，确立了营地，制订了训练计划，选定了物资装运地点和登陆目标——法国加莱海峡省海岸。没过多久，通过德国的密电，情况清楚了：大规模的德军离开真正的目标——诺曼底海岸，调往盟军假造的袭击地点。

即使在间谍战中，"超级"密码系统也起了决定性的作用。1943 年和 1944 年打算在美国大西洋沿岸登陆的每一个德国间谍，在他们踏上海岸之前就暴露了。暴露他们的正是从德国本土发给德国潜艇艇长的密令，这些密令指导他们把间谍送上海岸。

每天的战斗进展，德国发展秘密武器的长远计划，甚至试制轻型武

器的计划都从"超级"系统数十条渠道发出密电,传告盟国。以 1945 年 2 月 28 日为例,这一天,英国向苏联传送情报,告知了德军在东线作战的确切命令。同时,英国下令轰炸柏林北部的一个工厂。这都是因为根据破译得来的情报和缴获的文件,得知德国正在制造发展原子能所需的物质。

逐鹿巴尔干

位于欧洲东南部的巴尔干半岛具有重要的战略意义,历来有欧洲"火药桶"之称。第二次世界大战前夕,德意两国都想独霸这一地区。

早在1939年春,意大利首相墨索里尼就开始策划抢在德国之前占领巴尔干半岛,首先是占领阿尔巴尼亚。4月7日黎明,意大利向阿尔巴尼亚发出最后通牒,要该国国王投降。在阿尔巴尼亚政府拒绝了意大利的无理要求后,墨索里尼立即出动突击部队的4个营、1个精锐步兵师、9个空军大队和1支海军舰队,对阿尔巴尼亚发动突然袭击。当日,意大利军队在阿尔巴尼亚的都拉斯港登陆,沿海岸线向前推进。

阿尔巴尼亚军队抵挡不住意大利军队的进攻,索古国王和王后看到局势危急,迫不得已带着刚出生5天的儿子逃到希腊。第二天,意大利装甲部队开进阿尔巴尼亚首都地拉那。4月12日,阿尔巴尼亚全境被意大利侵占。这一天,墨索里尼的女婿、外交部长齐亚诺在他的日记里写道:"独立的阿尔巴尼亚已经不存在了。"

罗马尼亚被绑上德国战车

匈牙利、保加利亚和罗马尼亚3国之间历来存在领土纠纷。罗马尼亚原先受英法的庇护,但是,在英法在西欧战役中失败后,匈保就趁火打劫,向罗马尼亚提出了领土要求。希特勒乘机拉拢匈保,借"仲裁"之名,向罗马尼亚施加压力。1939年11月13日,罗马尼亚国王卡罗尔提出和平调解倡议,遭到希特勒的拒绝。12月8日夜,德国情报局长卡纳里斯海军上将在访问罗马尼亚时,同罗马尼亚保密局长就在油区部署一支伪装良好的德国保安部队一事达成一致。

1940年5月27日,在德国西线胜利的压力下,罗德签署"石油—武器协定"。29日,一直保持中立的罗马尼亚终于动摇,站到了德国一

边。7月2日，罗马尼亚国王卡罗尔请求德国保障其边境安全，并向罗马尼亚派驻一个军事代表团。7月4日，以吉古尔图为首的亲德内阁在罗马尼亚组成。

7月10日，希特勒在慕尼黑会见匈牙利总理泰莱基伯爵，表示原则同意匈方提出的"修正"匈罗关系的要求。这主要是指特兰西瓦尼亚（旧称"锡本比尔根"）的归属问题。该地区历史上为罗、匈、奥所争，1867年被匈牙利占领，第一次世界大战后被罗马尼亚夺取，1940年8月，经德国"仲裁"，特兰西瓦尼亚的一半划归匈牙利。

7月27日，希特勒又会见了保加利亚首相菲洛夫，表明了德国在北多布罗加问题上的态度。多布罗加地区跨越罗保两国，历史上为多国所争。1918年《布加勒斯特和约》将该地区北部划归罗马尼亚，南部划归保加利亚，但实际上一直在罗马尼亚的占领之下。希特勒为了避免罗保为此大动干戈，进而影响德国的战略部署，便主张将该地区南部划归保加利亚。根据1940年9月的《克拉约瓦条约》，保加利亚如愿以偿。

9月4日，罗马尼亚国王卡罗尔任命安东内斯库将军为享有特别全权的首相，即国家元首。安东内斯库于1882年生于罗马尼亚南部的皮特什蒂城，早年在法国学习军事。第一次世界大战中，他作为一名中级军官在军中服役；战争结束后，他又跟随军队镇压匈牙利苏维埃政权。为此，王室对他器重有加。1937年，他被破格提升为总参谋长，次年又升任国防部部长。

9月6日，希特勒强迫卡罗尔把王位让给他19岁的儿子米哈尔。9月14日，以安东内斯库为首，包括法西斯"铁卫军"代表在内的罗马尼亚亲德傀儡政府组成，"铁卫军"的首领霍里亚·西马担任副首相。此后，罗马尼亚议会被解散，宪法被废止，"铁卫军"被宣布为唯一合法的政党。接着，安东内斯库同德国签订了全面结盟条约。

9月19日，德国陆军总参谋部第4军需部头目在罗马尼亚作了侦察旅行后，返回德国，希特勒立即决定向罗马尼亚派遣一个陆空军代表团，以达到三个目的：保护罗马尼亚油田；使罗马尼亚某些部队实现现代化；为德罗部队在德苏战争中从罗马尼亚出击做好准备。9月20日，德国"军事使团"进驻罗马尼亚的军事要地。10月12日，德军占领了罗马尼亚全境。11月23日，罗马尼亚加入三国同盟条约。12月4日，安东内斯库在柏林同德国签订了《罗德经济10年合作协定》。根据协定，罗方必须按照主要经济产品销往德国的方向来改建本国交通运输系统，并聘

逐鹿巴尔干 | 85

请德国专家管理罗马尼亚各个经济部门。

1941年1月14日，安东内斯库在山间别墅拜会希特勒时表示，罗马尼亚将站在德国一边，"如果进攻苏联，将以全部力量参加军事行动"。同年，安东内斯库在希特勒的支持下，清洗了铁卫军中的异己分子，掌握了军政大权，宣布罗马尼亚为"军团国家"，废除宪法，取缔政党，在国内建立了法西斯独裁统治。

墨索里尼对希特勒不给他事先打招呼就占领罗马尼亚大为不满，他对齐亚诺说："希特勒总是把既成事实摆在我的面前。"

在德国诱使和逼迫罗马尼亚落入自己圈套的过程中，苏联也趁机浑水摸鱼。鲍·索科洛夫在《第二次世界大战秘密档案》中写道："（1940年）6月26日苏联向罗马尼亚发出最后通牒，要求按照苏联公使转交的地图，清理比萨拉比亚和北布科维纳的领土。在秘密签订的《苏德互不侵犯条约》中，北布科维纳甚至没有划入苏联的版图，好像它从来就不曾隶属于俄罗斯帝国。但是，这些情况一点也没有让斯大林感到不好意思。1940年6月26日深夜，罗马尼亚驻莫斯科公使达维杰斯克应邀去见莫洛托夫。苏联人民委员交给他一份最后通牒，要求同意在24小时内，把比萨拉比亚和北布科维纳转交给苏联。柏林劝说布加勒斯特做出让步。第二天晚上，罗马尼亚政府接受了苏联的条件。"

朱可夫也在《回忆与思考》中写道："我回到基辅后，很快接到了国防人民委员铁木辛哥打来的电话，他向我传达了政府做出的决定：建立一个包括3个方面军在内的南方军区，以用于解放被罗马尼亚占领的北布科维纳和比萨拉比亚。……经过漫长的谈判，罗马尼亚政府终于同意从北布科维纳和比萨拉比亚撤军，这样，事件最终以和平方式得到解决。"

希腊沦陷

1940年10月15日晨，墨索里尼在威尼斯宫秘密召开了一次军事首脑会议。会上，他指着大幅军用地图，讲述了希腊地位的重要性和它对意大利的价值。经过热烈讨论，墨索里尼决定对希腊发动进攻。

10月28日拂晓，意大利驻雅典公使把最后通牒送交希腊首相梅塔克萨斯将军，要求希腊对意军开放全境。与此同时，意军的15.5万士兵、147辆坦克、656门火炮和380架飞机在普拉斯克将军的指挥下，从阿尔巴尼亚出发，向希腊的卡斯托里亚和弗洛里纳两个方向进发。希腊

军队拥有1个骑兵师和14个步兵师，总动员后有43万人。意军当天就突破边境防线，深入希腊境内50公里。

英国同希腊订有互助条约，因此，保住希腊对维护英国的海上交通，同德意争夺地中海霸权具有重大意义。意军进攻希腊后，英军即组织6.8万人的陆军和9个空军大队，由威尔斯将军率领，前往希腊作战。11月7日，英军进驻具有战略意义的克里特岛。11日，英军又出动海、空军轰炸了意大利南方的海军基地塔兰托，使意大利地中海舰队受到严重损失——3艘战列舰和两艘巡洋舰遭到重创。

希腊军民英勇抵抗意军的入侵。军队司令部迅速集结了12个步兵师、两个骑兵师、3个步兵旅，在总司令帕戈斯将军的指挥下，于11月14日在马其顿一线开始了全线反攻。11月21日，意军败退。希腊军队越过希阿边界，踏着厚厚的白雪搜索意军部队，并在阿尔巴尼亚游击队的支援下，大量歼灭敌军，被打死打伤的意军士兵横七竖八地躺满雪地。

11月22日，希军攻占了阿尔巴尼亚境内的科尔察，与意军在平都斯山脉北部的中心战区展开激烈战斗。意军的一个山地师全军覆没。在沿海地区，意军刚一开始进攻就被击退，匆忙从卡拉马斯河沿线逃跑。

墨索里尼恼羞成怒，大骂怯懦无能的意大利陆军总司令维斯孔蒂将军、总参谋长巴多里奥元帅和驻阿尔巴尼亚副总督雅科莫尼，撤换了他们的职务，任命卡瓦莱罗将军为总参谋长。但这未能扭转战局。12月底，天气更冷，意军始终无法突破希军防线。墨索里尼十分沮丧，不得不乘火车前往德国，于1941年1月19日会见了希特勒。

墨索里尼回国后，马上组织了新的攻势。他调集了7个师、160架轰炸机和159架战斗机，在长达22公里的战线上向希军展开进攻。他一心想在德国介入之前获得成功，但却仍被希军击退。

意军在希腊的再次失败，促使希特勒决定赶快派兵去加以占领。按照前一年12月13日下达的进攻希腊的第20号指令——"马丽塔计划"，德国将调集罗马尼亚军队，通过保加利亚攻入希腊境内。

第二次世界大战前夕，保加利亚奉行中立的外交政策，与各大国保持友好关系，但在经济上深受德国的影响。德国入侵波兰后，保加利亚政府曾于9月15日发表声明，表示在军事冲突中保持中立。但是，1940年2月15日，保加利亚国王鲍里斯三世任命了一名亲德首相，以取代此前亲英的首相。

保加利亚政府不仅对罗马尼亚有领土要求，而且还想从南部邻邦希腊得到一条进入爱琴海的通道。希特勒答应支持保加利亚对希腊的领土欲望。作为交换条件，希特勒要保加利亚参与"马丽塔计划"行动。于是，德保两国于1941年2月8日签订了让德军通过保加利亚国境的协议。2月28日晚，希特勒命令驻罗马尼亚的30万德军渡过多瑙河，开进保加利亚境内，进入战略阵地。3月1日，保加利亚加入了德意日三国军事同盟。3月2日，由李斯特指挥的德军第12集团军进入保加利亚，第8航空军转移至普罗夫迪夫和索菲亚。为此，英国断绝了同保加利亚的外交关系。3月9日，德国先遣支队到达保希边境，希腊军队撤出西色雷斯，只留置约7万人防守萨洛尼卡地域。

4月6日，德国第12集团军在意大利军队的配合下进入希腊，从南斯拉夫南下的另一支德军也迅速突入希腊国境。希腊军队为了防备德军突破斯特鲁马河防线并进攻战略要地萨洛尼卡，大大加强了这一地带的防御力量，阻碍了德军的进展。于是，德军改用迂回战术，从南斯拉夫境内沿瓦达河攻抵希军防线侧后。守卫防线的希腊军队和英国援军措手不及，连夜撤退。

4月9日，德军占领了萨洛尼卡，希腊的东马其顿集团军投降。12日，希腊军队总指挥部为形势所迫，下令在阿尔巴尼亚境内作战的本国军队撤回国内。意大利的22个师乘势反扑，进入希腊国境，英国远征军和希腊中央集群在德军的进逼下，向奥林匹斯山以南一线撤退。

军事上的失败使希腊统治集团和军队领导层内部产生了矛盾，为此，希腊首相科里济斯于4月19日自杀身亡。23日，希腊政府向德意轴心国军队投降。27日，德军坦克隆隆地开进雅典，在著名的卫城阿克罗波利斯挂起了卐字旗，一批批德国军官得意地在卫城上俯瞰雅典的美丽景色。29日，德意军队占领了除克里特岛以外的希腊全部领土。30日，德国任命特索拉科格罗将军为希腊傀儡政府总理。

英军撤出克里特岛

克里特岛位于爱琴海南面，地处中央位置。对于德意来说，它是扎在两国喉咙上的一根骨刺；对于英美盟国来说，它是埃及和马耳他岛的重要前哨据点。

在希腊政府签署投降书后的第三天——4月25日，希特勒下达了实施"水星"作战计划的第28号指令，准备夺取克里特岛。为了实施这一

计划，德军调集了第7空军师、第5山地步兵师以及第4航空队的1200架各型飞机，共约1.6万人；另有70艘舰艇载运7000士兵从海上登陆。

从5月开始，英国军队即加紧在克里特岛布防，并迅速把各种类型的火炮、坦克以及军用物资运到岛上。此时参加守卫克里特岛的除了英希军队外，还有澳大利亚、新西兰的军队，总兵力为3.8万人。他们统由弗赖伯格将军指挥。

5月20日拂晓，克里特岛之战打响。德国空军对克里特岛西部的马利姆机场及其周围的重要据点狂轰滥炸。同时，德国大批滑翔机和军用飞机也在马利姆机场的西面着陆。约有5000名伞兵在机场附近降落时被英希士兵击毙，德军尸横遍野。入夜之前，机场仍在英希守军手里。

德军最高统帅部下令从海上实施登陆，并把主要兵力用于进攻苏达湾地区。21日，英国舰艇遇到了德国空军的猛烈空袭，驱逐舰"朱诺"号被击中，两分钟后沉没，巡洋舰"阿贾克斯"号和"猎户座"号也受到重创。当天夜里11时30分，英国海军少将格伦尼率领巡洋舰"代多"号、"猎户座"号和"阿贾克斯"号以及驱逐舰4艘，在干尼亚以北18英里的海域截住了德国运兵船队，激战两个半小时，击沉满载德军士兵的轻帆船12只和轮船3艘，溺毙的德军达4000余人。

尽管如此，由于德军加强了海上封锁，以及岛上双方力量众寡悬殊，克里特岛上的英希守军仍然陷入困境。弗赖伯格司令向他的上司韦维尔将军报告说："我很痛心，不得不向你报告！防守苏达湾的部队已经到了人力所不能忍受的极限了。我们这里的阵地是守不住了。"

5月26日，大批德军在空军的掩护下，分别在克里特岛东部和西部登陆。守岛的英希军队伤亡很大，只好向南撤退。

丘吉尔在获悉一切成功的希望都已破灭之后，便焦急地考虑撤出2.2万名战斗人员的办法。当时发现在500英尺高的峭壁之下，有一条羊肠小道通到南部海岸的一个名叫"斯法基亚"的小渔村，部队可以集中到那里，隐匿在峭壁边缘等候上船。丘吉尔决定从那里撤出英军。

5月28日夜间，英国阿利斯海军上校指挥4艘驱逐舰，偷偷地驶抵斯法基亚。等待在那里的700名英军官兵登上了驱逐舰，并在战斗机的掩护下，顺利地撤离了克里特岛。此后几天，英国陆续派出舰只，从那里运送撤退的英军。由于在运送途中不断遭到德国空军飞机的轰炸，英军舰船和士兵均遭受重大损失。

5月30日夜间，英军司令弗赖伯格将军乘飞机离开了克里特岛。

逐鹿巴尔干 | 89

至5月31日深夜止，英军共撤出17500名战斗人员，其中包括希军士兵约2000人。来不及撤退的5000余名英军官兵除少数向德军投降外，大部分遭到杀害。

6月2日，德军侵占了整个克里特岛。

南斯拉夫人民的抗争

对于比较强悍的南斯拉夫人，德国采用了许多诡诈手段，企图"和平"占领。1941年2月15日，希特勒邀请南斯拉夫首相茨维特科维奇和外长马尔科维奇到德国的伯希特斯加登会谈，明确提出要南斯拉夫参加轴心国军事同盟。3月5日，希特勒又邀请南斯拉夫保罗亲王到伯格霍夫进行谈判，对他进行了惯常的威胁和利诱，答应谈判成功，即把希腊第二大城市萨洛尼卡送给南斯拉夫。

"宁愿死亡，不做奴隶！"

由于两次谈判都未达成一致，德国遂于3月22日向南斯拉夫政府发出最后通牒。不得已，茨维特科维奇和马尔科维奇于3月25日赶赴维也纳，当着希特勒的面，在参加德、意、日轴心国军事同盟的协定上签了字。南斯拉夫人民得知此事，群情愤慨，在首都贝尔格莱德和其他许多城市举行了声势浩大的反法西斯游行示威。愤怒的群众向德国公使的汽车吐唾沫，喊口号："宁要战争，不要协定！""宁愿死亡，不做奴隶！""打倒卖国贼！"

以南斯拉夫空军司令西莫维奇将军为首的一批军官在3月27日凌晨发动政变，把摄政王保罗和内阁成员驱逐出境。当天，政变集团宣布17岁的王太子彼得二世为南斯拉夫国王，同时解散了摄政会议，由西莫维奇组成新内阁。新内阁宣布南斯拉夫保持中立，废除前政府同德意建立的同盟关系。

希特勒得知贝尔格莱德发生政变，勃然大怒，叫嚷要彻底摧毁南斯拉夫，使之不再成为一个国家实体。当天晚上，希特勒在总理府召开军事首脑会议，商讨对策。他在会上声称，南斯拉夫的政变危及了"马丽塔计划"的实施，因此，他要以"无情的严厉行动"粉碎南斯拉夫。他

要求意大利、匈牙利和保加利亚给予合作。会议刚结束，希特勒就向他的将领们发布了进攻南斯拉夫的第 25 号指令。他不等最高统帅部作战部长约德尔拟完军事作战计划，就在当晚火速写了一封信，用电报发给墨索里尼，要他采取一切手段，增援在意大利—南斯拉夫战线上的德军。4 月 3 日，为抗议德国胁迫匈牙利参加对南斯拉夫作战，匈牙利总理泰莱基饮弹自杀。

4 月 6 日 5 时 15 分，德国从奥地利、匈牙利、罗马尼亚和保加利亚调动 32 个师和 1500 多架飞机，在李斯特元帅的指挥下，向南斯拉夫和希腊同时发起进攻，意大利军队也在辅助方向上参加作战。德国轰炸机连续轰炸南斯拉夫机场和首都贝尔格莱德，先后炸死平民 1.7 万人。当天晚上，英国轰炸机进行报复，空袭了保加利亚首都索非亚。

保加利亚境内的德国第 12 集团军分别从边境 3 个地区进入南斯拉夫，占领了南斯拉夫南部的斯科普里、什季普和韦列斯等城镇。从保加利亚首都索非亚以西地区向南斯拉夫进攻的德军第 1 坦克集群在占领尼什之后，继续向前推进，对贝尔格莱德构成威胁。德军第 2 集团军对南斯拉夫西北部展开了猛烈进攻，克罗地亚和斯洛文尼亚地区的南斯拉夫军队停止抵抗。这样，各路入侵的德军即向贝尔格莱德迅速推进。

14 日，此前已逃到南斯拉夫南部的科托尔的国王彼得二世以及大臣、将军们，带着国库的黄金，从科托尔乘坐英国的一架"森德兰式"水上飞机逃到了希腊。15 日，德军与意军会师后，迅即攻入贝尔格莱德城内。自此，南斯拉夫共 12 天的抗击德意侵略的战斗停止。17 日，南斯拉夫宣布投降。希特勒把南斯拉夫的某些地带划分给了意大利、匈牙利等附庸国家。

铁托——游击队总司令

德军占领南斯拉夫后，南斯拉夫人民没有屈服，他们在以铁托为首的南斯拉夫共产党的领导下，拿起武器，积极展开了火热的民族解放战争，不断给予侵略者以沉重的打击。

约瑟夫·布罗兹·铁托出身在一个贫农家庭。因为家里人口多，他 15 岁就出外谋生。在实际斗争中，他从一个锁匠、铁匠学徒工成长为一个坚强的革命者。1937 年 12 月，他担任了南斯拉夫共产党中央委员会总书记。1941 年 4 月 10 日，即在王国政府向德国投降后，南共中央委员会在萨格勒布举行会议，建立了军事委员会，决定大部分中央委员到各地

组织和领导游击战争。6月27日，南斯拉夫人民解放游击队总司令部正式成立，铁托被拥戴为全军的总司令。从此，署名"铁托总司令"的布告便出现在全国各地。希特勒于是声称："消灭南斯拉夫游击队，关键在于消灭铁托这个人。这是一个神通广大、能把群众组织起来的人。消灭了他，也就消灭了他的运动……"

7月4日，南共中央政治局做出了举行全国武装起义的历史性决定。7月7日，在塞尔维亚的贝拉·茨尔克瓦村，人民英雄日·约瓦诺维奇打响了武装起义的第一枪，黑山、斯洛文尼亚、霍尔瓦地亚、波斯尼亚、黑塞哥维那等地热烈响应，游击战争的烈火遍地燃烧。南共以乌日策城为中心，创建了南斯拉夫第一个解放区。游击队建立了崭新的人民政权——各级"人民解放委员会"，重新出版了被查禁12年的南共中央机关报——《战斗报》。工厂的工人在短短两个月内，生产了2.1万支步枪、270万发子弹和1.8万枚手榴弹。南斯拉夫人民把这个解放区称为"乌日策共和国"。

"七月起义"在其他地区也取得了辉煌战果，在门的内哥罗，游击队俘虏了4000名意大利官兵，解放了80%的土地。在黑塞哥维那，游击队发展到1.7万人。在斯洛文尼亚，游击队瘫痪了这个地区的整个铁路运输。

1941年10月21日，作为对游击队活动的报复，德国宪兵队在克拉古耶瓦茨杀死了7000多名人质，在克拉列维察杀死了2300名人质。

南斯拉夫当时还有一支由旧参谋部军官米哈伊诺维奇率领的部队——塞尔维亚语将之称为"契特尼克"。米哈伊诺维奇以拥护国王为口号，极力牵制游击队的活动。他通令全国，一切军事行动都得听他的指挥。1941年下半年，铁托几次会晤米哈伊诺维奇，争取他共同抗战，他不仅加以拒绝，还同意大利人和德国人勾结起来进攻游击队。但是，英国却把他当成是南斯拉夫抵抗运动的唯一代表。1942年8月7日，苏联驻伦敦大使马伊斯基照会英国政府，谴责米哈伊诺维奇的罪恶行径。直到1943年，英国政府才不得不中断对米哈伊诺维奇的支持。在德黑兰会议上，同盟国首脑承认南斯拉夫人民解放军为盟军，决定给予物资支持。丘吉尔当时写信给铁托说：

我决定，英国政府不再给米哈伊洛维奇军事援助，而只援助你。我们希望南斯拉夫王国政府把他开除出政府委员会。年轻的国王彼得二世已经逃出摄政王保罗亲王的毒手，如今他以南斯拉夫的代表和落泊的王

子的身份来到我们这里。把他弃之于不顾，那不是大英帝国应有的气度和信誉。"

1942年11月26日，"南斯拉夫反法西斯民族解放委员会"在比哈奇举行首次会议，这标志着铁托领导的游击队已发展成一个近似政府的"民族阵线"。

挫败敌人，解放全国

南斯拉夫人民解放军在整个民族解放战争中，经历了无数次战斗，击败了敌人的7次进攻，其中以第四次和第五次规模最大。

敌人的第四次攻势是从1943年1月20日开始的，6个德国师会同3个意大利师和南斯拉夫伪军，以压倒优势围攻驻扎在波斯尼亚东南部的游击队主力。游击队为了避免同敌人正面交锋，就用一支部队吸引敌人，掩护主力从波斯尼亚转移到黑塞哥维那和山札克。游击队冒着敌军飞机的轰炸和追兵的袭击，护送着4000名伤员和妇孺，行走在冰封的雪山上，十分艰难。但是，他们终于渡过了奈雷特瓦河，并炸毁了河上的铁桥，解放了很大一部分黑塞哥维那和几乎全部山札克的土地。

1943年5月15日，德意军队围剿门的内哥罗的铁托游击队和米哈伊洛维奇游击队的"黑色"行动开始。参加这次行动的有德国第1山地师、第118狙击师、第369步兵师、党卫队第7山地师，克罗地亚第4狙击旅，意大利"陶里嫩塞"、"费拉拉"、"威尼斯"师和其他分队。两万名游击队员决定撤回波斯尼亚。游击队在突破敌人的包围时，在苏捷斯卡河的峡谷和绿山山脊上同敌人展开了民族解放战争以来最为激烈的一次血战。在这次战斗中，游击队牺牲了8000人，其中包括第3无产阶级旅的指挥员、传奇式的民族英雄萨伐·柯伐契维奇等高级军政人员，铁托也在指挥这次战斗时左臂负伤。经过奋战，游击队击退了12万敌军，解放了许多新的地区，并与波斯尼亚游击队胜利会师。

1943年9月意大利投降时，南斯拉夫人民解放军解除了4个意大利师的全部武装和9个意大利师的部分武装，所得武器足够装备9万名新战士。11月29日，南斯拉夫民族解放反法西斯会议第二次全会在亚伊采召开，会议决定组建最高领导机构，成立在铁托领导下的"民族解放委员会"最高行政机关；人民解放军总司令铁托晋升为元帅，就任国防部部长。12月15日，苏联承认南斯拉夫民族解放委员会为南斯拉夫的

唯一政府，英国和美国则赋予铁托以"平等的同盟国司令员"的地位。

1944年5月底，人民解放军粉碎了敌人的第七次攻势，参加这次攻势的有18个德国师、9个保加利亚师和15万伪军。此后，南斯拉夫人民解放军便完全掌握了进攻的主动权。9月14日，流亡伦敦的南斯拉夫国王彼得二世号召全体南斯拉夫人民参加铁托的人民解放军。19日，秘密离开利萨岛大本营的铁托，在莫斯科同斯大林达成协议，由南苏军队共同解放塞尔维亚和首都贝尔格莱德。

南斯拉夫第1集团军司令员克·达普契维奇领导了解放贝尔格莱德的战役。苏联乌克兰第3方面军第4近卫机械化军和另外两个师参加了战斗。在南斯拉夫首都，德军有2.2万人，配备了40辆坦克、170门大炮。但是，南苏军队在经过10月14日的猛烈炮击后，冲进市内，激战7日，终于在10月20日完全解放了贝尔格莱德。11月1日，铁托与南斯拉夫流亡政府首相舒巴希奇就组成一个联合政府以及国王的权限问题签订协议。

此后，苏军北上匈牙利攻取布达佩斯，而南斯拉夫人民解放军则继续战斗。1945年5月15日，人民解放军解放了全部国土。这时，人民解放军已发展到80万人。

苏德较量

德寇侵苏闪电战

侵吞苏联是希特勒的既定方针。早在 1924 年，他就在臭名昭著的《我的奋斗》中声言："我们要停止德国向南欧、西欧的无休止的移动，把我们的视线转向东方的土地。……当我们今天谈到欧洲的新领土的时候，我们主要必须想到俄国和它周围的附庸国家，看来命运本身希望在这里向我们指出道路。……东方的这个巨大帝国解体的时候到了，犹太人在俄国的统治也将是俄国作为一个国家的终结。……不管怎样，要继续向东突进，必须把俄国从欧洲国家的名单中划掉！"

约·费斯特后来在《希特勒》一书中写道：1940 年 2 月，当德国军队还在攻打英法联军时，希特勒就扬言，"英国现在就会准备'理智地媾和'，这样他就可以最后腾出手来，完成他的伟大而正当的事业，同布尔什维主义一决雌雄"。

不过现在，为了避免东西两线作战，他还是在 1939 年 8 月 23 日同苏联签订了《德苏互不侵犯条约》。条约墨迹未干，他就在一次秘密会议上宣布："条约只是在对我们有用时，才有遵守的必要，一旦我们在西方腾出手来，我们就可以对俄国作战。"1940 年 6 月初，希特勒在与龙德施泰特的晤谈中重申，"自己毕生的根本任务"就是要"报复布尔什维主义"。

"巴巴罗萨"计划

1940 年 7 月 21 日，在德国相继占领了北欧的丹麦、挪威和西欧的比利时、荷兰、卢森堡、法国之后，希特勒命令陆军总司令布劳希奇做好进攻苏联的准备。次日，布劳希奇委托陆军总参谋长哈尔德全面考虑"对俄国作战"的各种方案。哈尔德把驻在靠近苏联边境的第 18 集团军参谋长马克斯调到总司令部。29 日，德军最高统帅部在伯格霍夫举行会议，讨论进攻苏联的问题。会上，希特勒踌躇满志地宣布："必须尽快消灭俄国！"他命令哈尔德和马克斯加紧制定对苏作战的具体方案。

在德国最高统帅部作战部长约德尔和陆军副总参谋长保卢斯的参与下，几经研究，拟定了对苏作战计划。这项计划谨慎而周密，写成的文字达数万页，绘制的地图和示意图有数千张。计划规定，德军建立北方、中央和南方三个集团军群，分3路进攻列宁格勒、莫斯科和基辅，重点是攻克莫斯科。为了验证这个计划的可行性，德军统帅部在德国境内的黑森林地区进行了大规模的实战演习。与此同时，德国陆军总参谋部还专门召开了有高级将领参加的研讨会并得出结论：击溃苏军所需时间不会超过8~10个星期。

8月，德军总参谋部下达了"重建东方"密令，开始向东线调集大军，沿苏联西部边界大量修筑战略公路、铁路、桥梁和屯兵点。

12月18日，在柏林东南佐森的德国陆军司令部的地下作战室里，希特勒将他的将军们召集起来，宣布了21号训令，即"巴巴罗萨"计划。当时，希特勒的目光依次闪过布劳希奇和哈尔德的脸，对准了他的亲信、高参凯特尔的眼睛："你们知道，我历来对苏联没有什么好感，它愚昧、落后、保守、自私、贪婪，它的存在是世界的耻辱！……把它从地球上消灭，是我们德意志民族天经地义的责任。"

"巴巴罗萨"（Barbarossa）是80年前蓄有红胡子的德国皇帝腓特烈一世的绰号，腓特烈大帝穷兵黩武，煊赫一时，发动过大规模的侵略战争，其中包括5次入侵意大利。希特勒希望通过这位强大帝国缔造者的称呼，为他的"伟大"战争带来好运。

"巴巴罗萨"计划处于极为严格的保密状态。因其绝密，希特勒只复制了9份文本，其中1至3号文本分别呈报陆军司令部、海军司令部和空军司令部，其余6份由德国武装力量最高统帅部存档，即锁在最高统帅部参谋部的保险柜中。

按照计划，德国要在1941年5月15日以前完成准备工作，并在两个月内结束战争。这场战争将分为两个阶段：第一阶段是消灭苏联西部军区的部队，即在空军的掩护下，以装甲集群为先导，采用长驱直入、侧面包抄的战术，闪电般向苏联腹地挺进；第二阶段，德军的后备军占领阿尔汉格尔斯克、伏尔加和阿斯特拉罕，进而占领整个苏联。该计划特别指出：

德军必须在对英国的战争结束之前，就作好一切准备，以一次快速

作战将苏俄击败。……通过大胆的作战，利用装甲部队楔入敌人深远纵深，消灭驻在俄国西部的俄国陆军主力。必须防止敌军有战斗力的部队向俄国辽阔的内地撤退。

必须用迅速追击的办法进抵俄国空军无法对德帝国领土实施空袭的一线。

作战的最终目标是：沿伏尔加河到阿尔汉格尔斯克全线建立一道面对俄国亚洲部分的防御屏障。这样，在必要时就可以使用空军，使在俄国人手中的乌拉尔的最后一个工业区陷于瘫痪。

在策略上，希特勒采用了种种伪装和欺骗伎俩，麻痹苏联。希特勒说，他"要把进攻俄国造成历史上最大的骗局"。德国大造舆论，把大批德军开赴苏联边境说成是为了进攻英国而到东方"休整"。报纸中止了对苏联的攻击和中伤，而把斗争矛头集中对准英国。军方在军队里大量印发英国地图和配备英语翻译，在英吉利海峡和加莱海峡沿岸集结了大量渡海和登陆船只、器材，在海岸上装配了许多假火箭，甚至在海峡沿岸进行了登陆演习。

就在这种"大举进攻英国"的烟幕下，1940年夏秋，德国铁路部门每天开出100趟军车，把用于进攻苏联的部队和武器弹药加紧运到波兰境内靠近苏联边界的地段。当时希特勒计划在西线，即在法国、比利时、挪威境内留驻60个师，以120个师对苏联实施突击。1941年2月初，哈尔德向希特勒报告："第1梯队的部队正进入边境集结区，德国对苏战争的工作已大体就绪。"

柏林闹市区有一家照相馆，老板霍夫曼是希特勒的御用摄影师。自欧战以来，这家照相馆的橱窗里总是在希特勒大照片的上方挂一幅大地图，行人看到地图，就会知道战争朝哪个方向发展。现在挂的东欧地图，包括了苏联的西部地区。

希特勒见侵苏时机已经成熟，便于1941年6月17日在统帅部的会议上明确宣布："'巴巴罗萨'计划定于6月22日开始执行。"他同他的三军头目一起，检查了从北冰洋到黑海数千公里战线上发动进攻的各个环节。6月21日，德军最高统帅部向准备侵苏的部队发出"多特蒙德信号"，东线德军迅速进入阵地。

当天，希特勒乘坐专车离开柏林，来到东普鲁士拉斯登堡附近的指挥部里，要亲自观看实施"巴巴罗萨"计划的情况。德军坦克部队的前线指挥官古德里安也同时到达德苏边境的分界河——布格河西岸。他看到全副武装的德国士兵已集结待命，大炮、坦克都伪装得很好。他还看见河对岸的苏军士兵正在军乐声中进行操练，沿河的工事里没有士兵据守。晚上10时，希特勒通过广播向全体参战士兵发表了文告：

数月来，重重忧虑压得我透不过气来……现在我终于能向你们，我的士兵们，公开说明了。俄国大约有160个师部署在我国边境。数周来，这一边境不断遭到侵犯……许多俄国巡逻队侵入我国疆域，经过长时间的交火始被逐退。东线士兵们，军事集结此刻正在进行，其规模之大和数量之多，都是世界历史上空前未有的。我们和芬兰军队结成了联盟，我们的同志正和纳尔维克的胜利者们肩并肩地驻守在北方的北极海上。你们正驻守在罗马尼亚东线，驻守在普鲁特河畔，驻守在多瑙河至黑海之滨一线；德意志和罗马尼亚的军队肩并肩地屹立着。如果这条世界历史上最伟大的战线现在要采取行动的话，那么其目的不仅仅是为了创造最后结束这场伟大战争所必需的条件，或是保卫此刻受到威胁的各国，而且也是为了拯救整个欧洲的文明和文化。德意志士兵们！你们即将参加战斗。参加一场艰苦卓绝、生死存亡的战斗。欧洲的命运，德意志帝国的未来，我们民族的生存，现在都完全掌握在你们手中。愿上帝在这场斗争中保佑我们大家。

当时，德军部署的进攻部队为550万人。难怪希特勒神气活现地宣称："只要'巴巴罗萨'行动一开始，全世界就将大惊失色，为之屏息。"

何时按下"红色按钮"？

早从20世纪30年代开始，苏联党和政府就密切注视着战争事态的发展。1938年2月，斯大林在给共青团积极分子的一封复信中写道："如果闭眼不看资本主义包围这一事实，而认为我们的外部敌人如法西斯分子并不企图一有机会就向苏联实行武装进攻，那才真是可笑而愚蠢的。"1939年3月，斯大林又在党代会上揭露了德、意、日法西斯侵略国发动世界大战的罪恶行径，他指出，"战争是铁的事实，任何东西都掩盖不了"，苏联"准备用双倍的打击去回答企图破坏苏联边界的不可侵犯性的战争贩子的打击"。

苏联针对"巴巴罗萨"计划，在加强国家的防御能力方面，进行了巨大而艰苦的工作。苏联在短期内完成了电气化计划，重建了机器制造

业、国防工业和化学工业，这就为红军的武器和装备供给提供了保证。然而，按照计划，苏联要到 1941 年下半年或 1942 年，才能最终把军事潜力转变为军事实力，把整个工业转移到生产各种武器和军需补给品的军事轨道上来。

1940 年，苏军进行了大规模的整编和改装。到 1941 年 6 月，陆海空三军总数发展到 537.3 万人。1939～1941 年，红军人数增加了 1.8 倍。

1941 年春，工农红军总参谋部与各军区及海军司令部联合制定了本年度国界防御计划，该计划得到国防人民委员会的批准，并且向各边防军区军事委员会作了传达。2 月，苏联政府批准了武装力量动员计划。从 5 月开始，红军各部队向靠近西部边境的地区秘密集结。到苏德战争爆发前夕，苏联驻守在西部国境线上的共有 170 个师，并修筑了 2500 个工事。但是，苏联红军主力当时驻扎在内地，苏军仅靠这些兵力是无法抵御德军的突然袭击的。要把苏军内地的兵力输送到边境前线并建立起高效的防御军团，至少需要两三个星期的时间。当然，苏军在尚未完全做好准备而又对德军的侵略意图分析不足的情况下，贸然把军队开到苏德边境，无疑是一种冒险，还可能提早引发战争。

这年 5 月初，苏联军队高级指挥官在克里姆林宫为军事科学院毕业生举行庆祝活动时，斯大林发表祝酒词说："奉行和平政策当然是一件好事，我们至今也一直实施防御方针。但是，我们的军队已经大大改进，同时配备了充足的现代化武器，军队实力增强了，我们应该由防御转向进攻。"斯大林的这番话使苏联领导层对战争的态度发生了根本性的转变。苏联高级军事将领们当时也表示，苏联可能首先对德国开战。斯大林的计划是，一旦德国向英法开战，苏联就选择时机主动进攻，使德国处于两面作战的不利状态。为此，苏联总参谋部还制订了名为"大雷雨"的计划，决定 6 月 12 日开始进攻德国。但是，由于准备不够充分，该计划又被推迟到了 7 月。为了实施"大雷雨"计划，苏联军队主动拆除了边境上的铁丝网，挖出了地雷，还修了不少东西纵向的公路。苏军一名副总参谋长事后感叹道："要是进攻希特勒的时间真的是 1941 年 6 月 12 日，该多好呀！那样我们就比希特勒进攻苏联的时间提前了整整 10 天……"

对于希特勒进攻苏联的具体日期，苏军也并非毫无察觉。早在 1940 年 12 月，苏联军事情报局局长戈利科夫中将就向斯大林报告：根据已经证实的情报，希特勒已批准两线作战的决定，即不等西线战事结束便开

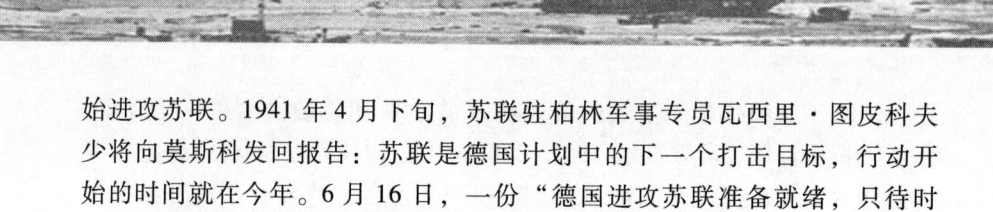

始进攻苏联。1941年4月下旬，苏联驻柏林军事专员瓦西里·图皮科夫少将向莫斯科发回报告：苏联是德国计划中的下一个打击目标，行动开始的时间就在今年。6月16日，一份"德国进攻苏联准备就绪，只待时日"的情报又送到斯大林面前。

在德国进攻苏联的问题上，斯大林拥有各个方面的情报来源。但是，各种情报含混不清、自相矛盾，许多重要数据被湮没在无关紧要的海量信息之中，而苏联情报当局又缺乏准确的预测。据莫洛托夫回忆，关于德国进攻苏联的日期曾经有过14种判断。

1941年初，有关德军在波兰集结的消息源源不断。斯大林给希特勒写了一封私信，说他得到了德国打算同苏联作战的印象。希特勒在给斯大林的回信中承认，德国确实在波兰集结了大量兵力，但这"不是指向苏联的"，他打算"严格遵守以国家元首信誉作担保的条约"。他还说，德国在东方部署重兵，是因为它的西部和中部领土"遭到英国的猛烈轰炸，英国人可以从空中看得很清楚，所以不得不把大量部队调往东方……"。

英国首相丘吉尔是个狡黠的情报专家，他把真情报和假情报运用得滚瓜烂熟，并曾多次利用假情报来离间苏德关系。因此，当他1941年4月初发给斯大林一份电报，说是德国即将向苏联发动进攻时，斯大林没有重视他的警告。后来，即在1942年8月，斯大林在莫斯科会见丘吉尔时表示，他知道战争迫在眉睫，但是"想再争取6个月的时间来准备对付这一进攻"。

第二次世界大战期间，中共地下党员阎宝航同国民党上层密切接触，交往很深。1941年5月，阎宝航在应邀参加宴请德军代表的聚会时，得知纳粹德国决定6月20日前后一周内突袭苏联。先是于右任对阎宝航透露此事，后又有孙科等人加以证实。于是，阎宝航借故离席，通过秘密渠道向周恩来作了汇报。周恩来得到报告后，于6月16日电告延安，中共立即通报了苏联。

6月14日，当德军装甲师和摩托化师已开到苏德边境时，塔斯社发表声明称，外国报刊散布的"关于苏联和德国临近交战"的传闻没有任何根据。报道指出："最近出现的由巴尔干战役撤出的德军向德国东部和东北部地区的调动，应当视为与苏德关系无关的其他动机促成的。……鉴于有关苏联准备与德国交战的传闻纯属造谣和挑拨离间，苏联出于它的和平政策，过去奉行，现在仍致力于奉行苏德互不侵犯条约的各项条款。"

布琼尼元帅曾在回忆录中描述了这项声明的发表过程。6月13日晚，他被斯大林召到克里姆林宫，当时铁木辛哥、莫洛托夫和加里宁也在那里。"斯大林好像对来的人说了下面这段话：'看来，为了防止与德国发生军事冲突，我们所采取的各种措施并没有取得预想的效果。战争已经迫在眉睫，悲惨的结局就要到来，希特勒不会放弃自己夺取世界霸权的计划。……'""斯大林停顿了一下，离开地图，又开始不慌不忙地把烟斗填满：'莫洛托夫同志建议同时再采取外交手段。我想，我们同意这种做法。我们公开发表一个不长的声明。这样做的目的呢，一是为了让希特勒明白，我们已经知道他的计划。二是为了向全世界宣布，希特勒准备挑起战争，而这场战争将会波及世界各大洲，将会有几百万人死在这场战火之中。三是为了迫使希特勒公开表态。""6月14日，塔斯社的声明在媒体上公布。随之而来的是，希特勒没有回答。斯大林忧心忡忡地说：'看来，我们与希特勒的战争无法避免了。'"

在这种情况下，苏方立即要求同德方谈判，但遭到德方的拒绝。恰在这时，双重间谍佐尔格又发来情报：德国将在本月月底发动进攻。只是在这个时候，斯大林才按下"红色按钮"——要内陆军队向西进发。但是，部队集结的速度不够迅速。朱可夫后来写道："未经斯大林的亲自许可，依据隐蔽计划的规定，我们是绝对禁止部队向边界前沿作任何调动的。"

灾难性的6月22日

1941年6月21日2时，斯大林打电话给莫斯科军区司令丘列涅夫大将，要求提高对空防御的战斗准备。丘列涅夫命令格罗马金将军使对空防御立即进入全面战备。

白天，苏联驻柏林全权代表德卡诺佐夫极力设法会见德国外长里宾特洛甫，但出来接见的却是国务大臣魏茨塞克。德卡诺佐夫向魏茨塞克递交了一份关于德国士兵破坏苏联边界的抗议照会。魏茨塞克很清楚，同苏联的战争近在眼前，他蛮横地否认了明显的事实。

傍晚，苏联外交人民委员莫洛托夫与驻莫斯科的德国大使舒伦堡举行了会谈。苏联政府打算再作一次尝试，以澄清对德关系的一些问题。莫洛托夫再次对舒伦堡谈起有关德国与苏联之间面临战争的种种小道消息，甚至还问及两天来从莫斯科大量撤走德国使馆工作人员及其家属的缘由。舒伦堡当然清楚造成这种状况的原因，但由于没有接到柏林的指

示,他没对此表态。直到深夜,舒伦堡才收到里宾特洛甫发来的电报:"接此电报后,一切密码资料……应予销毁,电台应予破坏。"

17时,斯大林召见了国防人民委员铁木辛哥和总参谋长朱可夫,并作出决定:向各边防军区和海军司令部预报可能发生的危险,并要求武装力量进入全面战备。命令的内容是:

1. 1941年6月22日到23日德军可能在列宁格勒军区、波罗的海沿岸特别军区、西部特别军区、基辅特别军区和敖德萨军区正面实施突然袭击。袭击可能以挑衅行动开始。

2. 我军的任务是:不受任何挑衅行动的影响,以免使问题复杂化。

与此同时,列宁格勒、波罗的海沿岸、基辅、敖德萨各军区部队进入一级战斗准备,以防德军或其盟军可能的突然袭击。

3. 兹命令:

1) 1941年6月21日夜间,隐蔽占领国境线筑垒地域各发射点;

2) 1941年6月22日拂晓前,将全部飞机,包括陆军航空兵的飞机,分散到各野战机场,并加以周密伪装;

3) 所有部队进入战斗准备。军队应分散和伪装起来;

4) 防空部队不待对征用兵员补充进行紧急动员即进入战斗准备。对城市和防御目标应采取灯火管制的一切措施;

5) 在没有特别命令的情况下,不得采取任何其他措施。

铁木辛哥、朱可夫

然而,就在战争前夜,苏联的许多地方仍然是一片和平景象。基辅特别集团军的周末晚会尤其热闹。在白俄罗斯首府明斯克的军官俱乐部里,西部特别军区的官兵们正在欢度仲夏之夜,舞台上演出的考楚克的喜剧引出了阵阵笑声。可就在这时,边境上的德方发动机的声音突然增多,一些德国人砍去了他们自己设置的铁丝网,悄悄越过边界,杀死苏联哨兵,剪断电话线,把运载大部队渡河的平底船推入水中。一位苏联情报军官赶到军官俱乐部,把边境上的异常情况报告给了正在看戏的西部特别军区司令帕甫洛夫,但帕甫洛夫未予理睬,仍旧玩乐。

22时,总参谋长朱可夫接到基辅特别军区参谋长普尔卡耶夫的报告,说是有一名德军司务长向苏联边防军投诚,供称德军正进入阵地,将在第二天向苏联发起进攻。

23时,苏军在由弗拉基米尔—沃伦斯基边防小队守卫的4号地段拘留了德军第222工兵团的一个名叫阿尔弗雷德·利斯科夫的士兵,他是

自愿跑到苏方的。他向苏军首长报告说，德军将在 6 月 21～22 日夜间转入进攻。这一情报很快就传给了基辅特别军区边防部队以及设在卢茨克的集团军司令部。那时，基辅特别军区参谋长普尔卡耶夫中将通报说："德国部队正在进入进攻的出发地域，这一进攻将于 6 月 22 日清晨开始。"

几乎就在同时，德国共产党员汉斯·齐佩尔、马克斯·埃蒙多尔夫和弗兰茨·戈尔德也把德国就要进攻的消息告诉了苏方。另外，一架 U-88 飞机在战争开始前数小时在基辅机场着陆，其乘员格尔曼、克拉茨、施密特和阿佩尔也预告了威胁到苏联的危险。德军向苏军多瑙河区舰队司令部投诚的人员也报告了相同的消息。

苏联部队进入完全战斗准备状态的指示于 23 时 45 分以电报形式发出，当时离战争爆发只有 4 小时 15 分钟的时间。波罗的海舰队作战行动日志上明确载有 23 时宣布一级战备的记录。黑海舰队的一级战备是于 6 月 22 日 1 时 15 分宣布的。北方舰队则于 6 月 22 日凌晨 4 时 25 分转入一级战备。

22 日凌晨零点 30 分，即离德军预定向苏联进攻前的 3 个多小时，苏军总参谋部发出命令，要边境部队做好战斗准备。

此时，德国军士威廉·舒尔茨游过布格河，投奔苏联。德军朝他开枪，使他受了重伤，但他仍设法游到河边。"朋友们，"他对苏联边防军人说，"我是一名共产党员，战争马上就要开始了，是向你们进攻的，要提高警惕啊，同志们。"舒尔茨于侵略战争爆发前半小时告别了人世。

凌晨 2 时，德军阵地上的 6000 门大炮卸下了伪装，几百万德军等待着进攻的命令。4 时，德军各种口径的大炮向苏联边防哨所、部队指挥部、防御设施、通信枢纽、红军各部队和兵团的配置地域猛烈轰击，1000 多架机翼下印有法西斯党徽"卍"的轰炸机侵入苏联领空，对乌克兰、白俄罗斯、波罗的海沿岸等地域的城市——基辅、明斯克、里加、考纳斯、塞瓦斯托波尔、日托米尔等狂轰滥炸。飞机的轰鸣声和坦克的马达声划破了黎明前的寂静。

德军背信弃义地发动闪电战后，总参谋长朱可夫即刻电话报告了斯大林。斯大林要朱可夫和国防人民委员铁木辛哥速到克里姆林宫商讨对策。4 时 30 分，苏共中央全体政治局委员以及朱可夫、铁木辛哥来到斯大林的办公室，斯大林提出先给德国驻苏使馆打个电话，摸清情况。德国大使舒伦堡接到电话后，要求苏联领导人和外交人民委员莫洛托夫接见他。

5时30分，在德军入侵苏联一个半小时后，舒伦堡才来到克里姆林宫莫洛托夫的办公室，交给一份德国政府的声明，诡称由于苏联构成了对德国的"威胁"，德国才不得不动用全部力量，正式向苏联宣战。临走时，他悄声说道："希特勒疯啦！"

　　几乎就在同时，德国外交部长里宾特洛甫召见苏联驻德大使德卡诺佐夫，贼喊捉贼地说："俄国士兵侵入了德国边界，德国是被迫采取军事措施。"苏联大使断然回答："这是一种厚颜无耻而又凭空挑起的侵略行径。"末了，里宾特洛夫低声说道："我是反对这样做的。"

　　接着，德国的盟国——意大利、罗马尼亚、芬兰和匈牙利与希特勒法西斯德国一起参与了对苏战争。法国维希政府同苏联断绝了外交关系，军国主义日本则伪装中立。

德军暂握战争主动权

　　德军在从波罗的海到喀尔巴阡山2000多公里的辽阔战场上，凭借190个师、550万人（为苏军的1.8倍）、3700辆坦克（为苏军的1.5倍）、4900多架飞机（为苏军的3.2倍）、4.7万门大炮、193艘舰艇的庞大兵力[①]，分北、中、南3路向苏联大举进攻，以中路为重点。德军首先以优势的航空兵对苏联的重要城市、交通枢纽、通信和军工设施、海空军基地和军队配置地域以及物资仓库等战略目标进行了轰炸，然后在主要突击方向上以4~5倍的兵力进行割裂围歼，一开始就取得了战争的主动权，击毁苏联边境军区的66个飞机场和1200架飞机。苏军虽然出动飞机6000架次，击落敌机200多架，但在总体上明显处于劣势。第一天，德军侵入苏联境内25~50公里。

　　德军北方集团军群的李勃元帅统率两个集团军和1个装甲集团军，从东普鲁士的苏伐乌基出发，渡过涅曼河，24日进抵乌克美尔格，6月底进抵西德维纳河一带。该集团军群企图消灭波罗的海沿岸的苏联军队，然后攻占列宁格勒。

　　中央集团军群由包克元帅指挥，下辖3个集团军和第2、第3坦克集团军。该集团军群从罗明特荒原到布列斯特全线推进，突破了苏联西方

[①] 此为苏联官方公布的数字。鲍·索科洛夫《第二次世界大战秘密档案——苏联惨胜真相》说："到战争开始时，德军部署在苏联边境的陆军部队人数为250万人，即苏军人数是德军的1.6倍。仅坦克一项，苏联所占的优势就是敌人的4倍多。"

面军左右两翼的防线，于 6 月 26 日进抵白俄罗斯首府明斯克。按照计划，集团军群将在攻克斯摩棱斯克后，直取苏联首都莫斯科。

南方集团军群由龙德施泰特元帅率领，包括 3 个集团军和 1 个装甲集团军。该集团军群在越过苏联国境后，于 6 月 23 日向卢茨克、罗夫诺一带发动进攻。驻守南线的苏联西南方面军，以 6 个机械化军和 3 个步兵军同德军激战七天七夜，直到弹尽粮绝，德军才得以突进到日托米尔，对基辅构成直接威胁。

帕夫洛夫指挥失误

巴甫洛夫是 20 世纪 30 年代苏联军队里崛起的一颗新星，苏军的头号坦克战专家，1941 年获大将军衔。战争爆发前，他被放在最重要的西部特别军区担任司令员。战争开始时，他亲自指挥第 3、第 10、第 4 和第 13 集团军，共 62.5 万人。

其时，西部特别军区的司令部设在白俄罗斯首府明斯克以西的比亚威斯托克突出部。这是一块突入波兰境内的弧形区域，南北宽约 100 公里，其中集结了苏联西部特别军区 3/4 的部队。这样的部署为巴甫洛夫其后的惨败埋下了祸根。

战争开始后，德军以全部坦克的 1/2 即两个装甲集群凶猛地冲向苏联西部特别军区。巴甫洛夫低估了德军的装甲铁钳，首先下令对德军侧翼进行反突击，但因主力机械化部队未能按时赶到，其攻势在几小时内就被德军粉碎。接着，巴甫洛夫又做出一个使苏军遭受灭顶之灾的决定：他看到前方部队受到威胁，有可能被德军步兵师包围，便下令所有集团军和方面军的预备队向前调动。这样，在他身后极其重要的明斯克地区，就留下了一块真空地带，正好在无意间"配合"了德军博克元帅的战术部署——苏军被装进了德军部队织成的两个口袋。6 月 27 日，在战争爆发的第 5 天，德军两个装甲集群在明斯克会师，巴甫洛夫的两个集团军的全部、1 个集团军的大部，共 22 个步兵师和相当于 7 个坦克师、6 个机械化旅的兵力，在纵深 400 公里处的明斯克－比亚威斯托克地区陷入德军合围。

在此期间，作为方面军司令员的巴甫洛夫坐在第 13 集团军司令部中，得不到前线足够的消息，只是一味强调"坚守和反击"，却始终没有能够有效地指挥下属部队。

远在莫斯科苏军总参谋部的朱可夫大将根据空中侦察获得的零星情

况，很快意识到西方方面军正处在险境之中，立即把电话打到前线，却怎么也找不到巴甫洛夫本人。至此，苏联统帅部基本失去了与西方方面军的联系，对其现状一无所知。

几天后，朱可夫受斯大林的委托，前往西方方面军救急。他首先要找到巴甫洛夫。他从方面军司令部找起，颇费了一番周折，才在第13集团军司令部找到这位司令员。朱可夫从谈话中得出结论：巴甫洛夫对方面军的现状知之甚少，而且指挥极其不力，在这样危急的情况下，这位大将显然不能胜任方面军指挥员的职务。斯大林接到朱可夫的汇报后，立即撤销了巴甫洛夫的指挥权，并把他遣送回莫斯科接受审查，由铁木辛哥元帅接替方面军司令员的职务。

7月8日，包围圈内的苏军部队消耗殆尽。德军先后俘虏了包括多名军长和师长在内的29万苏军，缴获和击毁苏军坦克2500辆、火炮1500门。斯大林无论如何接受不了这样一个事实。于是，除政治委员福明纳赫以外，方面军司令员巴甫洛夫、参谋长克利莫夫斯基、通讯主任格里戈里耶夫、第4集团军司令科洛布科夫等高级将领，均被送交军事法庭，判处死刑。斯大林还就此发出命令："我警告，无论是谁，如果违背军人誓言、忘却对祖国的责任、玷污红军战士的崇高称号、表现懦弱和惊慌失措、擅离战斗岗位以及未经战斗即向敌人投降，都将受到军法最严厉的惩罚，此命令向团级以上所有指挥员传达。"

战争初期，苏联除在军事上大大失利之外，还遭遇到了几个国家的独立运动。6月22日开战当天，立陶宛爆发了约有3万人参加的反苏起义，并在第二天发表了《独立宣言》。随着战争的进展，起义蔓延到了爱沙尼亚和南部的乌克兰。在乌克兰，大批百姓出门迎接德军，把他们当成"解放者"。古德里安后来回忆说："有个老太太把我们的吉普车拦住，送上面包和牛奶，非要等我们吃完才把我们放了。"

"一切为了前线，一切为了胜利！"

6月22日中午12时，莫洛托夫代表党和政府发表广播讲话，号召苏联人民团结一致，投入神圣的战争，为捍卫祖国的领土、主权、荣誉和自由而战斗。当天，苏联国防部决定将波罗的海沿岸、西部地区和基辅3个特别军区改组为3个方面军。西北方面军的司令员为库兹涅佐夫上将，西方方面军的司令员为巴甫洛夫大将，西南方面军的司令员为基尔波诺斯上将。晚9时15分，苏联国防人民委员会命令各个方面军组织坚

决的反击，消灭入侵之敌。24日，苏联国防部针对德军攻势，将列宁格勒军区改组为北方方面军，司令员为波波夫中将。25日，新组建的南方方面军由邱列涅夫大将任司令员。29日，苏共中央宣布把抗击德国入侵的作战称为"卫国战争"。

6月30日，苏联在形势十分不利的情况下，成立了以斯大林为首的国防委员会，领导战时的全部工作。7月3日，斯大林发表广播演说，号召全体人民立即行动起来，为保卫社会主义祖国流尽最后一滴血。此时的斯大林为了应付眼前的困难局面，常常手拿烟斗，默默地在办公室里踱来踱去，认真地察看地图，不时发出一道道发起反击的命令。

为了保卫祖国，莫斯科、列宁格勒、基辅等地的居民争先恐后报名参军，仅9天时间就有530万人应征入伍。在后方，各条战线上的人民群众更是夜以继日地加倍努力工作。"一切为了前线，一切为了胜利！"——这已成为亿万军民的坚强信念和自觉行动。在德军占领区，苏联人民不分男女老幼，组织起游击队和地下战斗小组，破坏敌人后方的机场和工事，切断德军的交通，炸毁桥梁，攻击敌人的后备军，使德军惊惶不安。

7月10日，苏军统帅部改组为最高统帅部，斯大林担任最高统帅，统一指挥各方面军的作战。当天，苏联最高统帅部决定按照应敌方向，组成3个指挥部：西北方向指挥部由伏罗希洛夫任总司令，西方方向指挥部由铁木辛哥任总司令，西南方向指挥部由布琼尼任总司令。

德国北方集团军群于8月21日突入诺夫哥罗德，接着又攻占了楚多沃，对列宁格勒发动进攻。29日，德军部分兵力通过姆加突入了什利塞尔堡，从陆路上封锁了列宁格勒。希特勒扬言，要在9月1日以前占领列宁格勒，并狂称："一定要把这座城市从地球上抹掉！"但英雄的列宁格勒军民浴血奋战，粉碎了德军无数次的进攻，使这座城市一直掌握在苏联军队和人民手中。

德国中央集团军群的坦克部队在渡过第聂伯河后，对具有战略意义的斯摩棱斯克构成严重威胁。斯摩棱斯克是通往莫斯科的咽喉要道，距莫斯科只有370公里。苏联守军是西方方面军第13集团军，最高统帅部预备队的第20、第21和第22集团军，另外还有刚刚编成的第19集团军和第16集团军。在斯摩棱斯克市区，苏军奉命实行"总体防御"——全城青壮年民兵随时准备增援守城部队。苏联作家斯塔德纽克在《战争》一书中描写当时的情景说：

这些天，德军战车隆隆，滚滚而来，斯摩棱斯克高地俨然成了一堵肖然屹立、坚如磐石的门槛。战争似乎已经耗尽了它积存的蛮劲，在这里骤然松弛下来。但是，斯摩棱斯克地区依然是战火纷飞，炮声轰隆，整个空间充满了死亡、痛苦、憎恨、绝望和希冀。战斗夜以继日地进行着，战场上尸横遍野：成千上万的人死去，他们当中既有这块古老土地上的保卫者，也有贪婪成性的外来侵略者。

德军一个劲地把突击部队调过第聂伯河，企图靠坦克履带在河右岸站稳脚跟，尽力占领斯摩棱斯克，尔后以重兵前出至整个西方方面军的后方，这样就可彻底打开通向莫斯科的道路。

7月6日，苏军第20集团军的第5和第7机械化军依靠700辆坦克，向德军发起了大规模反攻，但德军在强大的空军支援下取得了胜利，两个苏军机械化军在3天的战斗中被彻底摧毁。7月16日，德军以明显的优势攻入斯摩棱斯克。当地居民奋不顾身，同敌军展开了激烈的巷战，德军每占领一条街、一个建筑物，都要付出极大的代价。

为了夺回斯摩棱斯克，苏军最高统帅部于7月18日决定从预备队中调集3个集团军共20个师，组成以叶列缅科为总司令的布良斯克方面军，及时投入战斗；同时，加强了铁木辛哥指挥的西方方面军的兵力。7月23~25日，苏军进行反突击，双方动用大批坦克和飞机展开激战，苏军一举歼灭德军8个师，极大地削弱了德军的进攻能力。8月底和9月初，苏军西部正面的3个方面军又对斯摩棱斯克及其南北两翼发动了全线反击，虽然未能夺回斯摩棱斯克，但阻止了德军的推进，迫使德国中央集团军群暂时转入防御。

此时，德军统帅部就德军应采取什么战略的问题展开了争论。以德国陆军总司令布劳希奇、参谋长哈尔德和包克、古德里安等为代表的高级将领，极力主张乘胜推进200公里，立即攻占莫斯科。但是，希特勒却主张先在北方拿下列宁格勒，给苏联和世界人民来一个"十月革命故乡完蛋了"的心理打击，然后再与芬兰军队会合，消灭波罗的海沿岸的苏军。在南方，希特勒主张先攻基辅，以便获得石油和粮食，卡断苏联的物资供应基地。他认为，在此之后，对莫斯科的占领便是自然而然的事情。于是，希特勒命令中央集团军群的第3坦克集团军北上支援北方集团军群，进攻列宁格勒，第2坦克集团军南下支援南方集团军群，攻占基辅。

8月7日，斯大林亲自担任了红军总司令。

双重间谍佐尔格

传奇式的双重间谍理查德·佐尔格（Richard Sorge）既是德国人、纳粹党员、《法兰克福时报》派驻东京记者、德国情报部特派员，又是苏联公民、共产党员、苏联红军安插在东京的情报组的首脑。正是他提供的情报，帮助苏联在战争的关键时刻做出了正确的部署。可是，直到他死后20年，苏联政府才开始表扬他的功绩，追认他为国家英雄。

1944年11月7日上午9时许，日本东京巢鸭监狱长走进了2号楼11号单人囚室。冰冷的囚室里坐着一位40开外的男人，他正伏案给妻子写信。他见监狱长进来，不知是凶是吉，连忙客气地起立，深深鞠躬，然后十分镇静地听着。监狱长阴沉地问明囚犯的姓名、年龄、住址后宣布法务省命令：该犯应予当天上午被处决。囚犯没有料到死神会在这一天突然降临，但对于死，他思想上显然已有所准备，因此，他听完宣判后就把事先准备好的洁净的衣服换上，然后戴着手铐随法官、证人穿过监狱院子，来到监狱佛堂。法师在那里接待囚犯，先问他的宿愿和遗言，然后请他用最后的茶点，接着又领他念诵超度来生的佛经。完毕后，囚犯被带到佛堂背后的一间没有窗户的屋子里，屋子中间竖着一座绞刑架。囚犯站在陷阱板上，脖子被套上绞索，9点33分，陷阱弹开，囚犯被悬在绞架上。一个生命就这样被死神夺走了。

囚犯名叫尾崎秀实，43岁，东京《朝日新闻》记者，其同学曾任近卫首相的私人秘书，因而取得了进入首相府甚至皇宫的许可，获得机密材料。他被指控的罪名是"出卖国家机密"，"背叛祖国"。

尾崎的尸体放下后，监狱长又从20号囚室带来一名欧洲籍囚犯。此犯名叫理查德·佐尔格。他身材匀称，虽脸色憔悴、苍白，但两眼放射出炯炯的光芒，显得机智、聪敏。佐尔格的公开身份是《法兰克福时报》驻东京高级记者。他被指控的罪名是为"共产国际"搜集日本的政治、军事、经济情报。他是该案的主犯。佐尔格神态自若地走到处决地

点。他没有在佛堂里停留，径直走到绞刑架下。问他有什么遗言，他连声说："没有，没有什么。"10 点 20 分，他从容死去，终年 49 岁。

日本在苏联国庆日处死间谍

佐尔格孤独地走向绞刑架时，莫斯科红场正在阅兵、游行，热烈庆祝十月革命 27 周年，热烈庆祝反法西斯战争的辉煌胜利。因为此刻苏联红军已把德寇赶出苏联国门，正在向希特勒的巢穴进逼。日本法西斯统治者选择这一天处决佐尔格，是经过一番苦心考虑的。原来佐尔格是苏联红军总参谋部四局的特工人员。日本人非常明白佐尔格向莫斯科送去的情报的分量，因此非要把他置于死地不可，但为了维护当时的《日苏中立条约》，有意不去点苏联的名，也不大肆宣扬，而捏造说是"共产国际的间谍案"，只是有意把处决佐尔格及其同伴的日子安排在 11 月 7 日苏联国庆日，让苏联心中有数。苏联则对佐尔格案长期保持缄默。出自各自战略利益的考虑，日苏双方在暗中剧烈争斗的同时，在处理相互关系问题上却慎之又慎，这在当时是可以理解的。然而这却给佐尔格蒙上了一层神秘的色彩。

那么，佐尔格到底是怎样一个人呢？在世界间谍史上，佐尔格是个独一无二的人物。他的一生富有传奇色彩。

佐尔格的父亲阿道夫·古斯塔夫·佐尔格是德国石油工程师，他携妻带子来到沙皇俄国。他们在巴库（今阿塞拜疆共和国首都）附近的小镇萨本奇安下家。不久，阿道夫便丧妻。后来，他娶了俄国女子尼娜·科别列娃为妻。1895 年 10 月，理查德降临人世。3 年后，阿道夫带着全家回到柏林。

理查德·佐尔格的叔爷爷弗里德里希·佐尔格是第一国际卡尔·马克思的秘书和战友，并与恩格斯交友和通信。但佐尔格的父亲却是个狂热的民族主义者和俾斯麦的崇拜者。由于第一次世界大战爆发，佐尔格中学没有毕业就上了前线。他 1916 年受伤，落下了终身跛脚的残疾。因作战勇敢，他获得了二级铁十字勋章。

伤愈后，佐尔格进入了基尔大学政治学系，毕业后获得博士学位。大学期间，他开始阅读德国和俄国有关社会主义和共产主义的经典著作。从 1919 年开始，佐尔格同一些德国共产党员交往甚密，并加入了组织。很快，德国爆发了革命，佐尔格便投身到这场政治运动中。

1924 年 4 月，在法兰克福举行的德共党代会上，他被指派负责共产

国际代表的安全保卫工作。代表团团长约·皮亚特尼茨基等人发现这个年轻的共产党员有非凡的才干，便邀请他到莫斯科去。佐尔格欣然接受。

1924年年底，佐尔格持德国学生旅行护照和妻子来到莫斯科。但妻子很快就受不了这种无序又拮据的生活，返回了柏林，而佐尔格继续徜徉在莫斯科喧闹的大街上，呼吸久违的故土的空气。

理查德·佐尔格很快就秘密加入了苏联国籍和苏共。1927年，他与学音乐和戏剧出身的叶卡捷林娜·马克西莫娃邂逅，度过了一段幸福的时光。

在苏联的几年生活，佐尔格积极投身于共产国际的活动。他被安排在红军四局共产国际情报处工作，负责搜集有关各国工人运动和政治经济方面的资料，处理和联系各国共产党的党务问题。此外，他在图书馆和档案馆度过了许多时光，研究国际关系史，发表文章，同时主持德国共产党员俱乐部的工作。

一天，在政治工作者培训班上完课，一个身穿高级军官制服的人来到他跟前。此人叫扬·别尔津（1889～1938），苏联军事活动家，1924～1935年任红军情报部部长。他早就盯上了佐尔格，想利用年轻的佐尔格在境外担任情报官。

1929年11月，佐尔格重返德国，并很快在柏林一家报纸谋到了驻中国记者的职位。接下来的3年，佐尔格以记者亚历山大·琼森的身份在上海活动。一次偶然的机会，佐尔格结识了《法兰克福时报》驻远东记者、著名美国左翼人士艾格妮丝·史沫特莱女士。正是通过她，佐尔格与日本《朝日新闻》驻华记者尾崎秀实相识。尾崎曾是东京帝国大学马克思主义学习小组的成员，对中国共产党持同情态度。他后来成为佐尔格的主要搭档和得力助手。

20世纪30年代初，南京政府逮捕并审判了共产国际派往中国的牛兰（亚·马·鲁德尼克）夫妇。佐尔格因同爱因斯坦、蔡特金、德莱塞、高尔基、史沫特莱、宋庆龄等人一起营救牛兰夫妇而有所暴露。他在给别尔津的密电中说："与律师与患者（指牛兰夫妇）的联系对我们的安全构成威胁。"别尔津回电："我们早该脱身了。"1932年10月10日，别尔津收到发自上海的另一份请示密电：佐尔格是否要等到接替人选才能撤离？别尔津又回电："尽快撤离，不必等候接替人选，否则会出事。"

1933年，理查德·佐尔格被召回莫斯科。佐尔格利用这个机会与叶卡捷林娜·马克西莫娃完婚，但家庭幸福只持续了几个月，佐尔格又走

了。只有一次，那是1935年夏，他又得以回到俄罗斯，与妻子见了面，走后才得知妻子怀了孕，但不幸的是，妻子难产，孩子夭折了。

情报自动送上门

佐尔格从莫斯科接到新任务——在日本组建情报站。他化名为"拉姆塞"。他组建的情报网总共有40多人，其中包括德国人、南斯拉夫人、英国人，但主要是对自己国家的军国主义政策不满的日本人。

从1933年9月抵达东京至1941年10月被捕，整整8年，佐尔格的情报活动一直未被发现。

佐尔格堪称第一流的秘密特工人员。他文化修养很高，举止谈吐不凡，富有政治头脑，具有"战略家的思维能力和细致敏感的洞察力"。佐尔格没有通常人们所想象的那种秘密特务的形象，他自己就说过："我从来没有为获取情报而采取不法手段。我既没有进行过欺诈，也没有使用过武力。"的确，他从不把手伸向保险柜，保险柜却会向他敞开，机密材料也会自动送到他的办公桌上。

他先是栖身于东京的"佐野"饭店，后来又觉得这里人员繁杂，便租了长崎街30号一幢单门独户并靠近德国大使馆的小房。安定下来后，他把目光瞄准了德国大使馆武官尤金·奥特，因为奥特的本职工作就是搜集驻在国的情报。他拿着奥特过去的密友的一封介绍信前去拜访，受到奥特的欢迎。佐尔格凭着敏锐的观察力和判断力，为《法兰克福时报》撰写了很多观点精辟的文章，奥特把这些文章的观点融入情报后发往柏林，得到上司的赞赏。此后，奥特官运亨通，竟晋升为少将和驻日大使。

1933年年底，德国新任驻日大使迪克森走马上任。迪克森曾在报刊上见识过佐尔格的才华，到任后又获悉，德国外交部对日本政治状况的判断并非完全源自大使馆的例行报告，于是，他便与佐尔格进行接触。这样，佐尔格借助他同奥特和迪克森的特殊关系，公开出入德国大使馆，成为大使馆"最受欢迎的人"。佐尔格还受使馆聘用，负责编辑新闻简报，他与使馆上下都打得火热，彼此讨论形势，交换情报资料。

1936年2月26日，日本发生了震动朝野的"二·二六"兵变。当时，迪克森对此事毫无头绪，难以向德国外交部汇报，而佐尔格却以记者身份摸清了事件的来龙去脉，向《法兰克福时报》口述了《东京发生军事政变》的文章。这篇文章居然解了迪克森的燃眉之急。佐尔格在一

份书面报告中称:"对于我这个想超过中等水平的德国记者来说,研究日本具有重要意义,它使我成为在德国被认为是了解日本问题最深入透彻的记者。《法兰克福时报》编辑部再一次对我表示感谢,说我的文章提高了它的声誉。也正是由于我的新闻记者声望,德国外交部才让我担任了新闻专员的正式职务。"

佐尔格不但经验丰富,才气横溢,而且在东京交游甚广,是个出名的"日本通"。他掌握了近卫相左右高级人物的情报来源。其主要助手尾崎不仅是《朝日新闻》的名记者,而且还是近卫首相的私人顾问。近卫的两位私人秘书西园寺公一和犬养健与尾崎是知交,他们因此高谈阔论高级政策机密,无所顾忌,以致使西园寺公一和犬养健也卷进了佐尔格案件。

1938年3月,尤金·奥特被任命为德国驻日大使。此后,佐尔格就公开在大使馆办公。大使的保险柜终于对他敞开,他可以一连几个小时地研究第三帝国的绝密材料,有时干脆把材料带回自己的办公室拍照或收藏在自己的保险柜里。

1938年5月,苏联远东军区陆军少将留希科夫越过中苏边境投靠日军。日本关东军将之押往东京。留希科夫当时是苏联负责军事情报的高级官员,掌握着苏联远东谍报通信密码和大量其他机密。莫斯科方面急令佐尔格:尽一切可能搞到留希科夫的口供。佐尔格立即前往德国大使馆打探消息。说来也巧,德国认为留希科夫的口供对德国也很重要,就向日方提出,由德国政府派遣特别调查组到日本参加审问留希科夫。日方表示同意。这份审讯报告长达数百页,刚刚送到德国大使馆就被佐尔格看见。佐尔格向莫斯科发回密码电报:"熊已被解剖,兽医掌握了它的神经脉络和五脏器官位置。"苏联据此马上调整了在远东的兵力部署,更换了远东谍报网络,及时堵住了这个漏洞。

佐尔格赴日的使命十分明确:摸清日本对苏联的意图。他在东京站稳脚跟后,就向莫斯科发回大量情报。据纳粹特务头子舒伦堡在其《回忆录》中说,仅1940年佐尔格就往莫斯科直接发了3万字的密电码。在他发回的大量情报中,具有头等重要意义的有两件事情。

一是希特勒入侵苏联的时间。1940年11月18日,佐尔格第一次向莫斯科发出警报:希特勒准备发动对苏战争。12月30日,佐尔格发出如下密电:"在苏联边境地区已集结了80个德国师,德国打算沿哈尔科夫-莫斯科-列宁格勒一线挺进,企图占领苏联。"1941年5月30日,佐尔格报告:"德国将于6月下旬进攻苏联,这是确凿无疑的。所有驻日德国空军人员已奉命飞返德国。"随后，佐尔格又通知莫斯科：德军将在1941年6月22日入侵苏联，为此调集的兵力有170至190个师（6月22日德国向苏联发动袭击时，结集的兵力恰好是190个师，其中德军153个师，罗、匈、芬、意等仆从国共37个师）。情报的精确度几乎是100%。不幸的是，斯大林不信上述情报，认为是"谣传"和"挑战"，是有意给希特勒发动战争"制造借口"。但是，不到3个月时间，德军已兵临莫斯科城下。

这年6月，希特勒向日本施加强大压力，要日本在东线向苏联发动进攻，使他的装甲部队向莫斯科方向发动的攻势能有把握取得胜利。6月26日，莫斯科方面电告佐尔格："告诉我们日本政府做出的有关我们国家和德苏战争的决定，日本军方因苏德战争而进行的动员，并调遣部队到大陆的资料，以及有关日本军队向我们边界移动的情况。"

7月2日，在日本皇宫秘密召开了一次由天皇主持的有主要内阁成员和军事首脑参加的会议。议题只有一个：向不向西伯利亚进军？这是关系到牵制苏联很大一部分兵力的问题。莫斯科保卫战极需要这些兵力，德国坦克离那里只有20公里了。御前会议从上午10点开始，到下午6点才结束。什么消息也没有发表，什么情况也没有透露。但是，佐尔格却立刻从皇宫一位"朋友"那里得到了情报：日本不会向苏联发动进攻。9月14日，佐尔格报告："首相顾问尾崎称，日本政府今年不对苏联采取行动，但仍将在满洲驻军。万一苏联失利，可能在明年春天实施进攻。"10月4日，佐尔格向莫斯科发送了最后一份，也许是最重要的电报："苏联的远东地区可以认为是安全的。来自日本方面的威胁已经排除。日本不可能发动对苏战争。相反，日本将在下几周内向美国开战。"

根据这一情报，苏军解除了腹背受敌的后顾之忧。斯大林当即果断下令把远东的34个师紧急调往西线，用于增援莫斯科保卫战，从而使德军受挫，莫斯科也免受蹂躏，并扭转了危局。英国军史家利德尔·哈特在其《第二次世界大战史》中说，希特勒的这一次失败是"没有算准斯大林能从俄国大后方调来多少后备部队"。有趣的是，希特勒哪里知道招致他这次失算的关键原因之一，竟是一位持有他的纳粹党员党证的"双重间谍"！

佐尔格承认失败

佐尔格在向莫斯科提供情报的同时，也向德国提供情报。1933年佐

尔格受命赴日前，途经柏林办理德国护照时，曾申请加入纳粹党，虽没有被马上接受，但他到东京后继续申请，1934年10月终于被纳粹党东京支部吸收为正式党员，并加入了纳粹党新闻协会。他通过驻东京使馆，向柏林发回大量情报。经纳粹特务机关审查，佐尔格"没有一次欺骗过德国情报机关"。就是说，佐尔格向德国提供的都是真情报而不是假情报，也不是真假参半的情报。这就显示出佐尔格的机智和杰出的战略眼光。因为德日是法西斯轴心国，佐尔格把日本统治集团对希特勒离心离德、不愿充当希特勒小伙伴、不愿配合德国的战略安排、只顾谋求自己的扩张与霸业的情报发往德国，对盟国的反法西斯事业不会构成严重危害。日本远离西欧，又有一定实力，希特勒不能像对待墨索里尼那样叫日本军阀就范。

佐尔格被捕的消息传到柏林，纳粹头目无不惊得目瞪口呆。情况汇报到希特勒、希姆莱，他们表示德国对佐尔格一案"不负什么责任"。只是按照希特勒的命令，奥特的大使职务被撤销，并被遣送回柏林。为了维护"轴心"关系，日本有意不去点明佐尔格的纳粹党员身份以及他与德国使馆的密切关系。

肯定日本一时不会与苏联开战的情报送往莫斯科后，佐尔格感到自己赴日的使命已经完成。1941年10月15日，他草拟电报，要求莫斯科召他回去，或派往欧洲开展新的工作。殊不知，此刻日本特务撒下的网已逐渐向他收拢。原来日本警察逮捕了一名日本共产党员，把佐尔格情报组的一名成员宫城与德牵了进去。此人经受不住特高科的严刑拷打，把佐尔格情报组成员伏契利克、克劳森、尾崎等都一一出卖了。日本特务顺藤摸瓜，把佐尔格的情报组一网打尽，共逮捕了35人。

审讯由特高科在巢鸭监狱的佛堂里进行。日本军阀对待对手的残酷性，人们是不难想象的。佐尔格承认自己"生平第一次失败了"。为了从佐尔格案件中挖出更多的情报，审讯进行了整整两年。

佐尔格渴望自由的战斗生活，他幻想苏联用俘获的关东军特务把自己交换回去。日方拒绝与苏联使馆联系；苏联也无反映。在反法西斯战争的胜利曙光已闪耀全球之际，这位地下英雄只得孤独地走向绞架。

20年后恢复名誉

尽管佐尔格为苏联立了大功，并为反法西斯战争献出了生命，但是，直到1964年，即他去世20年之后，才被苏联政府追授为苏联英雄。其中原因，众说纷纭。但是有一个情况是千真万确的，即佐尔格原先的顶头上司、直接派他到日本去的别尔津以及随后接替别尔津领导他的乌里茨基都在肃反扩大化中受到斯大林的怀疑，先后被枪决，因此，对佐尔格的忠诚也同样处于不信任之中。

1964年，佐尔格的老上级别尔津和乌里茨基的冤案得到昭雪，恢复了名誉。在同年十月革命节的前夕，苏联政府追授佐尔格为苏联英雄，报纸发表纪念文章宣传他的事迹。为佐尔格发行了面值4戈比的纪念邮票，并以他的名字命名街道和油船……

当时的《真理报》作了如下说明："在斯大林个人迷信的条件下，佐尔格问题被搁置起来。随后几年，由于一系列情况没有把这位英雄侦察员的事迹告诉人民。经过20年才有条件说明真相，对他的杰出功勋做出应有的评价。"

佐尔格死后，在日本唯一为他的后事奔走并深深怀念着他的，是他的女友石井花子。花子原是东京"金色莱茵"酒家的女招待。1935年5月，佐尔格过40岁生日时在"金色莱茵"认识了她。当时佐尔格内心感到非常孤独，石井花子是年28岁，长得十分妩媚，而且酷爱音乐，两人很是投缘。从此，花子成了佐尔格紧张工作之余的唯一安慰。佐尔格把她从酒店里调出来担任自己的秘书。在佐尔格受到日本警方的注意后，特高科曾多次把花子找去盘问，但是她宁肯自己受委屈，对佐尔格的活动一字不吐。佐尔格被捕后，她也受到传讯和拘禁。战后，她得知佐尔格已经牺牲。在她执着的查寻下，直到1949年才在一个荒野的墓地里找到了佐尔格的遗骸，辨认出佐尔格因车祸而安装的金牙套和他参加第一次世界大战时在腿骨留下的伤痕。她想起了佐尔格当年同她谈起莫扎特时说过的一句话："命运是多么的不公，应该立丰碑的天才，却同无家可归的乞丐一起埋在荒冢……"

后来她用金牙套给自己做了一只指环，作为永久的纪念，并且倾其全部财产重新买了墓地，为佐尔格立了墓碑，上面写着："这里安息的是一位为反对战争、保卫世界和平而献出生命的英雄。"

她对佐尔格忠贞不渝，后来终身未嫁。

《卡秋莎》与火箭炮

苏联卫国战争时期流传最广的歌曲是《卡秋莎》，最震慑敌胆的武器是"卡秋莎"（亦译"喀秋莎"）火箭炮。

1938年春，作家苗宁邀请苏联诗人伊萨科夫斯基和作曲家勃兰捷尔一起聚会，并请他们共同创作一首歌曲，准备刊登在他正在筹办的刊物的创刊号上。可是，伊萨科夫斯基只写了开头8行，就觉得才思枯竭，难以为继，但勃兰捷尔看后却鼓励他说："这也许能产生一首好歌，你就把它写完吧。"果然，这首小诗竟成了旷世杰作。

正当梨花开遍了天涯，
河上飘着柔漫的轻纱。
卡秋莎站在峻峭的岸上，
歌声好像明媚的春光。……

《卡秋莎》描绘了俄罗斯春回大地的美丽景色，以及一个名叫"卡秋莎"的姑娘对离家在外的情郎的思念。全诗充满了浪漫主义色彩，于1943年获得斯大林奖金。伊萨科夫斯基用奖金在家乡建了一座文化馆。

歌中的俄罗斯美女卡秋莎是否确有其人？伊萨科夫斯基的夫人安东尼娜曾说："多半是并无其人。伊萨科夫斯基的诗有百余首被谱成曲，其中常用俄罗斯最普通的人名——娜塔莎、卡秋莎和瓦纽莎，等等。但他从未向我道出过具体人。不过歌中唱的'峻峭的岸上'就在乌格拉河畔，那儿确实有奇特的音响效果。"

1938年11月28日，人们在克里姆林宫对面的工会大厦圆柱大厅举行了《卡秋莎》的首唱式，勃兰捷尔是这样描绘该曲的效果的："这首歌是整场演出的压轴节目，唱完后，全场爆发出雷鸣般的掌声。歌唱家巴季谢娃激动得脸色苍白，不得不唱了一遍又一遍。不到一年，这首歌就唱红了全国。"

1941年6月，德国进攻苏联，卫国战争爆发。同年7月，苏联红军新编近卫军第3师准备离开莫斯科开赴前线，市民们蜂拥而出为他们送行，其中一群来自莫斯科工业学校的女学生忽然唱起了《卡秋莎》。近卫军第3师全体官兵情不自禁地放慢了脚步，眼里噙满了泪水。在姑娘们歌声的感染下，市民们也高声唱起了《卡秋莎》。随后，在第聂伯河阻击德军精锐的古德里安装甲部队的战役中，近卫军第3师的全体官兵高唱着《卡秋莎》奋勇杀敌，几乎全部阵亡。第3师和《卡秋莎》的故事很快传遍全国，这首歌在苏德战场上产生了难以估量的精神力量。

随着战争的深入，《卡秋莎》被传唱到东欧一些国家。波兰人民曾将《卡秋莎》作为战斗号令，而保加利亚的游击队员还将这首歌用作联络信号。更让人意外的是，就连许多德国士兵也喜欢上了《卡秋莎》。

卡秋莎火箭炮是在战前研制的，其设计师是年轻的利昂契夫。1941年6月28日，苏军组建了一个独立炮兵连，连长是36岁的费列洛夫中尉。7月上旬，独立炮兵连被编入西方方面军，来到危如累卵的斯摩棱斯克前线，首次在战场上亮相。

7月15日，一支德军侵入白俄罗斯的奥尔沙市。下午2时许，气势汹汹的侵略军占领了火车站，大批坦克、装甲车辆就在车站附近稍事休息。士兵们卸下沉重的武器装备，三五成群地在树荫下用餐。突然，车站旁边响起了震天动地的爆炸声，坦克的炮塔被炸得飞向空中，弹药车中弹后燃起熊熊大火，连锁反应般地炸毁了四周的车辆和装备。苏军的独立炮兵连首次使用刚刚装备的7门火箭炮发射了80发炮弹就重创德军，一鸣惊人。德国人称它为"斯大林管风琴"，苏联人最初根据"火箭弹"的俄文缩写字母PC，给它起了个女人名字——赖莎·马克西莫夫娜，后来才以俄罗斯人固有的幽默，把她改名为温情脉脉的卡秋莎。

卡秋莎火箭炮以8根槽钢为导弹发射器，并安装在汽车底盘上。导弹发射器配有转动和起重装置以及火炮瞄准器，炮弹的射程可达8公里。一座卡秋莎火箭炮可以10秒内发射16发炮弹，这大大弥补了它命中率较低的缺陷。一组卡秋莎火箭炮足以打击一大片敌占区。当火箭弹击中目标时，其中爆炸物立即在导弹两端同时引爆，爆炸产生的冲击波促使内部空气压力迅速升高，火箭弹的外壳碎片在加速度的作用下，温度升高至600~800℃，产生强烈的燃烧效应。

"卡秋莎"火箭炮最先用来装备苏军摩托化步兵师和坦克师的炮兵团，主要用来消灭德军集结地域的有生力量，压制或摧毁炮兵发射阵地，破坏多种野战工事和支撑点。

第二次世界大战时，卡秋莎火箭炮是苏联的绝密武器，决不能落入

敌人手中，因此苏军在它的发动机舱里装有爆炸装置。在一次战役中，弗廖罗夫大尉指挥的卡秋莎火箭炮营被敌军包围，他毅然引爆炸药，和心爱的卡秋莎一起为国捐躯。

　　1945年4月16日，苏联红军对柏林外围发起进攻。行军途中，许多部队齐声唱起《卡秋莎》。与此同时，2000多门"卡秋莎"火箭炮的炮弹也发出巨响，射向德军阵地。一位苏联随军记者激动地写道："天哪，这是怎么了？简直就是《卡秋莎》的歌声在向柏林进攻。"

基辅战役——史上最大围歼战

苏德战争初期，战场的南翼是辽阔的乌克兰地域。希特勒想夺取这一地区，是看中了苏联南方丰富的石油和粮食，而斯大林明白希特勒的心思，错误地采用了"寸土必守"的策略。于是，双方以攻、守乌克兰首府基辅为中心，展开了持续两个半月的激烈战斗。

基辅位于杰斯纳河与第聂伯河的交汇处——第聂伯河由北向南，弯弯曲曲地注入黑海，与其上游的支流杰斯纳河构成一个大S形。在这个南北长约1000公里，东西纵深约五六百公里的战线上，德军担任包围作战任务的是冯·龙德施泰特指挥的南方集团军群，其中包括第1坦克集团军、3个野战集团军，另外还有罗马尼亚2个集团军、1个匈利亚军和1个斯洛伐克军。从7月20日起，意大利军队也直接参加战斗，因此，总数达到82个师。由布琼尼元帅指挥的苏联西南方面军和南方方面军虽然有86个师，但在艰苦的防御战中，兵力渐被削弱，人员、武器都深感不足。

1941年7月7日，德军以坦克集团军为第一梯队，突破苏军在新米罗波尔以北的防线，进逼基辅。苏军西南方面军奉命于9日前撤到科罗斯坚、普罗斯库洛夫一线进行阻击。

德军在南线发动进攻后，乌克兰共产党中央立即向乌克兰全体军民发出号召，抗击德国法西斯侵略者。根据乌克兰共产党中央的指示，20万基辅居民在远近郊区参加构筑防御工事，7万多人参加了民兵，3万共产党员参军上了前线。

就在这时，在对基辅这座古城是守还是弃的问题上，苏联最高统帅部内出现了严重分歧。7月29日，在斯大林应约接见朱可夫时，两人之间发生了如下一幕：

朱可夫在交谈中提出自己的主张说："我们一方面要向中央方面军加强力量，一方面要把西南方面军立即撤出来，撤过第聂伯河，使得西南

方面军和中央方面军形成一个拳头，伺机再打出去。"

斯大林捏着烟斗走近朱可夫，问道："那基辅怎么办？"

朱可夫鼓足勇气回答："作为总参谋长，我有责任提出建议——放弃基辅。放弃基辅后，我们可以在西部方向马上组织反突击，夺回叶利尼亚突出部。如果不这样做，德军就很可能把这个突出部作为桥头堡，进攻莫斯科。"

斯大林马上火了，厉声说道："哪有什么反击！把基辅交给敌人，亏你想得出来！简直是胡说八道！"

朱可夫反驳说："斯大林同志，我是一名军人，随时准备执行最高统帅部的任何决定，但我对形势和作战方法有清醒的认识，我相信这个建议是正确的，我和我的总参谋部是怎样想的，我就怎样向你汇报。如果你认为我这个总参谋长只会胡说八道，这里就用不着我了，我请求解除我的职务。"

斯大林平静下来，说："朱可夫同志，冷静些。请你先出去，我一会儿再叫你进来。"

朱可夫在门外等了半个小时，才被斯大林叫进办公室。斯大林对他说："是这样的，朱可夫同志，我们刚才商量了，决定解除你的职务，由沙波什尼科夫接替。不过，你还是最高统帅部的成员之一。我想让你到前线去。"

"到哪个部队？"

"你愿意到哪儿呢？"

"我可以做任何工作，指挥一个师、一个军、一个集团军、一个方面军，只要祖国需要。"

斯大林笑了，安慰朱可夫说："你冷静些，冷静些……你刚才说到叶利尼亚突出部，你想在那里组织一次反突击，是不是？你就到那个地方去负责好了。我现在就任命你为预备队方面军司令员。你准备什么时候动身？"

"一小时后，我就离开莫斯科。"

在基辅地区，苏军以防御为原则，顽强死守，同时伺机实行反突击，使德军左翼的进攻受到长时间的迟滞，每前进一步都要付出重大的代价。7月30日，德军用5个师进攻基辅，被苏军击退。8月6日，德军又对基辅发动大规模的攻势，经过12天的鏖战，德军才勉强前进8至10公里，仍未能攻入基辅。

德军强攻不成，便一方面改变战术，在基辅外围歼灭苏军，另一方

面请求增援。经希特勒批准，德国中央集团军群的第 2 坦克集团军和第 2 野战集团军南下乌克兰，包抄和进击苏军西南方面军的后方。由古德里安指挥的第 2 坦克集团军很快就进到杰斯纳河北岸。

与此同时，德军第 6 集团军同苏联第 5 集团军在基辅以北展开激战。苏军且战且退，德军紧追并渡过第聂伯河，突入杰斯纳河地区，在切尔尼哥夫地区同南下的德军第 2 集团军会师，把苏军第 5、第 2 和第 37 集团军围困在切尔尼哥夫、基辅和涅仁的三角地带。

9 月 12 日，德军第 1 坦克集团军从克烈缅楚格北上，迎向南下的德军第 2 坦克集团军。9 月 15 日，这两股坦克部队在基辅以东的洛赫维察会师，把西南方面军的 4 个集团军包围起来。9 月 17 日，斯大林让总参谋长沙波什尼科夫元帅下令同意西南方面军突围，但为时已晚。9 月 19 日，基辅陷落。西南方面军在合围中仍继续战斗，但由于兵力不足，突围没有成功。9 月 20 日，西南方面军司令基尔波诺斯、军事委员会委员布尔米斯坚科和参谋长图皮科夫在战斗中阵亡。9 月 26 日，西南方面军基本被歼。据西方史学家记载，德国南方集团军俘虏苏军 66.5 万人（苏方公布的数字为 22.5 万人），击毁或缴获坦克 884 辆、火炮 3718 门。苏军只有一支约 4000 人的骑兵部队突出重围，其中就有布琼尼元帅、铁木辛哥元帅以及政治委员赫鲁晓夫。苏联红军在这场战役中前所未有的大败，甚至超过了六七月间在明斯克遭受的灾难。

基辅战役被军事史家们称为历史上规模最大的围歼战。

莫斯科保卫战

苏联首都莫斯科位于东欧平原的中部、莫斯科河的两岸，是该国最大的城市和全国的政治、经济、军事、文化中心。它北通列宁格勒，南连斯大林格勒，往东则掩护着乌拉尔后方基地。希特勒声称："要把今天的莫斯科变成一片汪洋大海，让文明世界再也看不到俄国人的首都。"

陆空对局

德军统帅部在德军 7 月 16 日占领斯摩棱斯克后，迅即发布了第 33 号作战指令，要求德军迅速打垮防守在通往莫斯科道路上的苏军，直接占领莫斯科。包克元帅的指挥部接到命令后，计划从罗斯拉夫尔、克里切夫和戈梅利 3 地，发起对莫斯科的全面进攻。

1941 年 7 月 22 日晚，莫斯科处处被战争的阴霾笼罩。在战争爆发一个月后，德军重型轰炸机开始对莫斯科发起第一轮攻击。此前，一个德国飞行员曾经写道："虽然苏联人有防空高射炮，但数量不多，他们也没有探照灯、防空气球和夜间战斗机。"然而，这只是德国人的一厢情愿。当时在莫斯科市内，高射炮直指天空，灰色的防空气球飘浮在城市上空，街道上设置了路障和反坦克装置，窗户上贴着防弹胶条。一旦夜幕降临，城市便陷入黑暗——莫斯科的防空海报警告市民，灯光会引导敌机袭击。黑暗中，扬声器里传出了播音员沉着而严峻的声音："公民们！注意！注意！空袭警报！……"在探照灯的帮助下，苏军夜间战斗机同德军飞机展开搏斗。串连的防空气球升到 4500 米的高度。为了避开气球铁丝防空网，德军飞机必须以牺牲轰炸准确度为代价，飞到高空投弹。

斯塔德纽克的《战争》一书写道："在莫斯科近郊和市区上空的第一次大规模夜间空战持续了 5 个小时。参加对苏联首都密集空袭的有近 250 架德国最新式的轰炸机。有多少吨钢铁腾空而起！人类智慧所创造

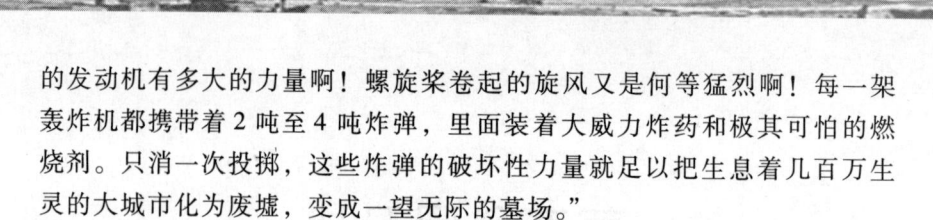

的发动机有多大的力量啊！螺旋桨卷起的旋风又是何等猛烈啊！每一架轰炸机都携带着2吨至4吨炸弹，里面装着大威力炸药和极其可怕的燃烧剂。只消一次投掷，这些炸弹的破坏性力量就足以把生息着几百万生灵的大城市化为废墟，变成一望无际的墓场。"

德国炸弹确实命中了一些目标。白俄罗斯火车站的货车、电话局和军用仓库着火了。6枚燃烧弹和1枚重达250公斤的高性能炸弹落在克里姆林宫地区，其中一枚掉在兵器馆，炸死了屋顶上高射炮班的全部人员，另一枚卡在格奥尔基耶夫大厅的天花板上，没有爆炸。当工兵们拆开这颗炸弹时，发现里面没有安装雷管，弹孔里的一张纸条上写着："我们是反对法西斯分子的德国人。"

整个战争期间，莫斯科遭受了134次空袭。规模最大的空袭发生在10月29日，当天有300多架轰炸机参加了战斗，炸坏了莫斯科大剧院、莫斯科国立大学大楼以及苏共中央委员会的一栋大楼。

德军原计划用三四个月时间攻占莫斯科，但是，斯摩棱斯克战役使德军的进攻计划整整推迟了两个月。8月21日，希特勒下达了暂缓进攻莫斯科的命令：在冬季来临之前，头等重要的大事是夺取克里木要塞，占领顿涅茨工业区和煤矿区，切断高加索油田的苏联石油供应线，并同时支援北路。德军将领对希特勒的命令非常不满，陆军参谋长哈尔德和古德里安当即飞往元首大本营，向希特勒慷慨陈词，请求把莫斯科列为当前进攻的首要目标，但希特勒坚决不同意他们的主张。

中央集团军群的霍特将军服从了希特勒的命令，率领第3装甲集团军支援北方集团军群攻打列宁格勒，古德里安则挥师南下，支援南方集团军群围攻基辅。德军的重新部署导致兵力分散，战线拉长，中路由于调走了坦克部队，进攻速度大大减缓。

"台风"计划

直到9月中旬，希特勒才不得不缩短战线，重新把莫斯科作为进攻的首要目标，命令参谋部赶制以"台风"为代号的进攻莫斯科的计划。9月30日，希特勒签发了这个"台风"计划，宣布开始"最后大决战"。此时，他不仅又将古德里安和霍特的两个装甲集团军调回中路，而且还从列宁格勒战区抽来霍普纳的第4装甲集团军配合进攻，企图团团围住莫斯科。其时，德军总兵力为76个师又2个旅，约180万人，坦克1700辆，火炮1.4万余门，飞机1390架。这支部队的步兵占苏德战场德军总

兵力的 1/3，占全部机械化部队坦克和摩托化师的 2/3。

另一方面，苏联最高统帅部利用德军推迟进攻的有利时机，加紧备战，把科涅夫元帅指挥的西方方面军、叶廖缅夫中将指挥的预备队方面军和布琼尼指挥的布良斯克方面军，迅速部署在莫斯科西面的弧形防线上。85 万官兵枕戈以待，决心将德军消灭在莫斯科城下。莫斯科居民争先恐后参加保卫首都的战斗，有 50 万人参加构筑防御工事，12 万志愿者参加防空工作，并在近郊组织游击队、自卫队，准备在敌后打击德军。其时，苏军总兵力为 15 个集团军和 1 个集团军群，共 125 万人，坦克 990 辆，火炮 7600 门，飞机 677 架。

9 月 30 日莫斯科战役打响后，德军的坦克接踵而来，很快突破了苏军的外层防线。然后，德军突击兵团分为两路，进攻维亚兹马和布良斯克。古德里安的装甲部队在空军支援下，首先进攻布良斯克，不到 3 天就突破了苏军第 50 集团军的防线，占领了奥廖尔。10 月 2 日，希特勒对他指向莫斯科的军队发布当日命令："10 天之内，一定要攻占莫斯科。"次日，他从东线"狼穴"回到柏林，在寒冬赈济活动开幕式上向德国老百姓夸下海口："我毫无保留地宣布，东方的敌人已被打垮，再也不能站起来了。……在我们军队后边，已经有了相当于我在 1933 年执政时德意志国家幅员两倍的土地。"他扬言，要在 11 月 7 日的莫斯科广场上检阅德国军队。帝国新闻处处长迪特里希宣布："东线的军事胜利已成定局"，苏联"已经完蛋"。纳粹党宣传部长戈培尔还下达指令，要各家报纸 10 月 12 日留下头版位置，刊登德军攻占莫斯科的"特别新闻"。希特勒甚至建立了一个特别工程兵指挥部，用以组织炸毁克里姆林宫。

被德军包围的苏军 3 个集团军经过英勇抵抗，大部被歼，余部退守莫扎伊斯克防线，有的在敌后展开了游击战。德军占领了距莫斯科只有 160 公里的卡卢加和距莫斯只有 150 公里的加里宁市。至此，"台风"计划的第一阶段宣告结束，莫斯科的第一道防线被德军铁甲冲开了一道可怕的缺口。莫斯科处在德军西、北、南三面包围中，万分危急。

苏联国防委员会代表莫洛托夫、伏罗希洛夫和华西列夫斯基都到了前线，帮助西方面军和预备役方面军进行组织工作。根据他们的建议，10 月 10 日，最高统帅斯大林命令这两个方面军合并为一个方面军，并召回仍困于列宁格勒的朱可夫大将，任命他为新的方面军司令员。朱可夫来到莫斯科陆军总司令部，得出了一个简单而又可怕的结论：西线的防御实际上已被摧毁，由于没有后备力量，无法弥补由此造成的巨大缺口，所有通向莫斯科的道路都已畅通无阻！他随即组建了 4 个集团军，加强防守莫日艾斯克等几个主要地段。

10月12日，苏联国防委员会再次讨论莫斯科的防御问题，会议的议题只有一个：誓死保卫莫斯科。为此，苏联国防委员会从西北方面军和西南方面军抽调了一部分兵力，共11个步兵师、16个坦克旅、40多个炮兵团、10多个火焰喷射连，以及弹药、武器和物资，火速支援离莫斯科80公里的莫日艾斯克防线。

10月16日，苏联政府的部分机构和外国使节迁往距莫斯科800公里的古比雪夫。莫斯科一度陷入严重混乱状态。美国《新闻周刊》后来刊登安德鲁·纳戈尔的文章说："1941年10月16日，几乎每个人都认为德国人要在当天抵达莫斯科。趁乱抢掠者洗劫食品店，工人罢工，愤怒的人群堵住那些试图坐着小汽车逃走的人，把他们从汽车里拖出来殴打并劫走财物。位于卢比扬卡广场的内务人民委员会总部升起了一股股浓烟，秘密警察正在匆忙销毁文件。大部分的苏联政府部门，以及外交人员和记者都经由铁路转移到了古比雪夫，这座位于伏尔加河岸边的城市，距离莫斯科约600英里，被认为是莫斯科沦陷后苏联政府的新办公地，而斯大林也将在一两天后来到这里。此时，一辆专列早已静候在车站。斯大林的DC-3私人飞机及其他3架飞机也已做好紧急起飞的准备。……一位空军军官看到斯大林坐在椅子上不停地问：怎么办，怎么办？两天后，斯大林前往停有专列的火车站。曾参与筹备专列事宜的帕维尔·萨普雷金在多年后回忆说，他当时看到斯大林走近列车，随后在站台上踱步。但他没有上车，此时斯大林可能已做出了重大决定，而这预示着一切并未尽丧。……斯大林发誓要与莫斯科共存亡，他于10月19日颁布戒严令，内务人民委员会奉命枪杀任何可疑的趁火打劫分子。……许多莫斯科人成了无辜的受害者，但抢掠和混乱局面却因此停止了。"

当时，莫斯科流行着这样一句话："俄罗斯虽然很大，但已无处可以退却，因为后面就是莫斯科。"

困境中的红场阅兵

在1941年10月的艰难日子里，苏联国防委员会再次调整了防御部署，将莫斯科以西100至120公里地区的防御任务交由西方方面军负责，而莫斯科附近的防御任务则由莫斯科卫戍司令部负责。10月17日，苏军组建了加里宁方面军，由科涅夫任司令员，任务是肃清加里宁地区的

德军，阻止德军从北面迂回进攻莫斯科。

负责保卫莫斯科的西方面军发出告全军书："同志们！在我国面临严重危险的时刻，每个军人的生命应该属于祖国。祖国号召我们要成为坚不可摧的铜墙铁壁，堵住法西斯匪帮去亲爱的莫斯科的道路。"10月20日，苏联《真理报》发表了《阻止敌人向莫斯科前进》的社论，号召把敌人就地歼灭。莫斯科人民3天内就组织起了250个工人营、拥有12万人的民兵师、169个巷战小组和几百个摧毁坦克班。工厂日夜生产防御器材，首都人民决心与敌人进行殊死战斗。他们豪迈地说："敌人在哪里进攻，我们就在哪里消灭他们！我们要在红场上为列宁而战斗，决不让纳粹的血手玷污列宁的陵墓！"

此时，莫斯科地区已是天寒地冻，刺骨的寒风中，45万莫斯科人（其中3/4是妇女和儿童）走出家门，不分昼夜地在城市四周构筑护城工事。他们在短短几十天中，修筑了320多公里长的防坦克障碍物，设置了250多公里长的防步兵障碍物，构筑了3800个火力点，到处都放置了炸药。

在全国人民的大力支援下，苏军西方方面军官兵视死如归，在莫斯科西、南方向英勇奋战，阻击敌人。苏联空军在一个月内出动了2.6万架次，支援和掩护地面部队袭击敌人。德军主力虽然又向莫斯科推进了200多公里，但却消耗了大量兵力，始终无法突破苏军在莫斯科郊区的防线。

11月6日，莫斯科人民在敌人兵临城下、炮声隆隆的环境中，在地下铁道的马雅可夫斯基车站，隆重举行了庆祝十月革命24周年纪念大会。斯大林以坚毅的声调，发表了重要演说：

敌人占领了乌克兰的大部分地区，占领了白俄罗斯、摩尔达维亚、立陶宛、拉脱维亚、爱沙尼亚以及其他一些地区，侵入了顿巴斯，像乌云一样笼罩了列宁格勒，并且威胁着我们光荣的首都莫斯科。……必须使我们的陆海军得到我们举国一致的积极有效的支援。……使我们整个国家和苏联各族人民组成一个统一的战斗营垒，同我们的陆海军一起为我们祖国的荣誉和自由，为消灭德国军队而进行伟大的解放战争。……我们的事业是正义的，——胜利一定属于我们！

第二天，11月7日清晨，莫斯科成了银白色的世界，热血沸腾的首都军民涌向红场，参加传统的阅兵仪式。斯大林威严地站在列宁的陵墓前，在礼炮和国际歌乐曲声中，向指战员们发表讲话：

同志们！今天是在严重情况下庆祝十月革命胜利24周年的。德国强盗背信弃义的进攻和强加于我们的战争，造成了对我国的威胁，而我们的国家，我们举国上下，都已经组成了一个统一的战斗营垒，同我们的陆海空军一起，共同粉碎德国侵略者，彻底粉碎德国侵略者！消灭德国占领军！我们光荣的祖国、我们祖国的自由、我们祖国的独立万岁！在列宁旗帜下向胜利前进！

有些苏联史学家后来戏称，在苏联红场阅兵史上，这次阅兵"不堪入目"，但在更多人的眼里，这却是苏联军民创造的"一个冬天里的奇迹"。据说，当时不少士兵满脸灰尘，衣着邋遢，分列式的徒步方阵极不整齐。乐队指挥倒是聚精会神，但他的皮鞋却被冻在木板台上，当乐队要离场时，他才发现他的脚不能动弹了。

受检阅的部队、坦克和大炮，经过检阅台后，直接开赴前线。

这天傍晚，当斯大林在红场阅兵的消息传到希特勒的耳朵里时，他恼怒万分，大发雷霆："简直令人难以置信，斯大林竟然能在德国空军的机翼下检阅部队！这是对帝国空军的公然蔑视、蔑视……"他发作了一阵，不足以消除心头之恨，就又大声喊道："哈尔德，你马上与包克联系，问问他，为什么在今天放过了俄国人？难道他对俄国连最起码的常识都没有吗？不知道11月7日这一天对他们有多么重要，对我们来说也十分重要吗？……对这种挑衅，只能用炸弹加倍惩罚！告诉戈林，今天晚上必须对莫斯科实施最猛烈的空袭！"

莫斯科在德军大炮射程内

德军在经过半个月的休整后，随着道路泥泞状况的好转和首次冰冻的出现，从11月15日到17日，向莫斯科发起了第二次大规模的攻势。德军此时的兵力有：中央集团军群3个野战集团军、3个坦克集团军，总共74个师和4个旅。德军在苏联西方方面军的正面集中了51个师，大炮、坦克和其他装备也占有优势。根据德军作战方案，第3、第4装甲集团军和第9集团军进攻北面的克林，向莫斯科包抄；第2装甲集团军和第2集团军攻打图拉，从南面向莫斯科包抄；第4集团军则从莫斯科正面进攻。

15日清晨，德军开始向克林进攻，23日占领克林。11月27日，从沃洛科拉姆斯克方向进攻的德军，在离莫斯科仅有24公里的防御要冲伊

斯特拉的地方，投入两个坦克师和两个步兵师进行强攻，从北面向莫斯科突进，与扼守在通往伊斯特拉和沃洛科拉姆斯克公路上的苏军第316师展开激战。苏军弹尽粮绝，全部壮烈牺牲。当天夜里，一小股德军摩托化尖兵部队在雅赫罗马地区渡过了莫斯科—伏尔加运河。莫斯科已处在德军大炮的射程之内，德军用望远镜几乎可以看到克里姆林宫的顶尖。因此，德军作战部长约德尔在统帅部里狂叫起来："我们最后再加把劲就会胜利！"

此时，一个德国士兵在家信中写道："我的爱妻：多亏元首的英明，我们已来到俄国首都莫斯科的身旁。再来它一两个出色的战役，这个泥塑巨人就将垮台，我们就将在元首英明的鼓舞下，取得历来最伟大的胜利。……我们排尚活着的人在怀念死去的同伴的时候，决心一往直前，没有任何力量能够阻挡他们冲到莫斯科的市中心。"另一个德国士兵则在信中表述了另外一种心情："我们已开始攻击莫斯科了。据说，莫斯科的姑娘非常漂亮，胖乎乎的。那里的食物应有尽有。我们要在那里尽情欢乐！"

在这千钧一发之际，苏联最高统帅部和西方方面军指挥部采取紧急措施，用快速反击战术，迅速把德军打到运河西岸。

在莫斯科保卫战最困难的时候，斯大林曾与在前线指挥作战的朱可夫通话，要求朱可夫以一个共产党员的名义说真话："苏军是否能守住莫斯科？"朱可夫经过慎重思考，回答说："如能再增派两个集团军和200辆坦克，就一定能守住莫斯科，打退德军的进攻。"朱可夫的回答，大大坚定了斯大林的胜利信心。斯大林说："你有这样的信心很好，要英勇顽强！你打电话给沙波什尼科夫，商量一下把你所要的两个预备队集团军集中到你那里。他们将于11月底准备好。但是，我没有坦克。"

接着，以斯大林为首的苏联最高统帅部发出了战斗口号："坚决保卫莫斯科！誓死不让德国法西斯进入首都！"为了减轻德军对莫斯科的压力，苏军最高统帅部命令列宁格勒方面军在提赫文发起反攻，使希特勒不能从那里抽调军队攻打莫斯科。

在莫斯科南面，德军于11月18日发起进攻，并于12月3日包围了图拉，切断了它同莫斯科之间的铁路和公路联系。苏军急速抽调部队，向德军发动了反突击，在图拉工人歼击营的配合下，打退了德军的进攻。德军不能占领图拉，就从东面迂回，向卡希拉进攻，妄图从守卫图拉地区的苏军后方突破。苏军再次打退了德军的进攻。德军开始向南撤退，被迫转入防御。

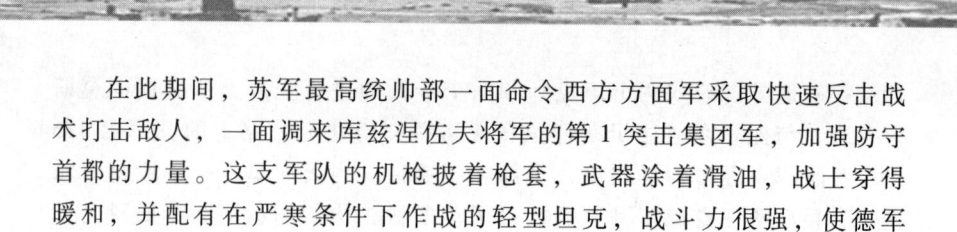

在此期间，苏军最高统帅部一面命令西方方面军采取快速反击战术打击敌人，一面调来库兹涅佐夫将军的第 1 突击集团军，加强防守首都的力量。这支军队的机枪披着枪套，武器涂着滑油，战士穿得暖和，并配有在严寒条件下作战的轻型坦克，战斗力很强，使德军大吃苦头。

反攻，在寒冬……

历史总会有某种惊人的相似之处：1812 年，拿破仑统帅浩浩荡荡的法兰西大军横扫欧洲，但在莫斯科城下却大败而归。据说，那是上帝拯救了俄罗斯——就在拿破仑胜利在望时，严寒突然降临。

莫斯科 1941 年的第一场大雪是 10 月 6 日深夜落下的，这比平常年份提前了 1 个月。11 月 3 日，第一次寒潮袭来，气温骤然降到零度以下。11 月 27 日，又一场突如其来的凛冽寒风，在不到两个小时的时间里，使莫斯科的气温降到了 -40℃。

大雪覆盖了莫斯科周围绵延上千公里的河流、山谷、村镇以及桥梁、道路，也覆盖了希特勒军队的营帐、野战机场、坦克、大炮和车辆。寒冷的天气使得德军大炮上的瞄准镜失去了作用；纳粹军队的飞机油箱被冻裂；坦克因燃油冻结，必须在底盘下烧火烘烤，才能发动；坦克及随行车辆必须装上防滑链，否则会打滑横行，翻落沟底；步兵的步枪、机枪等自动武器也因冻结而很难使用。

德军官兵的处境更为悲惨，由于冰雪封冻，伤员运不走，补给送不来，他们身穿单衣，龟缩在战壕里，挨冻受饿。步兵仍穿着夏装，哆嗦着一步一滑地行进。他们不断遭到苏军 T－34 型宽履带坦克和骑兵的袭击，冻僵的士兵被大批歼灭。由于严重的战斗减员和冻伤减员，德军兵力在一天天减少。抱怨、沮丧的情绪开始充斥德军。许多人谈起 1812 年拿破仑的失败，无可奈何地叹息道："上帝为什么总是偏袒俄罗斯？"

相反，苏军新的部队却在不断开赴前线，无论在数量上，还是在气势上都胜德军一筹。严寒同样给苏联军民带来了巨大的困难，他们不得不在寒冷彻骨的天气里挖掘防坦克壕，设置障碍物。但是，苏军本来就是在严寒中长大的，况且穿得暖和，足以御寒；苏军供给和适应力要比德军强得多；苏军的机枪都披着枪套；武器上涂有冬季润滑油，使用起来非常灵活……

11月29日，朱可夫给斯大林打电话，要求把第1突击集团军和第10集团军从最高统帅部预备队拨给西方方面军指挥。斯大林问朱可夫："你确信敌人已接近危机状态，没有可能投入新的重兵集团吗？"朱可夫对斯大林说，德军已经极端虚弱，可是，如果不增加新的部队，西方方面军不可能排除敌人楔入它的防线的危险；一旦德军能够从北方集团军群和南方集团军群调来补充兵员，局势肯定会恶化。当晚，朱可夫接到通知，最高统帅部决定把这两个集团军和第20集团军编制内的各师交给西方方面军指挥，并命令他提出这些部队的部署计划。朱可夫很快就向最高统帅部报告了他的作战计划，斯大林未作任何改变便批准了这个计划。接着，朱可夫向他的部队分配了任务。

德军从南北两翼包围和占领莫斯科的企图失败以后，便打算单刀直入，于12月1日从西方正面突进莫斯科。但是，德军经过几天激战，又被迫退却。12月3日，德国中央集团军群总司令包克打电话给陆军总参谋长哈尔德说："第4集团军的先头部队又撤下来了，因为侧翼跟不上去……我军快要到山穷水尽的地步了。"4日，苏军第16集团军在红波利亚纳地区发起反击。红波利亚纳镇几次易手，苏军与德军在镇外展开了坦克战，镇内则进行着巷战。战斗异常激烈，整整持续了一天，天黑时，苏军终于把德军逐出了这个镇子。莫斯科周围地区的战斗也都呈现出白热化状态。苏德双方都知道，谁能坚持到最后，谁就能取得胜利。

12月5日，被德军称为"最黑暗悲惨的一天"，对苏军来说也是整个莫斯科保卫战中最关键的一天。这天，德军在环绕莫斯科周围320多公里的半圆形阵地上，被苏军制止住了，所向无敌的古德里安的装甲部队第一次被迫后撤，冯·包克也命令自己的坦克停止进攻，在冰天雪地里组织防御，而德国陆军总司令冯·布劳希奇元帅向希特勒提出了辞呈。有学者认为，这一天是"第二次世界大战真正的转折点"。

在从11月16日到12月5日的20天里，德军共损失官兵15.5万人，坦克777辆，大炮300多门，以及大量飞机和装备。

12月6日，正是在德军开始转入防御而又立足未稳之时，斯大林及时抓住战机，对德军发动大反攻。这是历史性的重大转折点。朱可夫将军率领他的7个集团军和两个骑兵军共100个师冲向西线的敌人。苏军士气大振，首先粉碎了从南、北两面包围莫斯科的德军突击军团，随后又解放了加里宁、耶列茨、卡卢加、维亚兹马、斯摩棱斯克等地。

德军节节败退，扔下了大批坦克、大炮、军用物资和兵士的尸体。

希特勒气恼交加，于12月18日下令撤了包克的中央集团军群司令的职务，后又撤了患有严重心脏病的布劳希奇的职务，自任陆军总司令。他说："指挥作战是区区小事，谁都能干。陆军总司令的任务就是用民族社会主义教育军队。我还没有看见一个能按照我的意愿去完成任务的陆军将领。"冯·包克开始长时间"休假"后，中央集团军司令由第4集团军司令冯·克卢格元帅接任。12月25日，德军第2装甲集团军司令古德里安大将由于同冯·克卢格发生严重分歧而被希特勒解职，由施密特装甲兵上将接任。

最高统帅部参谋长凯特尔为了避免全军覆没的厄运，鼓起勇气向希特勒陈述了撤退的主张，但遭到希特勒的严厉训斥。希特勒于12月28日发布命令，强令部队不准后撤，坚决死守。但这也无济于事。苏军西方面军在冬季反攻中，把德军赶离莫斯科250公里，收复了南面和北面的若干地区。

12月29日，位于中央集团军群中段的德国第4集团军，在失去与右邻第2装甲集团军的联系后，其北翼被苏军突破。

1942年1月5日，斯大林发出指示："不给德寇任何喘息的机会，不停顿地把他们向西驱赶。"1月8日，苏军9个方面军以及波罗的海舰队、黑海舰队，在空军配合下，在长达1100公里的战线上展开了全线总反攻。此时，从列宁格勒城外雪深齐腰的森林，到莫斯科以西冰封的大地；从静静的顿河流淌过的乌克兰平原，到黑海北岸的克里木岛，苏军在这条纵贯南北的战线上整装待发。随着红色信号弹升上天空，炮声隆隆，硝烟滚滚……

这天下午，克留科沃及其邻近的几个居民点被苏军解放，向西逃窜的德军丢下了54辆坦克、120辆汽车以及很多武器、弹药和军用器材，还丢下了两门300毫米的火炮。克留科沃大街上挤满了欢迎的群众。许多妇女、儿童和老人顶风冒雪伫立街头，他们衣衫褴褛，饥饿难忍，面容憔悴，饱受了战争的痛苦，但看得出来，他们心里是多么高兴。"红军万岁！红军万岁！""把德国侵略者打回老家去！"——口号声响彻大街小巷。

此时，被迫转入防御的德军军官中弥漫着越来越浓厚的悲观情绪。陆军参谋长哈尔德从前线得到的都是些不祥的消息。第4坦克集团军参谋长布卢门特里特打来电话，报告前方进攻失利的情况。哈尔德跟他私交不错，小声问他："你总的感觉怎么样？我们真的要重演拿破仑的悲剧吗？"对方沉默了一会儿，说："一切都成了泡影……"

就在 1 月 8 日这一天，德军第 4 装甲集团军司令赫普纳大将由于自主向其所属部队下达撤至"冬季阵地"的命令，被希特勒开除军籍。但是，苏军的迅猛推进，使刚刚上任的德军中央集团军群司令克卢格元帅也感到处境艰难。1 月 18 日，他给希特勒打电话后，希特勒只好勉强答应"逐步撤退"。据此，克卢格命令首先把在卡卢加、鲁扎、沃罗科拉姆斯克等地突出冒进的部队撤回，然后在 25 日前，把全部兵力撤至"冬季阵地"。

历史不能"如果"

莫斯科战役经过 3 个多月的鏖战，双方参战人数在某些阶段达到 700 万，是随后的斯大林格勒大血战的两倍。到 4 月中旬，苏军在各条战线上都取得了重大胜利，先后将德军击退 400 公里，解放了莫斯科州、斯摩棱斯克州、加里宁州等地，收复了刻赤半岛，夺回了 60 座城市。据德方资料，自 6 月 22 日以来，德国东线陆军共损失 50 个师计 830903 人，相当于东线总兵力 320 万的 25%，其中死亡 7120 名军官、166602 名士兵，失踪 619 名军官、35254 名士兵，受伤 1901 名军官、602292 名士兵。这是德国法西斯发动战争以来的第一次惨败。

朱可夫在《方面军司令员的回忆》一文中说：

众所周知，德国法西斯统帅部决定在莫斯科方向实施代号为"台风"的战役，企图在维亚兹马－莫斯科方向和布良斯克－莫斯科方向上消灭苏军，并从南北两面迂回莫斯科，在尽可能短的时间内占领莫斯科。首先计划在布良斯克和维亚兹马地区实施第一次包围，消灭苏军；为了实施第二次包围和攻占莫斯科，敌人企图用装甲坦克部队经克林从西北、经图拉和卡希拉从南面对莫斯科作纵深迂回，以期在诺金斯克地区完成战略合围。

但是，希特勒最高统帅部在计划实施像"台风"战役这样大规模的复杂的战略性战役时，在兵力兵器估算上犯了重大错误。它严重低估了苏军的力量，而明显地过高估计了自己的力量。德国法西斯统帅部集结的那点兵力只够在维亚兹马和布良斯克地区突破我军防线，把我军击退到加里宁－图拉－卡希拉－米哈伊洛夫一线。还应指出，敌人要在维亚兹马以西地区同英勇防守的被围苏军作战，也严重影响了他实现其主要的战略目的——攻占莫斯科。希特勒军队的主力被迫滞留在这一地区。

因此，在10月初，敌人达到其当前目标后，已无力实现战役第二阶段。为实施"台风"第二阶段而建立突击集团时，敌人也犯了严重错误。敌人的侧翼集团，特别是在图拉地区作战的侧翼集团，力量薄弱，其编制内没有足够数量的诸兵种合成兵团。实践表明，在1941年冬季条件下，对装甲坦克兵团的指望落空了。他们受到很大损失，丧失了突破能力。德国统帅部未能同时向战线中央实施突击，尽管它在那里有足够的兵力。这使我们能把所有的预备队，其中包括师的预备队，从次要地段、从中央调往两翼，来抗击敌人的突击集团。

曾于1941年1月被任命为德国陆军总司令作战部部长的布卢门特里特战后写道：

希特勒在波兰、挪威、法国和巴尔干取得惊人胜利之后便确信，他可以像打败其他敌人一样，轻而易举地打垮红军。所有的警告他都听不进去，而提出的警告是很多的。冯·龙德施泰特陆军元帅在第一次世界大战中大部分时间是在东线度过的，他在1941年春天就曾问过希特勒是否知道入侵俄国意味着什么。陆军总司令冯·布劳希奇元帅和他的参谋长哈尔德将军也警告希特勒不要打这一仗。曾在俄国住过若干年，了解这个国家，熟悉斯大林的克斯特林将军也规劝过他。但这一切都毫无用处。希特勒根本不愿相信他们的话。

一个英国记者，参加过第二次世界大战的老兵，则这样评价德军在莫斯科战役中的失败：

如果希特勒没有逼使德国同时在两线作战，如果英国人在法国陷落后没有在不可思议的恶劣条件下继续作战，那么结局就可能迥然不同。如果德国军队在莫斯科城下踉踉跄跄的最后时刻，能够将那些正在非洲与英国交战以及被迫在西欧和地中海小心警戒的德军部队用以增援，如果他们能够将那些在克里特血战中大部被歼的精锐空降营投入战斗，如果所有在英伦三岛之战中被击落的作战飞机以及被击毙的飞行员均可以调用，那么，莫斯科就一定会陷落。特别是，如果"巴巴罗萨"计划的实施不是由于韦维尔在北非的胜利以及德国因巴尔干的战事而推迟了4个星期，那么德国也可能于冬季开始前就在俄国取得全面胜利了。

当然，历史不能"如果"。即便能够"如果"——如果莫斯科被德军攻陷，那又怎么样呢？在此130年前，库图佐夫就说过这样一段话：

"莫斯科失守并不意味着俄国的灭亡。我认为我有义务使我的军队避免覆灭。……即使要求撤出莫斯科也在所不惜。"德军第4集团军参谋长布卢门特里特将军也承认:"如果德国人占领了莫斯科,苏联人也不会投降。"

全城皆兵[1]

原莫斯科市劳动者代表苏维埃主席　普罗宁

我们为保护伟大城市的完整无损，为莫斯科人的生命安全，为工业生产和城市公用事业的持续运行，作了艰苦的斗争。在9个月的时间里，法西斯飞机对我们城市进行了130多次空袭。有数千架敌机参加了这些空袭。多数敌机在莫斯科远郊或近郊被我歼击机和高炮的密集火力驱逐或击落。只有少数敌机（约有500架）能够闯进首都城市上空，它们在高射炮火的打击下仓皇扔下炸弹。在对首都的整个空袭期间，共投下1600颗爆破弹和10万颗燃烧弹。

莫斯科虽受到一些损失和牺牲，但没有遭到严重破坏。广大飞行员、高射炮兵和60万城市防空志愿者大军，以英勇忘我的战斗保卫了莫斯科，保证了城市的正常工作和生活。

仅仅是莫斯科人组成的志愿者消防队在空袭期间就扑灭了42000次火情和2000次火灾，销毁了4万颗燃烧弹，从毁坏的房屋中救出了数千居民，并对6000受难人员进行了急救。

地方防空战士进行了销毁大量定时炸弹这一极其危险的工作。在市区街道和广场上，有130颗未爆炸的炸弹，其中有14颗每颗重1吨，都被战士们发现和进行了安全处理。这样的炸弹在高尔基大街、普希金广场、花园形街、"镰刀与锤头"工厂等企业里都有。

10月初，战争无情地越来越接近莫斯科。载重汽车车队通过市区往西开去支援前线。

夜间，大街上没有一点火光。而在车站和地铁却如同平常一样明亮、清洁。空袭时几十万儿童和妇女躲藏在这里，秩序始终良好。地铁的工作人员即使在战争时期也保持了履行本职工作的高度责任心。

---

[1] 摘自［苏］朱可夫等著《莫斯科会战》，余力译，军事译文出版社1985年版。

不管情况多么严重，不管战争的失利如何令人忧愁，都不能挫折莫斯科人的意志。相反，他们的毅力和坚定性却日益增强。各工厂的车间，从外面看一片黑暗，里面却灯火通明，正在白天黑夜地生产消灭敌人的武器。炮弹、冲锋枪、手榴弹、迫击炮弹、飞机、火箭炮、大衣和鞋——所有这些，都由莫斯科为祖国的保卫者们生产提供。

10月初，我们知道法西斯突破了布良斯克和西部防线，莫斯科成了前线城市。

在市政领导和军事首长面前一下子出现了成堆的问题。许多熟练的工程技术人员和工人怎么办？许多规模庞大的企业和科学研究机关怎么办？

当时的形势要求大批地把工业企业、机关、科学研究所和大专院校从莫斯科及其近郊疏散撤走。

在危险日益增长的情况下，首都的党、苏维埃和经济组织必须在短期内进行大量的疏散工作。从10月15日起，每天都有几十个企业和机关通过铁路、水路和公路迁往东方。在一个半月的时间里，我们东迁了近500个大型轻、重工业工厂，100多万熟练工人、工程技术人员和科研人员，以及许多机关、剧院、博物馆。城里只剩下公用事业单位和市政建设工作人员，以及交通运输、商业、面包厂、医疗机构和地方工业的人员。

首都的党和苏维埃组织在许多工厂后撤以后，重新建立了军事工业和培训熟练工人队伍，其中主要是妇女。由于采取了这些措施，到10月初，在市苏维埃所属的670个企业中，已有654个开始生产弹药和武器。军工产品的比重已占到这些工厂全部产品的94%。

10月12日，在首都接近地发生严峻情况的前夕，谢尔巴科夫和我被召到克里姆林宫。桌上铺着一张标绘好的大幅地图。华西列夫斯基将军正用平静的语调汇报情况。会议就保卫莫斯科接近地的问题做出了决定——构筑由3个地带组成的环城防御工事。

工人、职员、工程师和艺术工作者冒着雨雪，在敌机轰炸下，用了一个半月的时间，在莫斯科接近地构筑了一道道不可克服的筑垒地带。他们从凌晨到深夜构筑永备火力点，挖掘防坦克壕，设置桩寨和铁丝网。建筑者们分散住在郊区的村庄里，有时住在木棚里，在就近食堂吃饭，而通常是把食品装在铁桶里从莫斯科拉来。参加构筑工事的人中3/4是妇女——女工和家庭妇女，她们没有一个人叫苦，没有一个人要求换班。她们就这样表现了对祖国的高度责任感和无论如何都要守住可爱的莫

全城皆兵 | 141

斯科的坚定不移的决心。

10月18日，德军占领了莫扎伊斯克——这是莫斯科前沿的最后一个城市。

10月19日晚上，阴雨潮湿。我同谢尔巴科夫一起步行在黑黑的、空荡荡的克里姆林宫里。我们被邀请去参加国防委员会召开的会议。

我们走进办公室后，会议开始。斯大林走到桌子旁说道："前线的形势大家都很清楚，我们还要不要守卫莫斯科？"会场上出现了痛苦的沉寂。他沉默了一会儿后，就这一问题询问了每一个国防委员会成员，也询问了我们。（后来我们才知道，他曾事先同西方方面军首长商讨过保卫莫斯科的问题）。斯大林在得到每个人的回答后，随即口授了众所周知的关于在莫斯科及其毗邻地域实行特别戒严的决定。

11月16日夜间，一颗大型炸弹炸毁了列宁铁路上的一座天桥和桥下的一列货车。破坏相当严重。工程侦察人员认为至少需要一个星期才能使该铁路恢复通车。可是在那个时候，如果莫斯科同苏联东部地区的交通中断一个星期，那将意味着什么呢？地方防空战士懂得这些交通干线有着生命攸关的重要性，于是他们分成6个班，连续轮流工作。他们在敌机轰炸、没有照明的情况下，只用了两昼夜就恢复了铁路和公路交通。

在一次空袭中，两枚炸弹炸坏了城里唯一的面粉厂。城里有两个月的粮食储备，但面粉只够用两天，而当时莫斯科还要保障西方方面军的食粮。在这种情况下，只用了两昼夜就修复了被破坏的部分，并且在一个被烧毁的粮库的地基上建造了一个新的面粉厂。

11月底，城里储备的食盐用完了。当时要从别处运来是不可能的。有人提醒说，战前在肉类联合加工厂附近钻探打井寻找石油时，发现在井下很深处有一个含盐达27%的咸泉。原来的钻井至今还保存得很好。地方防空分队用了两周时间建起了几座蒸馏锅炉，这样，莫斯科人就能在一昼夜生产近15吨盐。

在祖国艰难的岁月，莫斯科人在苏联军人坚忍不拔精神的鼓舞下，就是这样战斗的。

列宁格勒之围

列宁格勒（今圣彼得堡）位于芬兰湾之滨，是彼得大帝在1703年为俄罗斯建造的"西方窗口"，它在200多年中一直是辽阔的俄罗斯帝国的首都，其后又成了十月革命的圣地。

占领列宁格勒这一波罗的海的重要港口，是德军对苏战争的关键目标之一。由于苏联潜艇和舰队频繁的海上活动会严重影响瑞典与德国之间的铁矿石运输，因此，遏制苏联波罗的海舰队对希特勒来说尤为重要。希特勒在1940年制定"巴巴罗萨"计划时，便叫嚷要把列宁格勒"从地球上抹掉"。为此，他遴选了曾指挥德军突破法国"马其诺防线"的陆军元帅李勃为入侵苏联的北方集团军群司令，并投入23个师、70万人，1200架飞机、1500辆坦克和1.2万门大炮，限令在1941年7月21日以前攻占这座城市。

围　困

1941年6月22日，列宁格勒的300万居民从街头的扩音器中听到德军进攻苏联的广播后，立即组织群众大会，抗议德国法西斯的野蛮行径。当天，苏联最高苏维埃主席团宣布列宁格勒处于战时状态。全市15个区都设立了征兵动员点，人们纷纷报名参军，并出现了祖孙三代一起参加民兵的动人事迹。在短短10天中，列宁格勒就组织了3个民兵师。

为了抵御北方集团军群对列宁格勒的进攻，苏军最高统帅部决定将波波夫中将指挥的列宁格勒军区改组为北方方面军，库兹涅佐夫上将指挥的波罗的海军区改组为西北方面军。但是，由于战争初期双方力量悬殊，德国北方集团军群在短短几天里就越过了涅曼河这一水上天堑，沿波罗的海向列宁格勒推进。7月8日，希特勒又命令北方集团军群从东面和东南面切断列宁格勒的交通线，芬兰集团军则从北面沿拉多加湖两

侧进攻，打通从芬兰到列宁格勒的道路。

在列宁格勒3面受敌的时刻，7月10日，苏军最高统帅部决定建立苏军西北方向部队指挥部，任命伏罗希洛夫元帅为司令，日丹诺夫为政委，统一指挥西北方方面军、北方面军、波罗的海舰队和北海舰队。西北方向部队指挥部随即紧急动员列宁格勒百万军民，夜以继日地沿着卢加河畔的西姆斯克－卢加－金吉谢普一线抢筑一条坚固的防线，阻止德军向列宁格勒推进。

德军第4装甲集团军司令霍普纳得意地宣称："只要突破卢加河，我就拿到了打开通往列宁格勒大门的钥匙。"7月11日，他指挥集团军突入卢加防线的外围据点波尔霍夫，扑向西姆斯克。双方展开激烈的炮战，德军损失惨重，仓皇逃窜。

此后，霍普纳改变了经卢加直取列宁格勒的路线，企图取道北上穿越金吉谢普－伊万诺夫斯科耶，通过卢加森林区攻占列宁格勒。负责守卫这一地域的苏军当时正在行军途中，德军先头部队的12辆坦克没有遇到抵抗就渡过了卢加河，占领了河右岸的两个滩头阵地。德军的另一股部队也在卢加西北40公里的大萨勃斯克强渡过河，向东推进。两股德军的进逼严重威胁着整个卢加防线的安全。

7月17日和18日，德军和苏军在伊万诺夫斯科耶－大萨勃斯克一线渡口展开激烈战斗。防守这一线渡口的是苏联基洛夫步兵学校学员队的战士。他们顽强地连续击退了敌人的多次进攻。德军为了把苏军撵出渡口防线，竟出动50架飞机轰炸河滩阵地。苏军拼死坚守阵地，但因后继无援，终于全部壮烈牺牲。但是，由于他们的顽强抵抗，希特勒妄想于7月21日攻下列宁格勒的计划落了空。

忧心忡忡的德国集团军群司令李勃决定重演过去突破法国"马奇诺防线"的故伎，企图避开正面进攻，转向苏军防御较弱的地带寻找突破口。不料这一计划却被一心想在寒冬到来之前就攻下莫斯科的希特勒否定了。李勃受到希特勒的严厉斥责，沮丧地回到前线，连夜召开军事会议，重新组建北部、卢加和南部3个突击军团，再次向卢加防线展开进攻。希特勒狂妄地宣布，德军即将占领列宁格勒。

8月10日和11日，德军卢加突击军团和南部突击军团相继向苏军发起进攻，列宁格勒北面的芬兰军队也向拉多加湖逼近。于是，列宁格勒三面受敌。20日，德军突破了卢加防线，占领了楚多沃。8月底和9月初，德军切断了列宁格勒与外界的所有铁路和公路交通。从9月11日开始，德国第1航空队对列宁格勒、喀琅施塔得和奥拉宁鲍姆进行轮番轰

炸，列宁格勒的电力供应出现了困难。"德国铁钳"开始了对列宁格勒最为鲜血淋漓的围困。

苏军最高统帅部为了加强列宁格勒南面和东南面接近地带的防御，决定将北方方面军分为列宁格勒方面军和卡累利阿方面军，并于8月29日任命伏罗希洛夫元帅为列宁格勒方面军司令。伏罗希洛夫决定在城北、城东和城西南3面迅速构筑防御工事。9月3日，列宁格勒全市紧急动员，组织全市8万多民工，抢筑城郊防御工事和挖掘战壕，共修建了4000多个火力点和25公里长的街垒。在"殊死抵抗，把列宁格勒变为埋葬法西斯匪徒的坟墓"的口号下，工人们废寝忘食，日夜加班，为前方生产更多的大炮、坦克和武器弹药。

希特勒为了加强德军北方集团军群的力量，一鼓作气拿下列宁格勒，决定抽调部分正在莫斯科方向作战的部队北上。9月9日上午9时30分，德军以32个步兵师、4个摩托化师、4个坦克师和1个骑兵旅的兵力，并配备了6000门大炮、4500门迫击炮和1000多架飞机，向列宁格勒发起总攻。苏军阵地遭到疯狂的轰炸。第二天上午，德军出动200辆重型坦克，突破了列宁格勒第3民兵师的防区，向红村攻击。

9月10日，朱可夫接替伏罗希洛夫，负责指挥列宁格勒方面军。许多老兵重拾信心，相信列宁格勒即将走出困境。在德军袭击列宁格勒的战役中，波罗的海舰队在朱可夫的指挥下，共发射炮弹25000余枚，舰队的炮火成功地把德军的进攻阻挡在城外7公里处，而那里距著名的冬宫只有16公里。曾于1917年11月7日炮轰冬宫的"阿芙乐尔"号巡洋舰也投入战斗，向着德军阵地猛烈开火。

9月11日，德军继续投入大批军队和坦克，双方力量对比越来越不利于苏军。第二天，苏军被迫后撤，德军占领了具有重大军事意义的杜德戈夫高地和红村。此时，德军已能望见列宁格勒高耸的建筑物和辽阔的芬兰湾了。9月17日，列宁格勒亚历山大罗夫卡电车终点站被德军占领。9月18日，德军占领乌利茨克。9月22日，希特勒在1601号命令中特别指出："在击败苏联后，这座人口重镇对我们毫无意义。我们将包围这座城市，用各种口径的火炮和轰炸机猛烈轰炸，甚至将其夷为平地。"

9月23日，德军出动6个师的兵力，在空军的掩护下，发动更大规模的进攻。列宁格勒万分危急。苏联红军火速将兵力集中起来，同时用猛烈炮火连续发动一系列反突击，经过激战，德军在列宁格勒军民的两面夹击下终遭失败，李勃将军只好下令转入防御，并向德军最高统帅部告急："集团军群所剩兵力已无法向列宁格勒继续发动进攻。"希特勒接到报告，勃然大怒，当着许多元帅和将军的面骂道："李勃无能，李勃无能！他已经丧失理智，无法理解和实施我的迅速占领列宁格勒的计划！"

就这样，苏军不仅守住了列宁格勒，而且还在科尔皮诺、普尔科沃高地实行反突击，使李勃将军陷入窘境，并把配合德军进攻的芬兰军队撵出了苏联边界。

据统计，仅在这一年9～10月，德军飞机就空袭列宁格勒100多次，投掷燃烧弹和爆破弹数万枚。同期，德军炮击列宁格勒270多次，持续时间总计为430小时。

饥　饿

德军强攻列宁格勒的阴谋破产后，希特勒决定改变战术，计划从水陆两路收缩包围圈，企图困死城内军民。他说："应当用饥饿来扼杀这座城市。切断一切运输走廊，让老鼠都爬不进去。对城市轰炸时不要吝惜弹药，这样，城市就会如同烂熟的果子，完全溃败。"

截至1941年9月，列宁格勒剩下居民250万人，其中包括40万儿童、30余万来自波罗的海国家和临近地区的难民。列宁格勒成了一个大避难所，而整个城市的食物和燃油此时仅够维持30天。当时，列宁格勒每天需要约1000吨食物，可是每天运往城市的物资还不到实际需要的20%。

在7月食物配给制实行之初，每个工人每天能领到800克面包，家属则为400克。9月8日，列宁格勒的巴达耶夫食品库成为德军炮轰的目标，炮弹发出的火光在几公里外都清晰可见。食物被烧毁后，城市的面粉只够维持一个星期。至10月初，面包配额已减少到不足一半。11月，饥饿使整个城市濒临崩溃，每个工人每天只能领到250克面包，其他人只有125克。同时，面包的质量也越来越差，巴达耶夫食品库库存的烧焦的面粉，以及各种各样的添加物，都被用来制作面包，甚至印钞局在加工木材时剩下的可食用纤维也被派上了用场。医院里挤满了因饥饿而虚脱的病人。及至11月底，已有11000多人因饥饿而死亡，而到12月，死亡人数达到53000人。

在那些忍饥挨饿的日子里，就连在前线作战的士兵也无法得到足够的食物。一位苏军司令员决定测试一下，他们的士兵在不休息的情况下，究竟可以走多少距离。测试结果，大多数士兵在步行400米后就已筋疲

力尽。列宁格勒市民叶琳娜·斯克里亚宾娜曾在日记中写道:"人们随时会失去生命,他们先是对任何事情都打不起精神,随后就会极度虚弱地倒下,再也爬不起来,而周围那些奄奄一息的人,甚至都注意不到他们。……死亡已经司空见惯。清晨出门,你就会被门口的尸体绊倒,尸体会躺很长时间,因为没有人来处理。"

还有一个女医生在工作日志中记下了她目睹的惨状:"大门洞开。我没有敲门就走进了房间。房内冰冷昏暗,一个14岁的男孩死在一张椅子上,另一个男孩死在一辆摇篮车内。床上躺着死去的房主人万吉莉,而她的奄奄一息的大女儿米卡则倚立在床边。第二天,米卡也死了。"

1941年11月8日,希特勒在慕尼黑发表讲话时宣称:"列宁格勒已经无可指望,沦陷只是时间问题。苏联已经无力解围,整座城市将注定死于饥饿。"

11月18日,天上突然刮起了西北风,雪花纷飞,气温骤降,拉多加湖湖面的冰层厚达180毫米,这给列宁格勒军民带来了一线生机。列宁格勒方面军指挥部抓紧时机,组织了汽车运输队。这条冰上运输线被誉为"生命之路"。但是,在"生命之路"开通之初,湖面冰层不厚,卡车和司机经常陷进冰窟;加上冬天气候反常,大雪弥漫,行驶的汽车常被狂风刮翻。为了破坏运输线,德军飞机整天在湖面盘旋扫射,造成冰面弹痕累累。12月上旬,两次寒潮降临,气温降到-30°C多度,湖上冰层厚达300毫米,勇敢的驾驶员们不顾严寒和10级狂风,驾驭着60多辆卡车,日夜奔驰在"生命之路"上,把粮食和物资抢运进城。

1942年1月是整个列宁格勒围困中最可怕的时期,城内没有工作的居民已经领不到任何食物,电力供应量锐减至战前的4%,城市的供水系统在严寒中悉数冻结,供暖系统也全部瘫痪,家具、木栅栏以及所有其他可以燃烧的物品,都被用来取暖。

然而,整个列宁格勒仍在运转。列宁格勒人民提出口号:"一切为了胜利!""死的倒下去了,活着的仍要站在自己的岗位上!"其时,平均每天有4.5万人参加修筑防御工事。全城处处是路障,步步是战壕。阻塞气球布满了城市上空。工厂、桥梁以及各种建筑物上都安置了地雷。工人们在德军的炮火下,仍然坚守岗位,全城军民人自为战,步步为营,筑成一道攻不破、打不烂的钢铁长城。负责生产和维修坦克的基洛夫工厂距离前线仅14公里,但却从未停工。有时候,车间里尚未组装的KV坦克,也可以通过围墙的炮眼,向敌人的阵地发射炮弹。列宁格勒植物研究所拥有各种各样的植物和作物样本,在封锁过程中,研究所共有28

人饿死，但是，包括数吨稻米和土豆在内的育种标本，全部完好无损。

苏联伟大的作曲家季米特里·肖斯塔科维奇在极端恶劣的环境中，创作了悲壮的《列宁格勒交响乐》。各界音乐家组成一支"列宁格勒广播电台管弦乐队"，演奏了这首动人的乐章，雄浑激昂的乐曲激励着千万人去投入战斗。

直到1942年2月下旬，整个列宁格勒的局势才开始好转，新的面包配给制开始实施，工人每天为500克，办公人员为400克，儿童和其他无业人员为300克。2月16日，人们第一次领到了冻牛肉和羊肉。

叛　变

德军对列宁格勒的军事进攻和饥饿围困都遭到了失败，希特勒大为恼怒，于1942年1月15日撤去了李勃的北方集团军群司令的职务，任命屈希勒尔元帅为新的司令。

3月，屈希勒尔派出5个师，从两翼同时对孤军深入德占区的苏军第2突击集团军发起进攻，切断了该集团军与其后续部队的联系。安德烈·弗拉索夫将军临危受命，出任被围困的第2突击集团军司令。5月初，苏联最高统帅部做出决定，帮助这支部队突出重围。然而，在苏军计划采取行动的前一天，德军抢先发起了进攻，很快包围了苏军。4天以后，苏军在其占领的狭小区域内，被德军的炮火彻底击溃。苏军第305师炮兵连连长多布罗夫记录道："两公里见方的区域几乎被炮火夷为平地，满地都是死伤的士兵，有的人在讨水喝，有的人要求包扎伤口，有的人已经精神错乱，还有的人则要求给他们一枪以求速死。德军把我们困在里面，并进行狂轰滥炸。"每天夜幕降临后，苏军都要冒着德军机枪的扫射和火炮的攻击尝试突围。截至6月底，总计约1万人从这个被困的牢笼中顺利逃脱，而德国人宣称已俘虏了3万多人。

弗拉索夫1901年出生于一个农民家庭，后来成为一名将军。20世纪30年代，他当过蒋介石的军事顾问——帮助蒋介石训练军队。回国后，弗拉索夫担任师长。卫国战争初期，他曾指挥西南方面军第4机械化军团，随后在基辅战役中领导第37方面军。基辅会战后来演变成人类历史上最大规模的合围战，苏军的防御彻底崩溃。弗拉索夫侥幸逃出，徒步返回己方阵地。斯大林下令用飞机把他接到莫斯科，授予他列宁勋章和红旗勋章。在莫斯科会战中，弗拉索夫率领第7、第8步兵师，通过强行军，及时赶到前线，堵住了德军的突破口，再立战功。

现在，他的第 2 突击集团军在整个区域被围堵了两周。6 月 25 日，他命令部队以小队形式分散突围。他逃到一个小村子，正在思考下一步该怎么走的时候，德军第 38 步兵师的士兵冲了过来，用冲锋枪对准了他的脑袋。弗拉索夫缓缓地举起双手，向德国士兵亮明了自己的身份，要求德国士兵带他去见德军最高长官。

弗拉索夫表示愿意同德意志第三帝国合作。他很快就投入到为敌人进行宣传和造势的工作中，完成了从红军英雄到法西斯帮凶的蜕变。他发表了题为《我为什么走上了与布尔什维主义作斗争的道路》的公开信和《告红军指战员书》，宣称布尔什维克是"俄罗斯人民的敌人"，说是"红军在这场战争中必定是死路一条"。12 月 27 日，他成立了斯摩棱斯克委员会，后改为解放俄国人民委员会。1944 年 9 月 16 日，他与海因里希·希姆莱签订协议，表示继续反对苏联，并在苏联战俘和侨民中招募士兵，组成"俄罗斯解放军"第 1 师和第 2 师。1945 年 5 月 8 日，第 1 师离开布拉格，同德军一起向比尔森的美国人进军，但被美军俘虏，并被转交给了苏军。1945 年，弗拉索夫军队的所有官兵都被革除苏联军职并被判处死刑——弗拉索夫本人被押上了绞刑架。

突　　围

1942 年 4 月 5 日，屈希勒尔收到希特勒的指令后，把大批德军集结在列宁格勒方面军和沃尔霍夫方面军之间的地域，并同芬兰军队会师于斯维尔河畔，企图切断拉多加湖同内地的联系。其时，拉多加湖上的冰层开始移动，曾在隆冬饱受考验的"生命之路"渐渐被湖水覆盖。4 月 20 日，约 80 辆卡车被冰窟窿吞没，所有卡车不得不暂时撤走。德军的炮火同时从空中和陆地威胁着港口和船舶的安全。直到 5 月 22 日，第一艘轮船才得以渡过拉多加湖。苏联红军对拉多加湖的防御十分有效，因空袭而造成的船只损失还不到已输送物资的 1%。

为了配合苏军在斯大林格勒的战斗，12 月 2 日，苏联最高统帅部下达了实施以"火花"为代号的突围命令。伏罗希洛夫和朱可夫据此制定了列宁格勒方面军与沃尔霍夫方面军协同作战的计划，即按最短距离开辟一条穿越瓶颈区域的走廊。根据作战部署，两个方面军将分别从城市外围和内部发动进攻。12 月中旬，参加"火花"作战的苏军炮兵部队以夜幕为掩护，从卡累利阿地峡和列宁格勒地段进入出击地区，隐蔽待命。一尊尊"卡秋莎"瞄准了涅瓦河对岸的德军阵地。

1943年1月12日黎明，苏军2000门火炮一齐轰鸣，打破了严冬清晨的沉寂。炮弹带着愤怒的呼啸，飞向德军的阵地，德国士兵全然不知炮弹从何方射来。一时间，树倒房塌，楼倾桥垮，四处都是炮弹掀起的尘埃。车辆的残骸、掩体的木块、树木的枝杈、兵士的躯体，被炮弹爆炸后的气浪抛向空中，此起彼伏。德军占领的几十平方公里走廊里，几乎每寸土地都被炮火掀翻。随着猛烈的炮击，早已待命的列宁格勒方面军从涅瓦河左岸向东南地区的德军发起攻击。苏军第12滑雪步兵旅迅速穿过了拉多加湖结冰的湖面。

　　上岸之后，苏军仍遭到德军的顽强抵抗。两个方面军之间十几公里的宽度，足足打了7个昼夜。德军一村一寨、一房一楼地固守，直战到弹尽粮绝，气断人亡。1月18日，列宁格勒方面军与沃尔霍夫方面军胜利会师，开辟了一条宽约10公里的通路，最终突破了德军对列宁格勒的封锁。这天晚上，莫斯科电台的广播员以激动的声调大声宣告："列宁格勒解围了！""敌人的封锁线被突破了！"全城人民热泪盈眶，奔走相告："红军会师啦！"2月7日，列宁格勒芬兰车站广场上人山人海，在汽笛鸣叫声中，满载着粮食和物资的第一列火车驶进了车站。

　　虽然苏军突破了德军对列宁格勒的包围，解放了拉多加湖南面的一大片土地，但德军仍然占据着乌里茨克和科尔皮诺附近的天文台，他们可以从那里炮击列宁格勒。1943年7月22日，苏军在拉多加湖以南发起总攻，列宁格勒方面军在沼泽地不能挖掩体的不利情况下，把德军紧紧咬住在阵地上。

　　1944年1月14日上午，浓雾弥漫，前沿阵地上一片寂静。突然，苏军阵地上的千门大炮昂首齐吼，炮弹的爆炸声震撼大地。涅瓦河上的波罗的海舰队第1炮兵联队的24门大炮，也向德军指挥部和防御工事开火，当天就向德军倾泻了5万发炮弹，摧毁了德军的碉堡、战壕和地雷区，炸得敌军血肉横飞。这时，隐蔽在普尔科沃高地的苏军战士一跃而起，兵分两路，越过被大炮夷为平地的敌人的前沿阵地，向红村、罗普萨方向挺进。盘踞在乌里茨克的德军节节败退。

　　1月26日凌晨，苏军迂回到敌人后方，出其不意地解放了列宁格勒附近的要冲——加特契亚。至此，德军吹嘘的"北方堡垒"彻底崩溃了。次日，苏军最高统帅斯大林发布特别命令，嘉奖列宁格勒方面军在保卫列宁格勒战役中的光辉业绩。这天晚上，列宁格勒举行了盛大的祝捷大会，一批批列宁格勒人不顾-20℃的严寒，兴高采烈地拥上涅瓦河大街、托尔斯泰广场和河堤大道纵情欢呼，观赏五彩缤纷的焰火，倾听

百门礼炮的轰鸣。

　　列宁格勒战役是第二次世界大战中历时最久的城市防御战。在列宁格勒被围期间，仅正式报告的死亡人数就高达 64.2 万之多。根据其他信息统计，实际数字可能超过 85 万。在全部死亡人口中，仅有 3% 死于空袭或爆炸，其余 97% 死于饥饿。战争开始后，约有 180 万人撤离了列宁格勒，而在最终突破封锁时，整个城市只有 56 万人幸存下来，约相当于战前人口的 1/6。

萨维切娃日记[1]

早在纳粹大屠杀受害者安妮·弗兰克开始写日记之前，12 岁的列宁格勒女孩塔尼亚·萨维切娃就已经开始写日记了。这两个几乎同龄的女孩在日记中记录了同一个内容：纳粹法西斯的暴行。她们都没有看到胜利的到来：塔尼亚死于 1944 年 7 月，安妮死于 1945 年 3 月。

《安妮日记》在战后被公布，全世界知道了它的作者。塔尼亚·萨维切娃的日记没有出版，它只有 7 页，记录了她家人在列宁格勒被包围期间陆续死亡的事实。这份短短的记录后来成为纽伦堡审判中控诉法西斯罪行的证据。

塔尼亚·萨维切娃日记目前被陈列在圣彼得堡历史博物馆中。在 60 多万名在列宁格勒被围困的 900 天中死去的人们的安息之地皮斯卡廖夫墓地纪念堂和莫斯科俯首山上，也有它的复印本。

女孩用稚嫩的手，倾尽所有的力量去书写，她饱受痛苦的灵魂已无力表达自己的感情。塔尼亚只是简单记下了当时发生的事实：德国人给她的家乡所造成的种种悲剧，字句中饱含着血泪。

1941 年 12 月 28 日。热妮娅死了。现在是夜里 12 点半。1941。
1 月 25 日早上 3 点，祖母死了。1942。
3 月 13 日早上 7：30，妈妈死了。1942。
3 月 17 日早上 5 点，莱卡死了。1942。
4 月 13 日下午 2 点，瓦西安叔叔死了。1942。
5 月 10 日下午 4 点，利奥恰叔叔死了。1942。
所有的人都死了，只剩下一个塔尼亚。

塔尼亚是一名面包师和一名布衣店裁缝的女儿，这是一个很小的家

---

[1] 原载西班牙《阿贝赛报》。

庭。所有人都爱她。塔尼亚长着一双灰色的大眼睛，金色的头发，穿着条纹外套。她有一副天使般甜美的嗓子，她想成为歌唱家。萨维切娃一家都有音乐天赋，母亲玛利亚·伊格纳季耶芙娜甚至组织过一个家庭合唱团：两位哥哥莱卡和米沙弹吉他、曼陀林和班卓琴，塔尼亚唱歌，其他人合唱。塔尼亚的父亲去世得早，母亲努力抚养5个孩子，她把生活安排得井井有条。精美的刺绣装点着这个小家，塔尼亚也总是被打扮得花枝招展。

萨维切娃一家原来打算去城外不远的一个村子度过1941年的夏天，后来只有哥哥米沙一人去了那里。由于6月22日战争爆发，全家人决定留在列宁格勒，尽可能地帮助前线。母亲为战士缝制军服，哥哥莱卡由于近视没有参军，就在船厂里做工，姐姐热妮娅帮忙做地雷，尼娜被调去修筑防御工事。塔尼亚也不闲着，她和其他孩子一起帮助大人挖战壕。但是德军的包围圈越来越小了，希特勒的计划是要饿死列宁格勒的人，让这个城市从地球上消失。

一天，尼娜出去后再也没有回来。白天德军曾经进行猛烈的轰炸，全家人在焦急等待她的归来。当所有的希望都落空后，妈妈把尼娜的一些笔记本交给塔尼亚留做纪念，塔尼亚就在上面写下了她的日记。

热妮娅因过度虚弱死在工厂里。她夜以继日地干活，最后脆弱的身体支撑不住了。不久，祖母因为心肌梗塞去世。亲人们一个接一个地死去，塔尼亚在她的本子上写下了这些遭遇。女孩最后写下了一个悲惨的结尾："所有的人都死了，只剩下一个塔尼亚。"

一群负责搜索列宁格勒幸存人员的护士后来发现了她，因为缺乏食物，她已经毫无知觉，奄奄一息。她和其他140名快饿死的孩子被送到戈尔基救治，许多孩子在人们的照料下活了过来，但塔尼亚没有。医生为她治疗了两年，但死神还是夺去了这位守卫在列宁格勒的女孩的生命。1944年7月1日，塔尼亚·萨维切娃离开了世界。

她被葬在人民公墓。在她墓碑的不远处，有一个纪念碑，上面刻有塔尼亚的形象和她的日记本的浮雕。在离圣彼得堡不远的纪念碑灰色的石头上，也刻有塔尼亚日记中的词句。

塔尼亚并不知道，萨维切娃一家还有人活着。姐姐尼娜在获救后被送到后方。1945年，她回到了家乡，在一片废墟中找到了塔尼亚的日记本；哥哥米沙在前线受了伤，后来也康复了。塔尼亚·萨维切娃是1月25日出生的，萨维切娃家族幸存者及其后辈总是选择在这一天聚会。

传奇乐队[1]

［苏］叶·爱波斯坦

千里送乐谱

运输机越过低空的阴霾。

领航员汇报说："指挥官同志，我们已经飞过前线了。"

瓦西里·利特维诺夫长舒了一口气："一切正常。机场已近在咫尺。气象员真是好样的。在这种鬼天气，德国鬼子只会龟缩在家，更甭提驾机出航了。"

"可我们却出航了……"领航员嘟囔道。

"这是两回事。我们的任务相当重要。"

在古比雪夫军用机场上，利特维诺夫的上级交给他4大本黑色册子，千叮万嘱，让他务必将其送抵处于德国法西斯包围中的列宁格勒。

飞机顺利着陆。一群人从暮霭中围上来，热情地与利特维诺夫握手致谢。但利特维诺夫心中的谜团并未解开：这4本册子到底是什么东西，为了它们，竟然需要选择如此恶劣的气候条件，飞越数千里疆土。

利特维诺夫后来才知道，他带给列宁格勒人的是一件无价之宝，这便是肖斯塔科维奇《第七交响曲》的乐谱。作曲家从战争初期便投入了这部音乐巨著的创作。在德国军队包围列宁格勒后，肖斯塔科维奇在接受电台采访时说："我已经完成了新交响乐作品的第二部分。如果它受到欢迎，我将继续创作第三、第四部分。只有那时，才可以将这部作品冠以《第七交响曲》之名。之所以告诉大家，是希望此刻坐在收音机前聆听我讲话的列宁格勒人树立这样的信念：我们的城市一切正常，我们大

---

[1] 原载 2005 年 2 月 15 日俄罗斯《议会报》。

家都在站自己的那班岗……"

"站岗"并不是比喻。在德军狂轰滥炸这座涅瓦河名城时，肖斯塔科维奇拿起武器，在音乐学院的楼顶上巡逻。在他的曲谱草稿上，经常会出现两个字母"BT"，这是"防空警报"一词的缩写。

政府为了保护这位天才音乐家，要求他离开列宁格勒。在后方，他完成了《第七交响曲》，并将其献给了不屈的列宁格勒和它英勇的市民。在列宁格勒电台交响乐团及其指挥卡尔·埃利阿斯贝格翘首期待这首曲子的过程中，乐队人数不断减少，炮火、枪击和饥饿吞噬着乐手的生命。然而，城中的音乐并没有消失，动听的旋律依旧从音乐厅和收音机里传出。在希特勒炮兵的作战地图上，音乐厅和广播电台被标注为必须摧毁的目标。法西斯的宣传战车一直在为这座消亡的城市敲丧钟，而象征希望的贝多芬和柴可夫斯基的交响曲却通过列宁格勒的电台，传遍了世界。

艰难募乐手

但电台乐队的乐声越来越弱，27名乐手牺牲在战场上，剩下的人也大都营养不良。指挥埃利阿斯贝格本人骨瘦如柴，躺在被改为医院的阿斯托利亚旅馆的病榻上等待死亡。

但音乐缪斯并没有吻别列宁格勒。1942年春，那些熬过漫长隆冬的列宁格勒人拖着孱弱的身体，纷纷聚集到扩音器下。电台正在播放由萨莫苏德执棒，大剧院交响乐团在古比雪夫演奏的《第七交响曲》，列宁格勒的乐手们心潮澎湃，他们决定要在家乡演出这首曲子。于是，他们给肖斯塔科维奇发电报，请他将乐谱寄来。

4册乐谱已被放在埃利阿斯贝格的桌上。指挥抚摸着乐谱，非常激动，但他马上又锁紧了眉头：演奏这首乐曲需要80名乐手，到哪里才能找到？

他向市政府求助。电台向全城发出通知，要求所有活着的乐手前往登记，但总共只有28人。只有一个人是自己走到乐队的，其余人都是被搀扶着赶来。长笛手是被雪橇送过来的，因为他连站起来的力气都没有了。望着自己的部下，埃利阿斯贝格满心酸楚。还需要52人，怎么办？尽管作战人员奇缺，但前方指挥部还是从军队中调出了从戎的乐手。调令中写道："为演奏《第七交响曲》，特派你出差，必须接受电台领导指挥。"

机枪手从奥拉宁鲍姆的哨所赶来，他原是名长号手；托斯诺战役的

伤员从医院里溜出来,因为他擅长演奏中音乐器;防空团送来了圆号手,单簧管演奏者直接从前线赶到乐团。乐团的乐手一天天增加。两名小提琴手和一名图书管理员日夜为乐队抄乐谱。

为寻找乐手,指挥埃利阿斯贝格颤巍巍地走遍了每个医院。当他找到打击乐手艾达罗夫时,后者已经生命垂危。

"他还活着!"埃利阿斯贝格看到艾达罗夫的手指还在动,欣喜若狂。艾达罗夫是个孤儿。战争爆发时,他是军区模范乐团的乐手,他一直演奏到最后一刻,直到鼓槌从他虚弱无力的手中滑落……

埃利阿斯贝格凑近他的耳朵,大声说:"小伙子,早点康复啊。为了这首乐曲,你必须活下来!"

这或许是世界音乐史上绝无仅有的排练。80名极其虚弱的乐手相互注视,泪盈于睫,他们终于熬过了这个漫长的冬季。管乐手的嘴唇在哆嗦,乐音在打颤;弦乐手的和弦不对,而鼓手的鼓点落错了地方;就连指挥家本人的手臂也是勉强在挥舞。但他们毕竟战胜了自我!音乐令他们心灵相通。第一次排练只持续了15分钟,因为大家实在太虚弱了,但一个信念已经深植每个乐手的心中:演出一定会成功!当时,城市补给困难,每人每天只能分得一丁点儿口粮,供应给乐手们的却是食堂做的热腾腾的饭菜。政府知道,此次演出的意义非同寻常。

演出惊世界

埃利阿斯贝格回忆道:"1942年8月9日,这是个盛大的节日,音乐厅里灯火辉煌,座无虚席,听众都是市里知识界的精英:作家、画家、学者,还有许多军人,不少是从前线直接赶过来的。乐手的穿着千奇百怪:有穿西服的,有穿军装的。所有人都在屏息等待久违的开场铃声……"

指挥登上了舞台。他是如此的消瘦,身上的燕尾服显得格外肥大,但他的眼神充满了力量。他手中的指挥棒在颤抖,不知道是因为虚弱还是因为激动。

钢琴伴奏阿尔金回忆道:"当时,我们并未意识到自己所参与的是如此重大的历史事件。我们只是被肖斯塔科维奇的音乐所吸引。这是我们的音乐,是列宁格勒的音乐,它只能在我们的城市孕育,只能从肖斯塔科维奇的笔下流出。为了这部曲子,作曲家倾注了毕生的体验和爱国热情。在演出中,我们尽量表达了与音乐重逢的喜悦,对生活的爱,战胜

死亡与苦难的自豪。或许，其他乐团演出这一曲目更出色，但谁都无法与我们相比，因为这是我们的乐曲，是我们的经历，它浸透了鲜血……"

　　鼓手艾达罗夫敲出了他一生中最响亮的乐章。暴风骤雨般的鼓点表现了他对法西斯的刻骨仇恨。在进入《侵略》一章后，他感觉自己正举着机枪向敌人开火。偶一抬头，他从指挥的眼中读到了赞许，于是更加卖力……

　　这场空前绝后的演出总共持续了80分钟。第14炮兵团的战士在演出前重挫了敌军火力。那天的列宁格勒，夜色如水般静谧。

保卫塞瓦斯托波尔[1]

塞瓦斯托波尔保卫战——斯大林格勒大血战的序幕。

1941年冬季战役结束后，苏德双方战线犬牙交错。双方经过积极准备之后，于1942年5月初展开军事行动，为各自的大规模攻势创造条件。

苏联欧洲部分南部的克里米亚半岛濒临黑海和亚速海，是维系该国向黑海乃至地中海拓展力量的重要支点。这个半岛因其独特的战略地位，历来是兵家必争之地。它先后被罗马帝国、哥特人、匈奴人、可萨人、拜占庭帝国、钦察人、蒙古人、奥斯曼土耳其帝国占领。18世纪后，伴随着俄罗斯的崛起，克里米亚于1783年并入俄罗斯帝国的版图。进入近代，俄罗斯与西方国家先后在克里米亚爆发了两次大战。1921年，克里米亚自治苏维埃社会主义共和国成立，随后加入苏联。后来，克里米亚的塞瓦斯托波尔成为苏联黑海舰队的司令部，成了俄罗斯战略利益的最前沿。

当时盘踞在克里米亚的德国第11集团军有15个师。5月8日，德军出动8个师，对克里米亚东部的刻赤半岛上的苏军发起攻势。5月15日，德军占领刻赤半岛，苏军损失很大，经海路退到东面的塔曼半岛。

在进攻刻赤半岛的战役结束以后，德军指挥部在塞瓦斯托波尔地区集结了第11集团军的主力，企图在最短时间内夺取这座城市。

由于苏联军队在刻赤半岛和哈尔科夫地区遭遇失败，塞瓦斯托波尔防区的形势急剧恶化。至6月初，这里的防守部队只有10.6万人、600门大炮和迫击炮、38辆坦克。驻扎在塞瓦斯托波尔地区机场的空军只有53架完好的飞机。

德军指挥部向塞瓦斯托波尔地区调集了第11集团军的主力共10个

---

[1] 据俄新社2005年4月28日电讯改编。

步兵师。战役期间，敌人调集约20.4万人、670门火炮、655门反坦克炮、720门迫击炮、450辆坦克和近600架飞机。指挥这些部队的是曼施坦因上将。

为从海上加强对塞瓦斯托波尔的封锁，德军指挥部向克里米亚的阿克梅季奇港、叶夫帕托里亚港和雅尔塔部署了19艘鱼雷艇、30艘护卫舰和8艘反潜舰、6艘意大利潜艇，还派出了经过专门训练、用于攻击军舰的由150架轰炸机组成的空军联队。

6月2日，敌人开始了持续5天的炮火和空中打击。6月7日清晨，步兵和坦克开始进攻。从敌人向塞瓦斯托波尔阵地发起进攻的第一天起，残酷的战斗就展开了。敌军平均每天轰炸达600~1000架次。

滨海集团军的处境变得日益艰难。在敌人连续不断的进攻下，集团军遭受了人员和装备的重大损失。到6月中旬，战斗进入最紧张的阶段。储备已经耗尽，弹药严重不足。与高加索港口的交通联系也因敌人封锁变得困难。

运来的弹药不及所需量的1/3。战斗常常转化为肉搏。苏军只能以微弱的机枪火力和手榴弹对敌人进行反攻。炮兵和迫击炮手也经常与敌人进行徒手搏斗。

为援助塞瓦斯托波尔的守军，最高统帅部命令北高加索方面军准备登陆作战。登陆定于7月初开始，但是这一任务最终未能完成。就在登陆战役正在准备的时候，塞瓦斯托波尔防守形势6月底已很危急，敌人于6月29日夺取了火车站并向市中心突进。塞瓦斯托波尔防区仅存的空军不得不向高加索地区机场转移，这样，部队就失去了空中掩护。高射炮兵没有弹药。步兵只能靠自己的步兵武器向敌人的飞机射击，弹药消耗殆尽。

6月30日清晨，北高加索方面军司令布琼尼元帅收到了塞瓦斯托波尔防区司令奥尔克佳布里斯基海军中将的报告说，塞瓦斯托波尔形势危急。

布琼尼元帅向大本营汇报表示，塞瓦斯托波尔防区部队战斗力已严重削弱，原有的防线已不复存在，而北高加索方面军无法从海上和空中向塞瓦斯托波尔守军提供及时支援。往返于塞瓦斯托波尔的所有军舰都受到猛烈的空中轰炸和鱼雷艇及潜艇的攻击。考虑到预定的登陆战役已不可能改变事态的进展，布琼尼元帅请求停止运送补给力量和粮食，并明确要求塞瓦斯托波尔防区部队战斗到最后一刻，直至一切必需物资都运出塞瓦斯托波尔为止。

6月30日晚，弹药、粮食和饮用水全部耗尽，塞瓦斯托波尔防区尚存的许多部队损失重大，已无力再战。守卫部队中有战斗力的只剩下第100步兵师、第142步兵旅以及一些被打散的部队。塞瓦斯托波尔守军按照大本营的命令退到港口。他们的处境极端困难。

这种力量对比失衡的战斗一直持续到7月9日。后来，塞瓦斯托波尔的部分守军撤至山区，在那里开展游击战。

历时8个月的塞瓦斯托波尔保卫战作为英雄主义和献身精神的光辉典范而被载入史册。它具有巨大的军事政治意义。1941年秋，塞瓦斯托波尔钳制了大量敌军，粉碎了敌人夺取高加索的计划。在1941年11月罗斯托夫城下苏联军队投入反攻期间，敌人无法依靠第11集团军向第1坦克集团军提供支持。1942年春天至盛夏前，德国人无法利用第11集团军向苏德前线左翼发起进攻。直到7月份，第11集团军才得以脱身，但它在塞瓦斯托波尔已元气大伤，需要长时间的休整和补充供给。

斯大林格勒大血战

1942年春末，苏德战场上出现了暂时的沉寂。交战双方都转入防御，秣马厉兵，准备在夏季决一死战。

夏伊勒在《第三帝国的兴亡》一书中写道："（1941年）冬季作战结束时，伤亡总数是1167835人，病员尚不包括在内，后备兵员不足弥补这样的损失。"于是，德国法西斯的头目们四处奔走，到欧洲的仆从国搜罗炮灰。到1942年5月初，希特勒纠结到苏德战场上的兵力是217个师和20个旅，其中德军为178个师和8个旅，芬兰、罗马尼亚、匈牙利、意大利、斯洛伐克和西班牙共为39个师和12个旅，总计61.98万人。德军配有大炮和迫击炮56941门、坦克和强击火炮3229辆，作战飞机3395架，战舰63艘。

其时，苏军作战部队有9个方面军、1个独立集团军和莫斯科卫戍区部队，海军有3个舰队和3个分舰队。据格列奇科主编的《第二次世界大战史》："在苏联作战部队的编制中（不包括国土防空部队和海军部队），总共是510万人，有3900辆坦克、44900门大炮和迫击炮（50毫米的迫击炮还不包括在内），有2200架作战飞机。在北海、波罗的海和黑海舰队中，共有140艘基本类型的战舰：两艘战列舰、6艘巡洋舰、32艘鱼雷驱逐舰、100艘潜艇。"

在军工生产方面，美英对苏援助此时起了很大作用。据美国租借法案执行署负责人斯退丁纽斯说："飞机和坦克是我们根据租借法案援助俄国的最引人注目的部分，但是最后分析起来，这些东西也许还不是最重要的。正如阿库林海军上将到我国以后不久所说的：'你们送给我们原料和工厂设备，比送给我们一些飞机和坦克实际上还更能够增强红军的战斗力。'"因此，美国除飞机和坦克外，到1942年夏天为止，还把大量的钢、铝、铜等金属以及10万吨以上的火药、甲笨和梯恩梯运送到苏联。英国也向苏联输送战略原料：1941年，英国从新加坡向苏联运去3.8万

吨橡胶，从马来亚运去 8000 吨锡，从印度运去 1.3 万吨黄麻，从缅甸和澳大利亚运去 1.8 万吨铅。①

兵临城下

当时，德苏双方的计划都是要夺取战略主动权，使之有利于己方。1942 年 4 月 5 日，希特勒签发了第 41 号作战指令：

一俟天气和地面条件好转，德国统帅部和军队就要利用自己的优势，再度夺取主动权，强迫敌人接受我们的意志。

我们的目的是彻底消灭苏联人手中尚有的全部防御潜力，尽可能夺取他们最重要的军事经济中心。……

一切可用的军队将集中到南翼的主要战线，其目的是在顿河这边消灭敌人，以夺取高加索油田和进入高加索山区的通道。……无论如何，必须竭尽一切努力到达斯大林格勒（今伏尔加格勒）市区，或者至少使这座城市处于重炮射程之内，从而使它不能再成为工业中心和交通枢纽。

斯大林格勒位于伏尔加河下游西岸，原名察里津，它是苏联内河航运干线伏尔加河的重要港口，又是苏联南方铁路交通的枢纽和重要的工业城市。作为苏联南方规划最完备的城市之一，它新建的工厂吸引了无数的年轻人，不到 15 年，人口便由 8.5 万迅速增加到 45 万。河岸边休闲设施齐全，而城市以西和以南地区是苏联粮食、石油、煤炭的主要产区。战争开始后，这里的居民并未提前撤离，渡口上到处是牛群和农业机具。德军统帅部下达的 1942 年夏季战略计划指出，必须迅速攻下这座城市，占领富饶的伏尔加河下游地区，然后北取莫斯科，南出波斯湾。

苏联最高统帅部认为，1942 年夏季德军有能力在两个战略方向上同时实施大规模进攻，这两个方向很可能是莫斯科和南方。苏方进而推测，德军可能在莫斯科方向实施主要突击，因此，苏军在西南方面没有部署足够的兵力，从而埋下了严重的后果。

5 月 12 日，苏联西南方面军集中了 40 多个师，从南北两面向哈尔科夫地区的德军发起强大攻势，想一举攻克这座城市。开始 3 天，苏军进

---

① 据苏联关于卫国战争的《短史》一书，盟国援助的总量约占苏联军工生产的 4%。其中，大炮占 1.9%，坦克占 7%，作战飞机占 13%；汽车一项，1943 年占 5.4%，1944 年占 19%，而总数为 401400 辆。1941～1945 年，同盟国共向苏联提供了约 1750 万吨作战物资。

展比较顺利，突破德军防线50公里。但是，苏军对南面德军的实力估计不足，最终遭受了严重损失。据德军将领称，苏军20个步兵师、7个骑兵师和14个坦克旅的主力，不是牺牲就是被俘，俘虏共有24万人。苏军还损失2026门大炮和1249辆坦克。苏联西南方面军副司令员科斯坚科、第57集团军司令员波德拉斯和战役集群司令员博布金等数位将领也壮烈牺牲。在一次会议上，斯大林向铁木辛哥咆哮道："为什么我们的最高统帅部对军队位置和情况毫不知情？据我所知，有14个师超过10万人在前线作战。"铁木辛哥无言以对，只说出了突围的军队的数量。几天后，他被免去方面军司令员职务，由戈尔多夫将军接替。临阵换将并未达到预期效果，苏军继续败退，重镇接连失守，越来越多的士兵投降被俘，有的甚至成为"德意志志愿兵"。

6月28日，德军主动展开了所谓"蓝色行动"。该行动把整个德国南方军群一分为二：A集团军群进攻北高加索地区，夺取苏联油田；B集团军群向东突破，直指伏尔加河以及斯大林格勒方向，以求击溃北高加索沿线的苏军防守。

为了堵塞德军进到伏尔加河的道路，苏军最高统帅部于7月12日在西南方面军的基础上，建立了新的斯大林格勒方面军，下辖第62、第63、第64和第21集团军。最高统帅部还从预备队中拨给方面军两个正在组建的第1坦克集团军和第4坦克集团军。当时，方面军共有18.7万人，360辆坦克、330架飞机、7900门火炮和迫击炮。

7月13日，德国B集团军群的第6集团军司令保卢斯上将受命率13个师共25万人、7500门火炮、740辆坦克、1200架飞机攻向斯大林格勒，扼守顿河中部。顿河自北向南流淌，在流经伏尔加河附近时突然转向西南方向，形成一个狭长的弯道。苏军后备部队在这里筑起了一道防线，他们的身后是高约25～30米的陡峭河堤，这给撤退造成了诸多困难。

保卢斯上将是希特勒"巴巴罗萨"计划的主要策划者之一。从1935年起，他开始担任第6集团军参谋长。在德国陆军元帅赖歇瑙1941年心脏病复发逝世后，他被希特勒提升为集团军司令。保卢斯有严重的洁癖，即使在战事最紧张时，他一天也要换几套内衣。士兵们经常把他同赖歇瑙相比，认为他更像是一名科学家而不是一位"英雄"，这使他十分恼火。

保卢斯计划集中兵力，从西侧发动猛攻，沿顿河河岸向斯大林格勒挺进。在十分严峻的形势下，斯大林电令前线指挥官要不惜一切代价，击退东西线的敌人。斯大林格勒的军民共约18万人响应号召,在顿河和伏尔加河之间,构筑了工程浩大的外层、中层、内层、市区4道防御围廊,总长2850公里,火力点8.5万个。

7月17日,德军开始进攻苏军第62集团军防守的顿河河岸,斯大林格勒外围防御战正式打响。

7月19日凌晨,一架德军通信联络飞机从苏军阵地上空坠落,德军经过激烈战斗,夺回这架坠机,但却在飞机油箱上找到一个弹孔——飞行员已在最后交战中阵亡。苏军在德军飞行员的公文包中发现了一份绝密文件。阵亡的德军飞行员是莱歇尔少校,他携带的文件正是代号为"蓝色行动"的德军上述战略部署。斯大林在检查了这份情报后表示,这可能只是德军计划的冰山一角,德军可能还有其他类似的计划,苏军必须为此做好准备。

7月23日,两路德军以坦克集群为前导,进入列布奇诺夫卡至奇尔斯卡亚地域,向沃罗涅什、斯大林格勒和罗斯托夫进发,经过3天激战,突破了苏军的防御战线,在巴拉克列雅以南10公里处会师,包围了南路苏军,前出至顿河。60公里外就是斯大林格勒。25日,德军对苏联第64集团军的右翼阵地实施突击,企图在卡拉奇附近强渡顿河,直扑斯大林格勒。苏军有组织地向东和东北撤退,并沿着苏罗维基诺—雷切科夫铁路和顿河东岸建立防线。29日,战斗结束,被围红军只有部分突围。与此同时,北翼德军也加强了攻势,切断了苏军的退路。北路红军在重围中顽强苦战,但也只有两万多人突出了包围圈。

"一步也不后退"

1942年7月28日,斯大林发出第227号命令——"一步也不后退"的命令,严肃地指出了苏德战场南部的危险形势。最高统帅部代表朱可夫后来在《回忆与思考》一书中说:"这个命令贯彻了同惊慌失措者和破坏纪律者作斗争的强硬措施,坚决地谴责了'退却'情绪。"命令说:

所有人都说,苏联有足够空间可供军队撤退,我们的国土辽阔丰饶,人口众多,粮食丰裕,但必须防患于未然。任何人未经批准,不得擅离战斗岗位,散布谣言和胆小怕事者,必须立即根除。

……现在是结束退却的时候了,一步也不后退!这就是我们当前的主要号召。

必须顽强地保卫每一个阵地，每一米苏联领土，直到最后一滴血，守住每一块苏联土地，竭尽一切可能去捍卫它。

接着，苏军在62集团军的56000名士兵中挑选出650名最精干的士兵，组成了4支反撤退小分队，授权他们阻止士兵撤退，并让士兵返回部队。由苏联内部人民委员部提交的一份名为《斯大林格勒行动报告》的文件说：从1942年8月1日至10月15日，反撤退小分队共拦截了14万名从前线撤退的士兵，其中有3400人被捕，1189人被执行枪决，2961人被送往惩戒营，131094人被遣送回部队和中转营地。

鉴于斯大林格勒方面军分布在700公里长的战线上，指挥部队困难，最高统帅部在8月5日决定把它一分为二——由戈尔多夫中将指挥的斯大林格勒方面军和由叶廖缅科上将指挥的西南方面军。斯大林在8月9日的指令中说："叶廖缅科同志和戈尔多夫同志注意：保卫斯大林格勒和击溃从西部和西南部进攻斯大林格勒的敌人，对于我们整个苏联战场具有决定性的意义。"

为了协调斯大林格勒附近各部队的行动，国防委员会8月12日把总参谋长华西列夫斯基上将派往该处。

8月21日凌晨，德军112艘突击登陆艇和108艘充气艇向顿河东岸进发。苏军虽然击沉了数十艘德军舰船，但德军还是占领了顿河东岸一片区域，并建立了滩头阵地。一天内，德军坦克便向斯大林格勒推进了一大步。

8月23日，德军第4航空队的飞机对斯大林格勒进行了疯狂的轮番轰炸。一昼夜间，德军出动飞机2000架次，投放炸弹1000多吨。苏军105架歼击机迎战，击落敌机120架。伏尔加河岸的油库中弹起火，燃烧的石油沿河漫流，成了一片火海，在百里之外都能看见。一座欣欣向荣的城市变成了一片废墟——80%的建筑物被毁，约有4万人葬身火海。幸存者开始逃离。当天下午4时许，保卢斯的部队抵达伏尔加河，从北面进攻斯大林格勒。

由于形势越来越严重，根据苏军最高统帅部的指示，斯大林格勒方面军司令部于8月25日宣布全城处于戒严状态。城防委员会发出了庄严的号召："……斯大林格勒的市民们！我们决不让法西斯匪徒侮辱我们的故乡城市。……我们要使每一幢房屋，每一个街区，每一条街道都成为不可攻克的堡垒……大家都来修筑街垒！……都起来保卫故乡的城市，保卫自己的家园吧！"

8月26日，斯大林任命朱可夫为最高统帅部副统帅。8月27日，斯大林在克里姆林宫接见朱可夫，并对他说，必须使两个集团军"迅速进入战斗，否则我们就要丢掉斯大林格勒"。几天后，朱可夫由莫斯科飞到卡拉奇以北3公里的卡梅申——斯大林格勒方面军野战指挥所指挥战斗。他在对前线进行考察并经过深入研究后提醒大家：随着时间的推移，形势会变得对苏军有利，因为苏军战略预备队的组织和训练需要时间，而德军兵力不足，战线过长，没有足够的战略预备队，不可能完成北高加索、顿河、伏尔加河地区的南方战线的战略目标。斯大林同意朱可夫的建议。

　　然而在眼下，德军离斯大林格勒市区仅仅3公里，而苏军第62集团军是唯一的防御力量。集团军人数已减少到1/5或1/6，坦克也减至55辆，仅靠这些兵力是不可能防守成功的。9月9日，罗季姆采夫的步兵师被派往斯大林格勒。

　　9月12日，苏联最高统帅部把守卫斯大林格勒的任务交给崔可夫中将指挥的第62集团军和由舒米洛夫中将指挥的第64集团军的一部。当天，希特勒在柏林大本营召见保卢斯，训斥他说："如果9月25日还拿不下斯大林格勒，我就要你的脑袋！"

　　崔可夫17岁便投军于波罗的海舰队，苏俄内战时被任命为团长，并获得两枚红旗勋章。1940年12月，他曾被派往中国担任苏联全权代表办事处军事顾问。现在面对危局，他于9月14日把司令部设在阵地前沿。他对参谋人员说："部队在哪里，司令部就在哪里。要么守住阵地，要么牺牲。"他还命令士兵作好巷战准备，并发放了冲锋枪、轻型机枪和反坦克步枪。此时，由苏军最高统帅部派出的大量增援部队，源源不断地开往斯大林格勒前线，他们几经英勇的战斗，终于把德军阻止在西北市郊。

　　9月24日，德国陆军总参谋长哈尔德大将在同希特勒发生争执后，愤然辞职，接替他的是西线总参谋长蔡茨勒步兵上将。

　　9月28日，苏联最高统帅部把由罗科索夫斯基指挥的斯大林格勒方面军改称顿河方面军，把由叶廖缅科指挥的西南方面军改称斯大林格勒方面军。

"绞肉机"里的厮杀

　　德军攻打斯大林格勒市区的战斗从9月13日开始，到11月18日结束，历时两个多月。

9月13日，德国第4坦克集团军的60辆坦克在20架飞机的掩护下，自南向北进入加夫里洛夫卡地域，强行突破苏军防线，冲入斯大林格勒。防守斯大林格勒外层的苏军第64集团军只好撤退到内层。至此，德军从东北、西南直接威胁斯大林格勒。

　　斯大林收到告急电报后，马上命令近卫军第13师不惜一切代价强渡伏尔加河，增援崔可夫的第62集团军防地。第13师的官兵为了争取时间，不等天黑就开始强渡。德军倾力阻击，苏军在枪林弹雨中前进，终于登上彼岸，与崔可夫将军的部队会合，守住了阵地。

　　在苏德双方展开残酷的市区争夺战时，希特勒投入战斗的兵力有13个师，总共17万人，1700门大炮和迫击炮。苏军方面虽有6个集团军，但每个师都严重缺员，防守市区的苏军仅为9万人。但是，苏联士兵视死如归，进行了顽强的抵抗。

　　朱可夫组织了高度机动的"暴风队"，尽管每一队的人数不多，但都配备了手榴弹、机关枪和反坦克炮等武器，能够闪电般地攻击德军，并随后消失在瓦砾碎石后面。对德军飞行员来说，要找到空袭目标越来越困难。

　　争夺马马耶夫冈，是整个市区战斗的关键。马马耶夫冈又称102高地，它坐落在市中心，离伏尔加河只有1000多米，站在山顶上可以俯瞰整个市区。德军占领马马耶夫冈后，居高临下，不停地向四周射击，对苏军造成严重威胁。苏军的两个营接到夺回马马耶夫冈的命令后，猛扑高地东北面的陡峭斜坡，冲入战壕，与德军展开白刃格斗，经过5小时的肉搏战，终于占领了山岗上的一块三角据点。德军一次又一次的反扑，都被苏军打退了。

　　德军把在斯大林格勒的激烈巷战称为"鼠战"，意思是说士兵们无法依赖技术装备。这时候，德国的坦克显得大而无用，它们难以穿越瓦砾和废墟。在狭窄的街道上，当它们身后或侧面受到攻击时，很难迅速地调头。加上大炮没有仰升装置，无法向建筑物上方开火，而在那里，苏军的反坦克炮却正向它们瞄准。房屋成为战斗堡垒，街道变为火海。崔可夫曾被大火包围3天，使得镇守在伏尔加河左岸的叶廖缅科无从了解他的情况和总部的位置。德国将军汉斯·德尔在回忆当时的战斗情况时写道："进展不是以公里来衡量，而是以米来计算……因为每争夺一座楼房、车间、水塔、铁路护堤、一堵墙、一间地下室，甚至一个瓦砾堆，都要进行激战，其激烈程度连第一次世界大战时大规模的激战都无法相比。"

苏德双方的士兵相互靠得很近，以至可以隔街对骂。短兵相接日益成为战斗常态，狙击手变得更为重要，就连被苏军用作武器的铁锹，也令德军闻风丧胆。有时候，一个战斗连续几天都围绕着具有战略意义的建筑物展开，第一火车站就曾在一星期内13次易手。整个城市中除了军人还是拿枪的人，除了火药、硝烟味，就是瓦砾压不住的尸臭味。夜间奔跑中的人，不时会被一具尸体绊倒而跌落在另一个死人身上。到处都是狂奔乱跑的野狗，它们白天无法在炮火下觅食，晚间便四下撕咬死尸。于是，有人把斯大林格勒形容为一台"绞肉机"。

10月，苏军最高统帅部命令6个满员师渡过伏尔加河，进入斯大林格勒，德军也把部署在5公里长的正面战场上的3个步兵师和两个坦克师，投入斯大林格勒的战斗。14日，德军还派出2000架次飞机不断轰炸和扫射苏军阵地。这天午夜，德军包围了捷尔任斯基拖拉机厂，战斗在厂里各个车间内进行，苏军利用火箭炮成功拦截了德军的进攻，使德军在工厂的围墙前留下了3000多具尸体。崔可夫的第62集团军的两个师，损失也达75%。最后，德军在拖拉机厂地域突进至伏尔加河，切断了崔可夫与后援部队的联系，并占领了拖拉机厂区。但是，就在德军向苏军第62集团军发起攻击，妄图把它切成小块吃掉时，崔可夫中将组织兵力进行反冲锋，夺回一个又一个据点，战斗又进入胶着状态。

10月24日，德军发动大规模的攻击，狂怒的炮火向依旧站立着的为数不多的建筑物攻击了5个小时。在"红十月"工厂厂区内，新从河上渡过来的西伯利亚师，把炮弹无法打烂的钢铁残骸作为火力点，为德军掘下无数坟墓。破裂的车厢、倒塌的钢梁、巨大的烟囱、车间里的车床、堆积如山的废料堆，都成为三个一群、五个一伙的苏军的阵地。在这恐怖的钢铁墓地中，两军整整厮杀了48个小时。西伯利亚师埋葬了千余名战友，德军留下了更多的尸体。崔可夫将军后来在回忆录中写道："10月24日将作为整个斯大林格勒战役中最为血腥、最为残酷的一天而载入史册。"

英国广播公司当时有一则报道称："斯大林格勒已成功消灭希特勒的军队。德军用28天占领了波兰，而在斯大林格勒，却仅攻占了几栋房屋；德军用38天占领了法国，而在斯大林格勒，只不过突破了数条街道。"

到10月底，形势开始对苏军有利。苏军士兵发现，德军士兵不再刮胡子，甚至也不洗脸，他们的身上长满了虱子。与此相反，即使在如此危急的关头，苏军战士仍把邋遢的外表视为品味低俗的象征。他们每周

都要去伏尔加河洗一次澡，并换上干净衣服。在河边，士兵们知道可以在哪儿修理钟表或鞋子，又可以在哪儿换到一把好刀或者一支烟斗。他们觉得，当面临死亡威胁时，身边一切有价值的东西都是多余的。

战略反攻的"天王星"计划

早在1942年9月底和10月初，朱可夫就频繁往返于斯大林格勒前线和克里姆林宫之间，会同斯大林和华西列夫斯基，制订了庞大而出色的斯大林格勒反攻计划——包括防御、合围、孤立进而聚歼德军的计划。

11月初，苏联最高统帅部批准了代号为"天王星"的作战计划。这一计划将由顿河方面军、东南方面军和斯大林格勒方面军共同实施。计划规定苏军兵分两路，一路拖住敌军主力部队，另一路突破敌军侧翼转入反攻。苏军将从克列茨卡亚附近向卡拉奇进攻，与斯大林格勒方面军形成合力。华西列夫斯基负责协调方面军之间的作战行动。

此时，伏尔加河开始结冰。冰排破坏了河对岸苏军的交通线，伤员转运不下去，只能依靠飞机空投军火和物资。伏尔加河舰队奉命载着援兵去解围，向对岸突进，终于在悬崖峭壁的河岸上与被围的友军胜利会师。于是，在400多公里长的战场上，一个钳形攻击的阵势日益明晰地显露出来。

11月11日，保卢斯发起最后一次进攻。只要再前进400米，德军就能到达伏尔加河突围。可就在这400米宽的战线上，双方士兵都杀红了眼。

11月13日，斯大林签发了大规模反攻的命令。19日8时50分，苏军万炮齐鸣，新装备的1250台"卡秋莎"火箭炮，一次就可发射1万发炮弹。苏军第21集团军、第65集团军和第5坦克集团军在飞机的支援下，在覆盖着大雪的茫茫草原上长驱直入。上午9时，炮火转向敌方防御纵深，防守德军左侧翼的罗马尼亚第3集团军被打得溃败而逃。与此同时，罗金少将指挥的坦克第26军，神速地冲进罗马尼亚第5军司令部所在地彼列拉佐夫斯基镇，控制了铁路交叉点。

德军统帅部急忙从西部战线调来11个师增援，但是已经晚了。21日凌晨3时，苏军罗金少将命令坦克部队打开前灯，排成一路纵队沿奥斯特罗夫至卡拉奇的公路前进，穿过德军防线直奔渡口。德军以为是自己的部队，没有阻拦。苏军坦克第26军很快过了桥，占领了左岸，并向友军发出进攻信号。大雪纷飞，苏军势如破竹，只用了4天时间便封闭

斯大林格勒大血战 | 169

了合围圈，围敌22个师，约23万人。德军统帅保卢斯把一切可用的兵力都投入苏军东侧，妄图突破。苏军决定把合围圈的对外正面向西推进150～180公里。德军已如困兽，保卢斯急向第2集团军司令官呼救，但第2集团军已自顾不暇，无能为力。保卢斯又向希特勒发电，请求后撤，但希特勒一直没有回电。他哪里料到，希特勒根本不顾这20多万人的死活，竟对参谋长蔡茨勒将军说："无论如何不能后撤！要在那里形成一个坚固的堡垒，因为这是关系到全局的大事。"

保卢斯的部队被苏军压缩在1500平方公里的地区内，伤亡8万人，给养全无。德军士兵饥寒交迫，不断死亡。要摆脱困境，除非每天出动飞机越过苏军防线，空投700吨物资。11月22日，希特勒从山间别墅返回"狼穴"元首大本营，并于当晚发出命令："第6集团军组织环形防御，等待解围！"11月24日，戈林答应每天向合围圈内空运300吨物资。第二天，德国第8航空军开始向第6集团军空运补给品，但平均每日只有95吨。12月1日，墨索里尼建议希特勒"以某种方式结束不会再捞到好处的对俄战争"，希特勒未予理会。

12月9日，华西列夫斯基和罗科索夫斯基向斯大林建议，投入第2集团军，先打一场分为两个阶段的名为"指环"的战役。经苏军最高统帅部研究，决定第一阶段旨在粉碎西部和南部的德军集群，第二阶段将由两个方面的所有集团军在斯大林格勒以西和西北发起总攻。保卢斯只有一招——突围。他发电给希特勒，详细陈述了突围的理由。总参谋长蔡茨勒也坚持认为，突围是唯一的出路。在此情况下，希特勒勉强同意，但仍以守住斯大林格勒阵地为条件。

12月12日，德军"末路战神"曼施坦因元帅率领第4装甲集团军发动了代号为"东风计划"的进攻。严冬的寒风袭击草原，积雪成堆，德军不顾一切地向斯大林格勒突击。19日午夜，德军坦克冲破苏军拦截，北进到斯大林格勒的最后一条天然屏障——米什科瓦河，占领了河北岸一个桥头堡。此地离城南不到50公里。夜晚，被围困的保卢斯部队看到积雪覆盖的草原那边升起了援兵发射的信号弹。"救兵来了！"德军士兵欣喜若狂。可是信号弹只是昙花一现，以后再也没有出现。原来，曼施坦因这回遇到了"闪击将军"瓦杜丁，后者把正面突击和侧翼突击巧妙地结合在一起，打了一个以攻对攻的"小土星"战役，使曼施坦因再也无力越过50公里的地段去同保卢斯会合。没有希特勒的命令，保卢斯不敢轻举妄动，他被围困的部队陷入绝境。

保卢斯被俘

12月底，决定保卢斯命运的时刻到来了。在一次军事会议上，苏军最高统帅斯大林建议，把粉碎被围敌人的任务交给顿河方面军司令罗科索夫斯基中将。朱可夫元帅立即下达命令，把斯大林格勒方面军的3个集团军拨归罗科索夫斯基指挥。各集团军指挥员们经过缜密研究，信心十足地奔赴岗位。

12月23日，苏军不断向前推进，迫使德军终止了为解救第6集团军而向斯大林格勒方向实施的突击。被压缩在包围圈中的德军，物资几近耗尽，就连战马也被杀光吃光，士兵们只好到处掘地捕鼠充饥。每个士兵每天只能领到一片面包，15人分食1公斤土豆。同时，疾病在士兵中传播蔓延，死亡的威胁弥漫全军。保卢斯在笔记中写道："士气低落，解围的希望破灭了。越来越疲惫的士兵都在地下室里为自己寻找避难所，越来越经常地听到反抗已毫无意义的抱怨声。"

1943年1月7日，苏军顿河方面军已完成"指环"战役的部署，并做好围歼准备。斯大林格勒市里的两个集团军接到命令：第66集团军经奥尔洛夫卡向"红十月"村突击，第62集团军也相向突击，以期会合，并切断市郊工厂区的敌军主要集团之间的联系。战斗不分昼夜地进行。顿河地域的苏军向西推进了200多公里。

1月8日早晨，3名苏联青年军官带着一面白旗，进入德军防线，把斯大林签发的最后通牒交给了保卢斯，敦促德军投降。通牒提出了体面的条件：被俘人员一律发给"标准的口粮"，伤病员和冻伤人员会得到医治，被俘人员可以保留军衔、勋章和个人财物。通牒要保卢斯在24小时内给予答复。然而，希特勒驳回了保卢斯的投降请求，保卢斯彻底失望了。17日，苏军全线发起猛攻，5000门大炮同时怒吼，坦克和步兵迅速击破了保卢斯的防线。德军的袋形阵地在6天中已缩小了一半，只剩下约16公里长、9公里宽的一块地方。

24日，苏军最高统帅部再次命令保卢斯投降。保卢斯考虑再三，又给希特勒发电请示："士兵们都要我准许他们投降，这样，起码活着的人可以保命。"希特勒的回复无比强硬："不许投降。第6集团军必须死守阵地，直至最后一兵一卒一枪一弹。他们的英勇坚持对建立一条防线和拯救西方世界将是永志难忘的贡献。"保卢斯看完电报，跌坐在行军床上。25日，崔可夫将军率部发起猛攻，第62集团军与66集团军终于胜

利会师。26日，包围圈被切成了南北两块，以保卢斯为首的9个师困在了城市中心——这里遍地冰冻，瓦砾成堆。另外12个师被困在北部工厂区，士兵乱成一团，地上布满尸体。

德国陆军总参谋长库·蔡茨勒战后在《斯大林格勒战役》一文中是这样形容德军当时的处境的："在斯大林格勒，悲剧已近尾声。对于在那里打仗的普通士兵来说，每过一天，就等于多受一天的折磨：饥饿、贫困、生活必需品匮乏、困苦、严寒、精神上的孤独、悲观失望、担心冻死或饿死，以及担心伤痛在这种情况下得不到医治。由于每个人的气质不同，他们有的人大胆无畏，有的人悲观失望，有的人只是漠然处之。但是，每一个士兵不论有什么样的感情，他除了不休息不间断地战斗下去之外，没有别的选择。这是一场没完没了的噩梦。……伤员没有隐蔽所，没有床铺、口粮、药物，甚至连绷带都没有。医生们也无能为力，他们没有任何东西可以用来医治伤员。"

1月30日是纳粹党执政10周年纪念，希特勒为117名军官晋级，并授予保卢斯元帅节杖。此时的保卢斯躲在一个百货公司的地下室里，听见枪声由远及近。一名苏联军官率领士兵冲进了地下室，德军军官们乖乖地举起了双手。保卢斯阴沉着脸，慢慢把手枪放在桌上。苏军庄严地宣布："保卢斯元帅，你现在已被苏军俘获！"从此，保卢斯和他的随从摆脱了鼹鼠的生活，被苏军战士押解着，走在一片废墟的斯大林格勒大街上。保卢斯成为德国历史上第一个被俘的元帅。希特勒对保卢斯宁当俘虏、不愿阵亡之举大发雷霆，他怒吼道："真没料到他会这么干！否则，我决不会提升他！"

2月2日中午，德军最后一支残敌举起白旗投降。顿河方面军司令员罗科索夫斯基将军和最高统帅部代表沃罗诺夫致电斯大林元帅：

1943年2月2日16时，顿河方面军的红军完成了您的命令，击溃和消灭了被围的敌军斯大林格勒兵团。由于完全消灭了被围的敌军，斯大林格勒市和斯大林格勒地区的战斗停止了。

当天下午2时46分，一架德国侦察机在斯大林格勒高空侦察，然后向柏林发出电报："斯大林格勒战场已无战斗迹象。"希特勒在东普鲁士接到电报后，暴跳如雷。但是，为了欺骗德国人民，他在保卢斯投降后的第三天，在全国志哀4天，并以德军最高统帅部名义宣布，斯大林格勒战役已经结束，第6集团军在保卢斯元帅指挥下战斗到最后一刻……

苏军在斯大林广场举行了受降仪式。1名德军元帅、24名将军以及

大批官兵当了俘虏。苏军还缴获了6000门火炮、1500多辆坦克、8万辆运输汽车和其他武器装备。此后，苏军抓住这一有利时机，展开全方位的进攻，而意大利军队和匈牙利军队则在顿河沿岸逐一败退，德国军队也开始草率地撤离高加索地区。

斯大林格勒战役的胜利，是第二次世界大战的转折点。在这场大战中，苏方投入兵力120万人，阵亡47.8万人；德方共损失150万人（占苏德战场总兵力的1/4）、3500辆坦克、3000架飞机和1.2万门火炮。从此，纳粹德国江河日下，走向覆灭。

毛泽东在《第二次世界大战的转折点》这篇文章中说："只要迫使希特勒转入了战略防御，法西斯的命运就算完结了。因为像希特勒这样法西斯国家的政治生命和军事生命，从它出生的第一天起，就是建立在进攻上面的，进攻一完结，它的生命也就完结了。"

固守一座楼房

苏联英雄　巴甫洛夫

……1942年9月一个漆黑的夜晚,我们近卫师在伏尔加河左岸下车。

我们面前是烈火燃烧的斯大林格勒。从那边不停地传来隆隆炮声和飞机俯冲时发出的刺耳的尖叫声。还可以听到机枪和冲锋枪点射的声音。不时地响起炸弹、炮弹和迫击炮弹的爆炸声。在城市和伏尔加河的上空向下坠落着亮得耀眼的信号弹。强烈的探照灯的巨大光柱穿透一团团腾起的黑烟和尘雾。

这时,伟大的斯大林格勒保卫战已进行了好几个昼夜了。

"我们的斯大林格勒竟成了这个样子!仅仅一个月前,我们路过这里时,它还是很平静的……"

汽艇拖着驳船静悄悄地靠近码头。开始登船。很快,汽艇又静悄悄地离岸了。我们都默默不语。我看了看我的同志们,感到他们的面孔变得严峻起来。我们慢慢地在伏尔加河上航行,敌人向我们射击。炮弹时而在右面,时而在左面落入水中爆炸,掀起巨大的水柱。我们航行到水中间的时候,碰上了倒霉的事,钢索绞在汽艇的螺旋桨上了,不得不停下来。德寇射击得更猛烈了。指挥员发出命令:做好跳河准备,泅渡到右岸去。我真后悔,过去怎么没有学会游泳呢?幸好没有要求跳水。驳船脱离了汽艇,我们被水流冲着走。不多会儿,汽艇赶上了我们,重新拖上驳船,我们很快地就在像是喷射着岩浆的火山的斯大林格勒岸边靠岸了。我们迅速从驳船跳上陆地,立即投入了战斗……

现在已很难描述我们首次参加保卫斯大林格勒战斗时的情景。周围是地狱一般令人难以忍受的环境。但是,罗迪姆采夫将军的近卫军战士,在隆隆的炮声中,冒着敌人炮火,勇猛无畏地向前冲。这一夜,我们不

仅击退了敌人的进攻，而且还迫使敌人退却，夺回几座楼房。我们排在排长鲍伊科中尉的指挥下，也攻占了一座楼房。当时我任班长。

又过了几个异常紧张的昼夜。希特勒匪徒拼命想夺回他们失去的阵地。为此，他们付出了高昂的代价。在通往我们占领的楼房的接近地上，遍地都是敌人的尸体。希特勒指挥部不断地投入新的兵力，企图把我们抛进伏尔加河。近卫军战士牢记祖国的命令："誓死守住阵地！绝不后退一步！"

9月27日晚，近卫步兵连连长纳乌莫夫上尉把我叫去，说：

"中士同志，有件非常重要的事……"他看了看我，问道，"你身体怎样？"

"还好。"

我刚侦察回来，已经三天三夜没有睡觉了，我的脸色可能不大好看。但经过短时间的休息后，我感觉身体蛮好，可以完成任何一项任务。

排长把我领到一边，指着一座四层楼房，向我交代任务：

"这幢楼房对我们很重要。从那里可以控制'9月1日'广场和附近所有的楼房。现在需要侦察清楚楼内有多少希特勒匪徒。今天夜里就去。"

"明白了。"

"你需要带几名战士？"

我想了一下，回答说：

"3名就够了。"

"不少吗？"

老实讲，3名战士当然不够。但我们连在头几次战斗中伤亡较大，因此，我们每个人现在都应当一个顶两三个进行战斗。

伊万·伊万诺维奇让我自己挑人。我挑选了格卢辛科、亚历山大罗夫和切尔诺戈洛夫。他们都是可以信赖的勇敢的小伙子，我和他们在前线结下了深厚的战斗友谊。

夜幕降临了。踏上那危险征途的时刻到来了。毋庸讳言，我们确实有点害怕。尽管我们每个人都有些紧张，但我们谁也不让别人看出……

我们带好冲锋枪、手榴弹和匕首，开始匍匐前进。距离我们需要侦察的楼房确实不算远，也就是150米左右。但这150米路多么难爬啊！希特勒匪徒不停地向我军阵地疯狂射击。

我们紧紧地贴在地面上，一米又一米，慢慢地向前移动。月亮快要升起，我们能够支配的时间不多了。

固守一座楼房 175

我们终于爬到了连长指给我们的那座楼房跟前。这时，我们已是满头大汗，喘不过气来。我们把脸贴着冰冷的墙根，稍微歇一歇。我们仔细听了听，楼里面鸦雀无声，似乎没有一个人。但是，敌人的机枪枪口都露在窗口外面。

需要马上行动。我们顺着院墙爬到第一个大门口。我安排亚历山大罗夫在外面放哨，我们3个人爬进楼门内。格卢辛科留在一楼楼道里监视通往楼上的楼梯。我和切尔诺戈洛夫小心地顺着台阶下到地下室。我把耳朵紧贴在门上，听到里面有窃窃细语声。我们猛地推开房门，冲进室内，用耀眼的手电一照……眼前全是妇女、老人和儿童。人们呆滞了数秒钟，接着妇女们高喊：

"是我们的人！"

人们一下子都向我们扑来。

"晚上好，同志们！"我大声地说。我忽然意识到不该大声说话，于是我轻声请求他们保持肃静。

一个上了年纪的妇女走近我们，神秘地低声问：

"亲爱的孩子们，你们回来了？"

"我们哪儿也没有去，大娘。"

"那你们为什么到这里来呢？楼里有德国鬼子啊！"

"正因为这里有德国鬼子，我们才来呢。"

我们从妇女们那里了解到，这个门洞里现在没有德寇，他们已转移到另外一个门洞，在那边的一楼里。

为了万无一失，我们还是应该亲自检查一下。格卢辛科监视地下室，我和切尔诺戈洛夫上楼。这个门洞里确实没有一个德寇。我们又悄悄潜入第二个门洞。

我们在一楼发现有两个房门。仔细一听，里面有德寇在谈话。我给了切尔诺戈洛夫一个暗号，他迅速推开一个门，我推开另一个门，我们各投出3个手榴弹，跟着冲进烟雾弥漫的房间，用冲锋枪连续射击。当我们确信这两个房间不可能再有一个希特勒匪徒还活着时，就急速登上各层楼，一直侦察到楼顶。空荡荡的，没有一个人，我们走下楼来。

经过进一步侦察证实，全楼只有这个门洞内驻有希特勒匪徒。就是说，现在整座楼房都已掌握在我们手中。

"这样一来，"格卢辛科开玩笑说，"我们超额完成了任务。"

"怎么这么说呢？"

"怎么不是呢？命令是让我们侦察这座楼房，而我们连楼里的希特勒

匪徒也给报销了，成了全楼真正的主人。下一步你打算怎么办，中士同志？"

如果撤离这座楼房，那就会使希特勒匪徒有可能重新占领它。我们决定不走了，严密部署防御。我布置切尔诺戈洛夫坚守在窗口附近并监视广场，格卢辛科监视两个楼门，亚历山大罗夫监视楼房后面。

只有一件不利的事，就是弹药和人员太少了。很快，营长茹科夫大尉派来了增援人员。他们当中有俄罗斯人阿法纳西耶夫，乌克兰人多夫任科、伊瓦辛科，格鲁吉亚人莫西亚什维利，塔吉克人图尔古诺夫，鞑靼人罗马扎诺夫。我们这支守卫队共有 18 个人。现在，我们的装备不仅有子弹和冲锋枪，而且还有反坦克枪以及手提机枪和重机枪。通信兵把电话线拉到了我们"司令部"的所在地——地下室。安装了电话。于是，我们和营指挥所有了经常的联系。

"1月9日"广场（现名列宁广场）61号楼防御战就是从这时开始的。战斗持续了 58 个昼夜。我不记得有哪一个白天或哪一个夜晚，希特勒匪徒未曾骚扰我们。为了把我们赶出大楼，或者彻底摧毁这座楼房，希特勒匪徒把什么办法都用上了。他们用机枪、冲锋枪、迫击炮、火炮、坦克炮进行射击。飞机向楼房扔炸弹。周围的一切都在颤动，但近卫军战士的心却没有颤抖过。

在防守这幢楼房的日子里，我们每个人不仅锻炼了坚忍不拔的精神，而且丰富了战斗经验，增长了军人的勇敢和机智。

由于我河岸高射炮的掩护，敌飞机在白天几乎不可能轰炸我们。因此，他们就在深夜里进行袭击。有时我们甚至听到了法西斯匪徒轰炸机驾驶员在我们头顶上的嗥叫声。困守在我们对面的希特勒匪徒，向我们这边发射绿色信号弹，我们知道这是为他们的飞行员指示轰炸目标。我想起了我们也有这种信号弹。于是，我向亚历山大罗夫喊道：

"赶快发信号弹！"

我们向德寇占领的楼房上空连续发射绿色信号弹，那些被搞得晕头转向的德寇飞行员就把炸弹投在他们自己人的头上。

这样的事情发生过多次。

机枪手沃罗诺夫勇敢机灵。他简直没有离开过他的那挺"马克沁姆"机枪，即使有一个希特勒匪徒不管从什么地方探出脑袋，他也要把他干掉。一天深夜，被打得无法忍受的德寇，在他们所占领的楼房之间挖掘了一条深堑壕，我们的炮火射不着在堑壕里跑来跑去的希特勒匪徒。沃罗诺夫被激怒了，他说：

"中士，我们向连里请求，调一门迫击炮来吧。"

我赞同沃罗诺夫的想法。我给连长打了电话，第二天夜里就给我们送来了一门迫击炮。我们熟练地射击，每发炮弹都打到德寇堑壕里。希特勒匪徒的日子又不好过了。

我们的处境也很困难。弹药、食品和水经常短缺。即使深夜敌人也不停止射击，很难把弹药、食品和水送到这里。

我们的指挥员对于这一情况是很了解的，他们想尽办法帮助我们。一天夜里，近卫团团长叶林上校来到我们这里。他视察了全楼，每一间房屋和地下室都看过了。

看到团长这样仔细认真地查看每一个角落，大家都很高兴。他把我们召集在一起亲切地交谈，末了他指出：

"希特勒匪徒必定想法烧掉这幢楼房。"

"近卫军上校同志，我们也一定想法不让他们烧掉。"我们回答说。

上校看着我们，脸上露出笑容，严肃地说：

"同志们，你们要记住，对于我们的防御来说，重要的不是楼房，而是有利的阵地。为此，即使楼房被烧掉，也不能离开这里。你们好好考虑一下，需要做些什么和怎样做才能守住阵地。"

大家开始共同想办法，并做了大量的工作。在我们楼前20~30米远的地方，有一座废弃不用的钢筋水泥储油库。这是一个很好的掩蔽所，但却无法到达那里。距楼房同样不远的另一个地方，有一个埋设自来水管道的地道口。

我们决定从地下室向这两处挖两个地下通道。我们悄悄地干着，稍有不慎就可能使全部计划破产。我们白天黑夜不停地挖，几乎没有休息过。战斗岗位上的士兵交了班就去挖"洞穴"，挖过洞又去上岗。就这样，我们终于达到了目的，有了备用阵地，这些阵地帮了我们很大的忙。德寇猛烈炮轰的时候，我们除留下几个值班的战士坚守岗位外，其余的人全部进入掩蔽所。敌人炮击一停止，我们全体守卫军人又都出现在楼里，继续歼灭企图向我冲击并攻占楼房的希特勒匪徒。

在整个被围困期间，我们就是这样一天天度过的。

从远处看我们的楼房，想必是很可怕的。整个楼房被炮弹、迫击炮弹和飞机炸弹炸得百孔千疮。但它却像是一座堡垒巍然屹立着。我想，这绝不是因为它的墙壁坚固，主要是因为我们没有屈服，没有后退一步。

希特勒匪徒向这里发射了特别多的炮弹，炸塌了一面墙。切尔诺戈洛夫说：

"没关系，朋友们，我们还有 3 面墙呢。"

格卢辛科，这个在任何情况下都不气馁的 40 多岁的乌克兰人，愉快地补充说：

"这倒不错，我们可以更自由地呼吸了，真好像装上了通风设备……"

是什么使我们士气如此旺盛，对胜利充满信心呢？

我们并不孤单。我们知道，而且也感觉到，全世界都在注视着斯大林格勒保卫战。全国都在支援我们。

库尔斯克会战

在苏联的第二次世界大战著作中,库尔斯克会战被描述为继莫斯科战役和斯大林格勒战役之后的第三大决定性的战役,参加会战的军队、坦克和飞机比东线战场上任何一次其他战役都多。

1942年5月,斯大林曾发出号召,"让1942年成为德国法西斯军队彻底灭亡、苏联从法西斯列强手中彻底解放的一年"。但是,红军在克里木和哈尔科夫遭受的失败,迫使斯大林谨慎起来。次年5月1日,他在一项命令中重申,"法西斯德国和它的军队的基础已经动摇并经历着危机,但是他们还没有被彻底打垮"。

当然,到了1943年,德军依靠当初的闪电战取得的优势已经荡然无存,而苏联的工业生产在经过战争第一年的大幅下滑之后,已经开始飞速发展。这一年,苏军在从列宁格勒到高加索的广阔战线上,几乎同时发起了反攻。斯大林格勒方面军在改称为南方方面军后,于1943年春肃清了高加索的敌人;顿河方面军和西南方面军则继续西进,收复了罗斯托夫、哈尔科夫、库尔斯克等许多重要城镇和地区。但是,希特勒不甘心于自己的失败,在全国实行总动员,到处搜罗炮灰。1943年3月初,德军在南部战线发起反突击,并于3月16日重新占领哈尔科夫,3月18日占领别尔哥罗德。苏军加强抵抗,很快制止了德军的反扑。此后,苏德战场又稳定下来。但是,苏军在库尔斯克的突出阵地,给德军的防线造成很大的威胁,因而成为双方关注的一个焦点,并都向这个方向调兵遣将。一场新的大规模的厮杀不可避免。

希特勒的意图是:在库尔斯克地区粉碎苏军的主力,夺回已经失去的战略主动权,进而占领顿河、伏尔加河流域,进取莫斯科。

苏联元帅伊·科涅夫在《方面军司令员笔记》一书中指出:"我们有理由称库尔斯克地区的会战为大会战,巨大的作战规模、特有的作战紧张和激烈程度是这场会战的特点。这场会战波及了今奥廖尔州、布良

斯克州、库尔斯克州、别尔哥罗德州、苏梅州、哈尔科夫州和波尔塔瓦州的广大地区。顽强的、紧张的地面和空中战斗持续了 50 天。在此期间，双方陆续投入交战的有 400 万人，69000 多门大炮和迫击炮，13200 辆坦克和自行火炮，12000 架作战飞机。……会战过程中展开的坦克交战是战争历史上前所未有的。这是第二次世界大战中最大的一场坦克会战。"

洞悉"堡垒"计划

库尔斯克地段在整条战线上形如一个肉瘤鼓出体外，俗称"突出部"。这个"瘤子"总长 550 公里，正面宽 200 公里，南侧一边约 80 公里，北侧超过 250 公里。

1943 年 4 月 12 日，斯大林的办公桌上出现了一份德国统帅部关于"堡垒"计划的指令性文件，这份文件来自代号为"露西"的情报人员，此人的真实姓名当时不得而知，据猜测是德军最高统帅部的一名军官。第二次世界大战结束后，苏联情报机构才搞清楚，此人名叫鲁道夫·罗斯勒，他是"红色乐队"情报网中最优秀的特工人员。在纽伦堡审判中，德军作战部长约德尔承认，有关"堡垒"行动的计划在送到他的办公桌上以前，就已传到了苏联。战后，罗斯勒继续为苏联传递他在西德收集的情报，因而被捕并被判处 1 年监禁，出狱后不久就去世了。

"堡垒"计划把德军夏季战略进攻的目标选择在中线的库尔斯克。计划规定，德军将采用"钳形"攻势，从南北两个方向朝库尔斯克进军，先包围并消灭守城苏军，再摧毁西南战线的苏军。

5 月 10 日，希特勒把最高统帅部和东线战区的指挥官们，约集在他当年起家的老巢慕尼黑，部署了这个作战计划。陆军总参谋长蔡茨勒的副官在会上说："库尔斯克为苏军中央方面军和沃罗涅日方面军的结合部，它楔入了我军战线。苏军在这几万平方公里的地方集结了几十万大军。如能钳去这块苏军，东线战场将有决定性的改观。"然而，完全出乎希特勒的预料，许多将领在会上坚决反对这次行动。古德里安试图说服希特勒放弃向库尔斯克进攻的计划，因为实现这一计划存在着许多障碍，没有充分的把握。陆军元帅莫德尔外号"希特勒的救火队员"，是一位有名的"防守天才"，他的第 9 集团军没有大规模进攻的经验，因此，他提出，先要等苏军发动攻势，然后再采取他最擅长的防御作战态势。希特勒无可奈何，只好同意推迟行动，但要莫德尔保证成功。

早在这年 3 月下旬至 4 月初，苏军副统帅朱可夫就在沃罗涅日方面军司令瓦杜丁的陪同下，遍访了中南部的战线。4 月 8 日，朱可夫向斯大林提出报告："根据当前敌人在我中央、沃罗涅日和西南方面军当面的部署情况，我认为，敌人将对这 3 个方面军实施主要进攻战役，企图消灭该方向上的我军，从而获得沿最近的道路迂回莫斯科的机动自由。敌人由于预备队数量有限，1943 年春季和夏初将不得不在较狭窄的正面上展开进攻。"朱可夫的预测，同苏军后来获得的"堡垒"计划基本一致。

4 月到 6 月，苏军为了阻滞和消耗敌人，在库尔斯克突出部构筑了 8 道防线，纵深近 300 公里。最初 6 道防线由中央方面军和沃罗涅日方面军完成，第 7 道防线由草原方面军完成，第 8 道防线顺着地势，设在顿河左岸。苏军还与当地居民一道，挖出了近 1 万公里长的战壕和行走通道，在最险要的地方设置了 700 公里长的铁丝网，铺设了 2000 公里的辅助公路和平行公路，修复并兴建了 686 座桥梁，并向库尔斯克附近输送了 30 多万卡车的物资和器械。库尔斯克等地数十万群众参与了防御工事的修筑。

战役前夕，苏德两军集结了空前强大的兵力。德军集中了 50 个师共 90 多万人，近 1 万门大炮和火箭炮，2700 多辆坦克和 2000 多架飞机。德军指挥部对"虎式"和"豹式"新型坦克、"斐迪南"攻击火炮和"福克—武尔夫 190A"歼击机和"亨舍尔 - 129"强击机寄予厚望。

德军重型"虎式"坦克装有 88 毫米长管火炮，起初被苏军战士称为"大象"。这种坦克被俘于列宁格勒，并接受了苏军的彻底检查。测验结果令人困惑——即使距离 200 米，苏军 T - 34 坦克也无法击穿这个怪兽的前装甲。苏联炮兵元帅沃罗诺夫不得不承认："我们没有火炮能够抵挡这些坦克。"

苏军由中央方面军和沃罗涅日方面军负责防御，两个方面军共 133.6 万人，近 1.9 万门大炮和火箭炮、3400 多辆坦克和自行火炮、2900 架飞机。另外，库尔斯克以东的草原方面军拥有 57.3 万人，8000 门大炮和火箭炮，近 1400 辆坦克和自行火炮，近 400 架战机。

面对德军的新型坦克，苏联恢复生产 1941 年停产的 57 毫米反坦克火炮，这种火炮能从 1 公里外击穿"虎式"坦克的前装甲。同时，为了弥补 57 毫米火炮的暂时不足，苏军在防御阵地上使用了新的战术——构筑反坦克据点，每个据点都集中了至少 20 门反坦克火炮和几十条反坦克步枪，它们可以向任何方向射击。

三大战略行动

根据苏方观点，库尔斯克会战由苏军发动的三次大规模战略行动组成：库尔斯克防御战、奥廖尔进攻战和别尔哥罗德—哈尔科夫进攻战。

时至6月底7月初，希特勒的拖延使苏军的备战变成了一种折磨。瓦杜丁建议主动发起攻击，并且指出："敌人再不开火的话，秋季就要来临，我们所有的计划都会落空。"但是，他的建议未被采纳。

6月19日，德国第23装甲师作战指挥处处长赖歇尔总参谋部少校乘坐的侦察机，在苏联防线后方遭到袭击，被迫降落，他随身携带的有关夏季攻势第一作战阶段的命令和地图，以及一张精确描绘的苏军阵地图，通通落入苏军之手。形势马上变得紧张起来。苏军被迫紧急改变驻防，并进一步检查各种伪装是否全面彻底。接着，苏联最高统帅部再次发出德军即将进攻的警报。情报员接到一个命令，要不惜一切代价活捉一名德军俘虏。一次夜战中，苏军抓到了一个德军工兵，并将他带回营地审讯。苏军由此得知，德军计划于7月5日拂晓在库尔斯克方向发动进攻。俘虏所说的时间已经迫在眉睫！苏军决定先发制人。

1943年7月5日凌晨2时，暴风雨般的排炮打破了黑夜的沉寂，也打乱了德军的部署。此刻，千万发炮弹雨点般落在德军阵地上，德军的炮兵阵地、观察所、部队集结区、弹药和油料存放处，尽被烈火和浓烟吞没。睡梦中的德军猛然惊醒，四处逃窜。不过，库尔斯克突出部正北方的德军指挥官很快就清醒过来，向奥利霍瓦特卡发起反攻。双方所有最先进的武器都投入到这场战斗中。德军装甲车以"V"形编队前进，由"虎式"打头形成突破口，紧跟其后的中型和轻型坦克再尽全力扩大缺口。德军地面部队在空军的配合下，用了17个小时才突破苏军第一道防线。德军的战斗记录写道："敌军轰炸了所有可能用作进城道路的峡谷，继续为'虎式'坦克修建桥梁已不可能。"

为阻止德军坦克，瓦杜丁启用了苏军坦克预备队。到了7月10日，德军丧失了进攻能力，在损失了近2/3的坦克后，不得不转攻为守。

与此同时，德军在正南方向奥博扬和科罗恰发动的猛攻，同样未能成功。于是，德军转攻普罗夫卡，在付出沉重代价后，仅仅向前推进了35公里。苏联军队由于战略补给充足，迅速向楔入的敌军发起反攻。

战斗中，苏军T-34/76坦克在距离"虎式"坦克三四百米内才能射穿相对较薄的侧翼装甲，而德军"虎式"和"豹式"坦克甚至可以从两公里外击穿 T-34/76 坦克的前装甲。根据斯大林的要求，卡图科夫提出了一个方案——让坦克就地埋伏，伺机进行精确射击。斯大林沉默了一会儿，终于松口："好吧，你不要进行反击了。"这个战术转变很快见效，德军的进攻渐渐瓦解。

第二次世界大战最大的坦克战

7月12日，第二次世界大战中最大规模的坦克交锋在普罗霍罗夫卡地区展开，双方各投入近600辆坦克和自行火炮，在15公里见方的战场上拼命厮杀。这一地带地形倾斜，密布灌木和果木林，还有许多雨水冲刷的小沟。德军以"虎式"坦克打前阵，而以Y-3和T-4车辆殿后。"虎式"坦克在实战中也暴露了它的严重缺陷——车速较慢。混战中，苏军T-34坦克发挥快速优势，贴到近前，或从侧面攻击，使德军新式武器的优势受到遏制。苏军坦克护卫兵还往往冲到"虎式"坦克车旁，用燃烧瓶将它点着。战场上堆满了燃烧的坦克残骸和战死者的尸体。

苏军将领罗特米斯特罗夫后来回忆说："这是整个第二次世界大战期间最大的一次坦克遭遇战。当时我指挥的近卫军第5坦克集团军与配属的两个坦克兵团一同击溃了入侵库尔斯克的法西斯大规模坦克集群。希特勒分子损失了350辆坦克和自行火炮。……说实话，我们的伤亡并不比敌人小。……斯大林知道我们的伤亡后，大发雷霆。"据说，斯大林责问罗特米斯特罗夫："你到底是怎么回事，啊？一天就全军覆没，你干什么吃的？"党卫队"骷髅"师团长别克也回忆当时的情景说："我看见苏军坦克出现，就知道苏军动用了预备队。同时我也意识到，我们已在库尔斯克战役中失利了。"

随后，苏军西方方面军和布良斯克方面军根据"库图佐夫"计划，开始在奥廖尔发动进攻。两个方面军只用两天时间就攻破了敌人的战术防御地带，转入全线进攻。7月15日，中央方面军也发起进攻。

德军在奥廖尔附近集结了37个师，主防御地带纵深5~7公里。他们把大片居民区变成了强大的据点，尤其是在奥廖尔、博尔霍夫、姆岑斯克和卡拉切夫等市布下了防御圈。苏军突破敌人纵深防御，绕过火力点，向前推进了近20公里，于8月5日解放了别尔哥罗德。当天晚上，莫斯科124门礼炮12次鸣响，向解放俄罗斯古城奥廖尔和别尔哥罗德的军队致敬。据说，这是斯大林的主意。后来，每一次收复庆典，都要按照被解放城市的规模和重要性，确定礼炮鸣放次数。

8月11日，苏军向哈尔科夫推进。反击第四天，卡图科夫的坦克突入波哥达霍夫镇，接近波尔塔瓦—哈尔科夫铁路支线。德军企图不顾一切地守住哈尔科夫。苏军坦克集团军在科涅夫的指挥下包围了哈尔科夫，迫使德军撤离。8月23日中午，哈尔科夫解放。夜晚，莫斯科照例鸣放礼炮。

游击队在库尔斯克会战中发挥了重要作用。他们在敌后发动袭击，牵制了近10万敌军。他们向敌人的运输线发动了1460次袭击，1000多节德军车厢出轨，400多列军列被炸毁。

"堡垒"计划是德军在东线的最后一次大规模进攻。德军在库尔斯克会战中遭到了沉重打击：包括7个坦克师在内的50个师被摧毁，死亡人数超过50万，损失了1500辆坦克、3000门大炮和3500多架飞机。苏军也付出了惨重的代价，共阵亡86万多人，损失6000多辆坦克和自动火炮，5000多门大炮和火箭炮、1600多架飞机。

苏军通过库尔斯克大会战，改变了前线的军力对比，将战略主动权牢牢地掌握在自己手里，为发动全线战略进攻创造了良好条件。库尔斯克大捷以及苏军逼近第聂伯河，被视为第二次世界大战的根本转折点。正如斯大林所说："如果说斯大林格勒附近的会战，预告了希特勒法西斯军队的覆灭，那么，库尔斯克附近的会战，就使得它已经处在覆灭的边缘。"

苏军大反攻

1943年8月库尔斯克战役结束后，苏德战场的力量对比发生了很大变化。苏军兵力扩充到了630多万人，士兵的作战能力也普遍提高。德军及其仆从国军队缩减到490万人，士气低落。这年年底，苏军坦克、大炮的数量超过德军70%，飞机数量超过德军170%。苏军还拥有大量装甲部队和机械化部队。

苏联最高统帅部在苏军取得战略主动权后，决定抓住时机，发动全面反攻，收复大片国土。10月20日，苏联根据新的战略需要，重新调整和命名了"方面军"：第1~4乌克兰方面军，第1~3白俄罗斯方面军，第1、第2波罗的海方面军和沃尔霍夫方面军。

1944年年初，苏军与德军之间的战线，大体上从拉多加湖南岸，经斯摩棱斯克，南下沿第聂伯河为界。该线以西的列宁格勒州、白俄罗斯、第聂伯河西岸的乌克兰和克里米亚等广大区域，仍在德军占领之下。驱逐敌寇出境，解放敌占区的全部国土，是苏军这一年的主要作战任务。为此，苏军对德军发动了10次打击。

第一次打击，1~2月，苏军把打击地点选在苏德战场的北翼。虽然苏军在1943年打破了德军对列宁格勒的封锁，但还没有完全解除德军对列宁格勒的威胁。希特勒曾命令北方集团军群不惜一切代价坚守列宁格勒外围地区，以保障德国舰队在波罗的海的行动自由。1月14日，苏军对德国北方集团军群发起强大攻势。1月18日，苏军占领沃尔霍夫，卢加地段的德军随即撤退。1月22日，希特勒免除屈希勒尔的集团军群司令职务，由莫德尔大将接任。2月18日，苏联第2波罗的海方面军的部队占领旧鲁萨。苏军通过这次打击，歼灭敌军9万人，俘虏7200人，彻底解放了列宁格勒市和列宁格勒州，并为今后解放波罗的海沿岸3个加盟共和国创造了条件。

第二次打击，1~3月，苏军在南部战场上击溃德军66个师，解放

了第聂伯河西岸的乌克兰全部地区，进抵苏联国境线，占据了通往罗马尼亚和巴尔干的有利阵地。1月4日，乌克兰第1方面军在向西推进过程中，第一次在萨尔内附近（沃伦）越过1939年9月1日的波苏边界，第二天，伦敦的波兰流亡政府在给各同盟国的一份照会中，要求苏联尊重波兰领土的权利和利益。1月11日，苏联政府发表声明，主张在寇松线基础上重建一个"强大和独立的"波兰，"将很久以前属于波兰……被德国劫掠的波兰领土归还波兰"。

第三次打击，3~4月，苏军歼敌3.7万人，完全解放了南方重要港口城市敖德萨及其附近地区；4~5月，苏军歼敌11万人，完全解放了克里米亚半岛，并使黑海舰队获得了黑海的行动自由。4月12日，希特勒命令，"塞瓦斯托波尔必须长时间坚守"。5月7日，苏联第2近卫集团军取得突破，越过萨蓬山突入塞瓦斯托波尔市中心，5月9日占领全市。

第四次打击，6月9日，苏联列宁格勒方面军对卡累利阿地峡的芬兰第4军发起进攻，芬军被迫后撤。6月29日，在苏联第7集团军占领彼得罗扎沃茨克，以及芬兰军队由阿乌努斯地域和奥涅加湖撤至1940年苏芬划分的国界线以后，苏芬战线趋于稳定。9月4日，芬兰军队全线停火。

第五次打击，6~7月，即"巴格拉基昂行动"，也就是著名的白俄罗斯战役。6月22日，苏军对德国中央集团军群发动夏季攻势，西进500~600公里，歼敌54万人，解放了白俄罗斯全部领土和立陶宛的部分领土，并在波兰军队的配合下解放了波兰东部，逼近了东普鲁士和华沙，从而开辟了通往柏林的战略通道。德军虽然企图固守，并为此配置了120万人、1400架飞机、1000辆坦克和近1万门火炮、迫击炮，但难以抵挡苏军的250万兵力、6000辆坦克和5000架飞机的猛烈攻势。7月25日，苏联政府发表了由被击溃的德国中央集团军群的16名将军起草的号召书，敦促德军官兵放弃战斗。8月8日，希特勒命令帝国军事法庭对中央集团军群的约20名将军的军事叛变罪提出控告，但是，该案最后不了了之。

第六次打击，7~8月，苏军歼敌17万人，粉碎了德国"北乌克兰"集团军群，占领了以利沃夫为中心的西乌克兰，继而渡过维斯瓦河，占领了波兰的散多梅希以西的地段，并攻入捷克斯洛伐克境内。

第七次打击，8~9月，苏军乌克兰第2、第3方面军在黑海舰队的配合下，进行了雅西－基什尼奥夫战役，歼灭了拥有80万兵力的德军南乌克兰集团军群，向前推进 800～1000 公里，解放了摩尔达维亚加盟共和国。3 月 17 日，乌克兰第 2 方面军渡过普罗特河，逼近罗马尼亚旧边界。4 月 2 日，苏联政府发表声明称，它无意"侵占罗马尼亚一寸领土或改变罗马尼亚现存的社会制度"。4 月 10 日，苏军渡过谢列特河，在喀尔巴阡山前停止进攻。8 月 27 日，乌克兰第 2 方面军占领罗马尼亚的福克沙尼，并由此向罗马尼亚中部推进。9 月 5 日，乌克兰第 3 方面军进入保加利亚。罗马尼亚和保加利亚被迫退出法西斯阵营，并调转枪口对德宣战。苏军打开了通向德国在欧洲的最后一个盟国匈牙利的通道，也为进军南斯拉夫创造了条件。

第八次打击，9～10 月，苏军在波罗的海沿岸地区发动攻势，解放了爱沙尼亚全部领土和拉脱维亚大部分领土，将 30 多个德国师围困在库尔兰（拉脱维亚西部的沿海地区）。

第九次打击，10～12 月，苏军以匈牙利为主战场，至年底包围了布达佩斯（围歼布达佩斯德军的战役持续到 1945 年 2 月 13 日）；10 月中旬，苏军分别进入捷克斯洛伐克和南斯拉夫。

第十次打击，10 月，苏军把德军从芬兰北部逐往挪威北部。

苏军通过十次打击，不仅全部收复了苏联领土，而且还攻入东欧各国，进逼德国本土。德国法西斯联盟彻底瓦解，希特勒失去了赖以维持战争的宝贵资源。在这一年中，苏军共歼灭德军 136 个师、200 多万人，取得了苏德战场上的决定性胜利。

到了 1945 年，按照斯大林在《论苏联伟大卫国战争》中的说法，苏军在欧洲还有最后一个使命，"就是同我们盟国的军队一起完成粉碎德国法西斯军队的事业，把法西斯野兽打死在它自己的洞里，在柏林城上升起胜利的旗帜"。具体说来，就是消灭波兰、捷克斯洛伐克、匈牙利境内的德国军队，并在美英军队的协同配合下，两面夹击，在德国领土上粉碎敌人，迫使德国法西斯政权无条件投降。为此，苏军在东线开展了匈牙利战役、维斯瓦河-奥得河战役、东普鲁士战役和东波美拉尼亚战役。

东普鲁士是德国军国主义的摇篮。盘踞在东普鲁士和波兰北部的德军共有 58 万官兵和 20 万人民冲锋队员，8200 门大炮和迫击炮，约 700 辆坦克和强击火炮，515 架飞机。敌军的弹药、粮食、工程器材和服装储备也很充足。苏军在这次战役中，通过东普鲁士、西里西亚和喀尔巴阡等攻坚战，消灭德军 69 个师和 10 个旅，解放了德国东部、波兰全境和捷克斯洛伐克的一部分。战役结束后，苏军攻占的下一个目标，就是希特勒妄图死守的最重要的据点——德国首都柏林。

卫国战争中的游击队

苏德战争爆发后，即 1941 年 6 月底，苏共中央发出指示，号召人民在敌占区建立游击队，展开敌后斗争。斯大林在 7 月 3 日的广播演说中具体指出："在敌占区，为了同敌人斗争，为了遍地燃起游击战争的烽火，为了炸毁桥梁、道路，破坏电话和电报联络，焚毁森林、仓库和辎重，我们必须建立骑兵和步兵游击队，建立破坏小组。"7 月 10 日，苏联在莫斯科组建了"游击运动总司令部"。接着，苏共中央又在《关于在德军后方展开斗争的特别决定》中，要求在苏军即将撤出的地区预先建立地下党、团组织，负责领导游击队的活动。从此，在德军占领区，苏联的农民、工人、青年和与部队失去联系的苏军官兵纷纷参加了游击队，同侵略者展开了你死我活的斗争。

1942 年 5 月 30 日，游击队中央司令部宣告成立，伏罗希洛夫元帅曾一度担任总司令。同年 6 月，乌克兰、白俄罗斯、奥廖尔、布良斯克地区的游击队司令员聚集到莫斯科开会，斯大林、伏罗希洛夫、莫洛托夫等出席了会议。会议总结了前一阶段游击战争的经验，确定了今后的作战任务：为了配合即将到来的苏军大反攻，游击队应在第聂伯河西岸地区积极展开活动，协助敌占区人民做好武装起义的准备。

苏联的第一支游击队成立于战争爆发当天，即 1941 年 6 月 22 日。6 月 28 日，这支游击队首次投入战斗，向德军打响了第一枪。当年的游击队战士、退役少将爱德华·诺德曼曾讲述这样一段历史：

第一支游击队的建立与 20 世纪传奇游击队长瓦西里·扎哈罗维奇·科尔日密不可分。上世纪 20 年代，他在白俄罗斯西部打游击，30 年代他在当地的内务人民委员部机关工作，主管游击队事务。战争爆发当天上午，他向平斯克州委第一书记阿夫克先季·明琴科请战，建议组建一支游击队。后者的回答还是战前宣传的那一套："不要慌，红军会在布格河一带发起反击，攻入敌方境内，我们将在境外作战。"然而到了傍晚，对战事的评估发生了180度的大转弯。第一支游击队因此而诞生，由志愿人员组成。

6月28日，德军占领明斯克，平斯克州成了敌人的后方。那天早上，队伍集合出发。我们在公路上布下埋伏。前面出现一队德国轻型坦克，待第一辆坦克开到近前，指挥员将一捆手榴弹投了出去，队员们随即开火，后面的坦克掉头就跑。第一辆坦克被我们打得动弹不得，我们俘虏了里面的德军士兵，缴获了他们的武器。审讯时，领头的德军上尉怎么也不相信，打掉他的坦克的居然是一队民兵。他叫嚷着："这不合规则。我不会向平民百姓投降。带我去见你们的军队指挥官。"

1942年1月，我们在明斯克州、平斯克州和波列斯克州的交界处建立了游击区。该游击区迅速扩大，不久，其面积便达到了欧洲中等国家的规模。我们在游击区里建立了许多卫戍指挥部。集体农庄在游击队的保护下从事生产，孩子们在游击队的保护下上学读书。一切都井然有序。

德军将我们称作散兵游勇或是土匪，这在很大程度上是因为我们所采取的战术。我们的确不按军事规则作战，我们的行动有时看上去似乎不那么光明正大。可这是特殊条件下的战斗，我们的游击队员大多是平民百姓，他们常常是举着斧头叉子同装备精良的德国正规军作战。我们不可能按规则行事，我们必须搞些"阴谋诡计"。

英国作家司各特曾写道，要想包围游击队员，那真好比竹篮打水。军队指挥官只从地图上找大路，而游击队员们只钻小道，眨眼功夫便无影无踪。拿破仑、希特勒虽有百万大军，却对付不了游击队，道理就在这里。

1941年，全国2000多支游击队，9万多人开展了游击活动。1942年，游击队发展到35万人，连同后勤、警卫、侦察人员共近50万人。游击队在战争的头两年消灭了约30万敌人。1943年，苏联游击队频繁出击，共炸毁敌人1.1万列火车，破坏6000台机车和4万节车厢，击毁2.2万辆汽车。整个战争期间，共有6200个游击队和地下小组在敌后活动，参加人数超过100万。

游击队的功绩并不在于给敌人造成重大损失，更重要的是它牵制了敌人的大量正规部队。据德军总参谋部公布的资料，截至1943年10月1日，德军用来对付游击队和保卫军事设施的兵力约为52个师。可以与之对比的是：欧洲第二战场开辟后，希特勒调往西线对付盟军的兵力总共不超过50个师。

1943年，为了配合正面战场上的苏军进行库尔斯克会战，有5个州的167支游击队共10余万人，共同实施了代号为"铁道战"的游击战战役。游击队破坏德军的铁路和后勤供给，阻止敌人预备队的机动，对苏军取得会战胜利起了重要作用。在著名的白俄罗斯战役（第五次打击）前夕，为了防止德军逃跑，游击队在两昼夜间拆除和破坏了3.6万节铁轨，加速了德国中央集团军的溃败。

　　朱可夫曾说，战争期间，"德军不得不在自己的后方开辟第二战场，投入大量军队来对付游击队，这对苏德战场的总体态势以及整个战争的结局产生了重大影响"。德国作家蒂佩尔斯基也在《世界大战》一书中引用德国军官的话说："同游击队斗争是一件非常困难的事情，因为他们的队伍熟悉地形，得到当地大多数居民的支援，很快就掌握了有关准备攻击他们的情报，因而经常逃避了打击。所以，为了同游击队进行这种所谓'被动的斗争'，即为了保护铁路和最重要的交通线，以及同他们进行经常的激烈的战斗，德国人不得不调出大量的军队。"

女英雄卓娅

叶云梅

在第二次世界大战的腥风血雨中，苏联涌现出了许许多多英雄，他们的名字像璀璨的星星一样在天空闪烁，卓娅就是其中一颗。

战前，卓娅是一个中学尚未毕业的学生。战争开始，她和同伴们一起到工厂做军帽、手套、背囊。当敌人逼近莫斯科时，她走在大街上，突然看见墙上贴着一幅招贴画，画上那位战士仿佛在问她："你用什么帮助前方？"卓娅再也不能留在后方了，她决定到前线去，到敌人的后方去！她妈妈担心18岁的女孩不谙人世，难以适应残酷的环境，可她安慰并说服了妈妈，加入了一支游击队。

有一次，卓娅所在的小组潜入德国人占领的森林，他们白天睡在雪地上烤火取暖，晚上就出去执行任务。队员们仅带了5天的干粮，可他们却分用了两个星期。返回根据地时，卓娅又主动请缨，偷偷藏入彼得里斜沃村。她放火烧了德国人抢占的一家农户的马厩。过了一天，她又发现村子的另一个马厩里，拴着200多匹德军战马。她悄悄钻进马厩，从背囊里取出瓶子，把汽油洒在目的物上。当她猫腰划火柴时，一个德国卫兵从后面抓住了她。卓娅猛地拔出手枪，可是，还没有等她扣动扳机，枪就被德国鬼子打落在地。她被捕了。

德寇197师332步兵团团长留得列尔中校亲自审讯卓娅。

"你是谁？"中校问。

"我不告诉你。"

"是你放火烧了马厩吗？"

"是我。"

"你为什么要烧马厩？"

"我要消灭你们！"

此后，不管德国人怎样烤问，卓娅的回答都是："没有！""不知

道！""不告诉你！"

4个德寇壮汉解下皮带抽打卓娅，打了200下，可卓娅不哼一声，仍然回答："不知道！"曾被苏军俘虏的德国士兵卡尔·鲍尔连当时在场，他在供词里写道："你们人民的女英雄始终是坚毅的。她不懂什么是背叛。……她冻得全身发青，伤口流血，可她什么也没说。"

后来，德寇要把卓娅带到瓦西里·库里克的农舍里。路上，卫兵押着她，剥去了她的衣裳，让她赤着脚在雪地上行走。当她被带进库里克家的时候，她的额头上有一大块紫黑色的伤痕，她的胳膊上、腿上也全是伤痕。她喘着粗气，头发蓬乱，受刑时为了忍受痛苦而被咬破的嘴唇也肿起来了。

卓娅在凳子上坐下后，要求喝水。当瓦西里·库里克走近水桶时，一个卫兵抢先一步拿起桌上的煤油灯，放在卓娅的嘴边，想给她灌煤油。在库里克的哀求下，卫兵才允许卓娅喝水。她贪婪地喝了两杯。

屋里的一群德国兵包围了姑娘，肆意取笑她，疯狂地用拳头打她，还用燃烧的火柴烧她的下巴。这些畜牲取笑够了，就去睡觉。此时，看守她的卫兵又命令她走出室外，用刺刀逼着她在雪地上来来回回地行走，直到他自己也冻得挺不住了，才把她押回屋里。就这样，从晚上10点到次日凌晨两点，这个卫兵每隔一小时就押着卓娅到外面冻15~20分钟。遍体鳞伤、极度虚弱的卓娅只穿了一件衬衫，她赤着脚艰难地在冰冷的雪地上走着，挣扎着。换岗了，新来的卫兵准许卓娅躺在凳子上。她一动不动地躺到第二天早上。她双脚已经冻坏，疼得她撕心裂肺，可是她没有呻吟。

清晨，德国兵开始装置绞刑架。库里克的妻子开始和卓娅谈话：
"是你前天烧了马厩吗？"
"是我。德寇被烧死了吗？"
"没有。"
"真可惜。焚烧了什么呀？"
"他们的马被烧死了。听说，兵器也烧毁了……"
上午10时来了一群军官，其中一个问卓娅："告诉我，你是谁？"
卓娅没有回答。
"告诉我：斯大林在什么地方？"
"斯大林在自己的岗位上。"
德国兵拿来卓娅的衣物：短袄、裤子、袜子。背囊里放着火柴和盐。

女英雄卓娅 | 193

她的帽子、皮上衣、毛绒上衣和皮靴被士兵们抢去了。手套落在军官厨房的红发厨子手里。他们给卓娅穿上衣裳，房主人帮卓娅往发黑的腿上套上袜子。卓娅的胸前被挂上她的汽油瓶和写着"纵火犯"的木牌。士兵把她押到立着绞刑架的广场上。

刑场上，十几个骑兵手提大刀。100多步兵和几个军官把她团团围住。当地居民被赶到广场上观看行刑。卓娅站在绞架下叠放着的两只木箱上。绞索套上了她的脖子。一个军官拿着照相机朝着绞刑架对光。警卫司令向刽子手打了一个手势，示意他再等一会儿。卓娅利用这个机会，向在场的同胞大声喊道：

"唉，同志们！你们为什么满脸愁容呀？你们要鼓足勇气，打击法西斯，烧死他们，毒死他们！"

旁边的德国人挥动着手，不知所措：打她还是堵上她的嘴？卓娅挡开了德国兵的手，继续说道：

"我不怕死，同志们！为自己的人民而死，这是幸福啊！"

摄影师从远处和近处对着绞刑架拍照。当他走向卓娅的侧面时，刽子手等不及了，急躁地望着警卫司令，于是，警卫司令对摄影师喊了一声：

"快！快！"

这时，卓娅转过身来，对警卫司令和德国兵们大声喊道：

"你们现在绞死我，可是我不是一个人。我们有两亿人，你们不能把我们全都绞死。有人会替我报仇的。士兵们！趁着还不晚，快投降吧！胜利迟早是我们的！"

刽子手扯紧了绳索，绳套勒紧了卓娅的喉咙。卓娅用双手挣松绳套，用尽全力喊道：

"永别了，同志们！奋斗吧，不要怕。斯大林和我们在一起！斯大林一定会来！……"

刽子手用他钉着铁掌的皮靴把卓娅脚下的木箱踢到了雪地上。人群闪开了。有人惊绝地吼叫了一声，马上又沉寂了。整个森林仿佛布满了血腥的空气。这位莫斯科女英雄就这样被法西斯杀害了。时间是1941年11月。

女英雄的遗骸被运回了莫斯科，安葬在诺伏捷维奇公墓。在英雄坟前那黑色的大理石纪念碑上，镌刻着女英雄生前的座右铭，那便是尼古拉·奥斯特洛夫斯基的名言："人生最宝贵的是生命。这生命，人只能得到一次。人的一生应当这样度过：当他回首往事时，不致因自己虚度年

华而痛苦，悔恨；也不致因碌碌无为而后悔。临死的时候能够说：我的整个生命和精力，都已经献给世界上最壮丽的事业——为人类的解放而斗争。"

黄金的故事[1]

[苏] 鲍·波列伏依

在莫斯科附近被击溃的希特勒军队残部，继续向西后撤。今天，当我们走进作战部的时候，我们看到了3个方面军展开进攻的全图……只是现在，在进攻的过程中，才弄清了游击队活动的真正规模。大部分领土控制在游击队的手里。例如，昆亚村及整个昆亚区，早在红军到来前15天就被游击队员解放了。当红军的先头部队走进村的时候，房顶上早就挂起了红旗。区委、区执委已开始工作。邮局、电报所、电话局都已开始营业。电影院里已开始上映老影片了。

到特维尔的这些游击区去走一走，到这些勇敢的森林中的战士们那里待一待，这该多有意思啊，说不定那里还有熟人呢……可是，我们方面军的各部队正在继续进军，需要报道新闻，而且编辑部也不准我离开这个方面军。于是不得不满足于用第三手材料写消息。尼古拉耶夫少校同特维尔的地下组织和游击队保持联系。我从他那里听到了一些有趣的新闻。他讲了一个令人悲痛的消息：留下来做地下工作的年轻的游击队员伊丽莎白·伊万诺夫娜·蔡金娜在平诺村牺牲了。

我认识丽莎，甚至在侵略军占领这个林区几天前还见到过她。她在那里做团的工作。后来她就被留下担任该区地下团委书记。她把青年组织起来，成立了游击队，但她自己在那个区里是尽人皆知的人物，而且从性格上讲又过于直率，不适宜作地下工作和保密工作。因此大家不想把她留下。但她执意要求。她工作积极。她把游击队的战斗同鼓动工作结合在一起。十月革命节前，她也不化装，由这个村子走到那个村子，举行庆祝十月革命24周年纪念会。她一共召开了十四五次那样的座谈

---

[1] 摘自 [苏] 鲍·波列伏依《粉碎"台风"计划》，徐耀魁、姜励群、赵瑞联、赵瑞平译，新华出版社1983年版。

会。她不休息，也不防备。在一个村子过夜的时候，当地的一个警察告发了她。她被德国的随军宪兵抓住了，遭到了拷打。丽莎牺牲了，但没有供出一个人。枪毙前，让她站在一个板棚旁。当刽子手走到她面前蒙她眼睛的时候，她向那个人的脸上啐了一口唾沫，然后就唱起了《国际歌》……

丽莎·蔡金娜！她依然站在我的身旁，就像我最后一次见到她时那个样子。敌机在轰炸平诺村，使这个村子的学校着了火。她领着一批共青团员灭火。她满脸汗水，情绪激昂，湿漉漉的短发散落到额头上。她用力地、不止一次地甩着头。在我的记忆中，她的个子不高，但很结实。她长着四方大脸，但脸上的线条有点儿粗糙，跟男人的差不多。

她的尸体被敌人扔到广场上，以杀一儆百。但是，游击队把她抬走了，并按照军队仪式举行了葬礼。

"应该为这样的人建立纪念碑。"尼古拉耶夫少校说。从这位在战场上饱经风霜、老于世故的人的声音里，可以感到他的心情是多么激动不安。

"怎样才能到平诺村呢？需要多少时间？"

"坐汽车去比较难，那里的雪太多……"

"坐飞机行吗？"

"你今天没看温度表吗？……将近零下40度。飞行员当然可以起飞，不过那只是在极其紧迫的战斗情况下。飞行队长未必会为了一个记者而冒险损失一架飞机。"

我的老朋友发现，我听了他讲述的这一消息后感到十分悲伤，他就安慰我说：

"好了，不要难过，现在我给你讲另一件事，那是你们这帮记者从未听过的。"

他确实给我讲述了一个惊人的故事。

昨天，营部滑雪卫队在行军途中，在林吕峡谷的一个斜坡上，碰到3个游击队员：一个年轻的铁路工人，一个十八九岁的姑娘，从职业上讲是个打字员；另一个小青年是工厂学校的学生。他们已失去知觉，几乎被大雪埋住。警卫员若不是听到一阵枪声的话，也就不会发现他们。滑雪队员们以为是敌人设下的埋伏，便小心翼翼地向峡谷滑去，结果发现了3个冻得半死的游击队员。姑娘身旁有一只德国造的手枪。原来，她是向狼群射击的，在附近的雪地上有许多狼的脚印。当这个姑娘恢复了知觉后，她问的第一句话是：附近有国家银行的分行吗？

黄金的故事 | 197

原来是这么一回事：她和两个同伴是从国境线附近来的，他们带着里加银行银库里的全部金银财宝，通过德国人的大后方走了好几个月。那个姑娘叫玛丽娅·梅德维杰娃。实际上，那笔财宝是她带出来的。起初她是和一个老出纳员一起走的（正是他接收了这笔财产），后来老出纳员在途中死了。这之后有一个集体农庄的女庄员帮助她，最后就是这两个年轻的铁路游击队队员帮助她了。

这些财宝是怎样送到已经疏散到后方的银行去的，尼古拉耶夫少校还不知道。但是，事实毕竟是事实。这是一桩多么令人惊异的事件啊！……我若能了解其详情细节该有多好啊！叶甫诺维奇倒好办，他当场就为苏联新闻局写了一条简短的消息，而我光写消息是不够的。这件事怎么能够不给以报道呢！我们只要想一想，他们背着属于国家的财宝，每一分钟都有生命危险。一个人牺牲了，另一个人补上来。而最重要的是，他们达到了目的地，把那些财宝交给了合法的政权机构。

自古以来，在世界文坛上不知有多少作家写到黄金的致命威力！弟兄相残，父子相杀；青年女子向老朽出卖青春，温文尔雅的青年堕落成下流坯和杀人犯；朋友间相互出卖。凶杀、背叛、出卖良心、血、血……而这几个普普通通的人得到了一次想象不到的发大财的机会，要知道，他们处在法西斯匪徒当家作主的地方，那里的苏维埃政权已经瘫痪……在那个世界里，金钱是衡量一切的标尺，什么良心啊，什么名誉啊，什么情操啊，都以金钱为尺码……

可是，处在那个世界的几个苏维埃人却奔向东方，以便把属于国家的财富，属于人民的财富交还给国家，交还给人民。尼古拉耶夫少校说得对，大概，任何一个记者都没有报道过这样的事件……

我未能走到游击队员交送黄金的地方。不过，即使我去了，我也见不到他们了，因为他们3个人全部被飞机送往后方医院去了。3个人全都活着，只不过被冻得受了重伤，据说，伤势正在好转。我只是读到了他们写在笔记本上的一封信。这个笔记本是在他们失去知觉之前的最后一分钟钉在树干上的。他们已经走不动了，但他们知道，红军越来越近了。这封信就是他们写给红军的。

这封信在送往莫斯科之前，我，叶甫诺维奇和维索科奥斯特洛夫斯基先看了它，其内容如下：

捡到这个笔记本的同志！我们，3个苏维埃人，向你致意……当你捡到这个笔记本的时候，我们可能已离开人世……同志，我们请求你把

藏在我们背后树根底下的装着属于国家的财宝的口袋拿走，把它送往附近的党组织……我们已尽力做了我们所能做的一切，但未能完成任务。因为我们生了病，体力不支。请代我们向英勇的红军，向列宁主义共青团和布尔什维克党致以最后的一次敬礼。

胜利进军

阿拉曼之战

截至1939年12月31日，英国在北非的远征军共有16万人，其中空军9392人。在此之前，英国运往北非的飞机有23894架，其中空军飞机2470架；另有弹药3.6万吨，燃料2.5万吨，给养和装备6万吨。

1940年6月10日，英法穷于应付德军的疯狂进攻，意大利法西斯头子墨索里尼趁火打劫，向这两国宣战，妄图占领他们在非洲的殖民地，实现其建立"新罗马帝国"的梦想。8月20日，意军吞并英属索马里，打通了苏丹至埃及的交通线。随后，意军6500人在24辆坦克和装甲车的支援下，攻占了苏丹的卡萨拉镇和加拉巴特镇，并从南部和西部向埃及快速挺进。墨索里尼深信，意军将很快摧毁驻守埃及的英军，到那时，意大利就会成为非洲的头号势力。

墨索里尼派58岁的意大利陆军元帅格拉齐亚尼指挥北非意军，格拉齐亚尼在镇压非洲人民的反抗方面立过大功，外号"屠夫"，对敌人毫不手软。9月13日，他以6个师的兵力从利比亚向埃及发动进攻，随着阵阵军号声的奏响，身穿黑色衬衫、装备短刀和手榴弹的黑衫军威风凛凛地走在队伍前面，后边缓缓跟来的却是运送大理石里程碑的卡车队伍。这些里程碑是墨索里尼用来炫耀他的"胜利进程"的。英军经过象征性抵抗后迅速撤退，意军趁势攻占了塞卢姆。

通过4天行军，意军顺着边境地带前进了105公里，占领了小镇西迪巴拉尼。西迪巴拉尼除了清真寺和警察局外，全都是些低矮的泥舍。然而，罗马电台却对此"胜利"大肆吹嘘说："由于意大利工兵的精湛技术，电车已开始行驶在西迪巴拉尼的街上。"这次进攻，意军伤亡530人，英军只伤亡50人。

意大利人民并不知道，当时驻守埃及的英军不足4个师，由于寡不敌众，他们主动放弃了西迪巴拉尼，退守埃及境内80英里处的马特鲁。马特鲁是连接埃及亚历山大港的一条铁路线的终点站，英军靠近补给基地，可以伺机发动反攻。相反，意军由于补给困难，被迫停止了推进。到了10月，战况发生了巨大变化——英军的增援部队不断到来，从根本上改变了双方的力量对比。

在12月7日的一个风沙之夜，英军在奥康诺中将的指挥下，以一支3万人的摩托化部队向意军发动突然反击，进展神速。9日，驻守尼贝瓦据点的意军正在煮咖啡、烤面包，准备早餐，英军的坦克和装甲车就冲进了兵营四周的围墙。上午9时，英军俘虏意军2000多人，打死打伤200多人。10日，面对惨败，格拉齐亚尼为了保存实力，从西迪巴拉尼向西撤退。当意军撤到布克镇东侧时，又进入了英军的包围圈。12月12日，已有3.9万意军成了俘虏，大大超过了英军原来的估计。

1941年2月，英军攻占班加西，进军阿盖拉。在两个月的战斗中，英军长驱500英里，俘敌13万，缴获坦克400辆，大炮1000多门。

这时的墨索里尼别无选择，只好求助于希特勒。希特勒原本不想帮助意军，但是，鉴于非洲的战略地位十分重要，他在墨索里尼忸忸怩怩地提出要求后，慷慨地向墨索里尼表示，他不会让意大利人失去北非。接着，墨索里尼解除了格拉齐亚尼的职务，改派加里博第上将担任北非意军总司令。

"沙漠之狐"隆美尔

1941年2月6日，希特勒在总理府召见了他宠信的装甲师将领欧文·隆美尔将军。希特勒直截了当地问隆美尔："你对北非战局有什么看法？"隆美尔回答："意军在北非快要撑不住了，失去北非，就意味着失去地中海，这对我们无疑具有重大影响。北非很重要，但我们的意大利盟友把事情弄得一团糟，我们不能袖手旁观。"希特勒于是又说："是的。我准备让你担任非洲远征军的司令员。第5装甲师归你指挥，如有必要，再给你派一个装甲师。那里还有很多意大利师。"隆美尔激动地说："多谢元首的信任，我一定尽力，决不辜负元首的期望。我会尽快出发的。"

隆美尔用两个装甲师和北非驻军组成了"非洲军团"。2月12日，他赶到利比亚赴任。两天后，非洲军团的先头部队自德国乘一艘运兵船驶抵北非的意大利殖民地——的黎波里港。2月15日，隆美尔被正式任命为驻北非德军总司令。他踌躇满志，夸下海口说："我的目标是开罗和苏伊士运河。"

3月31日，隆美尔率领德意4个师的兵力，对阿格拉地区发动了一场闪击战。这突如其来的打击使英军猝不及防，官兵们仓皇东撤，退到利比亚和埃及之间的重要通道托卜鲁克港。消息传到英国，丘吉尔立即电令中东英军总司令韦维尔将军"誓死守住托卜鲁克，决不允许产生撤退的念头"。

　　4月10日，德意军队包围了托卜鲁克。隆美尔沾沾自喜，不可一世地看着地图叫道："托卜鲁克，我要攻下它；开罗，我要攻下它；还有苏伊士运河，我也要占领它！"果然，隆美尔为时两周的闪击进攻，使得英军两个月的反击战果丧失殆尽。6月25日，韦维尔指挥英军再次反击，双方激战3天，英军败退，回到原地。韦维尔不久后便被解除了中东英军总司令的职务。

　　6月30日，企图一鼓作气攻占托卜鲁克的隆美尔，出乎意料地遭到英军异常顽强的抗击。丘吉尔抓紧派兵增援英国部队，并送去大批补给品。尽管隆美尔紧锣密鼓地一攻再攻，英军仍然坚守不动。由于战线过长，陆上补给线屡遭轰炸，隆美尔的非洲军团被困在沙漠里，士气低落。北非战事处于相峙局面。

　　7月2日，丘吉尔任命奥金莱克接替韦维尔担任中东英军总司令。奥金莱克一到任便抓紧时机，积极备战。11月18日凌晨，奥金莱克开始了"十字军行动"，下令坎宁汉将军指挥的第8集团军向德意军队发起新的反击，企图解托卜鲁克之围。双方投入数百辆坦克，战场上尘烟蔽日，天昏地暗。

　　隆美尔这一次由于消耗太大，后援不继，被迫退到大锡尔提斯。阵地上到处是已经变成废铜烂铁的坦克，死尸狼藉，骄狂的隆美尔元气大伤。但是，到了1942年1月，由于增加了150辆坦克，隆美尔在经过短暂的准备后，在昔兰尼加向英军发动反攻，深入英军阵地250多英里。5月26日夜里，隆美尔又向英军发起新的攻势。坦克呼啸着扬起漫天尘埃，天上的500多架飞机更是气势汹汹。激战持续几天后，英军弹尽缺粮，坚持不住，幸存的2700多守军向德军投降。6月17日，德军包围了托卜鲁克。4天后，托卜鲁克守军不敌，于20日投降，2.5万英军被俘，其余英军撤退至阿拉曼防线。

　　这次失败使丘吉尔和英国朝野大为震惊。丘吉尔在《第二次世界大战回忆录》中写道："现在在托卜鲁克，25000名久经风霜的士兵向为数只有他们一半的敌人缴了械。如果这是沙漠军队士气的典型，那么，非洲东北部所面临的灾难将更无法应付了。"

隆美尔因此而被称为"沙漠之狐"。

蒙哥马利走马上任

非洲大地,烈日当空。在遍地碎石、干燥的沙漠中,交错分布着光秃秃的干裂的岩石和沙地,偶尔可见一片片可供骆驼食用的灌木丛。阿拉曼防线是英军在埃及的一道重要屏障。它北滨地中海,南临不可逾越的卡塔腊洼地的盐碱滩,全长50多公里,90多公里外便是苏伊士运河和亚历山大港。这里地形复杂,易守难攻——既不好从正面突破,又没有装甲部队便于前行的开阔地带。

1942年6月28日,德意军队占领了埃及境内的马特鲁港;两天以后,他们已进逼阿拉曼。

英军在埃及的失利,使丘吉尔受到议会的猛烈抨击,所幸下院7月2日对他的不信任投票未获通过。

此时,英军参谋长布鲁克对首相兼国防部长丘吉尔说:"危机已经到来,我必须过去看看,到底错在哪里。"丘吉尔同意布鲁克的看法,并同他一起于8月4日飞到开罗。经商定,他们撤换了奥金莱克的英军总司令职务,任命第13军军长戈特将军为第8集团军司令。但是,8月7日,戈特乘飞机前往北非上任时,座机被德机击落,不幸身亡。于是,刚刚被任命为第1集团军司令的蒙哥马利被改任为第8集团军司令。

为了扭转局势,丘吉尔立即发布命令:为部队补充兵力以及坦克、飞机和枪炮弹药。

恰在此时,美国总统罗斯福表示支援,答应给英国300辆"谢尔曼"坦克和100门自行火炮,并且很快就装上6艘快船,开往苏伊士运河。罗斯福还答应支援飞机。于是,英军实力大增,防线日益巩固。

8月12日早晨,蒙哥马利走马上任。他在开罗机场步下飞机时,发现第8集团军的军事机关正忙于焚烧档案,准备撤退,而亚历山大港的英舰已经离开了那里。13日上午11时,蒙哥马利赶到集团军的沙漠司令部。他矮小而结实,50岁出头。年轻时上过军校,久经战阵。他一到任便积极开始作战准备,亲自和部下一同到蒸笼似的沙漠地带考察,商讨作战方略。蒙哥马利的参谋长吉恩甘德后来在回忆录中写道:

在我们到达战术司令部以后,蒙哥马利马上命令我把司令部全体人员召集起来,他要对他们讲话。

他要创造一种新的气氛。气氛是很重要的，但他不满意当时的气氛。他告诉我们，倒霉的苦日子已经过去了，我们的好日子现在已在眼前。一个新时期开始了。然后他说明首相对亚历山大上将和他本人委以重任——消灭北非的轴心国军队。

任何进一步的退却或撤退都是完全谈不到的。忘掉它吧。我们要在这里坚守和战斗。不会有后退的问题。他命令把一切安排撤退的计划全部烧毁。他希望信号已经发出了。已经发出了！对他来说，保卫尼罗河三角洲毫无问题，而指定用于这个目的的一切资源都将用来加强第8集团军。

8月的非洲大沙漠骄阳似火，燥热难忍。可是，英军士兵却在新任司令官的监督下紧张地训练。蒙哥马利虽在练兵场上像一尊威严的泥塑，但他平时却犹如一个和蔼的长者，常常走到士兵中间，有说有笑，士兵们都亲切地叫他"蒙蒂"。

各种情报表明，隆美尔正策划一次新的进攻。蒙哥马利为做到有备无患，亲临防线视察。他根据隆美尔要入侵南翼，然后向左迂回包抄英军的计划，大大加强了防线的南翼。8月19日这一天，万里无云，丘吉尔来到第8集团军司令部，在蒙哥马利的陪同下巡视前线，他们一边交谈，一边指点议论。看到蒙哥马利厉兵秣马，准备战斗，丘吉尔对他十分赞许，并在后来的回忆录中写道："大家都说，蒙哥马利出任司令官以后，什么都变了。我愉快而高兴地感觉到这是真实的情况。"

德英名将首次交手

1942年6月22日，隆美尔晋升为元帅。但他此时面对的英军，每个步兵师都装备了威力更大的新式6磅反坦克炮。在英军前沿部署的713辆坦克中，有164辆美制坦克，这些坦克装备了性能优良的75毫米炮。当时，双方的力量对比是英军远远强于德意联军。仅在8月，英军获得的补给就是德意联军的10倍。

情报表明，隆美尔即将向阿拉曼战线南部发动进攻。蒙哥马利在视察了整个战线以后，发现阿拉姆—海尔法岭是个要冲，但守军力量薄弱，于是他迅速抽调部队加强了这个小山岭的防御。

隆美尔决定在8月底发动进攻，是因为他认为到了9月，英军将更加强大。为了防止英军首先进攻，隆美尔下令在阵地前敷设了成千上万

阿拉曼之战 | 207

颗地雷。8月27日，他和驻意德军总司令凯瑟林和意军总参谋长卡瓦莱罗谈话时，两人都保证他将得到6000吨汽油，其中1000吨将空运北非。8月28日，隆美尔把全体指挥官召集到司令部帐篷里，又向他们重申："进攻的最后期限仍然定在30日。我希望我们能在打开通向埃及沃土的最后一道门户的战斗中获得胜利。这一仗的胜利取决于燃料和弹药。"

不出所料，正是隆美尔担心的后勤出了问题。英军截获了德军的密码，据此攻击了由6艘船只组成的意大利运输队——击沉4艘，重创两艘。直到8月29日，没有一艘运输船抵达德军基地。隆美尔不顾燃料缺乏，决定孤注一掷。

8月30日晚10时，月光照耀着起伏的沙漠，隆美尔在下达进攻命令时说："今天，军团再次向英军发起进攻。我们一定会歼灭他们。这是一个令人永生难忘的日子。我希望军团里的每一位官兵在这负有重大使命的日子里，勇猛前进，奋力杀敌！法西斯意大利万岁！伟大的德意志帝国万岁！"

当德军的200多辆坦克通过己方的防御阵地时，工兵们拿着小手灯，指引坦克通过布雷区的缺口。很快，德军坦克便加快速度，猛然向英军阿拉曼防线的南翼包抄过去，同时对北翼和中线进行牵制性进攻，妄图占领阿拉姆—海尔法岭。不过，经过长期的准备，英军已在阿拉曼筑起铜墙铁壁。隆美尔的部队意外地闯入了一片布雷区，配有重机枪、火炮、迫击炮的英军在蒙哥马利沉着的指挥下狠狠打击敌人，扼守阵地。

次日凌晨两点多钟，英军伞兵的照明弹把整个阵地照得通明，隆美尔的军队暴露无遗。英军展开了空袭。德军装甲军团的先头部队拥挤在英军布雷区内，成了轰炸的目标，卡车、运兵车和坦克纷纷被击中，阵地上燃起熊熊烈火。这时，一架英军飞机从斜刺里向德国非洲军团的指挥车俯冲下来，一阵轰炸，德军的电台被摧毁了，许多军官中弹毙命。

8时，隆美尔驱车来到阵地，听到的只有噩耗：军团司令受了重伤，冯·俾斯麦将军阵亡。隆美尔原以为南翼是敌人的薄弱环节，没想到他正碰在钉子上。他急忙下令暂停战斗。下午，隆美尔在修改了计划后，向英军阵地发起了新的进攻。就在隆美尔接近高地时，英军的坦克、大炮一齐开火，空中飞机轰鸣，一场空前的厮杀进行了整整一夜。

隆美尔意料不到，他望眼欲穿的装载着1200吨汽油的意大利"撒达迪尔"号油船，在托卜鲁克港外被英军击沉，致使德军的燃料补给遭到了极其严重的打击。凯瑟林也没有遵守他的诺言——在紧急时期一天空运500吨汽油到前线。燃料短缺，伤亡惨重，隆美尔放弃了继续进攻的

打算。9月2日晚上，隆美尔命令德军逐步退回出发阵地。

在这次战役中，德意联军死伤2370人，被俘570人，损失坦克50辆、大炮15门、反坦克炮35门、机动车400辆；英军死伤1750人，损失坦克68辆、反坦克炮18门。

战役结束后，蒙哥马利写信给自己的朋友说："我与隆美尔的第一次交锋是很有意思的。幸亏我还有时间整理这个烂摊子，为作战而积极作准备，结果轻而易举地把隆美尔的进攻化解了。我感到我在这场比赛中胜了第一轮，这一轮是隆美尔发球，第二轮就该轮到我发球了。"而在中东总司令亚历山大的一次晚宴上，蒙哥马利又向他尊贵的外国朋友们宣告："埃及已经没有危险。毫无疑问，我将消灭隆美尔！"

非洲军团陷入困境

在德意非洲装甲集团军遭到惨败后，"沙漠之狐"也病倒了，不得不要求回国休养。希特勒当即派遣身材高大、性情温和的坦克专家施登姆将军于9月19日赶到北非，临时接替隆美尔的职务。23日，垂头丧气、疲惫不堪的隆美尔离开了司令部的帐篷，去他奥地利的故居休息。

9月的最后一天，希特勒把隆美尔召到总理府的书房里，授给他一根镶有钻石的闪闪发光的元帅节杖。几天后，隆美尔写信告诉施登姆将军："元帅同意我固守已在非洲赢得的阵地。在我们的部队得到充分供应和休整之前，在更多部队被派往那里之前，我们将不发动任何新的进攻。"此时，希特勒已经放弃的马耳他岛却像一根芒刺扎在隆美尔的血管上——从那里驶出的军舰、飞机使德意运送的物资大部分翻入海底，喂了鱼吓。隆美尔的军队眼巴巴盼着救援。

时间一天天过去，到了10月份，形势对德军更加不利。非洲军团只有近8万人、540辆坦克和350架飞机，而英军则拥有包括新西兰、加拿大、澳大利亚军队在内的共23万人、1400辆坦克和1500架飞机。10月6日，蒙哥马利在第8集团军作战部里，拟出了一个详细的作战计划：

1. 第30军在北翼用4个师（澳、英、新西兰、南非各1个师）发动主攻，在敌人的布雷区打开两条走廊，然后第10军通过这些小道前进。

2. 第13军在南翼发动两次进攻，以迷惑和牵制敌军，不让他们去对付第30军。

阿拉曼之战 | 209

3. 上述两个军要消灭防守前沿阵地之敌。

4. 第 10 军要用自己的部队防止敌人干预第 30 军的作战行动，其最终目的是击毁敌人的战车。

5. 进攻将于月圆之夜开始。

一场灾难等待着德意军队，可施登姆仍然相信德军不可战胜的神话。他给隆美尔写信吹嘘："英国兵注定要发动进攻，但他们高兴得太早了，我们要把他们打得一败涂地。"

决战的时刻即将来临。蒙哥马利表面上面带微笑、平静安详，其实却激动万分。即将展开的进攻，规模之大，在他的军事生涯中是从未有过的。这场战役的成败关系到能否打败隆美尔，还会影响到盟军随后发动的"火炬"战役。如果失败了，盟国的战略方针会被全盘打乱。

英军一切都按计划进行。军队主力在极端秘密的状态下向北翼集结，同时在南翼建造了假仓库，制造了大量假的卡车、大炮和武器牵引车。10 月 19 日和 20 日，蒙哥马利召集第 8 集团军中校以上军官开会，透彻地分析了战场形势，他坚定自信、幽默风趣地说："即使是随军牧师，平日也要杀一个敌人，星期日要杀两个敌人。"

10 月 20 日晚上，英军情报机关得到消息：一支意大利运送军需物资的船队将抵北非。英军派出飞机和潜艇，很快将这支船队炸沉，船上的 1600 吨汽油和其他物资沉入海底。非洲军团要求火速再派运输船队的电报，雪片般飞往罗马。英国艾尼格马破译机破获了罗马回电："'普罗塞比娜'号 21 日晚载运汽油 2500 吨起航，'路易斯安娜'号、'托波费诺'号也将载运物资随后起航。"

决战阿拉曼

1942 年 10 月 23 日，白天在平静中过去，夜幕笼罩了大地，一轮皎月挂上了天空。晚上 9 时 40 分，蒙哥马利向第 8 集团军发布了作战命令："向坦克开火！向德军开火！"霎那间，闪光万道，炮声轰鸣，暴雨般的炮弹落在敌人的阵地上，酝酿已久的阿拉曼战役打响了！一架又一架英国轰炸机俯冲下来，德军阵地上顿时硝烟弥漫，火光冲天。

英军在德军阵地前的一片布雷区受阻，这里有隆美尔埋下的数十万枚地雷。德军凭借这一区域顽强抵抗，机枪吐着火舌，炮火十分密集。蒙哥马利在战地指挥部里研究战局，他想：装甲部队必须按时通过布雷

区，不能耽误。他命令第 2 新西兰师立即投入战斗，肃清防守前沿阵地之敌。

此时，隆美尔正在奥地利自己的山庄里养病。24 日下午 3 时，电话铃急促地响了起来，从罗马打来的电话告诉他说："蒙哥马利昨夜开始进攻；施登姆将军失踪。"几乎就在同时，希特勒也给他打来电话，声音沙哑："隆美尔，非洲的消息很不妙，施登姆将军下落不明。"隆美尔请求回北非去，对方问："你身体支撑得住吗？"隆美尔回答："可以。"希特勒表示同意。

一天以后，前线将士才弄明白，施登姆将军已因心脏病猝发而亡。冯·托马将军临时接替了总指挥的职务。25 日早上 8 时，隆美尔拖着病体，慌忙飞往北非营地。10 时，隆美尔乘坐的飞机降落在罗马。当他得知北非军队的汽油只够用 3 天时，他目瞪口呆，咆哮起来："现在至少也得有 30 天的汽油啊！"

当天深夜，隆美尔赶回前线。他派出两个装甲师反击英军，没有奏效。英军第 1 装甲师左冲右突，大闹敌群，皇家空军也咬住敌人狂轰滥炸。一时间，德意军队的 50 多辆坦克中弹起火，像乌龟似地趴在地上动弹不得。其余坦克见势不妙，四散逃窜。阵地上死一般的寂静。隆美尔断定蒙哥马利会从北面发起一次新的进攻，便下令德军北移，加强防守。

10 月 28 日上午 10 时，英军总攻的序幕拉开了。炮声震撼着大地，黑压压一片英军向前冲杀，飞机也向德军阵地轮番轰炸。但是，由于隆美尔早有部署，非洲军团死命固守，英军遭到激烈的抵抗。厮杀从白天持续到黑夜。照明弹在空中摇曳，炮声、喊杀声和飞机的轰隆声汇成一片。这天夜里，蒙哥马利在司令部里表情阴郁，心情沉重：虽然英军取得不小胜利，但伤亡很大，战斗进展缓慢。隆美尔也在漆黑的沙漠里踱来踱去，不断思索：敌军以绝对优势压了过来，我的物资少得可怜，兵力悬殊日益增大，如果固守下去，突破防线的英军便会形成包围，非洲军团势必全军覆没……

第二天早晨，中东美军总司令亚历山大一行，风尘仆仆来到阿拉曼前线视察。蒙哥马利向他们介绍了情况，并告诉他们说，他准备在北线发动代号为"增压"的新的攻势。话音刚落，就有两个人走了上来，建议在南翼"增压"。他们是蒙哥马利的参谋长吉恩甘德和亚历山大的参谋长麦克雷利。他们认为，敌军主力已经北移，南线空虚，守军又主要是意大利人，不堪一击。亚历山大和蒙哥马利立即接受了他们的建议。

对北非德意军队的打击接踵而来，载油 1460 吨的"路易斯安娜"号

在托卜鲁克港外被击沉没。这真要了隆美尔的命！10月30日晚，隆美尔挫败了英军向纵深发展的努力，俘虏了200名澳大利亚士兵，击毁了20辆坦克。墨索里尼为这一小小的胜利发来电报，大加赞赏。面对缺乏汽油的险恶局势，隆美尔哭笑不得。

11月2日凌晨，"增压"攻势开始了，英军在大炮、坦克的掩护下，冲向意军防线。意军虽然进行了多次反冲锋，但都被英军击退。上午11时，隆美尔拿起话筒，听到了可怕的声音："英军坦克群已突破防线，正向西推进。"他慌忙调兵堵守。

补给线受到英军严重破坏的非洲军团，已经面临山穷水尽的局面，一队队士兵抬着伤员从击毁了的坦克、车辆和尸体旁边走过。夜里，冯·托马打电话向隆美尔报告："战线已经稳住，但兵力十分薄弱，现有坦克不会超过35辆。"

35辆坦克！隆美尔知道大势已去。他在日记中写道："这天晚上，我和几位同僚待在指挥部附近的道路上。从那里，我能看到和听到英军炮口连续不断地发出的闪光和炮弹在黑暗中的爆炸声。英国夜航轰炸机编队一次又一次地出现，把它们装载的致人死命的货物扔到我们部队的头上。照明弹照亮了整个战场，一切都明亮得像白昼一样。谁也无法知道我们这时的心情是多么忧虑。"

在司令部里昏暗的灯光下，隆美尔给希特勒发出电报，要求向西撤至富卡。第二天早晨8时30分，德国陆军元帅凯特尔急匆匆跑进希特勒的地下避弹室，把隆美尔的夜间报告交给元首："11月2日至3日，步兵师已撤出防线。"希特勒紧紧抓住自己稀疏的头发——这简直是晴天霹雳！墨索里尼也打电话给隆美尔："隆美尔元帅，要不惜任何代价坚守现在的防线。我们将千方百计从空中和海上增援。"

德意联军狼狈逃窜

希特勒当时正猛攻苏联，无暇顾及非洲。北非局势已不可收拾，即使增援为时已晚。隆美尔为保全部下，未等希特勒的命令到达就丢下意军，张皇失措地退向富卡。退却路上，德军坦克、汽车互不相让，士兵争先恐后，互相冲撞，乱作一团。意军4个步兵师缺乏汽车运输工具，来不及逃走，很快就向英军投降。

11月3日中午，隆美尔返回指挥部时，通讯军官又交给他一份已译出的密码电报。电文是：

致隆美尔元帅：

　　我和德国人民正注视着在埃及进行的英勇保卫战，并由衷地信赖你的领导才能和在你指挥下的德、意军队的勇敢。在你目前所处的情况下，不能有别的考虑，只能坚守阵地，不后退一步，并把每一支枪和每一个士兵都用于战斗。强大的空军增援部队将于日内调给南线总司令。意大利领袖和最高统帅部同样将尽最大努力保证向你们提供继续作战所需要的一切手段。尽管敌人在数量上占优势，但是总有一天他们会山穷水尽的。坚强的意志战胜强大的敌人，这在历史上是屡见不鲜的。你只能领导你的部队取得胜利或走向死亡，别无他途。

阿道夫·希特勒

　　读到这项命令时，隆美尔感到自己像是被判处了死刑。面对优势的敌人，在沙漠中寸步难行，如果还要按希特勒的命令行事，任何军队都不可避免地会被敌人包围并很快被消灭。虽然隆美尔上呈了许多报告，但是，希特勒显然对非洲正在发生的情况仍没有清楚的了解。

　　隆美尔又在日记中写道："我们需要的是枪炮、燃料和飞机，而不需要要我们死守的命令。"在非洲作战期间，他第一次感到不知所措。但是，经过一番内心斗争后，他决定执行希特勒的命令。他说："因为我自己一向要求我的士兵们无条件地服从上级，所以我自己也要遵守这个原则。"于是，他给托马打去电话，要部队守住阵地，战斗到一兵一卒。托马申辩说："这不可能！"隆美尔对着话筒吼道："不能撤！元首命令全力坚守，不能撤！我要你们停止后撤，守住阵地！"托马只好服从命令。

　　4日早上，德国陆军元帅凯塞林赶到北非部队营地，得知局势严重，主张随机应变。隆美尔无可奈何地说："元首的命令是绝对不能更改的。"然而他还是接受了凯塞林的建议，又电告希特勒，请求同意撤退。

　　在隆美尔给希特勒发出电报8小时后，冯·托马将军已抵挡不住英军的进攻，手拿帆布包向英国坦克兵投降。他很快被带到蒙哥马利面前，受到礼遇。德军阵地很快被英军撕开了一个12英里宽的突破口。隆美尔眼看着非洲军团要遭到全军覆灭的厄运，只好再一次下令撤退。同时，希特勒也回电表示同意他撤退。至此，阿拉曼战役基本结束。

　　隆美尔带领部队一路奔跑，"长驱"800多英里，退往德意军队在北非的重要基地卜雷加港。英军为了配合即将在北非登陆的美军的行动，继续挥师向西追击德军。

　　德军退守卜雷加后，墨索里尼眼看着自己梦寐以求的非洲帝国就要

完蛋，慌忙拼凑了1个装甲师和3个步兵师来给隆美尔打气。希特勒也发来电报，要隆美尔"不惜一切代价"守住卜雷加防线。隆美尔萎靡不振，看着手下5000多残兵败卒，既没有燃料，又没有后备部队，意识到败局已定，无力再战。

11月8日，美英盟军实施"火炬"作战计划，分别在北非的卡萨布兰卡、奥兰、阿尔及尔登陆。德意军队在北非已面临总崩溃的局势。为此，隆美尔于11月26日专程飞抵东普士的希特勒总部，当面要求撤离北非。希特勒仍不同意，要他回到卜雷加港坚守。

此时，蒙哥马利对溃败的德军紧追不舍，先头部队已抵达卜雷加的外围。他制定了就地消灭守军的计划，准备于12月24日发动攻势。隆美尔早已嗅到气味不对，在取得墨索里尼的同意后，于12月11日弃城逃往布厄艾特鲁。隆美尔在那里告诉意大利驻利比亚总督巴斯蒂柯元帅："局势全系于油的补给。我们一无弹药，二无汽油，无法在这里坚守。"可墨索里尼却又打来电报："在布厄艾特鲁的德意装甲军团必须抵抗到底！"弹尽粮绝的隆美尔对墨索里尼的命令置之不理，继续撤向突尼斯。

1943年1月23日凌晨4时，英军顺利进占北非重镇的黎波里。2月中旬，在利比亚和突尼斯国境线上，蒙哥马利停止了追击。阿拉曼战役及其后续行动全部结束。

盟军在阿拉曼战役中毙伤和俘敌5.9万人（俘虏中包括隆美尔的助手冯·托马和9名意大利将领），缴获坦克350辆，大炮400门，军用物资数千吨。

丘吉尔对这次胜利给予很高的评价："它实际上是'命运的关键。'""在阿拉曼战役之前，我们是战无不败，在阿拉曼战役之后，我们是战无不胜。"

盟军登陆北非

1942年6月，英国首相丘吉尔在访问华盛顿时，向美国总统罗斯福提出了两国在法属北非登陆作战的"体育家"计划。双方起先存在分歧，但罗斯福最后同意了英国领导人的意见。7月24日，双方决定于1942年秋天在北非登陆，向败退的德意军队展开钳形攻势，使其南翼捉襟见肘。这次战役的密码代号为"火炬"。

8月13日，英美联合参谋长委员会正式任命美国艾森豪威尔将军为盟国北非远征军总司令，英国的亚历山大将军为副总司令。联合参谋长委员会向艾森豪威尔发出的作战指令称："总统和首相已经商定，针对非洲的联合军事作战行动应根据实际情况尽早实施，其目的在于协同中东盟军完全控制从大西洋到红海的整个北非。"

盟军司令部最初设在伦敦——从这时起，它就开始了紧张的备战工作，制定了具体的作战计划。攻击目标最后确定为三处：阿尔及尔、奥兰和卡萨布兰卡。

北非的摩洛哥和阿尔及利亚战前都是法国的殖民地，法国投降后，法属北非即由德国操纵的维希政府继续统治，北非的法国军政官员也接受维希政府的管辖。由于英国支持戴高乐将军领导的自由法国运动，并曾同维希领导的武装力量发生过几次冲突，这些官员的反英情绪十分强烈。鉴于这种情况，盟军的这次登陆作战只能打着美国的旗号，并对流亡伦敦的戴高乐严守机密。美国总统罗斯福原本就对戴高乐抱有成见，总是称戴高乐为"那个傲慢无礼的法国人"而拒绝直呼其名。因此，他在11月5日写信给丘吉尔说："任何使戴高乐参与'火炬'计划之举，均将对我们努力争取在非洲的大部分法军归附我方远征军这一大有希望的工作产生不良影响……因此我认为你在登陆成功之前，还是不要把有关'火炬'计划的任何情况告知戴高乐为宜。"

当时在地中海，盟军除了直布罗陀外，没有其他安身之处，因为只

有英属直布罗陀可以用来对非洲西北部实施进攻,并在北非战场迅速形成必需的空中掩护力量。11月5日,艾森豪威尔把临时司令部迁到了直布罗陀。

登陆前夕,英美特工又把法国的吉罗将军从法国南部营救出来,用潜水艇和水上飞机把他接到直布罗陀,准备利用他的威望来号召北非法军不作抵抗,与盟军合作。

艾森豪威尔点燃"火炬"

10月22日和25日,英美联军运输舰队先后从英国开出,乘风破浪向北非前进。11月5日晚,舰队通过直布罗陀海峡。同一天,艾森豪威尔飞抵直布罗陀。

艾森豪威尔来到直布罗陀后,自己觉得产生了一种特殊的责任感。这是他有生以来第一次面临着指挥一个战役,而且是如此巨大规模的战役。总司令焦急万分。"火炬"固然能够使他在军事上大大扬名,但是,想到可能遭到失败的后果,他又难免不寒而栗。

总司令的大本营安置在山岩中,4个房间的上方矗立着一大块花岗石。艾森豪威尔抵达直布罗陀后写道:"我的指挥所在直布罗陀、不列颠帝国强盛的象征之中。"伦敦政界人士认为,现在帝国的命运是掌握在可靠人的手里。丘吉尔给艾森豪威尔打电报也说:"直布罗陀的岩壁掌握在您的手里是不会发生危急的!"

艾森豪威尔来到直布罗陀的第二天,就向参加两栖作战的部队发出命令,确定登陆日期为11月8日。参加"火炬"作战的共有英美军队11万人,以及665艘军舰和运输舰,其中包括3艘战列舰、7艘航空母舰、17艘巡洋舰、64艘其他作战舰艇。这些官兵和舰艇分别编成"西部"、"中部"和"东部"3个特混舰队。另有几个空降营将参加这次行动,其任务是占领敌防御纵深内的机场和要地。这次登陆的空中保障是1700架飞机,其中绝大部分驻扎在直布罗陀。

为了让盟军顺利登陆,英美两国还积极展开政治攻势,争取驻守北非的法国"维希政府"归附,以便兵不血刃地占领法属北非地区。

德国情报人员对英美盟军的频繁调动有所察觉,曾于10月5日向希特勒报告,直布罗陀附近的舰队正同从大西洋开来的大批运输船队会合,并向东驶入地中海。但是,这并未引起希特勒的足够重视,他只下令加强地中海的空军力量。

从一项军事计划完成到行动开始之前的那段漫长的、几乎是无法忍受的等待时间，随着乏味的时钟的滴嗒滴嗒声，一分一秒地过去了。1942年11月8日，美英联军的3支特混舰队终于接到命令，分别开往阿尔及尔、奥兰和卡萨布兰卡。

"东部"特混舰队在英国海军少将布罗斯的指挥下，于中午1时运送登陆部队在阿尔及尔的东、西两面海滩登陆。登陆盟军统由美军少将查尔斯·赖德指挥。他们在港口遭到法军的强烈抵抗，许多士兵被包围，两艘英国驱逐舰被击伤。于是，盟军向驻北非的法国维希政府的全权代表达尔朗发出最后通牒，要求法军全部停火。达尔朗召集同僚商议，准备接受盟军的最后通牒。阿尔及尔法军司令马斯特当即配合登陆的英美盟军夺取并控制了制高点，关闭了电讯设施，占领了警察局和广播电台，迅速接管了整个城市。

"中部"特混舰队的登陆部队于8月1日1时许在奥兰一侧的海滩登陆。登陆部队在劳埃德·弗雷登少将的指挥下，迅速占领了阿尔泽湾和安达鲁斯。但是，美军在向奥兰实施向心突击时，法军却进行了强烈的抵抗。两艘运载美军的英国军舰被击毁，乘员和部队死伤过半。直到10日上午，美军装甲部队才从南部突入，攻进城内，逼近法军司令部。中午，法军宣布投降。

由美军乔治·巴顿少将指挥的"西部"特混舰队，也于8日拂晓向卡萨布兰卡沿岸实施登陆，法军海岸炮猛烈轰击盟军护航登陆舰艇，双方展开激烈炮战。数小时后，法军败下阵来。第二天，美军一面巩固自己的登陆场地，一面向内地推进。

维希政府垮台

在盟军登陆北非的第二天——10月9日，法国维希政府在希特勒的压力下，宣布与美国断绝外交关系。法国驻北非全权代表达尔朗则在登陆盟军的压力下，于10日向北非法军发布了停火命令。希特勒看到这种形势变化，便于当晚8时下令德军进驻法国维希政府统治的地区。11日早晨，德国机械化部队和意大利的6个师占领了法国南部的"自由区"，维希政府就此垮台。

11月13日，美国代表克拉克同达尔朗签订一项协议，承认达尔朗对北非的领导权，出任高级专员兼海军总司令，吉罗出任地面部队和空军总司令。协议规定，法军要积极配合盟军解放突尼斯。16日，贝当宣

布解除达尔朗的一切职务，任命赖伐尔总理为他的代理人和继承人。

12月23日，达尔郎被年轻的戴高乐分子邦内·德·拉·沙佩勒刺杀身亡，吉罗于是接掌了政权。此后，法军与英美盟军之间的合作更为紧密。1943年1月初，法军加入了盟军行列。

为了稳定北非政治局势，扩大盟军的影响和制定下一阶段的军事行动计划，美国总统罗斯福和英国首相丘吉尔协商后，于1943年1月14日在卡萨布兰卡举行会议。会议首先讨论了在北非成立法国政权的问题。美国极力扶植北非军政长官吉罗，英国则支持抵抗运动领袖戴高乐。经过协商，最后达成协议，由吉罗和戴高乐共同组织法国政府的临时机构。会议闭幕的前一天——1月22日，经英美首脑特邀，戴高乐飞抵卡萨布兰卡参加了会议。会议讨论了北非大捷后的局势，以及下一步进攻意大利西西里岛和开辟欧洲第二战场等重要问题。

这期间，经罗斯福和丘吉尔协商斡旋后，戴高乐同意与吉罗合作。两人于1月26日发表联合公报，决定于6月间在北非成立"法国民族解放运动委员会"，由两人共同担任主席。但是，在戴高乐的压力下，吉罗后来只担任了法军总司令。

突尼斯大捷

在北非海岸线上，德意军队的巢穴突尼斯是一个突出的尖角，同意大利西西里岛隔海相望。1942年11月，盟军在占领摩洛哥和阿尔及利亚后，随即进抵突尼斯境内。希特勒为了阻止英美盟军的进攻，先后从西欧和意大利调遣了德意军队的5个师，组成坦克第5集团军，任命阿尼姆为最高司令官，从海空两路迅速增援突尼斯。阿尼姆未等第5集团军所属部队集结，便下令先头部队进驻突尼斯城和比塞大港，同时命令其余部队向西进军。接着，德意军队向驻守突尼斯城的法军发出最后通牒，要法军撤至突尼斯边境一线。11月19日，法军司令巴雷拒绝了德军的要求。然而此后不久，法军迫于形势，自行撤出了突尼斯。此时，隆美尔率领的在阿拉曼战役失败后溃退到这里的非洲军团，实现了同德意军队的会合。

隆美尔断定，美军官兵初次与德军对阵，缺乏经验，并不可怕。11月25日，在盟军登陆17天后，美军一支正向突尼斯城挺进的装甲部队同德军撞在一起。这是第二次世界大战中美德两军的首次交锋。结果，按照巴顿将军后来的说法，美军被德国人"结结实实地上了一课"。战

斗打响，美军坦克营偷袭了一个德军机场，捡了一点便宜。但是第二天，美军就在同德国"虎式"坦克的对阵中，被打得落花流水——德军以6辆"虎式"暂时丧失作战能力为代价，击毁了美军15辆"谢尔曼"坦克。美军发现，他们的轻型坦克在"虎式"的重装甲和75毫米大炮面前，显得十分脆弱。

12月22日，盟军决定再次发动攻击，但因大雨滂沱，道路泥泞，艾森豪威尔取消了原定计划。突尼斯战事暂时缓和。

在卡萨布兰卡会议上，丘吉尔和罗斯福一致同意不仅让艾森豪威尔继续指挥"火炬"行动，而且待英国第8集团军开进突尼斯后，也归艾森豪威尔指挥。此外，盟国参谋长联席会议任命亚历山大为地面部队副总司令，坎宁安海军上将为海军副总司令，空军元帅阿瑟·泰德则为空军副总司令。英国3位副总司令的军阶都比艾森豪威尔高。为了帮助艾森豪威尔维护统一指挥，美国参谋总部于1943年2月10日晋升他为当时美军中军阶最高的四星上将。

卡萨布兰卡会议后，英美盟军准备向突尼斯南、北两部发起猛烈进攻。2月13日，艾森豪威尔在视察美军第2军阵地时，大发了一通脾气，因为他看见美军阵地上一片混乱，士兵们三五成群地四处游荡，好几天了还没有布置好防御阵地。他有些悲哀地感到，这些咧着大嘴向他打招呼的士兵，可能不是凶狠的德国军队的对手。他预感到，隆美尔就要杀将过来，因为这里有盟军的一个机场和堆积如山的战略物资。艾森豪威尔不得不亲自调整这支部队的部署。但是，为时已晚，就在他离开这里两小时后，德国人果真动手了。

2月14日，德意军队发起代号为"东风行动"的进攻。一时间，天上的飞机、地上的坦克铺天盖地地向还没有筑好防御工事的美军部队压了过来。德意军队在第5集团军司令阿尼姆的副手齐格勒的指挥下，采用两翼包抄战术，使美军落入陷阱。再加上2月20日一场战斗，美军第2军阵亡3000人，被俘4000人，260辆坦克被毁或落到德军手里。这是美军在北非战场上遭受的最严重的失败。大怒的艾森豪威尔换用巴顿少将担任第2军军长。此时，盟军新编第18集团军群司令亚历山大来到前线担任盟军指挥，他对部队进行了改编和整顿，并得到坦克和空军的援助，才使英美军队大为改观。

这时，亚历山大指挥的第18集团军群至少有20个师又两个旅，人员和装备齐全，而德意联军只有14个师又两个旅，人员和装备缺额很大。隆美尔察觉到，如果轴心国军队仍然留在非洲，就等于"明显的自

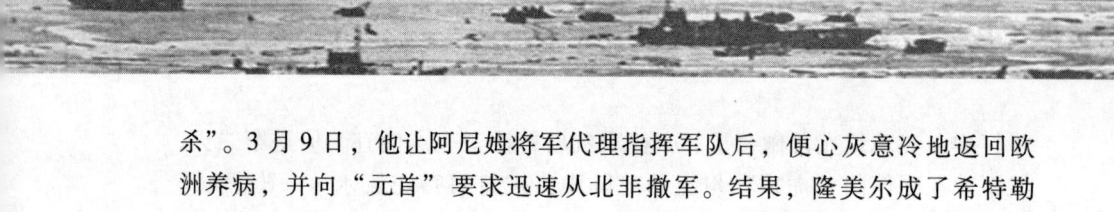

杀"。3月9日，他让阿尼姆将军代理指挥军队后，便心灰意冷地返回欧洲养病，并向"元首"要求迅速从北非撤军。结果，隆美尔成了希特勒眼中的"悲观主义者"，从而失去了对非洲军团的指挥权。一心想与隆美尔过招的巴顿将军闻知此事，大失所望。

这期间，在阿拉曼战役中大获全胜的英军第8集团军，在司令蒙哥马利将军指挥下，从东追击德意败兵，进入突尼斯境内，采用长途迂回、侧翼进攻的策略，于28日突破哈马，抵达加贝斯，占据了马雷特防线，从而夺回了战争主动权。巴顿率领的美军第2军坦克部队沿海岸冲击，有力支持了蒙哥马利的进攻。经过7天的激烈战斗，盟军迫使德意军队于4月6日向突尼斯城撤退。同日，英军第8集团军左翼与向东迅猛推进的美军第2军会师。

4月20日，盟军集中20个师和4个旅的优势兵力发起总攻。英军第8集团军自南向北实施突击，美英联军及法军自西向东发起进攻。5月7日，英军进占突尼斯城，美军进占比塞大港。就在对敌人展开围歼的日子里，艾森豪威尔在前线度过了这个战役的最后一个星期。这使他难以忘怀。他在写给妻子的信中说："每当我感到烦恼时，我会想到战士们浑身泥浆，坚持在突尼斯寒冷的山地上、在寒冷的雨水和污泥中战斗，奋勇冲杀的情景，这就使我的心情平静下来。"

5月13日，在指挥精确、战术熟练的盟军的强大攻击下，德意在突尼斯的残余部队只好举手投降。英国人莫尔希德就此写道："德国人已经完全吓慌了，他们一看到英国人的坦克开过来就手足无措。惊恐中，德军纷纷奔向滩头，但他们发现滩头既无船只，也无飞机，于是军队完全崩溃了。"

盟军在这次战役中共俘虏敌军27.5万人，只有633人从海上逃走。各方贺电向艾森豪威尔飞来。5月19日，丘吉尔应美国众议院议长的邀请，在美国国会就突尼斯大捷发表了演说：

在北非，我们的建树比我们预期的要好些。取得出人意料的胜利，因而结果事半功倍。在这一点上，我们不得不感谢希特勒的军事知识。如我3个月前在下院所预言的，我们这次可以看看这个军事专家的本领如何了。使冯·保卢斯陆军元帅和他的部队在斯大林格勒遭到毁灭的无理性的顽强执拗，现在又能同样地使我们的敌人在突尼斯蒙受新的灾难……

希特勒和墨索里尼两个独裁者的非洲远征，使他们的国家伤亡和被

俘的士兵达 95 万。此外，近 240 万吨的船舶沉没了，近 8000 架飞机被击毁了，这两个数字都不包括被击伤的船舶和飞机的数目在内。敌人还损失了 6200 门大炮、2550 辆坦克和 7 万辆卡车。……在达到战争的这一里程碑的时候，我们可以说，"挽回了一个大陆的局势"。

苏联最高统帅斯大林也对美英在北非的胜利给予了很高的评价：

苏联方面认为这次军事行动是有重大意义的卓越事实，它表明盟国武装力量的实力正在增长，并展示了德意同盟不久将崩溃的前景。……非洲的军事行动又一次驳斥了那些断言英美领导者没有能力组织重大的军事行动的怀疑论者。毫无疑问，只有第一流的组织家才能完成这样重大的战役。

随着盟军在北非的胜利，地中海实际上成了英国的内海，从而使法西斯德国和日本企图在中东和印度会师的狂妄计划成为泡影，意大利本土则完全暴露在盟军的威胁之下。这为下一阶段盟军登陆西西里岛奠定了坚实的基础。

"月亮女神"辛西娅

1942年11月,英美联军的三支特混舰队在艾森豪威尔将军的指挥下,在北非顺利登陆。此时,远在华盛顿的一家咖啡厅里,一位美国战略情报局的军官向一位漂亮女人举杯祝贺。他指着报纸上的大字标题说:"盟军在北非几乎没有遇到抵抗,全世界都得感谢你,多亏你搞到了密码。你改变了战争的进程。"

这个女人就是辛西娅。

在希腊神话中,太阳神阿波罗的妹妹——"月亮女神"辛西娅(英文Cynthia,希腊文称"阿耳忒弥斯")美丽圣洁、聪明能干,每天驾着银色的马车在夜空中奔驰。根据传说,如果有人在山顶上沐浴着月光入睡,就会受到她的亲吻,并因此而度过极其浪漫的一生。

人世间也有一个"辛西娅",她的真名叫做贝蒂·索普。1910年,贝蒂出生在美国明尼苏达州阿波利斯市的一个海军军官家庭,她身材苗条,活泼好动,热衷冒险,风趣幽默,那双碧绿的大眼睛更为她增添了无穷的魅力。她童年的大部分时光是在古巴度过的,她在那里学会了西班牙语,这为她日后的间谍生涯提供了一个有利条件。1930年19岁时,她嫁给了比她大20岁的英国大使馆商务二秘阿瑟·帕克。她从此进入了外交界,不久就被英国谍报机关网罗,开始了她的冒险生涯。在她眼里,间谍是一种高尚的职业,她狂热地投身这一事业,并接连获得成功。

西班牙内战前夕,她又同该国空军中的一位高级军官有了私情,并通过这个军官为英国搞到了许多西班牙的绝密文件。1937年,她成为波兰外交部一些年轻人的"宠物",并使波兰外交部部长约瑟夫·贝克的机要副官掉进了她布置的情网,使她比较容易地从波兰秘密情报局获得了德国国防军密码系统的索引和其他一些情报。英国情报局喜出望外,决定把她派到更大的舞台上去发挥作用——先让她在智利成为一名记者,取得合法身份,然后再迁往美国首都华盛顿,在她的故土施展才华。为

此，英国安全协调局正式授予她"辛西娅"的代号。

辛西娅来到美国，对一个意大利海军军官施展手段，终于使这个军官交出了密码。密码给英国帮了大忙，皇家海军凭借它破译了地中海东部意大利海军的来往电报，在1941年3月28日将一支舰队全部炸沉于希腊马塔潘角附近。

辛西娅的成功使英国安全局的间谍首脑威廉·斯蒂芬森非常高兴，他把她召到纽约，亲自交给她另一项极为艰巨的任务——维希政府驻华盛顿大使馆和欧洲之间定期来往的全部邮件。这一次，辛西娅是以一个美国记者的身份出场的。为此，她提出要采访维希政府驻美大使。1941年5月的一天，她在维希政府驻华盛顿大使馆首先遇到了夏尔·布鲁斯上尉，两人一见钟情。她请求上尉把她引见给大使。不巧的是，维希政府此时决定减少驻外人员，布鲁斯也在被裁减之列，应于7月返回法国。他对辛西娅说："随我到法国去吧，这是我们的唯一出路。"

辛西娅向顶头上司汇报了这一突然发生的情况，后者指示她说：向布鲁斯"亮牌"。辛西娅知道，因为发生了米尔斯克比尔事件①，布鲁斯不喜欢英国人，因此，她对布鲁斯说："我为美国情报机构干事，夏尔，你是个爱国者，你讨厌赖伐尔②，那么，帮助我搞到全部邮件吧。你会得到资助的。况且，这是我们能够生活在一起的唯一办法。"布鲁斯大吃一惊，一连几天都没有表态。

恰在这时，布鲁斯的上司来了一封电报，要求他了解停泊在美国港的英国军舰的情况。布鲁斯十分气愤，他对辛西娅说："绝对办不到，法国人岂能给德国人当间谍。"他向辛西娅透露了海军武官收集到并已上报的关于英国舰只在美国海岸位置的情报。辛西娅送出了这些情报，英国马上采取保护措施，使这些军舰逃脱了被德国潜艇击沉的厄运。从此，布鲁斯与辛西娅密切合作了。

太平洋战争爆发后，上司又给辛西娅布置了新任务——搞到维希政府海军的通讯密码。当辛西娅把这一任务转告布鲁斯时，布鲁斯连连摇头说："这怎么办得到？只有大使和负责密码的军官才知道开启保险柜的暗码。我甚至连进机要室的资格都没有。"

面对困难，辛西娅没有后退。两人起先想买通大使馆机要官员，但

---

① 米尔斯克比尔是阿尔及利亚一个滨海小城。1940年7月3日，一支法国舰队拒绝英国人要它与德国人交战的最后通牒，结果在这里被击沉，1500名官兵丧生。

② 赖伐尔，法国卖国分子，维希政府首脑。1945年被判死刑。

没有成功。剩下的唯一办法就是偷窃。于是，美国战略情报局从监狱里给辛西娅找来一个撬锁专家——一个窃贼。大使馆戒备森严，怎样才能把窃贼带进去呢？布鲁斯绞尽脑汁，最后对值班员说，由于工作需要，他要连续几天在大使馆待到深夜，请值班员为他保密。他还说："有一位女朋友将与我作伴……我不能把她带到旅馆去，免得我夫人怀疑，你明白吗？"说完，布鲁斯塞给值班员一笔可观的小费，值班员欣然同意为他保密。

值班员巡逻一圈只有60分钟，这时间太短了。于是，布鲁斯用一杯含有戊巴比妥的香槟酒使值班员酣然入睡。窃贼进来了。但是，使馆的老式保险柜十分坚固，戊巴比妥的效力只有5小时，当保险柜终于被撬开时，已经没有时间对密件拍照了。窃贼把开锁的方法告诉了辛西娅，就回纽约去了。第二天，辛西娅潜入机要室，费尽心机也打不开保险柜。她只好又到纽约，再次请来窃贼。当然，以后不能再用药酒麻醉值班员了。辛西娅想出了新的主意。当值班员巡逻回来，用手电照射客厅时，发现辛西娅和布鲁斯在客厅沙发上卿卿我我，便连声表示"抱歉"，躲到一边去了。他们乘机把盗贼带进大使馆，而盗贼只用几秒钟就打开了保险柜。密码被逐页拍照，随后被不露痕迹地放回原处。

1942年11月，盟军在北非登陆时伤亡很少。当时除了极少数人外，谁也不知道辛西娅为此做出了多么大的贡献。

在女间谍史上，辛西娅堪称完美。她有一句名言："我酷爱我的美国、英国，后来我也喜欢法国。我相信我是一个爱国者。我用'爱情'换取了情报，但我问心无愧。我的工作挽救了许多人的生命，人们也是这样说的。面对我所遇到的情况，我知道那些体面的女人可能退缩，但我义无反顾。我觉得，单靠'体面'不能赢得战争。"

辛西娅的最后归宿也堪称完美。布鲁斯后来与她的前妻离了婚，并于1946年迎娶了辛西娅，两人在法国乡村古堡里安然度过了晚年。

攻占西西里岛

1943年1月14～23日的卡萨布兰卡会议有一个中心议题——确定下一步的战略方针。会上,丘吉尔和英国参谋们极力主张在1943年扩大地中海战场,对西西里、科西嘉、撒丁、多德卡尼斯群岛进行一系列牵制性进攻,打击意大利,使其退出战争,并争取土耳其参战,从而迫使德军分散兵力。美国陆军参谋长马歇尔主张横渡英吉利海峡,直接进入法国作战。罗斯福总统本人则倾向于扩大地中海战事,完全控制这一地区。1月23日,罗斯福、丘吉尔在最后一次全体会议上基本达成一致,并授权参谋们提出1943年的如下作战计划:

同盟国的物资仍必须首先用于击败德国潜舰。必须尽量向俄国运输供应品,以便支援苏联军队。

在欧洲战场的军事行动将按照下列目标进行,即在1943年内,使用同盟国可能用于对德作战的一切兵力,击败德国。

采取攻势的主要作战方针如下:

地中海方面:

1. 攻占西西里岛,目的是——

(1) 使地中海的交通线更为安全。

(2) 减轻德军对俄国前线的压力。

(3) 加强对意大利的压力。

……

1943年5月12～25日,美英两国首脑和参谋们又在华盛顿举行了代号为"三叉戟"的秘密军事会议。关于在地中海战场上的任务,会议决定作战的规模以迫使意大利退出战争为限,因为两国已经商定,要把人力物力资源集中到英国,以便于1944年春天横渡英吉利海峡在法国登陆。会议结束以后,丘吉尔和马歇尔又飞往阿尔及尔,同艾森豪威尔详细讨论了未来的战事,并授权他在攻占西西里岛以后采取适当措施,迫

攻占西西里岛 | 225

使意大利退出战争。

为了攻占西西里岛，两国的三军参谋长（美国海军上将金、陆军上将马歇尔、空军上将阿诺德，英国海军元帅庞德、陆军上将艾伦·布鲁克、空军上将查尔斯·波尔特）组成联席会议，进行具体磋商。根据两国三军参谋长联席会议达成的协议，英国参谋人员拟订了一个代号为"爱斯基摩人"的作战计划。为此，英美两国领导人于1月23日任命美国陆军上将艾森豪威尔担任最高司令官，英国海军上将亚历山大担任副司令官。艾森豪威尔和亚历山大又任命英国海军上将坎宁安为"爱斯基摩人"作战的海军司令，而英国的空军上将阿瑟·泰德为空军司令。

西西里岛的面积为2.5万平方公里，岛上多山地、丘陵，西南面平缓，越往东北地势越加陡峭。世界著名的埃特纳活火山，就在岛的东北，为全岛最高峰。该岛东隔墨西拿海峡与意大利本土相望，西距90海里与突尼斯相邻，是地中海中部的门户。攻占该岛既可确保同盟国在地中海上的交通安全，又可对意大利法西斯施加决定性的压力。

坎宁安组建了西部和东部地中海两个特混舰队。西部地中海特混舰队的指挥官是美国海军中将休斯特，该舰队拥有580艘船只和登陆舰艇，还有1100多艘由船只运载的登陆艇，其主要任务是护送美国巴顿中将的第7集团军在西西里岛南岸登陆。东部地中海特混舰队的指挥官是英国海军中将拉姆齐，该舰队共有795艘舰船，还有700多艘由船只运载的登陆艇，其主要任务是护送英国蒙哥马利中将的第8集团军在西西里岛东岸登陆。

为了配合西西里登陆作战，盟军西北非空军司令、美国斯帕茨中将组织了一支西北非战略空军，由美军的杜利特少将指挥；又组织了一支西北非战术空军，由英国空军少将康宁汉指挥。英美盟军司令部决定，西西里登陆的日期为7月10日午夜，因为这个时间既有利于登陆步兵的隐藏，又有利于空降伞兵的照明。

德意海军将领从英美海陆空部队向北非地区集中的情况分析，估计盟军将在地中海发动一次大规模的战斗，于是决定竭力保证海上运输线的安全。盟军将领看穿了德意法西斯的意图，及时采取了相应措施。

登陆前，盟国空军多次袭击意大利的地中海舰船。4月10日，盟军空军派出24架B-17型飞机，炸沉了意大利停泊在撒丁岛马达累纳湾内的"特里斯特"号巡洋舰。同一天，盟军空军还派出36架B-17

型飞机，轰炸停泊在马达累纳湾的另一艘意大利巡洋舰"哥里齐阿"号，使其受到重创。盟军飞机还轰炸了西西里岛的重要军港斯培西亚，摧毁了海岸上的一些设施。到6月份，盟军空军和潜艇共击沉了400艘航行在西西里岛附近的意大利商船，总吨位超过了50万吨。这期间，意大利空军也遭到沉重打击，到7月7日，能够起飞的飞机还不到300架。

7月8日拂晓，西部和东部英美特混舰队的大约2500艘舰船和主要登陆艇，载着16万军队，在1000架飞机的掩护下，从停泊的北非和中东港口出发，分别向各自预定的滩头前进。9日下午，西部特混舰队的大批登陆战舰，驶近了西西里岛南岸戈菲塔与布拉切托角之间的杰拉湾，准备在这里的利卡塔、杰拉和斯科利蒂3个滩头登陆。20时10分，美国"布鲁克林"号巡洋舰和"伯明翰"号巡洋舰掩护着4支登陆突击大队向登陆海滩靠近。22时30分，巴顿发表演说："我荣幸地奉命指挥美国第7集团军，它是午夜投入战斗、天亮前将接受战斗洗礼的历史上第一个集团军。"

当时守卫西西里岛的有意军的11个师，其中7个师是海岸防卫队；德军有两个坦克师，其中一个是精锐的戈林党卫师。由于7月9日下午刮起了西北风，海上波涛汹涌，不利航行，意大利海防部队连夜警戒，疲惫不堪，所以晚上都睡大觉去了。士兵们在床上翻身时感激地说："今天夜里，他们无论如何来不了啦。"

10日凌晨2时45分，西西里战役打响。"比斯坎"号在利卡塔防波堤东南面两海里半处抛锚，其他坦克登陆舰也开始抛锚，并放下小艇，做好登陆前的准备。岸上的敌人听到抛锚声，立刻用探照灯照到"比斯坎"号舰上。舰长康诺利少将立即命令用炮火射击，将意军探照灯击灭。4时10分，预定在戈菲塔滩头登陆的美军先头部队，分乘登陆艇迅速驶向岸边，意大利守军的机枪和火炮立即射向海滩及其附近的海面。4时35分，第一批登陆艇全部冲向海滩。10分钟后，意军的飞机开始向登陆舰艇进行俯冲轰炸，但均未击中目标。美国军舰立即使用高炮将敌机逐走。4时45分，当美军的登陆艇靠近海滩时，岸上的意大利守军大都逃走，只有一些机枪手守住阵地，不远处还有两个炮兵连向登陆艇射击。一艘登陆艇全力冲上海滩，把部队送上了海岸，其他登陆艇抵滩时，也和意军进行了激烈的战斗。5时整，整个突击营都登上了海岸，随即有3个野炮营进入离海岸500～1000米的阵地，用炮火支援步兵前进。8时整，所有坦克登陆艇全部靠岸，士兵们蜂拥向前挺进。

盟军为了实施空降,特从西北非调来了 200 多架运输机。10 日拂晓,美军一支空降部队按计划在西西里岛南岸着陆,并立即封锁公路,阻击意军。到 12 日止,西部特混舰队运载的登陆部队共 4.6 万余人,全部登上了西西里岛西南各沿海滩头,并卸下了大量作战物资和战斗车辆。

当然,由于美国飞行员缺乏两栖作战的训练和经验,在朦胧的月光下把一些海上沙洲误认为海岸滩头,过早地投下了一些伞兵,使他们葬身海底,作了无谓的牺牲。

英军东部特混舰队运送的蒙哥马利中将的第 8 集团军,也在西西里岛东部海滩顺利登陆。舰队的登陆地域分为 4 个区:帕基诺半岛的西部海滩、帕基诺半岛南端的海滩、从帕塞罗角附近到文迪卡里之间的海滩以及从诺托湾直到马达莱纳半岛的海滩。

由英国维安海军少将指挥的舰队在旗舰"希拉里"号巡洋舰的率领下,运载着英联邦的第 40 和第 41 海军陆战队登陆突击队和加拿大第 1 步兵师,于 10 日凌晨 1 时左右接近了帕基诺半岛的西部海滩。英军登陆时,许多登陆艇被风浪推涌,直冲岸上,艇上的士兵趁势迅速登陆。5 时 30 分,英军登陆的各个海滩都发出了"登陆成功"的信号。

英军登陆部队上岸后,立即向离登陆地段以西几英里处的一个重要的公路交叉点波扎洛村挺进。英军所属加拿大第 1 步兵师奉命前往攻占波扎洛村。意守军用大炮猛烈轰击加拿大部队,加拿大部队受阻,请求舰队开炮支援,海上舰艇立即以强大的炮火轰击波扎洛村,意守军支持不住,挂出了白旗。

英军所有的登陆部队只遇到意军微弱和零星的抵抗,因此进展很快。14 日,英军相继攻克锡腊库扎和奥古斯塔。不过,蒙哥马利的第 8 集团军一度在东线受阻,亚历山大于 7 月 17 日接受了巴顿的建议,巴顿即把第 3 师、第 82 空降师和第 2 装甲师组成临时军,由凯斯将军率领,于 7 月 19 日向巴勒莫进攻,并于 22 日占领该市。8 月 1 日,进攻墨西拿的美军在特洛依那停滞不前,几乎每个师都遭到重创。8 月 2 日,美军的进攻又遭到失败。在争夺墨西拿的日子里,难以控制情绪的巴顿在医院视察时,无法容忍假装负伤的士兵,骂他们是"狗杂种",还动手打了他们。直到 8 月 17 日,盟军才占领了全岛,胜利结束了西西里战役。当天,亚历山大电告丘吉尔:"1943 年 8 月 17 日上午 10 时,最后一名德军已被逐出西西里。全岛现已在我们手中。"

在西西里战役中,英美加官兵伤亡和失踪约 3 万人,其中美军损失 7445 人;德意军队的损失多达 16.5 万人,其中包括 13.2 万人成为俘虏。

盟军占领西西里岛后，继续向意大利内地推进。

是年11月21日，艾森豪威尔、马歇尔和史汀生因巴顿打骂士兵而受到美国民众的极大压力，只得给予巴顿降职处分，并命令他以监督人员的身份赴欧履新。

"馅饼行动"蒙住德军眼睛

1943年1月中旬,盟军卡萨布兰卡高层会议把攻占西西里岛作为重中之重。

西西里岛是地中海上最大的岛屿,岛上驻扎了30多万德意军队,并有14个飞机场、1400多架飞机和几千门火炮。如果德意军队严防死守,英美联军实施强攻就有很大风险。怎样才能给德军造成错觉,使之削弱西西里岛的防御力量呢?据情报透露,德国已经获悉盟军将在地中海采取行动,但并不清楚盟军的具体目标。盟军联合计划参谋部经过研究,确定了两个假的进攻点:一是进入希腊向巴尔干推进,二是进攻撒丁岛作为进攻法国南部的跳板。

这是一个调虎离山计。英国皇家海军情报局17F科受命策划这场骗局。17F科的负责人伊万·蒙塔古少校为人精明,行事谨慎,便同他的得力助手乔治一起商讨对策。乔治中尉起先并没有什么主意,后来在同女友闲聊时得到启发,萌生一个大胆的设想:让一名溺水男尸带上假文件,漂流到名为中立实为亲德的西班牙海岸,并设法使这些假文件落到德国间谍手里。这个骗局的暗号是"馅饼行动"。

蒙塔古后来在回忆录中写道:"那时,我们周围经常布满尸体,但是却没有一具是我能用的。"最后,他还是从验尸官那里发现了一具合适的男尸。死者约莫30岁,刚刚死于肺炎,肺部积有液体,极易使人误认为是海水。接下来,他们给死者配了一个身份——联合作战司令部参谋,皇家海军陆战队上尉(代理少校)威廉·马丁,09560号。17F科还为马丁少校准备了各种随身物品和两封高级将领的亲笔信——一封是盟军联合作战总指挥蒙巴顿写给美国艾森豪威尔将军的信,其中谈到英美联合作战的问题;一封是美国陆军副参谋长奈依爵士写给亚历山大将军的信,信中说:"大象(威尔逊的绰号)一直想把西西里岛作为'爱斯基摩人行动'的烟幕,但西西里岛已决定用做'硫磺行动'的烟幕。你要

注意在'硫磺行动'开始后进攻撒丁，令空军猛烈轰炸西西里岛，故作假象，使敌军认为盟军当真要在西西里岛登陆。这样，西西里岛用做'硫磺行为'的烟幕，敌军更易上当……"

一切都准备就绪后，军方还报告了丘吉尔首相并征得了他的同意，随即又通知了当时指挥进攻西西里岛的盟军统帅艾森豪威尔将军。

1943年4月19日晚上，所有通往圣洛赫港的道路都被切断，整个港区实行了灯火管制。一辆罩得非常严实的军用卡车开进了港区，几个年轻人抬着一个巨大的箱子从车上下来，登上了"六翼天使"号潜艇。舰长杰威尔少校根本不知道这是怎么回事，因为上司的命令极其简单，要他绝对服从一个穿便衣的年轻人的指挥。4月30日凌晨，潜艇已秘密潜航到西班牙的韦尔瓦港外。几个年轻人将箱子打开，杰威尔吓了一跳——里边竟是一具穿着飞行员救生衣的尸体。潜艇到达指定海域后，尸体随即被抛入海中——他就是"马丁少校"。尸体随着海面上的西南风，向西班牙漂去……

当天早晨，一个西班牙渔民在海岸上发现了被浪头冲上来的这具"英国军官"的尸体，并马上把尸体转交给了驻地海军。随后，英国驻西班牙首都马德里的海军武官拍来密电告知："马丁少校已安抵目的地。"

当英国驻韦尔瓦副领事向西班牙人索要"马丁少校"的公文包时，西班牙却以办理各种必要的司法手续为由百般拖延。他们暗地里将尸体和公文包秘密交给了德国驻西班牙的情报机关首脑海尔·连兹。海尔·连兹一边令人仔细检查各种遗留物，一边将尸体秘密送往西班牙的华尔斯医院检验。"马丁少校"的遗留物包括一张银行透支单，一封寄自劳埃德银行的催款信，一张向邦德街的国际珠宝商菲普斯赊购订婚戒指的账单，两封情书，一张海军证件，两张戏票，一张联合司令部通行证，还有5英镑、3英镑钞票各一张，一串钥匙，一块手表，一个笔记本，一盒火柴，半包香烟和两张公共汽车票。这些东西无一例外地全被海尔·连兹取证、拍照、复印。医院方面在德国人员的监督下，解剖了尸体，其结论是："尸体系活着坠海溺死，肺部有少量海水，估计尸体在海上漂流了3至5天。"直到这一系列检查工作进行完毕，西班牙人才将"马丁少校"的尸体及其物品正式移交给英国。

德国最高统帅部经过反复研究后认为："马丁少校的身份很重要，所携带信件绝对真实，有重大价值和高度准确性。"但是，希特勒没有轻信，又作了亲笔批示："事关战局，慎重调查马丁少校。"于是，德国特工本利逐项印证了"马丁少校"的一切背景情况,然后向柏林发去密电:"'马丁事件'是真的!狼。"

6月2日,"马丁少校"被西班牙隆重安葬。之后,英军特意为死者立了墓碑,并以其女友之名献了一个花圈。"马丁"的名字随后出现在1943年6月14日伦敦《泰晤士报》发表的战场伤亡人员名单之中。

7月10日,盟军最高统帅部见时机已经成熟,即按原定计划对西西里岛发起了突然袭击,一举拿下了这个岛屿。

第二次世界大战结束后,盟军在缴获的德军文件中,发现了"马丁少校"身上所带信件的复制品、德文译文以及情报机构的报告。报告中记载,陆军参谋部肯定地做出结论:这些文件是真的——盟军将进攻撒丁岛和科西嘉岛而不是西西里岛。就连希特勒也对此深信不疑,他曾下令将西西里岛的快艇部队调往爱琴海,只把两个师留在西西里岛,使得西西里岛南岸出现了大块空白。

意大利法西斯覆灭

意军在北非和西西里的失败，加剧了国内的军事、政治和经济危机。

1943年5月24日，地中海盟军最高司令亚历山大命令克拉克将军指挥美国第5集团军，打响了意大利战役的第一枪。

一开始，盟军势如破竹。当时，意大利许多高级将领眼看败局已定，认为挽救意大利及其军队的唯一办法是脱离德国，与同盟国媾和。然而，墨索里尼根本听不进去。这样，就连他的女婿齐亚诺也对"老丈人"深为不满。1942年12月，齐亚诺在访问德军最高统帅部回来后，认为德国的战争前途极为黯淡，与德国的合作应该是"有限度的"，必要时要同它断绝关系。齐亚诺的意见得到许多军界要人的支持，但却遭到墨索里尼的坚决反对。于是，"领袖"与其他法西斯领导人之间也出现了深刻的意见分歧。

伴随着军事危机而来的是严重的政治危机。1943年8月爆发了席卷整个意大利北部的反战反法西斯大罢工，造成军工厂全部停产。参加大罢工的甚至有工人中间的法西斯分子和法西斯民团的成员。在8月大罢工的鼓舞下，人民群众20年来积压在心底的仇恨终于迸发出来。

从经济上看，意大利工业生产比1939年下降了35%，农业生产下降了20%；进口减少了78%，出口减少了54%。国债从1460亿里拉增加到4050亿里拉，国家预算赤字大增。

此外，对于德军在意大利的横征暴敛，意大利人民也怨声载道。据希特勒的前任外交部部长牛赖特供称，意大利的地方官吏对他说："人民的情绪就是那样，你们不得人心，那是你们自己造成的；你们征用了各种东西，并且吃光了小鸡。"

墨索里尼被捕

1943年7月23日深夜，沉默寡言、谨小慎微的意大利国王维克托·埃曼努伊尔在同总参谋长安布罗西奥等人联系后，在罗马威尼斯宫的鹦鹉厅召开枢密院会议，谴责了墨索里尼的倒行逆施。7月24日下午，大枢密会议通过了前外交部长迪诺·格兰迪的决议案，决定恢复宪制，剥夺墨索里尼的统帅权。齐亚诺也投了赞成票。这时，墨索里尼站起来说："你们挑起了政权的危机，简直糟糕透了。"25日夜里，国王几乎没有睡觉。清晨7点，宫廷部长送来了法西斯大枢密院会议上通过的决议原文。

即便如此，墨索里尼和他的支持者仍很乐观，认为这个决议没有法律效力，只不过是个劝告，在会见国王时，那儿会有"充分的回旋余地"。墨索里尼也自信他善于对付国王。时近中午，墨索里尼要求谒见国王。国王根据枢密院的决议，约他下午去萨伏伊宫。他的妻子预感到事情不妙，劝他不要去，但墨索里尼却说："20年来国王很信任我，我不会有丝毫危险。"然后坐上汽车向王宫驶去。

下午5时，墨索里尼走下汽车时，看到国王异乎寻常地穿着元帅服，在正厅里等他。国王和他热烈握手。墨索里尼佯作镇定，装出和平常一样的神态。正像他后来描写的那样："我进入萨沃亚宫时，思想上完全没有任何预兆，现在回顾起来，是处于一种真可以说是绝无猜疑的状态。"他概要地评述了军事形势，简短地报告了法西斯大枢密院开会的情况，指出"通过的决议是没有约束力的，因为大枢密院只是一个咨询机构"。国王不同意他的看法，并宣布他为"最可憎恨的人"。国王说："亲爱的领袖，事情不能再这样继续下去了。军队反对你，阿尔卑斯山轻步兵在唱一支歌儿，歌中说他们将不再以墨索里尼的名义去打仗。……你的职位现在由巴多格里奥元帅来担任。……现在大家都恨你，我成了你唯一的支持者。我担心你的安全，让我来保护你吧！"墨索里尼顿时瞠目结舌，争辩说，军队在最后考验中将支持他，但国王非常坚决，一再重复说："我很遗憾……非常遗憾……没有别的办法……我很遗憾。"

墨索里尼连说三遍："那么一切都完了。"然后又问道："那我怎么办？我的家庭怎么办？"国王说，他将亲自对墨索里尼的安全负责，并已采取了措施。说着就走向门口，示意会见到此结束，同他握手告别。

墨索里尼朝自己的汽车走去。突然，一个宪兵少尉拦住了他，并说：

"领袖，国王陛下命令我陪你，保护你。"墨索里尼回答："没有必要。"他说着就走向自己的汽车。但宪兵告诉他，不是那一辆，于是就半扶半推着墨索里尼坐上一辆救护车。车子从侧门出去，墨索里尼就这样被捕了。参与这一行动的还有几名便衣警察，他们事先接到命令："一定要抓住墨索里尼。如果他企图逃跑，就打死他。"

当天晚上，国王命令巴多格里奥组织一个包括军事首脑和文官在内的新内阁。过了两天，墨索里尼即被解往蓬察岛拘押起来。不久后，又将他转移到海拔2000多米的阿布鲁齐山上的"格兰萨索皇庄"关押。

巴多格里奥上台后，意大利法西斯党被解散，法西斯分子被撤职。新政府马上派出以贝里奥为首的代表团，前往丹吉与盟军磋商停战条件。

8月中旬，美国总统罗斯福和英国首相丘吉尔在加拿大的魁北克举行会议，商定意大利的停战条件，并授权盟军司令艾森豪威尔接受意大利投降。意大利新政府与美英在谈判投降条件时，双方意见分歧，使会谈拖延下来。德国隆美尔将军乘机指挥部队占领了意大利北部，凯塞林将军也指挥所属部队迅速解除了意大利南部意军武装，形成德军在意大利南北策应的局面。

这时，德国特务组织截获了关押墨索里尼地点的情报。7月27日，希特勒召开紧急会议，亲自制定了营救墨索里尼的"橡树行动"计划，责成伞兵司令施图登特负责，并召见了该计划的具体执行人——德军奥拉宁堡师的一个突击队队长奥托·斯科尔兹内上尉。

施图登特奉命召集部属莫尔斯少校和斯科尔兹内商量，制定了营救墨索里尼的周密方案。9月12日，莫尔斯和斯科尔兹内带领德国伞兵狙击教导营第1连和绑架来的意大利少将索雷蒂，分乘12架滑翔机，飞到阿布鲁齐山"皇庄"山顶旅馆的一座大楼前降落。

看守墨索里尼的意大利士兵拉响了警报，警卫部队立即做好了对付突然袭击的准备。斯科尔兹内一把将索雷蒂推在前面，用意大利语大声喊道："宪兵队士兵们，你们的索雷蒂司令要求你们同我们合作，否则，他就会在你们反抗之前死去！"就在这时，墨索里尼也在二楼上喊了起来："不要开枪！不要开枪！你们没有看见吗？那是一位意大利将军！谁都不要开枪！……"

莫尔斯和斯科尔兹内押解着作为人质的索雷蒂少将，迅速冲入大楼，将墨索里尼救了出来，乘上前来接应的"鹳"式飞机撤走。两天后，墨索里尼前往东普鲁士会见希特勒，被感动得痛哭流涕。为了驱使意大利的人力物力为德国的战争机器服务，希特勒要他在纳粹军队的庇护下，

意大利法西斯覆灭 | 235

出任法西斯政府首脑。这个"法西斯政府"以萨罗城为中心，负责管理意大利北部和中部地区。这样，墨索里尼又在加尔达湖畔苟延残喘了一年多时间。

盟军坦克驶入罗马

1943年9月3日，巴多格利奥政府宣布向同盟国投降。

9月17日，由塔兰托和卡拉布里亚向北突击的英国第8集团军与在萨莱诺登陆的美国第5集团军会师。19日，盟军乘胜攻克了意大利的撒丁岛。29日，巴多格里奥同艾森豪威尔在马耳他岛上签订了含有军事、政治、经济内容的投降协定的"详细条款"。

10月1日，盟军进占了意大利名城那不勒斯和东海岸的福贾，由此便可以对奥地利、德国南部、巴尔干的军事设施和交通中心进行空袭。13日，巴多格里奥政府宣布，意大利正式退出法西斯轴心，并向德国宣战，苏、美、英三国立即承认意大利为共同作战的一方。自此，德意日轴心趋于瓦解，轴心国在欧洲大陆的战争即由德国单独进行。其时，德军在意大利只有26个师，其中8个师还得用来对付游击队。德军凯塞林元帅见势不妙，以迅雷不及掩耳之势接管了意军的全部防务，意大利转眼间就变成了盟军与德军绞杀的战场。10月14日，盟军攻克科西嘉岛，而由克拉克将军指挥的美国第5集团军则占领了卡普亚。由此，盟军建立了一条横贯意大利南部，长120英里的战线。

1944年1月，克拉克将军决定进攻德军的右翼，22日以第6军两个师共3200人的兵力，在距罗马48公里处的安齐奥登陆，使凯塞林一度感到岌岌可危。当时在通往罗马的道路上，德军未部署一兵一卒，美军因没有乘胜挺进而错失良机。这支美军仅仅由于舰炮的支援，才在德军反攻时免遭灭顶之灾，没有使该地成为第二个敦刻尔克。经过4个月的战斗，盟军在安齐奥仍然只占领了滩头阵地。

克拉克其时把主要注意力集中在意大利中部的古斯塔夫防线上，这道防线是欧洲最坚固的防线之一，其制高点是一座具有1400年历史但已废弃的修道院。这座修道院坐落在高高的山顶上，盟军想从这里北上，似乎比登天还难。盟军反复攻击，已将修道院夷为平地，但却始终未能攻下这个山头。5月中旬，法国山地部队从左翼迂回包围，最后由波兰人于18日将其占领。此后，为了避免背上摧毁罗马古城的罪名，被盟军打得无处安身的凯塞林宣布罗马为不设防城市，命令德军越过该城，后

撤到另一条哥特防线。盟军坦克于6月4日驶入罗马。

与此同时，游击队趁势解放了北部的米兰、都灵等200多个大小城市。走投无路的墨索里尼向"北意大利民族解放委员会"提出谈判投降的要求，但当他听说他将被交给人民法庭审判时，他被吓坏了。4月25日，墨索里尼化装成德军司务长，带着他的情妇克拉拉·贝塔西和65公斤黄金，躲在汽车后座上，跟随20辆德军卡车，由米兰逃往科摩湖，企图从那里去瑞士过他的流亡生活。4月27日，这支车队在途中被"加里波迪游击队"截获。一名游击队员俯身细看一个躺在卡车里的"德国军人"，摘下他的墨镜和钢盔，露出了大家熟悉的"秃头"，认出他就是墨索里尼。

4月28日，人民游击队根据意大利民族解放委员会的命令，将墨索里尼及其同伙就地枪决，然后把他们的尸体运到米兰的洛雷托广场，倒挂在路灯杆上暴尸数日。

8年前，墨索里尼曾经表示，希望在他整个一生的长戏演完之后，人类能够为之心碎。他说："我的坟墓，要刻上'在这里躺着大地有史以来最聪明的动物'。"

现在，一大群意大利人聚集到广场上，痛骂和报复已经死去的"领袖"。也有一些顽固的法西斯女党徒削去长发，来到广场为"领袖"致哀。

此后，墨索里尼的尸体被人盗走，失踪了4个月，才在米兰郊外的一个小镇上出现。在接下来的几个月里，墨索里尼的尸体被移来移去，最终葬在他的出生地——埃米利亚的普雷达皮奥。1966年3月，美国一名外交人员前往普雷达皮奥，拜访了墨索里尼的遗孀，交还了美国人在1945年取去用于"实验"的墨索里尼的部分大脑。至此，墨索里尼总算"完尸故里"。

墨索里尼悬尸米兰街头[①]

[美]米尔顿·布莱克尔

贝尼托·墨索里尼昨晚回到了他的法西斯主义诞生的那个城市。他是被一辆大篷货车载到这里来的——他的尸体躺在一堆尸体上，躺在同他一道被枪毙的他的情妇和12个男人的尸体上。这一伙人都是在昨天被意大利游击队员枪毙的。墨索里尼的垮台、逃跑、被捕和被处决构成了一出丑剧。今天上午，在洛雷托市场，这出丑剧的最后也是最丑恶的一幕终于结束了。

今天上午9时30分，人们从四面八方蜂拥而至，都想最后看一眼这个曾经在该城担任一家社会主义报纸编辑的人。人们推来挤去，又吵又嚷。游击队员试图把人流挡回去，但毫无用处。他们朝天连鸣数枪以示警告，人们也不后退半步。

死后的墨索里尼的模样儿有些变了，但是人们仍能认出他来——他那刮得精光的脑袋和粗脖子就是确定无疑的标记。他的身材看来很小，似乎有点萎缩了——不过，他向来不是高个子。他的脑袋至少挨了一枪，子弹穿过脑部，从右耳后3英寸处钻出来。靠近他前额的地方有一个小洞，看来也是子弹打穿的。

至少有两个小伙子从人群中挤了出来，用脚踢墨索里尼的脑袋，似乎嫌他死得还不够扎实，丢丑也不够。其中一个小伙子踢了几脚就算了，而另一个则使劲踢墨索里尼的下巴，结果使墨索里尼生前趾高气扬的脸完全扭曲了，变得丑恶无比。

墨索里尼身穿民团制服——灰棕色上衣、灰裤子，从裤腰到裤脚镶着红黑两色条纹。他脚蹬肮脏不堪的黑色皮靴，左腿的靴子脱出一半，看起来，腿像断了似的。他的小眼睛睁着。这个人生前拍正式照片时，

---

① 《纽约时报》米兰1945年4月29日电。

爱把下巴挺出去。这一次，具有讽刺意味的是，有人用步枪枪托顶着他的下巴，把那张黄脸翻转过来，对着太阳，好让在场的仅有的两名盟军摄影师拍照片。枪托拔出来后，墨索里尼的面部颓然左歪。我赶紧把他的尸体向左搬了一下，使他的脸继续正对阳光。我们几个记者被一群热心的米兰人推到正中间，这些米兰人从未见过美国人。我们所见到的，是我们一生中所见到过的最令人厌憎的场面之一，然而，正是亲眼见到了，我们的报道才最有权威性。

墨索里尼的脑袋倚在他的情妇克拉拉·贝塔西的胸膛上，正是依仗墨索里尼的权势，她才得以在电影界平步青云。贝塔西的年龄比墨索里尼的女儿还小，她同墨索里尼一道，在科莫湖边的科莫村外被枪决。现在，她躺在地上，身穿皱巴巴的短外套，黑头发卷曲着，即使死了，看上去也是那样年轻。

有人数了一下，说是共有18具尸体。如果是18具的话，另外4具尸体又是谁呢？尸体堆成一大堆，即使处在像我这样的最有利的位置上也难以数清。

刚过上午10时，人们就用电线把墨索里尼、贝塔西小姐等6具尸体的脚捆结实，拉到几码以外一个废弃不用的加油站，把他们倒吊在一根钢梁上。后来，人们把电线割断，把这6具尸体拖到陈尸所。于是，那里顿时又聚起许多人，男人、妇女和儿童纷纷爬到栏杆上看最后一眼。

诺曼底登陆

1943年11月,斯大林、罗斯福、丘吉尔在德黑兰举行三国首脑会议,就盟国开辟第二战场的问题达成协议。英美承诺,开辟第二战场的时间不迟于次年5月。根据会议精神,盟国决定实施一项横渡英吉利海峡,从法国北部登陆的"霸王作战计划"。盟军选中英国海军中将摩根为该计划的主要筹划人,因为他参加过西西里登陆行动,具有两栖实战经验。

盟军选择的登陆点必须靠近英国空军基地,才能取得空中掩护;登陆点附近必须有港口设备,才能不断得到后勤物资与后续部队的支援。摩根选中了两处合适的登陆点,一是加莱海岸,一是诺曼底海岸。加莱离英国最近,但海边崖壁陡峭,海滩狭窄,且有德军重兵防守;诺曼底虽远了一点(距英海岸64.8海里),然而海滩较平坦,德国守军兵力较弱,附近的瑟堡又是较大的海港。盟军最高联合指挥部权衡利弊,斟酌再三,最后选中了诺曼底。

落实"霸王"计划

诺曼底(Normandie)是法国西北部的一个旧省名。诺曼底在历史上以其公爵和贵族的战绩及其政治制度而著称,在中世纪的欧洲起过重大作用。塞纳河由此入海,沿海有勒阿弗尔、鲁昂、瑟堡等港口。

为了实施登陆战役和发展陆上进攻,盟军需在英国集中将近300万人的部队、5000余艘舰船、1000余艘战舰和1万余架飞机。

英吉利海峡的气候变化无常,时有风暴。为了修建停靠运输船的防波堤,英国海军工程专家们设计了一种预制堤岸——用钢筋混凝土浇制的200多个空心大浮箱。箱底有孔,用塞堵严,下水就浮在海面。人们用拖船把这些大浮箱拖到海边,拼合成防波堤后,拔去箱底塞子,水灌

入箱内，即沉入泥沙中固定，露出海面的部分便形成一个人工港。

盟军最高联合指挥部决定让美国的艾森豪威尔将军担任盟军远征军总司令，泰德是副总司令。英国的蒙哥马利将军充当远征军地面部队的总指挥，美军地面部队司令是布莱德雷；海军总司令是拉姆齐（英），空军总司令是利—马洛里（英），参谋长还是美将史密斯。艾森豪威尔的新班子细致研究了"霸王作战计划"后决定：

为诺曼底—布列塔尼地区的决战准备必需的兵力和物资，打破敌军包围阵地（在开始的两个阶段，登陆作战将由蒙哥马利任战术指挥）。

用两个集团军群在一条宽阔的战线上进行追击，重点是在左翼取得必需的港口，进逼德国边境并威胁鲁尔。在我们的右翼，我们要同从南面进攻法国的兵力相连接。

取得比利时、布列塔尼以及地中海的港口，以便沿着德国占领区的西界建立新的基地。

在我们为最后战斗准备兵力的同时，还要用一切办法连续不断地发动猛烈的进攻，既要削弱敌人，又要为决战创造有利条件。

彻底驱逐莱茵河以西的敌军，同时不断在河东寻找桥头堡。

按照两翼包围鲁尔的方式发动最后进攻，重点再次放在左翼，随后朝着当时决定的特定方向直接突入德国。

肃清残余的德军。

根据这个作战计划，登陆的地域从康坦丁半岛东南到奥恩河口，包括维尔河以北的海滩，宽约96公里。登陆海滩共有5个滩头，从西到东，各滩头的代号分别为"犹他"（美军）、"奥马哈"（美军）、"哥尔德"（英军）、"朱诺"（加军）和"斯沃德"（英军）。

与盟军的计划相反，德军高级将领们错误地认为，英美盟军登陆的地点是加莱地区，因为这里距德国的工业心脏鲁尔最近，一旦盟军登陆就可构成对德国的威胁。不过，希特勒曾向德军高级将领们提出："毫无疑问，英美军队一定会在西线登陆。在我们漫长的战线上，除了靠近暗礁的部分地区外，其他任何地方都可以登陆。但有两个地点最具可能，因此所受的威胁最大，这就是诺曼底海岸和布列塔尼半岛，而战略目标是夺取瑟堡。"

1943年1月，德军B集团军群司令隆美尔元帅奉调防守法国海岸。号称"沙漠之狐"的隆美尔曾在北非同英美盟军打过交道，他上任后的第一件事就是加强"大西洋壁垒"。

希特勒在占领西欧大片土地后，为防备盟军在欧洲大西洋沿岸登陆，于1941年12月下达命令：从挪威到西班牙修建一道由众多坚固的"支撑点"构成的钢铁防线，即"大西洋壁垒"或"大西洋墙"。"壁垒"防御工事的规模在人类战争史上是前所未有的。它设计巧妙，建筑坚固，种类繁多，火力配置合理。遗憾的是，这一工程尚未竣工。隆美尔十分着急，亲自指挥一支由军人和劳工组成的数十万人的建筑大军，日夜不停地施工，在海滩水下设置了大量钢筋混凝土障碍物，并面向大海斜插了许多木桩、角锥和轨条等五花八门的反登陆设施；在海岸上构筑了许多隐蔽得十分巧妙的炮台堡垒，使之控制所有强行登陆的地点；布设了数不清的反坦克陷阱、带刺的铁丝网、坚固的步兵掩体和厚壁碉堡；在水面、海滩和海岸后面广阔的雷区里，雷点之密集，几乎到了无立足之锥的地步。此外，隆美尔还在临近海岸的开阔地带，树起了许多密集的木桩和鳞次栉比的哨所，以防止反攻部队的滑翔机着陆，并粉碎伞兵的空降行动。隆美尔还直接掌握了3个精锐的装甲师，可随时用于增援海防。

制造假象迷惑德军

鉴于这种情况，盟军经过深思熟虑后认为，只有用计诱骗敌人，出其不意地实施袭击，登陆才能成功。为达到这一目的，必须做大量的以假乱真的工作。丘吉尔设立的"伦敦控制小组"为此制订了代号为"刚毅行动"的专门制造假象、迷惑敌人的一整套方案，施展种种疑兵之计，如派出特工人员在敌占区进行骚扰，散布谣言，煽动罢工，等等。盟军还集结了一支假舰队，发出大量电讯，造成假象，仿佛盟军总司令部设在肯特，并让以勇猛著称的美国将领乔治·巴顿闲步肯特街头。进攻前夕，英国飞机又撒下大量锡箔片，使德军从海岸雷达上看来，好像一支舰队正从第厄普向东驶去，开往加莱。

为了使德军西线的90个师撤离诺曼底，并让驻斯堪的纳维亚半岛的27个师稳住不动，英国的间谍机构不断以师和军的名义，拍发虚张声势的假电讯。德军谍报机构截获到这些电讯，果然上了当。他们认为在爱丁堡附近驻有25万人的英国第4集团军，将在挪威从事牵制性的进攻行动，致使希特勒不敢调动原计划抽调的25个师南下。为了使敌人相信，真正的登陆地点在加莱，英国煞有介事地派人在中立国重价收购加莱海岸的详细地图和水文气象资料。盟军又传出消息，说是有一支近100万

人的美国集团军群,在英国东南沿海一带枕戈待发,准备进攻加莱,集团军群的司令是美国的巴顿将军。事实上,那是一些守卫英国本土的部队。

德国飞机飞临英国海岸进行侦察,只见在英国东南沿海新建了许多医院、兵营、部队食堂和弹药库,以及野战机场和机库,还有整整一个装甲旅的英军坦克。当然,这一切都是英军用以蒙骗敌人的。英国还故意在加莱对面的多佛尔海岸伪造了巨大的油船码头,配备了贮油罐、发电厂和高射炮群,而这些都是英国电影制片厂的布景师们用胶合板、充气橡胶精心制作的。

为了摸清英美盟军的动向,德国也派遣间谍去英伦三岛搜集情报。但是英国反间谍机构早已森严壁垒,张网恭候,德国间谍一踏上英国本土就成了阶下囚。在严刑拷打与重金收买下,这些德国间谍成了双重间谍,反过来为英国人效劳,把英国人编发的假情报发回德国。希特勒上钩了。他认为盟军已集结了92~96个师的兵力,准备于7月进攻加莱,遂命令德军最精锐的第15集团军集中在加莱,等待"剥了皮的兔子"送上门来。然而,诺曼底对岸的田野上却布满了披着伪装的坦克、水陆两用运输车、吉普和大炮。受过特殊训练的37个英美精锐师,正在执戈待命。这才是真正的攻击力量。

1944年夏天,东线苏军进军到了罗马尼亚境内。战局的发展使丘吉尔、罗斯福明白:即使没有英美参战,苏军和欧洲各国人民的武装力量也终将战胜德国。为了他们自身的利益,必须立即行动。5月中旬,由艾森豪威尔主持,在英国圣保罗公学里召开了关于执行"霸王作战计划"的会议,英国国王乔治六世、首相丘吉尔、南非总理史末资元帅以及各军参谋长参加了会议。会上,蒙哥马利具体讲述了这项计划的实施方案。

1944年6月初,德国统帅部在西线共有61个师,其中包括10个坦克师。每师人数为8000~10000人。这些兵力分散驻扎在广大地域,在诺曼底海军登陆地域70公里正面上仅有两个师驻守。

盟军为了实施登陆战役,在英伦三岛集结了4个集团军(两个美国集团军和各1个英国、加拿大集团军),下辖37个师。此外,美国还有50个师已做好向欧洲运输的准备。总兵力为287.6万人。盟军共有1.1万架作战飞机和2300多架运输机。登陆的海军兵力有:战列舰6艘、巡洋舰22艘、驱逐舰93艘、扫雷舰255艘、运输船和登陆船6000余艘。

6月4日,法国抵抗运动领袖戴高乐将军应英国首相丘吉尔的邀请,乘首相私人飞机飞抵伦敦,一下飞机就驱车来到盟军最高统帅部。丘吉尔向他粗略地介绍了"霸王作战计划"。艾森豪威尔也会见了戴高乐。临别时,艾森豪威尔拿出一份事先准备好的讲话稿,希望戴高乐能用这篇稿子向法国人民讲话。稿子过分强调要法国人服从盟军的指挥,戴高乐拒绝了。经过双方磋商,次日,戴高乐交给英方一份法国能接受的讲话文本。

庞大的战争机器开始转动了。部队和各种战车谨慎而隐蔽地开往登陆舰队停泊处,准备随时渡过海峡。

果断下达命令

盟军最高统帅部在执行"霸王作战计划"的最后几小时里,突然收到一份密电:德国人认为在现在这样的天气里,盟军不会大举进攻。事实上,德军也没有发现盟军有什么异常行动。因此,6月5日一早,隆美尔元帅便带了副官和他的作战指挥官离开别墅,冒雨乘车回德国赫林根,为他的妻子庆贺6月6日的生日。动身时,他瞅着蒙蒙细雨,自言自语道:"不会有登陆。如果有,他们甚至都走不出海滩。"隆美尔在路上花了一天时间,准时在黄昏时分赶到了赫林根。他的妻子让他试了试为他买的新鞋。

这天入夜,在巴黎总部的德国元帅龙德施泰特接到报告:从瑟堡到勒阿弗尔的德军雷达站台遭到干扰,同时伦敦英国广播公司给法国抵抗分子发出了多得异乎寻常的密码电讯。驻加莱的德军第15集团军也报告说,他们截获一份从伦敦发给法国抵抗分子的密码电讯,现虽尚未破译,但情报人员坚信内容是告诉法国人进攻即将开始。龙德施泰特沉吟片刻,随即发报:命令德军第15集团军和第7集团军立刻进入一级战备状态。这时,隆美尔的参谋长斯派达尔正在别墅里为他姐夫和隆美尔的朋友举行便宴。觥筹交错之后,他竟把龙德施泰特要两个集团军戒备的命令给耽搁了。

艾森豪威尔原把登陆日定为6月5日。6月4日,在黎明前举行的一次会议上,他得知第二天有暴风雨之后,便决定把登陆日期至少推迟一天。5日晚上,艾森豪威尔在索斯威克的一个餐厅里同他的高级指挥员和其他助手开会。9时30分,最新的天气预报带来了好消息:倾盆大雨黎明前停止,随后有36小时左右的晴天。

6月5~6日夜间,乌云虽有妨碍,但轰炸机和战斗机仍能作战。艾

森豪威尔背着手，耷拉着脑袋踱来踱去。突然，他抬起头来问参谋长史密斯："你是怎么想的？"史密斯回答："这是一场大赌博，但是能赌赢。"

艾森豪威尔在最高指挥部里个别征求意见，大家的看法并不一致，只能由他独自拍板。屋子里非常安静，只有落地窗发出的格格响声和外面的雨声。9时45分，他毅然说道："我非常肯定，必须下这道命令。"午夜时分，护航队再次组成。当艾森豪威尔凌晨3点半醒来时，风还在刮，雨还在下。根据天气预报，这个时候雨应该停了。他在泥泞中驱车一英里来到索斯威克，召开了最后一次会议研究天气状况。如果不行，当时取消行动还为时不晚，可以让舰只返回，到6月19日下一次落潮时再行动。

然而，天气预报比5小时前更为肯定：暴风雨将在拂晓之前停下来。但是，风雨过后很可能只有一个晴天。艾森豪威尔又征求意见，又低头踱步。蒙哥马利仍然希望行动。海军上将伯特伦·拉姆齐虽对一些具体问题表示担心，但他认为值得冒险。空军元帅阿瑟·泰德不愿行动，空军副元帅特拉福特·利－马洛里认为还不具备起码的条件。然而，部队已经接到了命令，如果长时间拖延，德军将会识破最高司令部的秘密。

艾森豪威尔停下脚步，面对着他的部下，平静而清晰地说："好，我们走吧！"欢呼声立刻响彻餐厅，指挥员们冲出餐厅奔向他们的指挥所。30秒内，餐厅里除了艾森豪威尔之外已空无一人。他被孤立是象征性的，因为命令已下，他现在已无能为力。这一天的晚些时候，艾森豪威尔在一张便笺上草拟了一篇新闻稿，以供必要时使用："我们的登陆……已经失败，我已将部队撤回。我在此时此地发动进攻的决定是根据能够得到的最可靠情报作出的。我们的军队都非常勇敢和尽职。要说有什么责任和缺点的话，全都是我一个人的。"

盟军舰队开始登陆

深夜，登陆行动开始，盟军舰队从伦敦西南70多公里的朴次茅斯出发，越过海峡，向德军第7集团军防守的冈城和瑟堡之间的海岸驶去。出发前，每一个士兵都得到一份由欧洲战场盟军最高司令艾森豪威尔将军亲自签发的号召书：

伟大的讨伐东征就要开始了，为了这个伟大的使命，我们已经付出了数月的努力。世界上所有热爱自由的人们对你们寄予莫大的希望，他们为你们祝福，与你们同在。英勇无畏的盟军将士们，团结一致，同仇敌忾，摧毁德国的战争机器吧。推翻压在欧洲人民头上的纳粹暴政，使得我们自己能够安全地生活在一个自由美满的社会里。

你们肩负的任务非常艰巨，他们将会像困兽一样与你们决一死战。然而，现在是1944年，时代的潮流已经发生了变化！全世界自由的人民将肩并肩地走向胜利。祝你们走运！

让我们大家恳求万能的上帝，为我们这次伟大、崇高的使命而祝福。

德怀特·艾森豪威尔

当天晚上，德军因为风浪太大，已撤回了在海峡巡逻的飞机、舰船，因此，谁也没有觉察到盟军的行动。是夜，戴高乐向法国人民广播说："最后的战斗开始了。……凡是法兰西的儿女，他们唯一而神圣的义务是尽一切力量打击敌人……"法国抵抗运动的成员在戴高乐号召下开始行动：在公路上设障，炸毁铁路线，切断通往德军司令部的电话线，为解放自己的神圣祖国英勇战斗。

6月6日凌晨1～2时，美英2395架运输机和847架滑翔机，从英国20个机场起飞，载着3个空降师向南疾飞，到法国诺曼底海岸后边的重要地区空降着陆。伞兵降落后，顺利夺取了海岸通道与重要桥梁，在德军海岸守军的背后牢牢地站住了脚跟。德军第7集团军参谋长急向隆美尔总部报告：这次空降看来像是大规模行动。隆美尔的参谋长斯派达尔尽管不大相信，还是决定向巴黎总部报告。龙德施泰特接到斯派达尔的情况转报后，认为这是盟军声东击西的手法，因为驻扎在加莱的第15集团军也发现了盟军有大规模入侵的迹象。

在诺曼底登陆过程中，美军第101空降师功不可没。该师的历史可追溯到一战时期。因其官兵的臂章上缀有一个嚎叫的鹰头，它又被称为"鹰师"或"嚎叫之鹰"。1944年5月，第101师接到了参加诺曼底登陆的命令，其任务是在瑟堡半岛犹他滩头的敌军防线后面空降，肃清该区域的德军，控制盟军登陆场后方地域并为登陆部队扫清道路。6月6日，第101师8个营的6000多名官兵搭乘C-47运输机飞到法国上空，在接近伞降场时，他们遭到德军高射炮火的猛烈攻击，伤亡惨重。运输机为了躲避高射炮火，把伞兵撒得到处都是。师长泰勒将军最初只能集合起100来人，并且大多是军官。在带领他们去夺占犹他滩头时，他不无幽默地说："从来没有这么少的人接受这么多人的指挥。"第101师浴血奋

战5个昼夜，赶走了德军第6伞兵团，占领了卡朗唐，一直坚守到美军装甲部队从滩头赶来。接着，该师又连续激战近30天，出色地完成了任务。第101师由此声名远播，并获得了"优异部队嘉奖令"。

6日黎明时分，英国皇家空军的1136架飞机，对勒阿佛尔和瑟堡之间事先选定的敌军海岸的10个炮垒投弹5853吨。天亮以后，美国第8航空队的轰炸机开始出击，1083架飞机在部队登陆前半小时，对德军海岸防御工事投弹1763吨。然后，盟国各类飞机同时出击，轰炸海岸目标和内陆炮兵阵地。

5时50分，盟军海军战舰开始猛轰沿海敌军阵地。霎时间，炮火连天，山摇地动。接着，尖厉的警报声划破晨空——诺曼底碉堡里的德军突然透过迷蒙的烟雾，看到成千上万的舰艇像幽灵般出现在海面上。盟军的1万多架飞机和运载着17.6万名步兵的5000多艘舰艇，汇成一股钢铁洪流涌向诺曼底。惊慌失措的德国守军强自镇定下来，进行火力阻击。

盟军以迅雷不及掩耳之势，冒着德军猛烈的炮火，在奥尼河口至科唐坦半岛东岸一段96公里长的5个滩头强行登陆。在强大的空军、舰队火力掩护下，登陆艇加速开往浅滩，犹如一道活动的海上长堤。德军未料到盟军会在低潮中登陆——他们的大炮瞄准的全是高潮线，埋在这800码软乎乎沙滩里的水下障碍物也全部暴露在光天化日之下。

6时30分，盟军部队开始登陆。德国守军用交叉火网封锁海滩，把呐喊着拼命往前冲的盟军士兵抑制在光秃秃的沙滩上。然而，登陆的英国、美国、加拿大和法国的士兵早已不分国籍，他们共同的敌人是法西斯，他们知道，每一寸土地都得用鲜血和生命去夺取。他们唯一的生路是勇往直前，涉过海滩。

德国作战飞机迅速起飞，要去支援地面守军，但是，面对密如飞蝗的盟军机群，它们只能仓皇脱逃，完全放弃了制空权。盟军庞大的舰队也坚守着海上航道，每一艘试图靠近科唐坦半岛的德军舰艇除了被击沉之外，没有别的选择。

隆美尔大吃一惊

早上7时30分，隆美尔接到参谋长斯派达尔从诺曼底打来的紧急电话，大吃一惊：诺曼底真是他们的登陆点么？如果这是真的，那就意味着第三帝国的末日到了！上午10时，这位元帅再也沉不住气了，他要通

了B集团军群总指挥部的电话,询问有关情况,回答是盟军确实在诺曼底登陆了。半小时后,隆美尔和他的随员乘上座车,立即返回前线。

随着诺曼底的形势越来越严重,巴黎的龙德施泰特和斯派达尔火速向最高统帅部联系,请求调两个装甲师去支援。希特勒的智囊约德尔对此置之不理。当希特勒上午接见约德尔时,竟完全赞同他拒绝龙德施泰特的"疯狂要求"。中午,希特勒在克莱斯海姆宫兴致勃勃地接待匈牙利国宾。为了向客人表示敬意,战况汇报会就在宫里举行。希特勒满脸堆笑,对参谋人员说:"嘿,干起来了,是吗?过去那些兔子躲在英格兰倒是安全的,现在可该狠狠地揍他们了。"下午3时,坏消息再次传来,希特勒才批准派遣利尔装甲师和党卫队第12装甲师赶去增援诺曼底。

下午5时,隆美尔抵达诺曼底。他亲眼目睹盟军已经大批登陆,并向纵深推进了2～6公里。他调集邻近的部队和增援的两个装甲师进行堵击,盟军的攻势暂时受到遏制,但他清楚,滩头阵地必然会被占领。事实上,腹背受敌的德国海岸守军再也支持不下去了。此时,盟国已在滩头阵地上建立起5个滩头堡。

这天下午,英国首相丘吉尔致电斯大林,通告了诺曼底登陆行动:

一切进行得都很顺利。水雷、障碍物和地面的炮台大多被克服。空降很成功,而且规模很大。步兵登陆进展迅速,许多坦克和自行火炮已运上岸。气象预报天气转佳。

斯大林收到丘吉尔的电报,十分高兴,当即回电表示祝贺:

接奉来电,得悉"霸王"作战行动业已开始,并获成功,我们同感欢欣,并祝获更大成就。

按照德黑兰会议协议所组织的苏军夏季攻势,将于6月中旬以前,在前线某一重要地段开始。苏军的总攻将随着部队陆续转入进攻而逐步展开。从6月底到7月间,各项进攻行动将汇成苏军的总攻势。

攻势行动的进展情况,当随时奉告。

6月7日,当朝阳在硝烟弥漫的海面上升起时,盟军登陆部队已经站稳了脚跟,并开始把5个登陆场连接起来,再向纵深发展。盟军的坦克、卡车和徒步冲锋的士兵,在海军和空军的掩护下,潮水般向前推进。这股不可阻挡的洪流,正撕开德军防御阵地越来越大的缺口,汹涌澎湃地滚滚向前。

由于法国抵抗组织切断了电话线,德军司令部与大部分所属部队一

时失去联系，陷入一片混乱，而希特勒却在克莱斯海姆宫中狂噪："用钢与火迎接他们，把他们压垮在沙滩上！"然而，为时已晚。隆美尔赶回德国向元首报告，挨了希特勒一顿臭骂。

6月12日，盟军各登陆地段已基本稳固，连成了正面宽80公里、纵深13~19公里的登陆场。"大西洋壁垒"已被突破。英国首相丘吉尔在视察了诺曼底战场后说："这个历史上最困难、最复杂的战役，使盟军得以重返欧洲大陆。"

6月25日，美军攻占了港口要塞瑟堡。28日，德国第7集团军司令多尔曼因心脏病发作而猝死于前线。

7月1日，盟军完全肃清了科唐坦半岛上的德国残军，接着又占领了冈城。德军西线总司令龙德施泰特被免职，由克卢格将军接替他的位置。7月17日，隆美尔的汽车受到英国飞机攻击，他虽多处负伤，但仍奇迹般活了下来。他不得不返回德国，其职务也由克卢格兼任。18日，英军攻占了卡昂城，而美军占领了圣洛城，从此在西欧大陆上建立起了从卡昂延伸到圣洛的稳固战线。至此，诺曼底登陆成功，盟军具备了收复西欧大陆的有利条件。

在6月6日到7月18日的诺曼底登陆战役中，德军伤亡11.6万人，盟军伤亡12万人。

血腥的奥马哈海滩

奥马哈是科唐坦半岛南端维尔河口与贝辛港之间6.4公里长的海滩,海岸为30多米高的悬崖陡坡,有4个被海水冲刷出来的天然深谷。海滩上的高低潮落差达270米,而海滩本身是硬质沙地,上面高耸着鹅卵石的堤岸,后面是沙丘、草地、树林……

起先,盟军情报机构报告说,守卫奥马哈海滩的只有德军第716师的800名官兵,他们是纳粹国防军的一支装备极差的部队,人员大多是逾龄军人、波兰人和其他非德国人。然而,事实并非如此。占据这块高地的竟有2000多名官兵,海滩上密密麻麻的地堡、掩体、碉堡,破坏了美丽大自然原来的面貌,就像一个漂亮姑娘脸上刻着道道疤痕。这些官兵不属于716师,而是属于352精锐师。他们悄悄抵达诺曼底,两个月来始终没有被盟军发现。这支新军中有一半是来自汉诺威的十八九岁的青年,他们训练有素,士气高昂,另外还有来自东方前线的200多名富有战斗经验的老兵驻守在悬崖峭壁上。

参加登陆作战的美军有13.3万人,单是进攻奥马哈海滩就有3.5万人和3300辆车,其中包括"打败天下无敌手"的"铁血军营"第1步兵师、第29步兵师以及两个突击营。

清晨,3艘巨大的运输舰驶入湍急的英吉利海峡,士兵们迅速登上90艘强击艇,剧烈的颠簸使他们呕吐不止。曙光中,前方的灰色物体隐约可见。奥马哈海滩的海岸线曲折蜿蜒,同地图上标明的位置几乎不爽分毫。5时30分,盟军枪炮齐发,炮口喷出的火焰掠过水面。

指挥员曾向船上的士兵们保证,火箭和空中轰炸会使这个海滩布满弹坑。对登陆官兵来说,战斗计划看起来进展顺利。当第1师的官兵占领奥马哈海滩的东半部时,第116师也开始猛攻海滩的西半部,为3.5万官兵和2400吨装备上岸扫清道路。

但是,当强击艇在6时30分靠近海滩,等待登陆时,连长罗伯

特·沃克却被眼前的景象惊呆了。潮水退下去时，海滩300码宽的地方显露出来，并没有计划里所说的那些弹坑。海滩上的绝大多数房屋和其他建筑物完好无损，大地依然一片葱绿。沃克自言自语道："该死的空军在哪里？"谁也看不见高高云端里飞行的B-17轰炸机，它们耽搁了几秒钟才投掷炸弹。由于担心击中盟军部队，炸弹都落在海岸线后面几英里处的田野里。海军的火箭和炮弹没有摧毁德军的防御工事。

几个小时前，某连的中士罗伯特·比克斯勒曾开玩笑说："我登陆时，要一手拿一把梳子，另一手拿一本去巴黎的护照。"但他现在笑不起来了。德军的炮兵开始还击，猛烈的炮火在强击艇的周围激起巨大的水柱。

还在行动开始之前，一艘强击艇就沉没在1000码远的地方。现在，另一个连队的一艘登陆艇被一发炮弹击中，两人丧命，28名惊慌失措的士兵跳入海中。接着，第二艘强击艇在放下斜板前起火爆炸，连长泰勒·费勒和31名士兵遇难。当这个连剩下的3艘登陆艇放下斜板时，一阵猛烈的交叉火力又打倒了许多士兵。其他官兵有的爬上登陆艇的侧翼，有的一头从斜板上扎到水中，很快就被淹死，因为他们背负的收音机、特殊武器和60磅重的装备使他们无法从水中挣扎出来。当爱德华·蒂德里克上尉费力地登上沙滩时，一梭子弹穿透了他的身体，他在临死前挣扎着喊道："带着铁丝剪前进！"

第29步兵师好不容易才登上滩头，副师长科塔准将在弹片横飞的海滩上大声鼓励士兵："留在海滩的只有两种人，一种是已经死去的人，另一种是即将死去的人。来啊！跟我冲！"第1师16团团长泰勒上校也大声对士兵们说："待在这儿只有死，要死也要冲出海滩！"在他们的带领下，海滩上的美军虽然伤亡惨重，但仍前仆后继，不断炸开已被封死的出口，最终冲过了堤岸。

诺曼底地图传奇[1]

小 兵

作为盟军开辟第二战场的"秘密武器",诺曼底登陆地图改变了历史进程,而地图上的每一条线、每一个点都蕴藏着一段传奇,凝聚着无数人的心血乃至生命。

"大西洋壁垒"暗藏玄机

1941年12月,第二次世界大战进入残酷的相持阶段。由于担心英美盟军登陆西欧,希特勒下令从挪威到西班牙沿海岸构筑一道由坚固支撑点和野战工事构成的、设有地雷场和水中障碍配系的永久性抗登陆防线,称为"大西洋壁垒"。其中,法国北部海岸因与英伦三岛隔海相望,成为德军重点设防地带。

尽管此时战局尚未明朗,但盟军方面已着手为反攻欧陆预做准备。当时,对于登陆区的地理情况,盟军能找到的只有一份绘制于拿破仑时代的比例为80000:1的陈旧地图。为此,1942年夏,丘吉尔下令展开名为"班森行动"的绝密地图绘制计划。

因预定的登陆海滩被封锁,法国抵抗组织和盟国特工很难进行实地勘察,空中侦察成为最重要的情报来源。但德国密布的防空火力,对盟军的侦察机构成致命威胁。更何况,再多的空中侦察也无法拍到保险柜里的机要文件,"大西洋壁垒"到底暗藏哪些玄机?如何才能攻破这道被戈培尔宣传为"不可逾越的防御工事"?

---

[1] 摘自2010年第7期《世界军事》。

油漆匠在行动

1942年5月，驻扎于法国戛纳的"托德机构"（纳粹德国组建的准军事化工程部队）指挥部要雇人为办公室更换壁纸。法国人勒内·杜榭，一位老练、机智的反法西斯战士以油漆匠的公开身份，拿到了装修合同，并被获准进入"托德机构"指挥部工作。当杜榭向德方负责人展示壁纸样品时，一名军官送来了一卷刚晒印好的图纸。虽然隔了一段距离，杜榭还是根据上面勾勒的海岸线轮廓，认出这就是盟军梦寐以求的诺曼底岸防工事设计图！恰在此时，德方负责人去隔壁办公室向手下布置防务，杜榭迅速将地图卷起来，塞到挂在墙上的一面大镜子后头。德国人回来后并未发现破绽，只是吩咐他下周一正式开工。

待杜榭再度踏入这间办公室时，却意外得知那位负责人已被调离。杜榭知道此事定与地图被盗有关，他不敢耽搁，立即把地图夹在壁纸里混出敌营。几经辗转，1942年6月21日，这份珍贵的"礼物"被送抵伦敦盟军最高统帅部。起初，盟军方面估计，德军丢失布防图，必然采取补救措施，乃至全盘更改防御体系。孰料，德国人那边也是欺上瞒下，居然隐藏不报，仍按原图施工。经反复侦察、核实，杜榭所获地图的可靠性最终得到验证。

战后，一位英国情报官员回忆说："这张图绝对是无价之宝——上面不仅标有每座炮台和步兵掩体的确切地点，还包括雷区、滩头与水下障碍物的具体分布情况。"

疯狂的"赌徒"与长翅膀的"间谍"

从1942年夏天开始，诺曼底登陆地图绘制工作渐入高潮，越来越多的人参与到这项伟大工程中来。

最开始是盟军空军的飞行员们。为捕捉到足够清晰的目标影像，他们驾驶侦察机以低飞状态，穿越法国北部的敌战区，在同一区域内往返多次。因为只有航线重叠，才能让所有照片形成连贯完整的全景图。为使机体更轻盈，飞机不配备武器，甚至连必要的防护装甲也没有。曾亲历这场特殊战斗的彼得·法伊笑言："我们把自己叫做'赌徒'，因为每次出航都是在与死神掷骰子。"

1944年登陆战发起前夕，"赌徒"们又奉命拍摄诺曼底海岸正面空

诺曼底地图传奇 | 253

照图，以便为己登陆部队提供直观的平视图。出于躲避敌方雷达和获得最佳拍摄效果的双重考虑，盟军飞行员必须在距海面仅10米的高度穿越英吉利海峡，再以580公里的时速从德军阵地上方超低空掠过，这意味着他们将直接冲向敌人的防空炮口！许多飞行员因此有去无回。

求"图"若渴的盟军还通过英国广播公司向民众发出呼吁，希望他们捐献带有法国海岸画面的私人相片或风景明信片，特别是那些战前拍摄的沙滩度假照。结果，当局一下就收到了上千万张相片。

接下来，轮到画家们露一手了。不少后来声名显赫的艺术家都参加了"画图"行动——他们根据照片，把诺曼底沿岸的教堂、别墅等建筑物，一一精心描绘在地图下方，并加上水彩颜色，以方便识别。

与此同时，当得知盟军迫切需要掌握并核实德国人在诺曼底地区的确切部署情况时（这项任务显然是空中侦察所力不能及的），法国国内特别是诺曼底一带的抵抗组织立即高速运转起来。他们借助当时的8.5万名法国工人参与修建"大西洋壁垒"的便利条件，将登陆区域划分成若干1平方英里（约2.6平方公里）的小块，无论妇孺老幼，每人负责一个区块的侦察测绘。这些普通老百姓虽无多少测绘经验，却不乏智慧。没有专业工具，他们就骑着自行车，通过计算踏板次数来估算距离，有人甚至练出了目测障碍物间距的绝活。

搞到情报后，如何尽快传递出去又成为一大难题。为提高通信效率，盟军启用了"动物部队"——数百只军用信鸽被装在带有小降落伞的笼子里空投到法国。德国人很快就发现了这些长翅膀的"间谍"，下令对所有养鸽人格杀勿论，甚至专门训练出一批猎鹰捕杀鸽子。尽管历尽艰险，这些小精灵还是为盟军陆续带回了数千条重要情报。

到1944年5月，盟军已完成整套进攻地图的绘制工作。这幅图如此详实、精确，以至盟军可以按照添加在上面的格子配属支援火力。艾森豪威尔将军特令将该图印刷4万份下发部队。作为盟军的核心机密，地图被打上粗体黑字"BIGOT"，一个代表着比"绝密"等级还要高的秘密标识，甚至连当时的英王乔治六世都无权观看……

盟军的进攻和希特勒的反扑

1944年7月，盟军在诺曼底登陆后，迅速占领了圣洛、卡昂，接着便对德军发动了猛烈进攻。此时，盟军已有30个师进入诺曼底战场，而德军仅有16个完整的师。

7月25日，布莱德雷将军从圣洛对德军发动攻势。盟军出动2500架飞机，对敌人阵地投弹4000吨；接着，美国第1集团军派出6个师发起强攻，在敌人的防线上打开了一个缺口。布莱德雷迅速扩大战果，占领了阿佛朗什，迫使德军向东南方向退缩。

8月1日，美将巴顿指挥的第3集团军从阿佛朗什出击，投入战斗。巴顿的坦克部队分成3路：一路向西，8月8日切断了布列塔尼半岛上的德军阵地，到9月中旬解放了布勒斯特；一路向东南挺进，8月8日攻下勒芒，然后挥师北上；第三路东进的部队于8月17日直取奥尔良，18日攻下夏特勒。

与此同时，东线苏军在第六次打击中击溃德军23个师，全歼13个师，解放了西乌克兰和波兰东南部，为此后在华沙至柏林方向上的进攻占据了有利地位。

"女武神"行动

由于局势对德国极为不利，德军中一批反对派将领密谋刺杀希特勒，另组新政府，并向美英体面投降。德军国内驻军总司令弗洛姆将军的独眼参谋长施陶芬贝格上校承担了暗杀希特勒的任务，行动代号为"女武神"。

7月20日早晨，施陶芬贝格带着他的副官哈夫登中尉，在柏林附近的伦格斯道夫机场坐上飞机，前往东普鲁士腊斯登堡的希特勒"狼穴"。他在公文包里塞了两枚炸弹和一个定时引爆装置。他要参加当天12点在

最高统帅部长官凯特尔办公室举行的有希特勒参加的每日汇报会。快到12点时，施陶芬贝格躲进厕所，开始组装炸弹。他的左手只有3个指头，加之有些紧张，他的动作变得十分迟缓。他不得不把原定的两枚炸弹减为一枚，并把定时装置设为12分钟。

中午时分，烈日当空，天气闷热。施陶芬贝格提着藏有定时炸弹的公文皮包，匆匆走进会议室。会议已经开始。希特勒坐在坚实的橡木桌子一边的中央，桌子周围还坐着24个军官。希特勒瞟了施陶芬贝格一眼，并回答了对方的问候。施陶芬贝格悄悄把皮包放在离希特勒坐椅约两米的桌子下面。此时是12点37分，再有5分钟，皮包里的炸弹就要爆炸。施陶芬贝格偷偷溜了出去。刚才坐在施陶芬贝格旁边的勃兰特俯身到桌子上去，想更清楚地看看桌上的地图，他发现施陶芬贝格那个鼓鼓囊囊的皮包有些碍事，就把它提起来，放到离希特勒更远的地方。中午12时42分，炸弹准时爆炸。与会者中有4人当场死亡，但希特勒只被烧伤了大腿、震坏了耳膜。

站在外面的施陶芬贝格看到爆炸产生的浓烟烈火，以为刺杀成功了，便匆忙钻进等候在那里的汽车，乘乱通过3道岗哨，向机场急驰而去。

希特勒很快就控制了局面。血腥的镇压当晚就开始了。第二天，希特勒下令枪杀了施陶芬贝格，并在全国清洗"叛乱分子"，逮捕了6000多人，200多人被判处死刑，其中包括赫赫有名的隆美尔。

解放巴黎

西线盟军长驱直入，向法国心脏地区进逼。8月15日，德军从整个法国全线溃退，展现在盟军前面的是平坦宽阔的公路和青葱翠绿的平川。巴顿属下的法国第2装甲师师长勒克莱尔重回祖国，感慨万千。他说："这似乎是1940年战局的重演，不过胜负双方颠倒过来了——敌人在我军出其不意的攻击下乱作一团，溃不成军。"

盟军于8月19日占领了塞纳河西岸的芒特。这一天，巴黎人民举行了武装起义。24日，当几个执行毁灭巴黎任务的德国党卫队师开赴巴黎时，法军第2装甲师和美军第4步兵师先后到达巴黎。城市基本完好，也没有重大人员伤亡。25日晨，德军最后一个据点投降，共有2.5万人当了俘虏。当天下午，勒克莱尔奉艾森豪威尔的命令，接受了德军的投降。戴高乐将军一直同勒克莱尔保持着密切关系。

1943年1月，戴高乐将军在卡萨布兰卡会议上同美国支持的吉罗将

军握手言和。此后，他一方面积极重建法国军队，一方面极力树立个人威望。由于他最早举起法兰西民族独立自由的旗帜，因而得到国内大多数人的拥护。1943年8月，法兰西民族解放委员会任命吉罗为法国武装部队总司令。同年11月，该委员会发布命令，只设一个主席，即戴高乐。最后，法兰西民族解放委员会又于1944年4月8日解除了吉罗的武装部队总司令的职务，任命他为陆军总监。吉罗认为这种降职不能容忍，含愤退出了法国政治舞台，离开阿尔及尔，到摩洛哥定居去了。1944年6月3日，戴高乐把法兰西民族解放委员会改名为法兰西临时政府，自任主席。巴黎解放时，戴高乐将军以临时政府主席的身份，于8月26日回到首都。

巴黎解放标志着诺曼底战役的结束。《艾森豪威尔自己的战争史话》一书就此写道："德国第7集团军和第5坦克集团军遭到决定性的失败，第1和第19集团军的大部分战斗力也被击溃。从我们于6月6日登陆时起，敌人的高级指挥官中有3个陆军元帅和1个集团军司令被撤职或被打伤，1个集团军司令、3个军长、15个师长和1个要塞司令被击毙或被俘。……到8月25日，敌人伤亡和被俘40多万人，其中一半是战俘。……敌军被我缴获或击毁的坦克1300辆，军车20000辆，迫击炮500门，野炮和重炮1500门，诺曼底海岸防御工事中被摧毁的大炮还未计算在内。"

接着，盟军最高统帅部迁到了凡尔赛，然后又迁到了法国东部的兰斯。从9月1日起，艾森豪威尔对盟军的指挥系统作了相应的调整：他自己直接掌握大陆上地面部队的作战指挥，蒙哥马利指挥北方集团军群，布莱德雷指挥中央集团军群，而从南部登陆的法美军队改编为第6集团军群（后称南方集团军群）。

艾森豪威尔厉兵秣马，指挥几路大军同时向德国边界挺进：蒙哥马利指挥的北方集团军群从沿海一带向东北进发，消灭德军有生力量，从北面包围鲁尔；布莱德雷指挥的中央集团军群则突破德国边界防线，强渡莱茵河，完成对鲁尔的包围。9月15日，艾森豪威尔写信给蒙哥马利和布莱德雷说："很明显，柏林是主要的战利品。……毫无疑问，在我看来，我们必须集中全部精力和资源迅速向柏林突进。但是，我们的战略将要同俄国的战略协调起来。"

9月17日，代号为"市场花园"的大规模空降作战行动开始。到9月30日，盟军空投了34876人，5230吨装备和供应品，1927辆军车，568门大炮。盟军在做了充分准备后，于11月中旬在全线发动了猛烈的进攻。德军激烈抵抗，盟军每夺得一寸土地都要付出重大的代价。到 11 月底，美第 3 集团军摧毁了梅斯地区以及摩泽尔河和塞勒河沿岸敌军的防御，准备向萨尔进军。南方集团军群一举攻入阿尔萨斯—洛林。法国第 2 装甲师于 11 月 23 日攻入斯特拉斯堡，俘虏德军 1.5 万人。到 27 日，法军肃清了四周堡垒里的敌军，完全解放了法国这座历史名城。

希特勒孤注一掷

1944 年 12 月，当战争逼近德国本土时，希特勒孤注一掷，决定在阿登地区发动一次大规模的反击。

早在 8 月 19 日，希特勒就秘密下达了一道命令："准备于 11 月发动进攻……25 个师必须在今后一两个月内向西线推进。"这道命令使德军将领们大感吃惊，因为他们不知道从哪里可以搞到 25 个师。于是，希特勒宣布实行"总体战"体制，授予戈培尔以专制权力去增加军工生产和强迫人们参军。到 11 月初，希特勒又拼凑了 18 个师的新兵，并把他们送到西线。

希特勒的战略意图是：集中优势兵力，迅速突破盟军防线，直捣默兹河，然后形成两把尖刀，直插北面的布鲁塞尔和安特卫普，把欧洲盟军切成两半。希特勒认为："那时西方盟国将准备缔结单独和约，德国就能把它的全部兵力转向东方。"

在年迈的西线总司令、陆军元帅龙德施泰特的统率下，善于在困境中作战的 B 集团军群司令莫德尔下辖 3 个集团军：第 6 党卫队坦克集团军在战线的北翼担任主攻；第 5 坦克集团军与它并肩前线，突破中线；第 7 集团军的任务是在南部迅速建立一道壁垒，掩护进攻部队的南翼。

12 月 11 日，德军西线的高级指挥官突然被召集到龙德施泰特元帅的总部，被搜去腰间的手枪和公文包，塞上一辆军用卡车，向月光下的旷野驶去。他们一个个满腹狐疑。一小时后，卡车停在一个巨大的地下室的通道前，这里是希特勒在法兰克福附近的大本营——"鹰巢"。希特勒大喊大叫了几个小时，向将领们打气说："历史上从来没有过像我们敌人那样的联盟，成分那样复杂，而各自的目的又那样分歧……如果我们发动几次进攻，这个靠人为力量撑住的共同战线随时都可能霹雳一声突然垮台……"直到将领们走出"鹰巢"，他们的耳朵里还在嗡嗡作响。他们听到的是违背他们的军事经验的命令——德国在东线和西线的两面夹击下，已经无力自拔，而希特勒却还要他们在 4 天内发动一次强大的

反攻！这一令人惊愕的军事行动代号为"狮鹫计划"。由于这一行动要在盟军的战线上打开一个三角形的楔子，因此，它在历史上又被称为"突出部战役"。

此时，欧洲战场的西线，双方主要是拼消耗、拼补给。盟军的每一吨作战物资，都需要通过海路和港口运抵前线。希特勒心里清楚：美国的工业已经充分动员起来，如果欧洲港口被逐个修复，这对德国来说无异于一场雪崩，因此，他必须在德军尚有余力之时，拼个鱼死网破，拿下盟军在欧洲最大的港口——比利时的安特卫普。他认为，这是挽救德国的最后一个机会。

然而，此时的希特勒毕竟已是强弩之末。据德国第5集团军司令哈索·曼特菲尔回忆："他的背已经驼了，面色苍白，有些浮肿。他弯腰坐在椅子上，两手颤抖，左臂时常猛烈地抽筋，而他则尽力加以掩饰。他是个病人……他的身体状况显著恶化了……他走路时一条腿拖在后面。"

德国的将领们大多不相信这次进攻会获得成功，龙德施泰特说得更加尖锐："安特卫普？如果我们能到达默兹河，我就跪下来感谢上帝。"但希特勒坚持己见，要求将军们服从命令。就这样，德军20个师悄悄地集结到阿登前沿阵地。

西线最大阵地战

希特勒选择的进攻地点仍然是卢森堡、比利时和德国交界处的阿登地区，北起蒙绍，南到卢森堡北面，全长85英里。这里是森林茂密的山地，是西方盟军防守的450英里战线上最薄弱的地段。1940年5月，德军就是从这里开始突然袭击，取得了法国战役的胜利。希特勒很迷信，认为阿登森林是个福地。

12月16日拂晓，800多人的德军特遣队化装成"美军"，开始了颇具创意的"格里芬"行动。他们讲着一口流利的英语，潜入美军驻地制造混乱、进行破坏——掉转路标、胡乱引路。天真的美国兵信以为真，使得大批部队无法按时集结，耽误了美军增援的时间。

接着，德军密集的炮火向美军阵地猛烈轰击。这是比利时自有气象记录以来最寒冷的一个冬天，惊恐的美国兵从他们的睡袋里爬出来，钻到掩体里。在前沿阵地上，电话线很快就都被切断了。士兵们相互凝视着，询问对方到底发生了什么事情。炮火停止后，德军14个师在数百架探照灯照耀下发起了进攻。德国党卫队第1坦克战斗群的指挥官率领60

辆坦克冲在最前面，突破了美军106步兵师据守的防线。

12月17日，美军几乎未进行有组织的抵抗便仓皇退却，而第106师的两个团共7000多人在被德军包围后只好举手投降，成为美军在欧洲战场上的最大失败。

德军在阿登高地反攻的消息，直到当天下午才传到盟军统帅部。盟军将领们猜测了很长时间，直到第二天黄昏，才搞清了希特勒的意图。此时，德军已逼近美国第1集团军司令部。更为严重的是，附近还有一个大型的油料库。前线告急，艾森豪威尔不得不把最高统帅部仅有的预备队——两个空降师，划拨给布莱德雷使用。在头3天的战斗中，德军击毁了几乎每一辆美军前来支援的"谢尔曼"坦克，而自己的损失却微乎其微。防线上的缺口扩展到100公里，纵深30～50公里。零星部队仓促进行拼命抵抗，援军也陆续到达，才使德军的进展慢了下来。

19日凌晨，盟军高级将领奉命来到凡尔登商讨对策。艾森豪威尔镇静地对部下说："我们应该把当前的形势看作是一个极好的机会，而不是一场灾难。因此，今天应该高高兴兴地开会。"站在一旁的巴顿将军喊道："嗨，我们要有胆量让这些狗崽子往远处突进，一直冲到巴黎才好哩！那时我们就真正能把他们一段一段地切开，一口一口地吃掉！"于是，大家都笑了起来。

商讨结束后，艾森豪威尔一方面要求英美政府尽快增兵，另一方面又向盟军部队发布了"从地面，从空中，从一切地方消灭敌人"的命令。22日，巴顿的第3集团军从南面发动进攻，并派出一个步兵师和第4装甲师向巴斯托尼战线增援，与德军展开了猛烈的争夺战。23日，盟军出动了大约5000架飞机，猛袭德军进攻部队和运输车辆。就在这一天，德国第5装甲集团军的第47装甲军到达迪南东部5公里处，这是德军在阿登战役中到达的最西部的地域。从此，德军全线陷于停顿。

1945年1月3日，盟军开始对德军南北夹击。1月6日，丘吉尔致电斯大林请求援助，斯大林第二天即复电表示，苏军将加紧准备，尽早从东线发动进攻。1月12日，苏联军队从波兰的维斯杜拉河（今维斯瓦河）发动了强大的攻势，重创了德军，10天以后，即1月22日，希特勒急忙把党卫队第6坦克集团军从西线调往东线，这就大大减轻了西方盟军的压力，加速了他们的进展。

但是，希特勒乘巴顿北上，盟军南方集团军群扩大防地、战线空虚之际，又动用10个师的兵力，于1945年1月1日在阿尔萨斯发动了所谓"北风"攻势，对盟军进行第二次打击。结果，德军只是在德法边界

上前进了 20 英里，丝毫没有改变阿登的战局。

1 月 28 日，盟军把德军赶回德国边境，恢复了原来的阵线。

阿登战役是第二次世界大战期间西线最大的一场阵地战，双方参战的兵力将近 60 个师。美军有 60 万人参加了战斗，阵亡 1 万多人，负伤 4.8 万人，被俘或失踪 2.8 万人；英国伤亡 1400 人。这一仗把西线盟军的进军时间推迟了 6 个星期，使丘吉尔为争夺欧洲而抢先占领柏林的计划落了空。

德军在战役中遭到了惨败——伤亡和被俘约 10 万人，损失坦克 800 辆，飞机 1000 多架。德国因此耗尽了所有的战略储备，从此再也无力发动进攻。

德累斯顿大轰炸

所谓"德累斯顿大轰炸",是指 1945 年 2 月 13~15 日,英国皇家空军和美国陆军航空队对德国东南部城市德累斯顿联合实施的大规模空袭行动。直到今天,它依然被看成是第二次世界大战历史上最受争议的事件之一。

德累斯顿是前萨克森王国的首都,素有"易北河上的佛罗伦萨"之称,被视为巴洛克风格的典型城市和德国东南部的文化中心,拥有茨维格尔宫、德累斯顿国家歌剧院、圣母教堂等众多赫赫有名的建筑。战前,该市主要生产瓷器、帽子、茶杯和香烟。

英国史学家弗雷德里克·泰勒曾说:"德累斯顿被毁具有史诗般的悲剧性。这座享有德国巴洛克建筑之最的城市,曾经美得让人惊叹,而在纳粹统治期间,它又成为德国的一座地狱。就 20 世纪的战争恐怖而言,德累斯顿轰炸事件是一个绝对带有惩戒意味的悲剧……"

轰炸目的

1935 年,德累斯顿三圣学校一个学生做了一篇作文,题目是《敌机飞临德累斯顿》。这篇作文引起了他的老师的无比愤懑,因为这个学生在文中描述了敌机给德累斯顿造成了毁灭性的打击,居民伤亡惨重。德累斯顿此前没有受到攻击,主要是因为该市处在盟军战机的有效作战半径之外。然而,到了 1944 年夏天,盟军就有可能讨论"霹雳行动"——对德国东部城市实施大规模密集型轰炸。

当时,盟军联合情报委员会推断,德军会从其他战线抽调 42 个师(50 万兵力)来增援东线。如果阻止德军调兵能帮助苏军向西推进,战争就会早日结束。该委员会认为,到 1945 年 3 月,德军就能完成调兵行动,被截获的名为"激进论者"的密电也表明了这一点。委员会在建议

书中说："因此，我们认为，在接下来的数周内，英美盟军用战略轰炸机协助苏军，是迅速结束战争的正当途径。"1月31日，英国空军中将亚瑟·特德和空军参谋部在对该建议书进行研究并与苏方协商后，发表了一项要求攻击柏林、莱比锡、德累斯顿等城市的建议书。

在此之前，苏方已与盟军进行过数次磋商，讨论过一旦东线苏军逼近德国，西方盟军如何利用战略轰炸机协助苏军地面进攻的问题。美国大使哈里曼曾同斯大林商议此事。在雅尔塔会议之前，西方盟国就已把德累斯顿锁定为轰炸目标。会上，苏军副总参谋长阿历克谢·安托诺夫将军又对西线盟军的战略轰炸机提出了两点要求：第一，未经苏方特别允许，西线盟军空军不得在东线投掷炸弹，以防误炸苏军；第二，要阻止来自西线阵地、挪威和意大利的德军增援。

首次轰炸

早在1944年10月7日，首批炸弹就砸到了德累斯顿人的头上。在这天的中午时分，29架美军B-17轰炸机向德累斯顿投下了大约70吨炸弹。在短短两分钟内，就有2.8万人无家可归，200人丧命，其中包括28名外国战俘和强制苦役劳工。尽管这次轰炸的规模以及对城市摧毁的程度相对较小，但是，受到纳粹分子排挤和迫害的罗曼语学者、犹太人维克托·克鲁佩雷尔仍然断言，"这让人产生了一种变化了的情感"。由于此前德累斯顿一直未遭到轰炸，因此许多居民产生了他们的城市能免遭战争破坏的希望，而且在居民中还流传着温斯顿·丘吉尔的一个亲戚就住在德累斯顿的谣言，这让当地居民产生了一种安全感。

殊不知，1945年1月26日，丘吉尔敦促空军大臣辛克莱爵士说："轰炸柏林？或者选择别的东部大城市？请明天向我汇报下一步的行动。"次日，辛克莱回复说："空军参谋部服从至高命令，制定了针对柏林、德累斯顿、开姆尼茨、莱比锡或别的城市的掷弹计划。剧烈的轰炸不仅能摧毁对东部敌军撤退来说十分重要的通讯设施，而且还能阻止西部德军的迁移。"

毁灭性轰炸

1945年2月13~14日夜间，英军243架"兰开斯特"轰炸机飞临德累斯顿预定目标的上空。每架"兰开斯特"轰炸机最先投掷燃烧弹，继而投掷高爆炸弹。15日1时,第二波轰炸开始。当时,德累斯顿内城的居民正忙于灭火和清扫瓦砾,而且防空警报系统出现故障,人们根本没有听到警报声。这一次,英国派出了529架轰炸机,"将德累斯顿带入了世界末日"——英国轰炸机共向德累斯顿投下了1477吨炸弹和1181吨燃烧弹。烈性炸弹和燃烧弹的组合使用,其效果是致命的。德累斯顿的水电供应顿时被切断,许多民宅被击中,燃起熊熊大火。在民宅比较密集的内城,整个住宅区陷入一片火海,市区内一块15平方公里的区域被夷为平地。

一个参与轰炸的英国空军飞行员回忆:"当时的情景让我完全震惊了,我们仿佛飞行在火的海洋上,炽热的火焰透过浓浓的烟雾闪烁着死亡的光芒,我一想到在这人间炼狱里还有很多妇女和儿童,我就无法自制地对我的战友们喊道:'我的上帝,这些可怜的人们!'我无法形容我当时的感觉,也无法为之辩护……"

2月14日12时,311架美国B-17轰炸机以铁路调车场为瞄准点,在德累斯顿投下了771吨炸弹。部分担任护航的P-51野马战斗机得到命令,环绕德累斯顿对路面交通设施进行低空扫射,借此平添混乱。火焰风暴吞噬了德累斯顿,许多平民在逃跑时遭到了美军飞机的猛烈扫射。美军的轰炸一直持续到2月15日,在4轮空袭中总共投掷了3900吨炸弹。

美机的轰炸按当时的标准程序进行:先投掷大量的高爆炸弹,轰开屋顶,使屋内的木质结构暴露出来,接着以引火装置(燃烧棒)使木质结构燃烧,然后再用更多的高爆炸弹来阻遏消防队的行动。

其后,美国陆军航空队又对德累斯顿铁路调车场发动了两次深度空袭。第一次是在3月2日,406架B-17轰炸机投下了940吨高爆炸弹和141吨燃烧弹;第二次是在4月17日,580架B-17轰炸机投下了1554吨高爆炸弹和164吨燃烧弹。

严重后果

在德累斯顿大轰炸之前,盟军尚未进行过如此规模的空袭行动。大量使用燃烧弹,显然是要通过轰炸引发大火,激起居民对死亡的恐惧。维克托·克鲁佩雷尔曾在野外度过了那个恐怖的夜晚,他描述当时的情景说:"满眼皆是火焰,到处都是火苗,噼啪作响,易北河畔的军械库大街已是一片火海。彼岸的财政部办公楼楼顶烧得亮如白昼,皮尔纳广场

上的高大建筑物宛如高耸入云的火炬。"

据德国警方报告，轰炸之后，老城和内城东面郊区整个被大火吞噬，包括棚屋在内，大约有1.2万个建筑物遭到破坏。空袭摧毁了24家银行、26座保险大楼、31家百货店和零售商店、647家小铺、64个仓库、31所大型旅馆、26座公共酒店、63座行政大楼、3个剧院、18家电影院、11座大教堂、6座小教堂、5座历史文化建筑、19家医院、5个领事馆、1个动物园、1家自来水厂、1条铁路设施、19个邮局、39所学校、4条有轨电车线、19艘轮船和驳船。

据英方估计，23%的城市工业建筑遭到严重破坏，56%的非工业建筑受到重创。在市区住宅中，7.8万座被夷平，2.8万座暂时无法居住但仍可修复，6.5万座遭到轻度破坏，容易修复。

死亡人数难以精确统计。困难在于，当时市内和周边地区挤满了20多万难民以及数以千计的伤兵。有的难民可能被屠戮，或者在火焰风暴中被烧得面目全非，但也有难民离开了德累斯顿。据历史学家后来估算，死亡人数在2.5万~3.5万之间。据德国官方第47号动员令，到1945年3月22日为止，共掩埋了大约2.5万具军民的尸体。

德累斯顿被毁，曾引起英国某些人士的不安。据记者马克斯·黑斯廷斯1945年2月报道，德国许多城市遭到空袭，已变得与战争结果没有什么关联。事先赞成把德累斯顿列入轰炸目标的丘吉尔，事后也想同这一事件划清界限，于3月28日致电艾斯梅将军说："在我看来，质疑轰炸德国城市的时刻已经到来。虽然有其他诸多借口，但对单单出于增加恐怖的目的进行的轰炸，应当重新评价。……德累斯顿大轰炸留下了对盟国轰炸行径的严重质疑。"曾获得诺贝尔文学奖的德国小说家格拉斯和《泰晤士报》编辑詹金斯，则把德累斯顿大轰炸视若"战争罪行"。

易北河会师

由于战争形势的迅速发展,斯大林、罗斯福、丘吉尔于 1945 年 2 月 4 日至 12 日,在苏联克里米亚半岛的雅尔塔举行会议,讨论了关于铲除德国军国主义,对德占领、对日作战以及战后安排等问题。

这期间,苏军在朱可夫元帅的指挥下,已进到奥得河地区,对德国首都柏林构成了严重威胁。西线盟军自 2 月初击退德军在阿登地区的反扑后,即以猛烈的攻势向东进逼德军齐格菲防线("西壁")。盟军总的意图是先歼灭莱茵河西岸的德军,攻占科隆重镇,尔后强渡莱茵河,发动最后攻势,进抵易北河与苏军会师。

位于莱茵河西岸的科隆,德军防守十分严密。阿登防线失守后,科隆便成了德军齐格菲防线的重要布防之一。在柏林德军司令部的作战室里,希特勒歇斯底里地对德军高级将领嘶喊:"谁丢了齐格菲防线和科隆,谁就别想回来见我!"在莱茵河西岸的齐格菲防线内,德军西线总司令龙德施泰特将军按照希特勒的命令,部署了 65 个师的兵力,企图背水一战。

1945 年 1 月底和 2 月初,盟军南方集团军群先在阿尔萨斯清除了莱茵河西岸的科尔马尔"口袋",迫使德军退守河东的齐格菲防线。于是,美国第 7 集团军和法国第 1 集团军全线进抵莱茵。艾森豪威尔为了保证西线进攻的胜利,于 2 月 7 日亲自召集第 6、第 12、第 21 集团军群的将领研究了配合进攻计划。第二天,由蒙哥马利率领的盟军第 21 集团军群即向齐格菲防线发起进攻,而克里勒将军指挥的加拿大第 1 集团军率先在艾弗尔以北打响。

巴顿将军指挥的第 3 集团军以猛烈的攻势进抵莱茵河上游的特里尔地区,并于 3 月 7 日清晨突破了艾菲尔平原的德军第一道防线。第二天拂晓,第 3 集团军在特里尔附近突入德军齐格菲防线。希特勒闻讯,把西线总司令龙德施泰特将军大骂了一顿,而当他得知科隆失守的消息后,

更是大发雷霆，于 3 月 10 日撤去了龙德施泰特西线总司令的职务，任命意大利战场的凯塞林元帅为德军西线总司令。

3 月 15 日，盟军德弗斯将军率领第 6 集团军群，从齐格菲防线南面向德军发起进攻。同时，盟军布莱德雷将军指挥的第 12 集团军群，也从北边的摩泽尔河发起猛烈攻击。盟军两个集团军群南北合围，实行强大的向心突击，德军伤亡惨重。盟军抵达莱茵河，并在奥彭海姆夺占了登陆场。3 月 23 日，德军齐格菲防线全线崩溃，盟军乘胜前进，7 个集团军（共 85 个师）先后在莱茵河上抢占了很多渡口，与东岸德军对峙。

到 3 月 25 日，盟军各个集团军先后肃清了从荷兰阿纳姆到瑞士边界的莱茵西岸的德军，进抵莱茵河畔，把齐格菲防线抛在了后面。就在这天夜里，盟军第 21 集团军群总指挥蒙哥马利将军下达了强渡莱茵河的命令。瞬间，3000 门大炮向莱茵河东岸猛烈轰击，4000 架飞机川流不息地把数万颗炸弹投向德军阵地，把莱茵河东岸的德军阵地变成一片焦土。盟军的两栖坦克在空袭的硝烟掩护下首先渡河，紧接着步兵突击队乘坐登陆艇，发起了强渡莱茵河的战斗。与此同时，两个空降师也突然降落在德军阵地上。德军腹背受敌，一片混乱，虽拼死抵抗，仍挡不住英军部队的进攻。

盟军履约不争柏林

早在雅尔塔会议上，苏、美、英三国就划定了各自在德国的占领区。柏林是在苏联占领区内，因此，4 月 2 日，盟军最高统帅艾森豪威尔决定不同苏军争夺这座城市，而是进攻莱比锡和德累斯顿，"尽量多用美国军队去占领德国"。他把美军的作战计划告诉了斯大林——盟军决定从南面包抄柏林，在马格德堡与德累斯顿的易北河上与苏军会师。艾森豪威尔当时在向蒙哥马利解释自己的意图时说："我的计划很简单，其目的在于分割和消灭敌军并同俄国军队会合。只要斯大林能给我情报，卡塞尔－莱比锡轴心是达到这个目标的最直接的进军路线。"

在盟军进军过程中，丘吉尔曾不断催促英美将领"赶在俄国熊之前抵达易北河或柏林"，现在，他和英国军界人士对艾森豪威尔不去攻占柏林极为恼火。但是，罗斯福和马歇尔却支持艾森豪威尔的行动。罗斯福 4 月 4 日在给丘吉尔的复电中说："在我看来，艾森豪威尔将军 4 月 2 日的指令，完全能达到我们在马耳他所预期的目的，可能还稍微更靠北一点。莱比锡离柏林不远，它正好在我们联合努力所要达到的中心之内。

同时，英军在北翼的目标在我看来也是很合逻辑的。"

艾森豪威尔为什么要这样做呢？

由于希特勒在阿登的反扑，盟军的进攻日程表被打乱了——耽误了6个星期。当蒙哥马利的北方集团军群在莱茵河畔准备东进时，他离柏林还有480公里，而这时苏军已在奥得河边，离柏林只有60公里，而且已经作好了进攻柏林的准备。再说，希特勒当时还待在柏林，他肯定会作困兽犹斗，让美军付出重大的伤亡代价。布莱德雷后来回忆说："假设即使我们能在朱可夫强渡奥得河之前到达易北河，那么易北河离柏林还有80公里的低地带。在柏林西部一带地区，湖泊棋布，河网纵横。艾森豪威尔问我，据我看，从易北河冲到柏林我们要付出多大代价，对这个问题，我说，我估计我们大约要损失10万人。"布莱德雷还说，即使美军占领了柏林，根据雅尔塔的约定，"我们还要退出来把地方让给人家"。

易北河源于波兰和捷克边境的苏台德山，流经捷克和德国注入北海，全长1100多公里，其中一段离柏林90多公里，因此有"德国心脏"之称。

4月2日，艾森豪威尔命令盟军向东推进。他宣布，除一部分兵力消灭被围困在鲁尔工业区的德军18个师外，所有部队立即在全线发起最后的进攻。此时，西线德军虽然还有3个集团军群的编制，号称60个师，但实际兵力还不到半数。

希特勒为了应付当前局势，计划把德国的两个尚未被占领的地区划分为南北两个行政和作战区，继续负隅顽抗。但是，历史的车轮辗碎了希特勒的美梦——德军B集团军群在美军凌厉的攻势下，很快就被切割成了两半：东半部德军被瓦解，西半部德军宣布投降，陆军元帅莫德尔在绝望中开枪自杀。

4月11日，美第9集团军的先头部队终于到了易北河边，并于12日黎明抢先在马格德堡附近建立了一个桥头堡。此时，美军离柏林只有60英里。希特勒在柏林的地下室里得知美军到达易北河的消息后，命令德军不惜一切代价摧毁美军的桥头堡。德军猛烈反击，并出动数百架飞机在易北河西岸狂轰滥炸。虽然美军被迫放弃了一个桥头堡，但德军失败的命运已无可挽回。

正当盟军战斗顺利进展时，美国总统罗斯福因脑溢血，突然于4月12日午夜逝世。副总统杜鲁门继任美国总统。

罗斯福从雅尔塔回国后，已感到疲惫不堪。4月12日早晨醒来，他

对布鲁恩医生说，他的头部有轻度的疼痛，脖子僵硬。但是，医生和他身边的人都认为，他的脸色很好。罗斯福打算坚持工作，还坐在一张打扑克的小桌前，让舒马托女士为他画一张水彩画。画家在为罗斯福画像时，美国总统的脑袋突然前倾，双手在膝盖上乱摸。随后，他用左手按着后脑勺说："我的后脑勺疼得厉害。"侍者把他送进卧室，他浑身发凉，出汗很多。医生立即诊断他为严重的脑溢血，并采取了紧急措施。但是，罗斯福没有苏醒过来。

美苏士兵大桥相会

1945年4月，苏联红军在朱可夫元帅的指挥下，开始向德国法西斯的老巢柏林全线推进。16日拂晓前，苏联白俄罗斯第1方面军从正面向德军阵地发动威力强大的进攻。苏联空军的800架远程轰炸机编队有序，猛烈轰炸德军阵地。17日，苏军突破了德军防线，占领了通向柏林的主要阵地——泽洛夫高地。18日，苏军乌克兰第1方面军从左面突破德军主要防御阵地以后，在炮火的掩护下，顺利渡过了尼斯河。接着，苏军坦克部队突破了整个尼斯河防线，击溃了德军第4坦克集团军的主力，从南面直逼柏林。

4月20日，希特勒在柏林地下室里庆祝他的最后一个生日。宴会结束后，他召开了例行的军事会议，正式下达了建立南方和北方两个司令部的命令，并委派邓尼茨海军元帅指挥北方司令部，凯塞林元帅指挥南方司令部。当天夜里，希姆莱、戈林等人各自携带金银财宝，仓皇逃离柏林。希特勒决心死守柏林，并且表示："我让命运来决定，我要死在首都。"

就在4月20日，苏军白俄罗斯第1方面军继续向纵深发展，经过激烈战斗，突破了柏林东部的德军防线。这时，苏军乌克兰第1方面军也突破敌人防御战线，从南面进逼柏林。苏军近卫坦克第4集团军进抵波茨坦市南郊，配合波兰第2集团军，击退了德军的反突击。

4月24日，苏军白俄罗斯第1方面军和乌克兰第1方面军两大主力的一部，在柏林东南会合，切断了德军古本集团与柏林集团的联系。与此同时，苏军乌克兰第1方面军近卫坦克第4集团军同白俄罗斯第1方面军第47集团军、近卫第2集团军也在波茨坦以西会合，从而完成了对德军柏林集团的合围。

在西线，4月19日，美军占领了莱比锡。24日，美军第1集团军第

69 师占领了乌尔岑，并在屈伦建立了指挥部。25 日清晨，美军为了弄清苏联友军部队到达的地点，向易北河方向派出了两支侦察兵，并交代他们，如有可能就同苏军建立联系。第一支侦察兵由 7 辆吉普车组成，归科茨布少尉指挥；第二支侦察兵由 4 人组成，归罗伯逊上尉指挥。傍晚，美军侦察队长科茨布少尉沿着被炮火打坏的托尔高附近的一座桥梁向对岸爬去。就在同时，苏联乌克兰第 1 方面军的一名战士也从桥的另一端艰难地爬了过来。他们各自从服装的标记上发现了对方，于是激动地互相迎了上去，紧紧地拥抱在一起。至此，东线和西线两个战场连成一片，把德国分成了南北两个部分。

苏联记者鲍·波列伏依在《易北河会师》这篇通讯中，是这样描绘当时的情景的：

军队的礼节条文这时已经统统被抛到脑后。两国士兵此时此刻都变成了俄国和美国的普通小伙子。他们因为能相会而由衷地感到高兴。他们拥抱着，欢呼着，亲吻着，用拳头互相捶打对方的胸膛……我们的战士从背包里拿出珍藏在水壶里的伏特加和用罐头盒做成的铁杯。有人还拿出一块块已经有点发黄的腌猪油。盟军则是从衣服口袋里掏出一盒盒罐头、一块块巧克力。

宾主热情地交谈着。各种富有表情的手势是他们谈话的主要方式。用得最多的手势有两个：一是伸出大拇指，二是把大拇指与食指合成圆圈。两个手势其实意思相同，即是"好极了"和"OK"。

手风琴奏起来了，歌声响起来了。大家尽情跳舞，跳得热烈奔放，战士们的皮靴仿佛把河岸都震得不停地抖动。我看着这个友好而非常真挚的大联欢场面，心里揣摸着，是否还有必要加以引导，进行限制？不，不必如此，完全没有必要。昔日的恼恨和怀疑情结早已烟消云散，苏美两军战士本能地找到了相互了解的渠道。我认为，今日这种联欢，其意义远比两国盟国部队在战役中进行接触还要深刻得多。因为战士们在德国本土一条河上的这种联欢，体现了生活在地球两端的两国人民相互尊重的感情。他们之间不曾打过仗。与此相反，彼此始终怀有好感。两国人民在许多方面也有共同之处，他们都热爱生活，聪明机智，富有乐观主义精神。

为庆祝这一具有战略意义的会师，莫斯科的 24 尊大炮齐鸣 24 响，向苏军和盟军表示祝贺和敬意。

莫德尔的最后一战[①]

1944 年 8 月 17 日，"鲤鱼池中的梭鱼"莫德尔元帅接替冯·克卢格元帅担任西线司令兼 B 集团军群司令。他此前同时担任的中央和北乌克兰集团军群司令的职务，分别由赖因哈特大将和哈尔佩大将承担。第二天，克卢格元帅作为 7 月 20 日施陶芬贝格谋杀希特勒案的知情人之一，被迫自杀。

此时，希特勒政权企图以越来越严厉的恐怖命令，在西线发动针对盟军的抵抗。10 月 18 日，德国公布希特勒签署的一项法令：凡是 16 岁到 60 岁有作战能力的德国男性公民，均须参加"德国人民冲锋队"。

西线"可怕的事情"

阿道夫·希特勒把希望寄托在敌对营垒的崩溃上。他的宣传部长约瑟夫·戈培尔 1945 年 3 月 22 日在同他进行了两个小时的谈话后在日记中写道："说到所希望看到的敌人联盟的崩溃，元首认为，斯大林先下手的可能性大于丘吉尔和罗斯福。"希特勒和戈培尔都处于双倍的幻想中：不惜一切代价也要坚守战线，以便保住与敌方谈判的实力与筹码。

在希特勒与戈培尔的谈话快结束时，帝国装备部长阿尔贝特·施佩尔出现了。正像戈培尔记录的那样，此人也向希特勒叙述了来自西线的"可怕的事情"。他说，在西线，即使没有盟军的空袭，也已经不可能在公路上行驶了。在谈话过程中，宣传部长注意到，又有英国的"蚊式"轰炸机在帝国首都上空盘旋……

盟军最高统帅德怀特·艾森豪威尔将军和英国的陆军元帅伯纳德·蒙哥马利正在筹划发动新一轮更大的攻势，目标是越过莱茵河前进

---

① 据德国《时代》周报材料改编。

到韦瑟尔河河畔。在此前的1945年3月8日，盟军在雷马根成功地跨越尚未被摧毁的鲁登道夫大铁桥，抵达莱茵河东岸。盟军的这一胜利标志着，由瓦尔特·莫德尔元帅统领的B集团军群（下辖第7和第15军以及第5装甲师）已陷入盟军的合围之中。莫德尔的B集团军群负责镇守德国西部大城市科隆以及下莱茵地区从莱茵河东岸到韦瑟尔河河畔的地区。

莫德尔元帅的B集团军群在1944年12月的阿登山攻势中损失惨重，几乎失去了所有的装甲设备。眼下B集团军群的形势十分危险，正如国防军最高统帅部不得不承认的那样，他的莱茵河防御地带没有任何纵深，而且一线士兵多数没有受过良好的训练，弹药奇缺。第15军实际上已经群龙无首。正如国防军总指挥部的形势报告中所确认的那样，他们"已基本上不再拥有坦克"。

美英新攻势

1945年3月23日至24日夜间，美英军队向韦瑟尔河地区发起了新一轮的攻势。担任主攻任务的是蒙哥马利的第21集团军和属于集团军的美国第9军。参加战斗的共有85个师和空降部队。英国首相温斯顿·丘吉尔、英军总参谋长艾伦·布鲁克和盟军最高统帅艾森豪威尔来到蒙哥马利的指挥部，共同指挥这场战役。

盟军的行动是空地配合，进展十分顺利。只是空降部队在明斯特兰西部的博霍尔特遭受严重的伤亡。莱茵河东岸的一些城镇，例如雷斯、韦瑟尔、博霍尔特等顷刻间全部被夷为平地。在短短几天内，英国第2军和美国第9军顺利渡过莱茵河，到达河的东岸。这时，对B集团军群的钳形攻势已经形成。3月28日，蒙哥马利在向部队下达的命令中声称，敌人还能做的无非是"用一些乌合之众来封锁道路"。

盟军掌握着空中优势。只要哪里出现有组织的抵抗，盟军就派出轰炸机，而德国的空军完全不能发挥作用。

每次战役从空袭开始——这不仅仅是一种战术安排。"鲁尔口袋"战役中的空战也是盟军空战总战略的一个组成部分。该项战略是英国空军参谋长查尔斯·波特尔元帅于1942年11月3日制定，并向陆军和海军参谋长提交的。为实施这项战略，从那时起到1944年年底，轰炸机部队动用了6000架飞机。波特尔估计，轰炸造成了90万人死亡和100万人重伤。

不过，轰炸并没有给被包围在鲁尔地区的陆军元帅莫德尔留下深刻

印象。不管怎样，在战术上他不再有任何选择了，更别提什么行动决心了。他只能死守。1945 年 4 月 11 日，埃森市长尤斯特·迪尔加特将这座变成废墟的城市交给了美国人。3 天后，杜伊斯堡·米尔海姆和多特蒙德被攻占；盟军的南北先头部队在哈根会合，将防线一分为二。

元帅拒绝投降

4 月 17 日，美国的马修·里奇韦将军在一封私人书信中要求莫德尔投降，以挽救德国人民的生命——但被这位陆军元帅拒绝了。当时美国人在开姆尼茨，英国人在吕讷堡已经开始军事行动。争夺柏林的战争也早已打响。

其他德军指挥官也把死守升格为最高准则。直到 3 月 10 日为止，西线总司令一直是格尔德·龙德施泰特陆军元帅，此后则是陆军元帅阿尔贝特·凯塞林。龙德施泰特在 1944 年 11 月阿登山攻势开始前就曾宣称："我的元首，不管您下什么命令，我将履行我的职责，直到最后一口气。"而且，3 月 9 日他还命令宪兵"采取强硬手段，铁面无私地"对所有"被发现在没有证据表明得到了行军或战斗命令而撤退"的国防军成员，采取有力的措施。

临时军事法庭每天的所有判决和处罚（包括具体名字在内），都会上报给西线总司令。军事法庭有权判处任何人死刑，包括各个等级的军官。山地步兵将军里特尔·亨格尔在 3 月 19 视察 B 集团军群时断定：一个令人不愉快的现象是，不管军事法庭还是最严厉的命令，都没有触动麻木不仁、疲惫不堪的士兵。

西线总司令龙德施泰特和莫德尔下令，从 3 月中旬开始，对所有"没有原因离队在大街、社区、车队、人群或救治站被人发现，并称在寻找队伍者，一律进行军事审判和枪决"。

鲁尔战线完全崩溃

饱受轰炸的德国人亲眼看到了军队的瓦解。3 月底，警察对部分"不听使唤"的德国人采取措施，以阻止他们亮出白旗和进行破坏活动。

"不听使唤"的居民发现自己面对的是这个苟延残喘政权的恐怖措施。党卫队头目希姆莱的命令规定，向亮出白旗的屋内所有男性开枪射击。所有年龄在 14 岁以上的男性居民都被视为负有责任。士兵被禁止

与平民接触。

政权开始把这场战争扩大为全面战争。因此，当美国人已经站在埃森北部的时候，南部还有3个"临阵脱逃者"被枪决。应对所有这些罪行负责的是龙德施泰特、凯塞林和希特勒一直信赖的陆军元帅瓦尔特·莫德尔。

莫德尔曾于1944年7月31日，即施陶芬贝格暗杀事件11天后，对他疲惫不堪的军队预言："尽管眼下敌人在数量和物资上具有种种优势，但我们可以把所有力量集结起来。……懦夫在我们的队伍中没有位置……动摇者已丧命……我们敬爱的元首万岁。"

1945年4月21日，鲁尔防线完全崩溃后3天，44岁的瓦尔特·莫德尔带着3名军官和几个士兵，躲过美军纵队，逃到杜伊斯堡附近的密林中。他告知随从人员，他要自杀，并让他们把他的尸体埋在一棵他选定的松树下面。身边的人竭力劝阻，但莫德尔坚持不听，绝望地说："一位陆军元帅，不能成为一名俘虏，这样的事情是不可能发生的。"他当然忘记了保卢斯元帅的事情，随即开枪自杀。

悲壮的华沙起义

1944～1945 年，在苏联军队实施全面反攻，向希特勒老巢迅猛挺进时，欧洲人民纷纷举行民族起义。

1944 年 8 月 23～26 日，罗马尼亚共产党领导的爱国卫队、该国爱国军队和成千上万自动拿起武器的居民，纷纷占领了所有重要的国家机关和战略要点，通过布加勒斯特电台宣布推翻了安东内斯库政府，进而打退了法西斯匪徒的疯狂反扑，解放了这座城市。截至 8 月 31 日，全国参加起义的部队共有 37 个师、46 万余人，击毙德军 5000 多人，俘虏 53159 人。随后，15 个罗马尼亚师参加了苏军解放匈牙利和捷克斯洛克的战斗。

8 月 26 日，当苏军进抵罗保边境时，保加利亚共产党发出了举行武装起义的通知。9 月 6～7 日，游击队在首都索非亚和其他一些大城市集中后，迅速占领了保加利亚西部和中部的一些城市，推翻了保皇的法西斯政府。9 月 9 日清晨，保加利亚人民政权宣告成立。

1944 年 10 月 6 日，苏联军队和在苏联境内组建的捷克斯洛伐克一个军开进了捷克斯洛伐克。1945 年 5 月 5 日，首都布拉格人民举行武装起义，占领了电台和一些重要目标。5 月 9 日，苏军坦克部队驶抵布拉格，不久全国解放。

在西北欧，当英、美、法、加等同盟国军队在从法国东进，夹击希特勒军队时，比利时、荷兰、丹麦、挪威的游击队或武装的人民也奋起参加了解放祖国的战争，使德国法西斯遭到了覆灭的命运。

在这场轰轰烈烈的欧洲起义中，华沙起义以其悲壮震撼了世界。

波兰在历史上 3 次被俄国、普鲁士、奥匈帝国瓜分，第二次世界大战伊始又被德、俄分别攫为己有。在整个第二次世界大战中，波兰人民承受了深重的民族灾难。

1944 年 6 月苏联红军发动夏季反攻，红军和在苏联境内成立的波兰

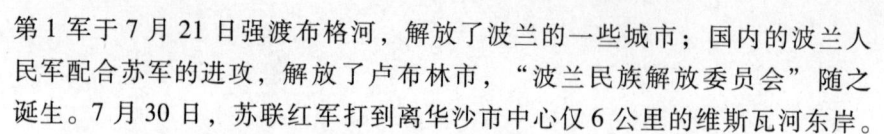

第 1 军于 7 月 21 日强渡布格河，解放了波兰的一些城市；国内的波兰人民军配合苏军的进攻，解放了卢布林市，"波兰民族解放委员会"随之诞生。7 月 30 日，苏联红军打到离华沙市中心仅 6 公里的维斯瓦河东岸。

另一方面，在国内外形势迅速发展的情势下，波兰流亡政府和受其领导的国内武装力量——"国家军"，为了夺取首都的政权，决定在华沙发动武装起义。7 月 29 日，莫斯科电台播放呼吁，要求华沙人民举行武装起义。8 月 1 日早晨，起义军在科莫罗夫斯基将军的指挥下，向敌人发动袭击，华沙居民对德国法西斯的民族仇恨像火山一样爆发出来，一些爱国青年甚至赤手空拳奔向战斗阵地，仅仅 3 天就控制了华沙大部分地区。共产党员也英勇地参加了战斗，起义队伍很快发展到 5 万人。

德军统帅部对华沙起义十分惊恐，希特勒从柏林发出了"消灭华沙"的命令。德军总参谋长古德里安命令调动武装力量，无情地镇压起义，希姆莱还亲赴波兹南协调镇压起义军的行动。战斗进行得十分激烈，为争夺一座楼房往往要进行反复的拉锯战，白天被德军占领，夜里又被起义者夺回。为了镇压起义，德军从空中和地面，一个街区一个街区地清除对手，甚至使用了 800 毫米口径的"多拉"巨炮。这种超重型火炮能够击穿 1 米厚的钢板和 2.5 米厚的钢筋混凝土墙，每枚炮弹重达 7.1 吨。8 月 26 日下午 2 时，人民军指挥部的领导成员在弗烈德街 6 号举行作战会议时，遭到敌机轰炸，几乎全部牺牲。波兰第 1 军为解救自己的同胞，向德军发起猛攻，但被德军阻挡在城外。

由于双方力量过于悬殊，起义军明显处于被动地位。丘吉尔和罗斯福于是致电斯大林，吁请苏军提供支援。红军一方面以"国家军"起义未与红军联系、时机不当为由，表示不赞成起义，另一方面又制定了华沙战役计划，并向起义者空投了一些武器、粮食和食品。但是，红军不同意盟军利用红军已占领的机场为华沙空投。后来，德军曾提出建议，试图同起义者谈判，但起义领导人布尔·科莫罗夫斯基没有同意。

10 月 2 日，经过 63 天的街垒战，起义军弹尽粮绝，被迫投降。其时，华沙这座历史名城 90% 的建筑物已被摧毁，整个城市满是瓦砾和废墟。在这次起义中，波兰方面有大约 1.8 万名军人和超过 25 万平民死亡，另有大约 2.5 万人受伤。德军方面有大约 1.7 万人死亡和 9000 人受伤。

关于华沙起义的性质，历来存在各种不同的评论。有人说，波兰"国家军"的目的是想在苏联红军到达前解放德国占领的华沙，以免受到苏联的控制。有人说，这次起义非常愚蠢，是波兰国家军的一种投机，

企图拿爱国来做交易，以捞取战后的功名。斯大林则指责这次起义是"罪犯集团旨在夺权而在华沙发动的冒险事件"。但是，多数学者认为，不管波兰流亡政府有何意图，华沙爱国军民为反对希特勒法西斯而进行的英勇斗争和他们付出的巨大牺牲，充满了孤注一掷的悲壮，无疑具有伟大的民族解放意义。

由于苏波军队并肩作战，首都华沙于1945年1月17日获得解放；5月，波兰全国解放。根据1945年雅尔塔会议达成的协议，苏、美、英相继承认波兰临时政府。

1999年8月1日下午5时，华沙市内汽笛齐鸣，行人止步，车辆停驶，全城默哀1分钟，以纪念华沙起义55周年。波兰总统克瓦希涅夫斯基、总理布泽克以及华沙市民分别向华沙起义纪念碑、华沙公墓、无名烈士纪念碑敬献了花圈和花束。华沙无名烈士墓前举行了隆重的换岗仪式和阅兵式。

攻克柏林

1944 年年底，苏军基本确定了攻占柏林的计划。1945 年 1 月 31 日，白俄罗斯第 1 方面军的坦克抵达库斯特林和法兰克福附近的奥得河，柏林就在前面仅仅 100 公里的地方。但是，苏联最高统帅部决定，暂缓对这座城市的进攻——苏军需要补充军备，调动火车，特别是为侧翼的攻击部队提供所需的给养。

3 月，在波美拉尼亚和西里西亚的德军被肃清后，苏军在奥得河一线集结了 3 个强大的方面军，总兵力达 250 万人，并拥有 41600 门大炮和迫击炮，6250 辆坦克和强击火炮，7500 架飞机。在北面，罗科索夫斯基元帅率领的白俄罗斯第 2 方面军包围了被德军占领的波兰什切青港。在南面，科涅夫元帅指挥的乌克兰第 1 方面军在奥得河和尼斯河会合处，加紧向柏林推进。在中路，朱可夫元帅统率的白俄罗斯第 1 方面军在法兰克福一线稳扎稳打，始终坚持全线齐头并进的战略。

西线盟军的 3 个集团军在艾森豪威尔将军的率领下，从荷兰到阿尔萨斯，再到瑞士边界，迅速推进到莱茵河一线。3 月 6 日，美军攻克科隆。3 月 22 日，巴顿将军统率的第 3 集团军在夜色掩护下渡过了 250 米宽的莱茵河，建立了一个宽约 7 公里、纵深约 6 公里的桥头堡。3 月 24 日，英国蒙哥马利的第 21 集团军在强大的空军支援下，在威塞尔强渡莱茵河，分兵向德国北部平原和鲁尔区推进，其先头部队于 4 月 12 日到达马格德堡，接着又于 4 月 19 日解放了莱比锡，4 月 20 日解放了纽伦堡等地区。法军总司令塔西耶将军也指挥法国军队，在德国西部地区展开攻势。在盟军的攻击下，德国西线兵力损失了 1/3，控制的领土急剧缩小。

3 月 28 日，希特勒因战事失利怒斥了德军第 9 集团军司令布塞和其他几个将军。当总参谋长古德里安试图为他们辩解时，希特勒马上迁怒于他，古德里安随即被放了"长假"，47 岁的克莱勃斯接替了他的职务。

德国法西斯已是四面楚歌，摇摇欲坠。

东线：排兵布阵

希特勒深知，柏林战役对德国和他本人来说生死攸关。从1945年2月开始，他便下令在奥得河一线和柏林周围构筑工事。德军在柏林以东建成3道防御阵地：第一道是北起沃林湖东岸，沿奥得河延伸到尼斯河一线；从此往西10～20公里是第二道防线，其中以泽劳弗高地为主要阵地；再往西10～20公里是第三道防线。德军还环绕柏林城营建了3层防御圈：最外一层距离市中心24～40公里，沿着当地的湖泊、河川筑成；第二层距离市中心12～20公里，主要利用郊区的森林筑成；第三层则是沿着柏林的环城铁路修成。同时，希特勒还把柏林市区划分为9个防御区，分兵防守。当时，希特勒搜集到的柏林附近的兵力近100万人，在柏林城内还组织了20万人的守备队。他们装备了1万多门大炮和迫击炮，1500辆坦克和强击火炮，3300架飞机和300多万发火箭炮弹。

然而，地狱之门毕竟为希特勒打开了——柏林已受到严重破坏，希特勒只好像老鼠一样，钻进地层深处的暗堡躲藏。军备和战时生产部长施佩尔在3月18日致希特勒的备忘录中酸楚地写道："4至8星期内，德国经济将最后崩溃，这是可以料定的……经济崩溃以后，战争就再也不可能根据军事计划继续下去了。"在例行的军事会议上，参谋军官们也宣布，德国只剩下已成废墟的柏林。希特勒气急败坏地下了一道野蛮的命令：破坏一切军事、交通运输、工业、通讯和供应设施，以及帝国境内的一切资源，妄图将德国变成一片焦土，把德国的芸芸众生作为第三帝国的殉葬品。

3月29日，朱可夫奉召飞回莫斯科，在克里姆林宫向最高统帅汇报了战况。斯大林沉思半晌，说："看来德国西线已彻底崩溃，希特勒并不想阻止盟军的推进，然而在对我们作战的各个重要方面，却都在加紧部署兵力。今后将会有一场恶战。"朱可夫对斯大林说，苏军已作好准备，两周后就可以进攻柏林。斯大林递给朱可夫一份文件，其中揭露了德国建议与同盟国单独媾和的情况。斯大林说："我想罗斯福不会破坏雅尔塔协定；至于丘吉尔，他什么事也干得出来。"事实上，丘吉尔曾致信罗斯福说："苏军将毫无悬念地进入维也纳，如果柏林也被他们攻下，是否会使他们产生一种自己是这场战争胜利的主要功臣的感觉呢？因此我认为，如果我们对柏林有把握，就应将其拿下。"科涅夫在回忆录中说："斯大林问朱可夫：谁将占领柏林？是我们还是美英联军？我回答说，我们将

在美英联军之前占领柏林。"

4月3日,朱可夫和科涅夫再次来到斯大林面前,各自陈述了自己攻占柏林的计划,在斯大林面前据理力争攻打柏林的指挥权。斯大林最后做出了让步,把由朱可夫指挥的白俄罗斯第1方面军和由科涅夫指挥的乌克兰第1方面军的分界线划到柏林以南40公里的古本,说是只要科涅夫能在朱可夫之前到达古本,他就可以直接进攻柏林。于是,两支苏军展开了竞争。

朱可夫立即飞返前线,与高级指挥官们一起讨论组织总攻的问题。他原为进攻柏林准备了两套方案:一是从库斯特林的桥头堡发起猛攻,一是从法兰克福发起猛攻。两套方案都有可能分散德军防御的注意力。而现在,朱可夫明白,苏军已没有别的选择,只有完善和实施第一套方案,才能在最短时间内实现作战预期。

在随后的几天里,苏军总参谋部仓促部署了两个方面军的任务,命令白俄罗斯第1方面军首先攻破德军防线,再由坦克部队投入猛攻,从而确保从北面和东北面顺利攻进柏林。这一策略的目的在于阻断西方联军自西线向柏林进攻的通道。政治左右了军事行动,朱可夫对此非常不满。

塞洛高地由魏德林将军指挥的德军装甲部队防守,苏军计划由此发起进攻,然后冒险在柏林市郊设制壁垒,使从高地撤退的德军无法进入柏林。科涅夫同样生气,因为如此一来,他指挥的方面军就被排除在柏林战役之外。他命令方面军参谋长准备两套方案,一是服从最高统帅部的命令,二是准备向柏林发起猛攻。

4月5日至14日,苏军各兵种和后勤部队进行了严密的准备工作,并召开各级首长战役预备会议。白天,奥得河登陆场一片静寂,一到夜晚,成千上万的战士就用十字镐、铁铲掘地,构筑工事。载着苏联炮兵、坦克部队和弹药的列车横穿波兰,源源不断地开到奥得河东岸,然后卸去伪装,驶向隐蔽阵地。

4月15日,一份由希特勒签署的对东线官兵的号召书,通过电台、传单在前线德军部队中广泛传播。作为最高统帅,希特勒在对他的士兵作最后一次"训示"时,使用了威胁、恫吓、欺骗、利诱等各种手段。

德国东线的官兵们:

犹太-布尔什维克死敌,使用大量兵力发动了最后的进攻。敌人企图灭亡德国,灭绝我们的人民。你们,东线的官兵们,绝大多数已经意

识到，何种命运首先威胁着德国的妇女、少女和儿童。老年男子和儿童将惨遭杀戮，妇女和少女将被掳入兵营充当妓女，其余的人将被放逐到西伯利亚。

……在这一时刻，谁不履行他的义务，谁就是我国人民的叛徒。部队放弃阵地是可耻的行为，他们在那些冒着毁灭性轰炸仍然坚守着城市的妇女和儿童面前应感到羞愧。……如果有谁命令你们撤退，而你们对他又不十分了解，那就必须马上逮捕他，必要时可立即就地正法，而不管他的级别如何。

柏林仍然是德国的，维也纳将重新回归德国，欧洲永远不会变成俄国人的！

宣过誓的集体要保卫的不是祖国这一空洞概念，而是你们的家乡，你们的妻子，你们的孩子和我们的未来。全体德国人民都在注视着你们——我的东线官兵，希望通过你们的坚定意志，你们的狂热精神，你们的武器和你们的指挥，使布尔什维克的突击夭折在血泊之中。当命运之神将地球上历代最大的战犯罗斯福斩除之际，便是这场战争出现转折之时。

此时，朱可夫又向莫斯科报告：据"舌头"的口供，美军在向柏林进军，而德国人只是消极抵抗。斯大林把这种说法称作是垂死挣扎的希特勒编织的一张企图引起苏军与盟军不和的蜘蛛网。然而他心里明白，要捣毁这张蜘蛛网，苏军就必须尽快占领柏林。4月17日，斯大林在给朱可夫的电报中说："我们可以做到这一点，我们应当这样做。"

于是，苏军各路部队直奔柏林。白俄罗斯第1方面军发布号令："我们正前进在一条艰难但充满光荣的道路上。库尔斯克、第聂伯河畔、白俄罗斯、华沙和波美拉尼亚、勃兰登堡以及奥得河畔的伟大胜利中闪耀着荣光。我们有权向柏林发起进攻，并成为率先占领这座城市的部队。向柏林前进！"

"向柏林开炮！"

当时，柏林居民生活井然，所有的市政服务都在正常运转。12000名警察负责值守，邮差每天分发当日出版的报纸，电影还在上映，剧院、动物园和市内交通正常运营，餐厅和酒吧甚至出现了顾客盈门的景象。但是，在保卫战打响之前，柏林城内已按工业水平建造了高2.5米、宽4

米的路障。有些道路被完全阻断，甚至布满了地雷。动弹不得的坦克被放在十字路口，作为固定的火力点。一些水泥建筑物的顶端安装了高射炮和自动防空炮。佩戴袖章的武装人员在人群中非常抢眼，他们来自200多个独立的"人民冲锋队"。

  1945年4月16日（星期一）是列宁诞辰75周年纪念日。凌晨3时，苏军向柏林发起总攻。奥德河—尼斯河西岸上空突然升起5000枚红色和白色信号弹，大地被照得一片通明。6500门大炮和1100架"卡秋莎"火箭炮投入主攻，仅白俄罗斯第1方面军配备的弹药就超过了43000吨，平均每公里的战线上投放了358吨。装备有6门280毫米口径火炮的第34重炮营也参加了战斗。在距离前线5公里的地方，柏林居民屋子里的挂画被震了下来，窗子和镜子玻璃碎成小片，教堂顶部的十字架也被震落。

  炮火一结束，在苏军阵地前沿，间距200米的143部探照灯豁然开亮，直射德军防御阵地。通过灯光发动攻击是由朱可夫提议的，然而，当时的天气状况却使这一计划大打折扣。清晨浓雾弥漫，整个前沿战场被厚重的烟雾和尘土所笼罩，探照灯光线根本无法穿透。

  几乎与炮击同时，苏军数十万步兵在坦克的配合下，向柏林防御圈内线第一阵地发起冲击。由于德军事先把主力部队从前线撤退到第二道防线，苏军在没有遇到实质性抵抗的情况下，向前推进了35公里。黎明时，苏军突破了德军右翼的"柏林师"阵地，造成对德军坦克第55军左翼的威胁。德军在柏林地区虽有大量飞机，但因双方冲击部队已犬牙交错，无法辨认。

  从这天早晨6时零7分开始，苏军飞机对塞洛高地持续轰炸了42分钟。在空中打击之后，朱可夫又命令坦克部队加入战斗。到了下午1时，德军的火力防御系统仍然有效。针对这种情况，朱可夫更改了计划，把坦克部队派往更北的地方，但此举引起了斯大林的不满，他说道："你不应该未经最高统帅部的批准，擅自调派近卫坦克第1军投入战斗。你能保证明天攻下塞洛高地吗？"朱可夫平静地答道："我们明天会攻破塞洛高地敌军的防御。"

  科涅夫率领的乌克兰第1方面军转而在柏林东南方尼斯河畔的森林中向德军发起攻击。由于德军对此毫无防备，科涅夫部队的前进速度竟然超过了朱可夫。4月17日，科涅夫向斯大林报告，他准备带领两支坦克部队前去协助朱可夫。斯大林在经过短暂沉默后回复说："很好，我同意，命令坦克部队向柏林进发。"第二天，根据科涅夫的命令，雷巴尔科

和列柳申科将军分别率领第 3 和第 4 坦克近卫军向柏林冲去。

激烈的战斗进行到 18 日早晨，德军终于经受不住苏军飞机和坦克的全力突击而溃退，"人民冲锋队"和德军残部四处逃散。与此同时，朱可夫把预备队投入夺取塞洛高地的战斗，终于扭转了局势。克里沃舍因将军的先遣旅占据了普拉特克镇附近的渡口，波格丹诺夫的坦克部队紧跟其后。指挥德军防御战的魏德林将军回忆道："我们的军队在先前的战斗中已经损失惨重，根本无法抵抗苏军的进攻。"当晚，朱可夫向波格丹诺夫下达命令："现赋予第二坦克近卫军一项历史性的使命：率先攻占柏林并插上胜利的旗帜。我命令你负责组织这次行动。"

苏军突破柏林外围一道又一道防线后，便将全部坦克投入了对柏林的正面进攻。德军投入了全部预备队，甚至抽调柏林的城防部队来抵抗。4 月 19 日，德军在遭受惨重伤亡后，逃向柏林防御地的外城廓。4 月 20 日 20 时 29 分，苏军向德国首都打响了第一炮，开始合围这座城市。4 月 21 日，苏军 3 个集团军和近卫坦克第 2 集团军逼近柏林城郊，部分士兵已冲进城内。但是，科涅夫攻入柏林街道的计划未能实现——沿途的森林、湖泊、障碍物、地雷区以及碉堡阻碍了坦克部队的推进。

4 月 22 日，塔斯社自柏林发出报道：

在德寇背信弃义进攻苏联后 1400 天，在德寇斯大林格勒失败后 810 天，红军已经突入柏林近郊。斯大林元帅称之为"战神"的苏联如林的大炮、轰炸机与战斗机大队，正把无数的炸弹炮弹投入法西斯德国的心脏。列宁格勒的炮手们发出第一排炮。在他们之后，由莫斯科、斯大林格勒、高加索、华沙的老兵们所开动的数千门大炮向柏林开了火。

"向柏林开炮！"——这就是所有炮列每一分钟的作战命令。没有任何力量能够阻止苏军战士实现斯大林元帅的命令——在法西斯的巢穴中消灭法西斯，并将胜利的旗帜插到柏林城上。……德寇疯狂抵抗。苏军坦克与步兵必须逐步突破德军的防线，以其足迹打碎敌人无数抵抗中心。……

这天中午，希特勒听完战情报告后浑身发抖，他当即向将军们宣布，战争已经失败，他将放弃最高指挥权，由凯特尔和约德尔两人指挥抵抗，他自己则在柏林坚守到死。

朱可夫曾在一份报告中说，"敌方防御很弱"，但他在攻城战的头几个小时就已明白，敌人并非"不堪一击"，按照斯大林格勒战役的方式组织起来的强攻部队不完全适用于柏林的巷战。

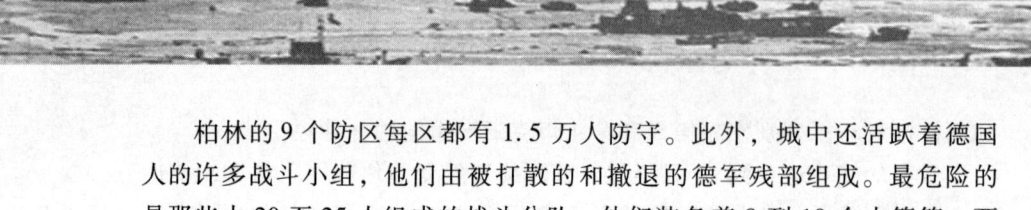

柏林的9个防区每区都有1.5万人防守。此外,城中还活跃着德国人的许多战斗小组,他们由被打散的和撤退的德军残部组成。最危险的是那些由20至25人组成的战斗分队,他们装备着8到10个火箭筒,两三挺轻机枪,一两支狙击步枪。德国人充分利用专门为防御战构建的地下建筑打巷战。

4月24日,朱可夫签署命令,建立"强大的摧毁性部队",用射程400米至1公里的各种大炮进行密集轰击柏林所有的建筑,然后由40至50人组成的强攻部队发动进攻。强攻部队除了常规武器外,还配备有6门各种口径的火炮、4辆坦克、喷火器、一些化学武器(烟雾弹),同时配有工兵。就在这一天,柏林通向郊外的最后一条公路被苏军切断了。

4月25日,从西面进攻柏林的白俄罗斯第1方面军与乌克兰第1方面军的近卫机械化第6军胜利会师,至此,40余万人的柏林德军集团被切割成两个孤立的集群。当天,根据"礼炮"计划,苏军1671架飞机对柏林进行了两次大轰炸,向这座城市投下上千吨炸弹。鲁坚科上将命令官兵"不许带着炸弹返航",如果找不到轰炸目标,就尽可能往市中心投弹,如果哪位指挥员的下属带着炸弹返航,要"立即上报"指挥官的姓名。市内战斗打响后,苏联运来了巨大的要塞炮。战士们在每一发半吨重的炮弹上写着:"为死难的同胞和战友报仇!""为孤儿寡妇、为母亲们的眼泪报仇!"4月26日,苏军的坦克一辆接一辆地碾过柏林的大街小巷,炮筒向每一个射出子弹的窗口猛烈轰击。柏林城中的250万幢建筑物大多化为瓦砾。

与此同时,苏军散发了大量的劝降传单,并向市区派出一些德国志愿者说服居民不要抵抗。但是,战争时期容易发生例外:在苏军进攻一家工厂时,停止抵抗的一群德国人集中在大车间的地下室里,苏军喷火手凿开地下室的顶部,灌入300升汽油并点燃,将120人活活烧死。

在这生死存亡的关头,希特勒函盼文克将军的部队和第9集团军,以及在柏林北面的希姆莱率军前来解围,但他却不知道,这两支队伍早已被歼灭,而一向忠于他的希姆莱,正率部仓惶西撤。这时,希特勒收到戈林从萨尔斯堡发来的电报:

我的元首:有鉴于您已决定留守在柏林堡垒内,请问您是否同意我根据您1941年6月29日的命令,马上接管帝国全部领导权,代表您在国内外充分自由地采取行动?如果在今晚10点钟还没有从您那里得到回答,我将认为您已经失去行动自由,并且认为执行您的命令的条件已经

具备。我将为了国家和人民的最大利益采取行动。您知道在我一生这严重的时刻我对您的感情,非语言所能表达。愿上帝保护您,使您能克服一切困难迅速来此。您的忠实的赫尔曼·戈林。

戈林本想"抢班夺权",然后向美英求和,为自己争得一条生路。不料希特勒看完电报,怒不可遏,破口大骂戈林忘恩负义,是个贪财小人和吸食毒品的瘾君子。他当即回电,声称戈林犯了"叛国罪"。驻伯希斯特加登的党卫队头目收到希特勒的亲信鲍曼私下发来的密电,立即带人前往戈林的住所,逮捕了这个空军元帅。向西逃跑的希姆莱 23 日在波罗的海边卢伯克的瑞典领事馆里,匆匆起草了一封向西方盟军请求投降的信。他要求通过瑞典的伯纳多特伯爵立即转告艾森豪威尔将军,但未能如愿。此后,希姆莱仍被自己人逮捕。

希特勒的末日

1945 年 4 月 25 日,柏林在黎明时就遭到苏军炮兵部队的猛烈轰击。炮弹落在总理府和四周各部大楼里,许多地方起火了,浓烟遮蔽了天空。10 时左右,克莱布斯来向希特勒汇报军情,希特勒走进会议室时,发现鲍曼、洛伦茨、博尔特、洛林霍芬和京舍都在那里,戈培尔随后也赶来了。听汇报时,希特勒毫无反应,只是偶尔稍微抬一下头,又重新盯着桌面。当克莱布斯讲到处境艰难的第 18 装甲师司令开枪自杀时,希特勒说道:"终于有一位将军有勇气得出必要的结论了。"克莱布斯汇报完毕后,希特勒就返回了他的工作室。

午饭后,希特勒让贴身男仆海因茨·林格到他那儿去。林格看见希特勒低垂着头,惊惶地站在写字台边,双手使劲撑在写字台上。林格问道:"我的元首,您叫我吗?"希特勒疲倦地抬头望他,说道:"我将同勃劳恩小姐一起在总理府花园中的掩体入口处开枪自杀。没有别的出路。"林格想表示反对,但希特勒抢在他的前面说:"请您弄来汽油,浇在我们的尸体上,把它们烧掉。您千万不能让我的尸体落到苏军手里。他们会开心地将我运到莫斯科,在那里放进陈列馆展览。这不行。"林格只能回答,他会严格执行元首的命令。

直到当天深夜,克莱布斯和他的副官洛林霍芬都不断带着新的消息来找希特勒。柏林及周围的形势在一小时一小时地恶化。大家的情绪又降到了零点,东一堆西一堆地坐在老掩体里喝着白酒,大声讨论还能不

攻克柏林 | 285

能挡住苏联人。

4月27日，苏军攻入柏林第9区，希特勒的最后一线希望破灭了。柏林守备司令魏德林向他提出了一项从柏林突围的计划，并保证他的安全。魏德林还报告说，弹药只够支撑两昼夜了。希特勒拒绝离开柏林，但他的不安和神经质也越来越厉害。早晨，他不再需要被人叫醒，落在掩体上的炮弹也让他无法入睡。在施通普埃格尔给他注射兴奋剂，林格给他滴了眼药水之后，他拖着沉重的步子，在掩体的房间里来回转悠。他的头发更白了，样子像个老头。他在哪儿都待不住，才在总机室坐下，就又站起来，走进通风机房。过去，他从未到过这些房间。

在同爱娃·勃劳恩、秘书克里斯蒂安和荣格、保健厨师曼齐亚丽等一起喝晚茶时，希特勒只谈如何自杀最好。他有时绘声绘色地形容，如果他们落到苏军手里，那有多么可怕。他同大家一起反复议论开枪自杀、服毒自杀或者割腕自杀哪个更好。

4月28日，白俄罗斯第1方面军逼近柏林的蒂尔花园区。这个花园是柏林守军的最后一处阵地。这里有政府办公厅、国会大厦、最高统帅部等象征第三帝国权力的最高机关，因此，德军把党卫队最精锐的部队部署在这里。

4月29日，苏军先头部队离希特勒的巢穴只有300米了。希特勒感到末日已经来临，便做出了最后决定：当天晚上，他与多年的情妇爱娃·勃劳恩举行了婚礼。爱娃当年35岁，身材苗条，容貌秀丽，一头金发，深得希特勒的宠爱。她性情温顺，不懂政治，只想做一个"伟大人物"的女友。在柏林战局危机时，爱娃自愿来到总理府地下室，目的是与元首结为正式夫妻，并与之一道死去。简单的婚礼之后，希特勒向女秘书口述了遗嘱。他在遗嘱中除了开脱自己的罪责外，还任命海军元帅邓尼茨为德国元首兼武装部队最高元帅。他将戈林和希姆莱开除出党，革除其一切职务。

4月30日上午，希特勒与他身边的人一一握手告别。下午，他毒死了爱犬，吩咐女秘书焚毁所有的机密文件。他指示遗嘱执行人鲍曼："我的妻子同我决定死去，以免遭受被推翻或者投降的耻辱。我希望我们的遗体将在我为人民服务12年来从事大部分日常工作的地方立即火化。"15时许，在暗堡里的鲍曼和戈培尔等人听到希特勒卧室里响起枪声，他们推开门一看，只见希特勒的尸体趴在沙发上，还在淌血。爱娃躺在他身边——她是服剧毒氰化物自杀的。海因茨·林格后来在法庭上作证时，谈到他当天看见的情景："我进去后，在我的左侧发现希特勒倒在沙发上。他的脑袋稍稍向前耷拉着，我能看到他的右太阳穴上有个一便士硬币大小的枪眼。"前党卫队军官托·京舍也作证说："希特勒坐在沙发扶手上，脑袋垂在右肩上，右肩无力地垂在沙发靠背上，头部右侧有个枪眼。"

希特勒和爱娃·勃劳恩的尸体被丢进苏军第34重型炮兵营的炮弹留下的弹坑里，然后浇上汽油焚烧了。

希特勒在遗书中厚颜无耻地写道：

自从我自愿参加强加给帝国的第一次世界大战，已经有30多年了。

在这30多年中，我所有的思想、行为和生活中都充满了对自己人民的热爱与忠诚。它们赋予我做出最困难决定的力量，有的时候做出这些决定是极度痛苦的。说我或者任何一个德国人想发动1939年的战争，这是谎言，要战争并且执意发动战争的只是那些国际政客。他们要么是犹太人，要么是为犹太人的利益而工作。

多少年过去之后，几百年过去之后，从我们的城市和纪念碑的废墟中将产生对那些犯有罪责的人的仇视，他们就是国际犹太人和他们的帮凶。

……

攻占国会大厦

就在4月30日这一天，苏军从三个方向猛力攻打由6000名精锐党卫队防守的国会大厦。14时25分，步兵756团第1营的西亚诺夫连率先从正门冲进了大厦。事后，西亚诺夫讲述道："我的战士们迎着火力封锁，高喊着'乌——拉——'往前冲。我们在弹坑中迅速飞跑，有时在石板和翻倒的树后躲一躲，越过许多沟坎和鹿砦，匍匐通过开阔地域，冒着密集的火力向前冲去，每前进一步都要遇到地雷和炮弹爆炸。很多战士倒下了，我的右腿和右肩先后被弹片擦伤，哪还顾得上包扎。……我们冲上了国会大厦的台阶，这时一颗炮弹在高高的圆柱之间爆炸了。弹片穿透了亚基莫维奇的胸膛，他一头栽倒牺牲了，高举的手中还握着一枚手榴弹。他的鲜血凝结在大理石台阶上。还有几名战士也牺牲了。……当我们出现在宽阔的台阶上时，子弹冰雹般地铺天盖地而来。希特勒匪徒从所有窗户里向我们扫射，然而，我们已经摸到了国会大厦厚厚的墙壁。眼前耸立着一座宏伟壮丽的大门，上面被炮弹炸坏了好几处，我们朝门上的洞里扔进许多手榴弹，我们的战士从这里钻进了国会大厦……"

苏军战士叶戈罗夫、坎塔里亚和伊万诺夫在隆隆炮火声中，把一面红旗插在国会大厦的圆顶上。随后，战士们涌向国会大厦前面的广场，跳起了欢乐的舞蹈。

同日，苏军攻入波茨坦广场，离希特勒藏身的总理府仅仅隔着一条街。子夜过后，德国陆军参谋长克莱勃斯受戈培尔和鲍曼的指示，去会见进攻柏林的苏军司令官崔可夫元帅，提出只要让他们安全通行，到邓尼茨筹组的新政府任职，他们愿意放弃柏林。但崔可夫元帅根据斯大林的要求，坚持要德军无条件投降。绝望的戈培尔夫妇在毒死了自己的6个儿女后，又命人开枪击毙了自己。党务部长鲍曼在跟随一辆坦克逃跑时，因坦克被炮弹击中，他害怕被俘，于是吞下胶囊毒药，当即身亡。

5月1日晚9时，希特勒暗堡已是熊熊大火，几百名侍从各自逃生。晚22时30分，电台广播了希特勒死亡的消息。

2日早晨，柏林城防司令魏德林通过无线电向苏军恳求道："请你们停火吧，我方将派出代表团在柏林时间12点50分抵达波兹坦大桥。"接着，双方就柏林驻防军投降协议的条款达成一致，柏林驻防军的士兵跨过防线缴械投降。魏德林被俘后，发布了他的最后一道命令："元首于4月30日自杀，留下我们这些发誓效忠于他的臣民自生自灭，继续抗战已经毫无意义，我呼吁大家立即停止抵抗。"这一命令通过扬声器播发后，柏林驻防军有组织的抵抗终于停止，德国的军旗抛了满地。邓尼茨将其大本营移至弗伦斯堡。

这天下午，柏林的战斗彻底结束了。苏联记者哈尔捷伊来到已被攻克的德国国会大厦前，突发灵感，决定再拍摄一幅照片。他进入遍地瓦砾的大厦，找到3名苏联士兵，这3名士兵又找来一面苏军军旗，4人爬上了大厦顶层。哈尔捷伊在对这3人的站位和动作做了一番设计后，连续拍摄了几幅照片，并在其后从中选取了最好的一幅传回苏联。就这样，一幅极具历史意义的照片诞生了。

5月3日，朱可夫元帅和苏军将领们来到国会大厦区域巡视，但见断垣残壁，一片废墟。大厦入口的柱子上涂满了苏军士兵的留言，朱可夫和将军们也留下了签名。苏军士兵认出他们以后，紧紧围住他们，欢呼跳跃。

两度签署德国投降书

1945年5月5~6日，邓尼茨玩了一个狡猾的阴谋——他多次派人到西方盟军司令部兰斯去同艾森豪威尔联系，谈判投降条件，同时又下令东线德军继续抵抗，阻止苏军推进。艾森豪威尔当时坚决表示，投降书没有任何条件，必须立刻签字。6日，艾森豪威尔约见苏军代表索斯帕罗夫将军，告知他德国人民接受全面投降，并将拟好的投降书给他看，请他通知莫斯科，如果赞同，就代表苏联在投降书上签字。签字仪式定于7日凌晨2时在兰斯举行。索斯帕罗夫将军将情况火速电告莫斯科，但莫斯科当天没有答复。7日凌晨2时41分，索斯帕罗夫以见证人身份代表苏联签了字。不过，他谨慎地留了一手，在投降书上写了一个备注说明："任何一个同盟国政府仍可提出签订另一个更为完善的德国投降书。"

这份以英文写就的投降书墨迹未干，莫斯科的答复电报就来了。电报指示索斯帕罗夫不要在任何文件上签字。斯大林对于英美盟军在兰斯接受德国投降并签订投降书极为不满，他认为，苏联是抗击和战胜德国法西斯的主力，柏林是苏联红军攻克的，投降仪式应该由苏军主持，受降地点应该在柏林，兰斯的投降仪式只能当作预演。索斯帕罗夫当即表示，自己并未得到授权在投降书上签字，因此，这份投降书不能生效，必须在德国柏林举行一场正式的签字仪式。

5月8日，德军凯特尔元帅、弗雷德堡上将和什图姆普弗上将在英军的"护卫"下，到达柏林的滕佩尔霍夫机场。他们是由邓尼茨授权，前来签署《德国军事投降书》的。投降签字仪式在柏林东部卡尔斯霍尔斯特一所军事工程学校的两层楼房里举行，这里原为食堂，后改为苏军司令部所在地。23时45分，英国的泰德上将、美国战略空军司令斯巴兹将军、法军总司令塔西厄将军，以及苏联代表朱可夫、维辛斯基、捷列金、索科洛夫斯基等人均在桌旁就座。

受降仪式开始时，朱可夫元帅庄严宣布："我们，苏军和盟军最高统帅部的代表，受反希特勒同盟国政府委托，来接受德国的无条件投降。现在请德军最高统帅部代表进入大厅！"外表整洁、身穿礼服的德国代表凯特尔元帅强作镇静，举起元帅节杖，向苏军和盟军代表致敬。另两名德国代表什图姆普弗上将和弗雷德堡上将，则流露出凶狠而又无可奈何的神情。凯特尔元帅戴上眼镜，坐在桌前，在5份稍作修改的德国正式投降书上一一签上了名字。什图姆普弗与弗雷德堡也在后面签了自己的名字。大厅里立即响起一片欢呼声。人们举杯相互祝贺。这些出生入死的将帅们,在亲人、战友牺牲的时候从未哭泣过,然而在胜利面前,他们却流下了男子汉的热泪。

投降书的第一条宣布:

(一)我们,代表德国最高统帅部的签字者,于此无条件地以现时仍在德国控制下的一切陆、海、空军,向盟国远征军最高统帅,同时向苏联最高统帅部投降。①

柏林战役作为历史上最宏大的战役,被载入《吉尼斯世界纪录》。

自1939年9月1日以来,战争共进行了5年8个月又8天。妄图称霸全球的纳粹帝国覆灭了,人们在波茨坦广场上尽情欢呼。

5月23日,邓尼茨政府和国防军统帅部全体成员在弗伦斯堡-米尔维克被捕。德国海军总司令冯·弗里德堡海军大将自杀,希姆莱也在吕讷堡自杀。

6月5日,《柏林宣言》说:艾森豪威尔、蒙哥马利、朱可夫和德拉特尔·德塔西尼签署4个文件,宣告德国政府权力机构结束,由管制委员会中的4个同盟国最高军事长官集体行使德国最高行政职权;以1937年的边界为基础,确定将德国划分为4个占领区和柏林特别区域。

东西方出现裂痕

抗击德国法西斯,使西方国家与苏联前所未有地团结起来。然而,在最终确定哪一天为"欧洲胜利日"这一问题上,双方却出现了严重分歧。美英法等国将之定在1945年5月8日,而苏联则定在5月9日。从表面看,这一日之差与第二份德国正式无条件投降书的签署生效时间——柏林时间5月9日零时有很大关系,那一刻,伦敦、巴黎仍是8日,而莫斯科已是9日。

美国总统杜鲁门在他的回忆录《决定性的一年:1945》中写道:"我们原先与斯大林商定,公告于5月8日华盛顿时间上午9时(伦敦时间15时和莫斯科时间16时)发表。可是丘吉尔催促提前一天发表……经过几次电讯往还,最后决定德国无条件投降的正式公告仍按原定时间,

---

① 引自《国际条约集》(1945—1947),世界知识出版社1961年版,第26页。

即5月8日星期二华盛顿时间上午9时发表。"

斯大林抗议这样过早的宣布。他在为此专门给杜鲁门发去的电报中说明了理由："……红军最高统帅部不能确信德国最高统帅部下达的无条件投降的命令能被东线德军部队执行。再者，我们担心的是，如果苏联政府今天宣布德国投降，我们就欺骗了苏联人民。……应该考虑到德国人在东线的抵抗并未减退。……苏联统帅部希望等待，直至德国投降成为现实，并将政府声明推迟到5月9日莫斯科时间19时发表。"

苏联的呼吁并未使美英苏三国的步调在欧战结束的最后一刻保持一致。结果，杜鲁门于8日华盛顿时间9时在白宫发表了有关欧战结束的讲话，丘吉尔几乎同时在唐宁街10号发表了类似讲话。此时，苏联电台却在一个儿童节目里播送了一个《两个兔子和一只鸟》的故事。斯大林直到次日才发表了战争结束的声明。

第三帝国的灭亡

1945 年 1 月 30 日，希特勒在他夺取政权 12 周年的日子，最后一次向德国人发表广播讲话，预言要"拯救人民"并战胜"财阀和布尔什维主义的阴谋"。3 月 18 日，他悲哀地向装备部长阿尔贝特·施佩尔说，德国人民在这场战争中已被证明过于软弱，"未来只属于比较强悍的东方民族。战斗之后留下的只有卑微，因为品德高尚者已经阵亡"。

希特勒在 4 月 28 日立下遗嘱，指定卡尔·邓尼茨海军元帅为自己的接班人，担任帝国总统和国防军总司令。次日，当希特勒自尽时，德意志帝国近乎全面崩溃。德国国防军支离破碎，许多城市埋入废墟和瓦砾之中，曾希望成为大日耳曼世界帝国首都的柏林，已响起苏联红军的隆隆炮声。

军事缴械

卡尔·邓尼茨于 5 月初执政，并掌管剩余的德国武装力量。他被视为国家社会主义思想的追随者，在战争的最后几个月里，他还坚信德意志帝国的命运会发生决定性的转折。但是，在最后一刻，他不再幻想取得军事上的胜利。他成为纳粹政权的接班人后，主要目标就是在战争结束之前，尽量让难民到达西部，尽量让东线士兵免向红军投降。结果，总共有 1100 万德国士兵被俘，其中 315 万被苏联俘虏。

为了赢得时间，邓尼茨巧妙地实行了分阶段投降的策略，对此，英美指挥官欣然接受。1945 年 5 月 4 日，德国武装力量在荷兰、德国西北部和丹麦投降。西方盟国曾向苏联人提出一个地方受降的建议，但遭到苏联的拒绝。苏联人也同样直截了当地否决了邓尼茨提出的向西方盟国部分投降的建议。最后，反希特勒联盟一致认为，德国武装力量必须无条件地向所有三个盟国投降。

1945年5月7日，约德尔上将在驻欧洲盟军最高指挥官艾森豪威尔的大本营——法国西部城市兰斯签署了投降书，宣称"德国国防军最高统帅部……向所有听候德国调遣的武装力量下达命令，从中欧时间1945年5月8日23时01分起停止一切战斗行动"。苏方对此提出异议，于是，三方又达成一致：在柏林卡尔斯霍斯特的苏军大本营再举行一次签署投降书的仪式。两份投降书虽然在内容上没有多大区别，但是欧洲战争却是以后一份投降书作为结束的标志。

政治投降

对于如何处理无条件投降后的德国，同盟国虽然早有考虑，但却始终未能形成完全统一的政治方案。在战争的最后几周里，主要战胜国之间的紧张关系已经现出轮廓。由于各自的观念不同，人们已对美苏两个"超级大国"之间未来的关系产生了不安。但是，只要东亚的战争仍在继续，合作的意愿就会在美国一方占上风。没有苏联的帮助，美国将很难单独战胜日本。

苏、美、英首先在查明和惩办犯有战争罪行的第三帝国责任人以及惩办战犯的问题上达成一致。战胜国在成立一个国际诉讼机构方面也取得一致意见，并准备帮助此前被德国占领的奥地利、捷克斯洛伐克和波兰恢复主权。此外，在利用邓尼茨代理政府确保实现有序的和迅速的投降方面，也没有遇到太大的难题。

1945年5月23日，在苏联的压力下，邓尼茨政府的所有成员均被逮捕。同1918年一战结束时形成鲜明对照的是，德国已不存在中央政府，因此也就没有一个能以全体德国人民的名义讲话和提出要求的主管机关。这一状况是同盟国有意为之，因为他们不愿同第三帝国的领导人物做任何接触。为了明确表示他们的统治要求，1945年6月5日，同盟国发表《柏林声明》，规定接管"德国的最高统治权"，同时也确认，这并不意味着对德国的吞并。通过同盟国这一单方面的声明，在军事投降之后，现在该实施德国的政治投降了。

西方盟国部队首先进驻事先商定的柏林区域，为战胜国在波茨坦召开结束第二次世界大战的会议铺平了道路。1945年7月1日至4日，红军也开进此前由西方盟军占领的萨克森、勃兰登堡、梅克伦堡以及图林根等地区。

两德分治

1945年7月17日至8月2日,苏美英"三巨头"在柏林附近的波茨坦举行会晤,法国也参加了这次会议。从外表上看,会议给人以一种团结的气氛,而实际上谈判充满利益冲突,尤其是以美国和英国为一方,以苏联为另一方,双方的矛盾日益加深,争议较大的议题是波兰的边界和德国支付的战争赔款。

在经过两周毫无结果的协商后,美国国务卿伯恩斯仍通过与苏联外长莫洛托夫的直接谈判,促成会议取得成功。在放弃对德国的"肢解计划"后,"三巨头"于7月30日就以下问题达成一致:在占领期间,至少将德国看作一个"经济统一体"。尽管还未组成德国中央政府,但是在同盟国对德管制委员会监督下,可以成立由"国务秘书"领导的"若干重要的德国中央级管理机构"。除此之外,苏联放弃了固定的赔款数额,但条件是西方国家同意将波兰的边界往西移至尼斯河和奥得河一线以及签署和约。

尽管如此,根据《波茨坦公报》,在剩余的德国领土上,形成了两个相互分离的经济区域,分别建立了社会主义和资本主义制度。从此,苏美关系决定了在东西分界线上的德国分裂。在盟国胜利的灿烂晴空中,以美国为首的资本主义阵营和以苏联为首的社会主义阵营之间的冷战对峙的阴云,似乎已悄然飘来。

三巨头遇险

"猎熊"行动

第二次世界大战期间,希特勒没有派人暗杀斯大林,斯大林也明确指示特工人员"别碰希特勒"。奇怪的是,同苏联签有中立协定的日本,却多次向斯大林伸出罪恶之手。1938年,日本特务策划了一起代号为"猎熊"的暗杀行动。

斯大林患有风湿病,每年都要到海滨治疗。1925年,一家温泉疗养中心在苏联疗养胜地索契附近的新马采斯塔落成,其中一半为政府专用区。专用区常年关闭,只有它的主人到来之后,门上的封条才被揭掉。后来,中央别墅区管理局开始在一个半山坡上建立一座大型的石头城堡,警卫人员每天都密切注视着石匠们的一举一动,对所有地下管线都进行认真检查。负责监督的是苏联内务人民委员部上校格奥尔基·柳什科夫。这项特殊任务使他有机会得到升迁,因此,他干得非常卖力,甚至亲自到地下查看管线。

在斯大林入住这片"绿色丛林"的前两天,卫队长弗拉希克将军前来验收工程。当他走进这座绿树掩映的城堡时,看到巨大的喷泉冲向蓝天。

"你们怎么啦?都是傻瓜吗?"将军冲着柳什科夫大叫道,"主人不能忍受哗啦哗啦的水声,赶快给我重做!"

喷泉在一夜之间被拆除了,取而代之的是一个人字形的花坛。此后,柳什科夫被派往远东任职。他怀恨在心,很快与日本间谍接触,并于1938年偷渡到日本。

当时,日本和苏联在远东越来越多地发生冲突。1938年7月29日,日本军国主义分子侵入苏联,占领了海参崴附近哈桑湖地区的两个重要制高点。苏军予以猛烈回击,日本人在几天后只好撤退。8月11日,日

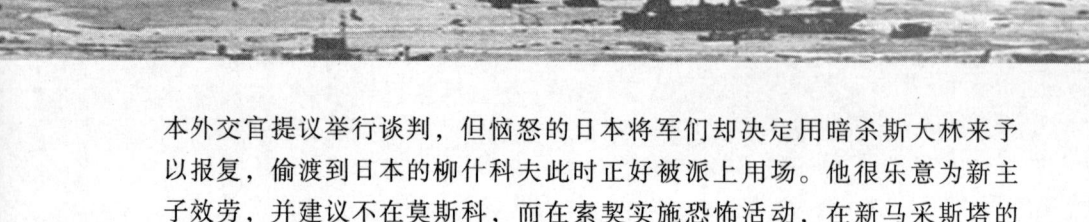

本外交官提议举行谈判，但恼怒的日本将军们却决定用暗杀斯大林来予以报复，偷渡到日本的柳什科夫此时正好被派上用场。他很乐意为新主子效劳，并建议不在莫斯科，而在索契实施恐怖活动，在新马采斯塔的温泉疗养中心下手。

柳什科夫对这里的每一条地下通道和管线都了如指掌。行动小组计划在夜间通过一条管道进入温泉疗养中心的疗养室，趁斯大林淋浴时将其击毙，再趁混乱之机原路返回。

日本人很快招募了一批杀手，柳什科夫亲自对他们进行培训。根据他提供的图纸，行动小组还在一个秘密地区建造了一座温泉疗养中心的模型。后来，当情报人员得知斯大林即将前往索契休假时，行动队员立即出发了。对他们的承诺是行动成功之后，每个人将得到一幢别墅和10万美元。

但是，由于有日本谍报人员事先向苏联通报了情况，这些人刚刚通过土耳其进入苏联国境，就被苏军发现。大部分杀手在交战中丧生，而身负重伤的柳什科夫却带着3名队员逃了出来。"猎熊"行动宣告失败。

我国电视剧《悬崖》的某些情节，就是根据这一真实事件设计的。

罗斯福冒险观看鱼雷

1943年11月12日，美国新建的弗莱彻级驱逐舰"威廉·波特尔"号驶离诺福克军港，计划与美国战列舰"衣阿华"号等会合后，共同护送罗斯福总统去北非参加国际会议。当时在"波特尔"号上服役的官兵大部分是初次上阵的新手。

1月14日，护航舰队到达百慕大群岛以东海域。当天下午，舰队进行战斗演习。演习刚开始时，"波特尔"号没有参加，而是停泊在距离"衣阿华"号较远的海域。"波特尔"号舰长华尔特通过望远镜发现，罗斯福等一大批高官也在"衣阿华"号的甲板上观看演习，便想在总统面前露一手，下令全体舰员进入战斗演习状态。

"波特尔"号的鱼雷舱也得到命令进入演习状态，立刻模拟发射鱼雷攻击"敌舰"。按照美国海军的规定，模拟发射鱼雷与实战发射鱼雷有很大的区别：演习时，鱼雷手必须取掉弹射鱼雷的火帽，这样鱼雷就不会真正弹出鱼雷管。这天在"波特尔"号上当值的鱼雷手道森按照规矩，将鱼雷发射管对准了附近最明显的演习目标——"衣阿华"号战列舰。

"波特尔"号的一号、二号鱼雷管进行了模拟发射。最后，随着"三号鱼雷管，发射"命令的下达，"嗖"的一声，居然有一枚实弹鱼雷从鱼雷管里真的发射出去，直朝"衣阿华"号高速冲去。发觉大事不妙的"波特尔"号水兵们乱作一团，形势万分危急。

依照当时两舰的距离，鱼雷撞上"衣阿华"号还要几分钟时间。从震惊中回过神来的华尔特舰长匆忙下令：信号手立刻向"衣阿华"号打出灯光，发出警告。不料信号手实在紧张，连续向"衣阿华"号发出错误的信号："海里有鱼雷，但已朝'衣阿华'号相反的方向离去；我们正在全速倒船。"

迫不得已，华尔特舰长只得违规打破舰队自启航以来一直保持的无线电静默，命令报务员直接用明语通知"衣阿华"号："狮子（'衣阿华'号的呼号）！狮子！赶快右转避让！"不过，这不需要"波特尔"号的提醒——"衣阿华"号已经知道鱼雷正在靠近，因为该舰的观察哨已发现海面上有一道白浪正疾速袭来。

"衣阿华"号上立刻警声大作："战斗警报！发现鱼雷！注意，这不是演习！"与此同时，"衣阿华"号庞大的舰体向右侧急转，战列舰上的大炮也开始向逐渐靠近的鱼雷发射炮弹。由于事发突然，毫无防备的罗斯福等高官仍坐在甲板上。据目击者回忆，当时罗斯福非但不慌张，反而要求到舰尾去。他说："那里可以让我更清楚地看到来袭的鱼雷。"

幸运的是，"衣阿华"号右转及时，鱼雷从舰尾擦过，最后在距离"衣阿华"号2000米处爆炸。

随后，美军登舰拘捕了"波特尔"号全体舰员。"波特尔"号的护航使命被中止，就近停泊在百慕大海军基地。这是美国海军史上第一次出现全体舰员被捕的情况。

丘吉尔逃过一死

1943年，第二次世界大战形势发生了根本性的转变，但希特勒并不甘心，竟要情报局局长卡纳里斯劫持并刺杀英国首相丘吉尔。卡纳里斯硬着头皮接受了任务。

一日，卡纳里斯得到情报说，丘吉尔将于11月6日到英国康斯坦布尔村附近视察一个皇家空军基地，当晚下榻于退休海军司令韦劳德爵士的农庄里。这个村庄坐落在偏僻的海岸地带，是理想的空投点。于是，卡纳里斯派遣一支精悍的德国伞兵小分队，冒充英国空军伞兵，去那里

执行劫持丘吉尔的任务。

小分队由14人组成，队长是诡计多端的施坦因纳中校。小分队于11月5日晚登上飞机，空降成功，天亮前按计划来到村里的教堂。施坦因纳下令把所有的村民关进教堂，幸好教堂有一条秘密通道通向村外，神父的妹妹便钻进秘密通道，跑向英国别动队驻地。英国别动队得到情报后，凯恩少校上路迎接丘吉尔，向他报告村里发生的事情，请他直接来到驻地，队长则带领部队去收拾德国伞兵。

教堂里发生了激烈的战斗。德国伞兵只剩下8人，施坦因纳将7人留下阻击英军，自己则只身执行行刺任务。他伏击了一辆摩托车，换上英军的服装直奔英军驻地。他进入兵营，潜入后院，看到楼上有亮光——丘吉尔正背窗站在阳台栏杆前抽他的雪茄烟。施坦因纳轻微的脚步声惊动了丘吉尔，首相一转身，发现面前站着一个持枪对着自己的德国军官。丘吉尔在此紧急关头，平静地问道："你是德国伞兵中校施坦因纳吧？"施坦因纳被首相的气魄所震慑，迟疑了一下说："丘吉尔先生，我对此感到遗憾，但我必须尽到自己的责任。"他又一次举起了枪。

就在这千钧一发之际，英军凯恩少校越窗而入，他的卡宾枪抢先射出子弹，施坦因纳应声倒下……

丘吉尔曾想进攻苏联

1945年春天，苏联的崛起使英美大为恼火，认为"苏联是自由世界的致命威胁"。3月底，英美代表同德国代表举行了秘密谈判，德军在西线的许多地段实际上已停止了积极的抵抗。不仅如此，丘吉尔还指示蒙哥马利同希特勒军界头目签订"停战协定"，并暗示有可能掉转枪口对付苏联。

战争末期，美国政策的反苏倾向也日益明显。罗斯福去世后，原副总统哈里·杜鲁门刚一掌权就大声宣布："俄国人很快就会停止不前，届时美国将担负起领导世界沿着应走的道路前进的责任。"他还说，他将一劳永逸地"结束（罗斯福）单方面退让的政策"，"坚决采取对苏强硬的立场"。美国一个名叫阿诺德的将军说得更加露骨："我们当前的敌人是俄国……美国应在全世界建立自己的基地，以便从这些基地攻击苏联的任何目标。"

当时，丘吉尔和杜鲁门都认为，资本主义国家与苏联之间的矛盾，不能像战争年代那样通过谈判来解决，而只能依靠武力。丘吉尔说，"西方世界只要一收缩自己的战争机器，就不能指望圆满地解决问题，而且防止第三次世界大战的前景将更加黯淡"。

1945年4月，丘吉尔下达命令：做好同苏联交战的准备，并在7月1日发动对苏战争。5月22日，军方上交了代号为"不可思议"的闪电战计划，其主旨是"迫使俄罗斯遵从美国和大英帝国的意志"。根据这项计划，英美将集结47个师向苏军发起进攻，而由英美提供装备的德国军队，也将有10～12个师参与行动。

2008年7月1日，俄罗斯战略文化基金会在其网站上揭秘：

计划制定者周密地考虑了各种作战方案。他们先否决了用局部战争达到目标的可能性，认定必须发动全面战争：占领苏联战略要地，掐断其物资供应，同时对苏军予以致命打击，使苏联无力再战。

但他们也注意到，战争将面临诸多棘手难题。首先是地缘因素。苏联国土过于广袤，苏军退守的空间太大，盟军不得不深入苏联腹地，战线简直长得没有边际。其次，苏联在中欧部署的兵力约为盟军的3倍。最后，苏军的实力也不容小觑。虽然苏军在第二次世界大战中伤亡惨重，出现一些厌战情绪，但他仍不失为一支训练有素、纪律严明、指挥得力的队伍，其装备水平也在战争中不断提高，不比西方军队逊色。

此外，计划制定者还假设推演了双方的攻守战术，盟军也没有必胜的把握。最终结论是，要摧毁苏联必须发动全面战争，但不可以速战速决，应当做好打耗资巨大的持久战的准备，战争的结果也很难预料。

5月18日，苏联驻英国武官伊万·斯卡利亚罗夫通过某特工得到这份计划，马上报告了斯大林。5~6月，某特工向苏联传递了更多该计划的细节，朱可夫根据这些细节，立即调整了苏军在德国的部署，命令部队加强防御，密切关注西方盟军的调动。

6月8日，丘吉尔收到英军总参谋长布鲁克等高级将领联名签署的意见书。意见书指出：一旦开战，盟军没有能力快速取胜，并将卷入敌强我弱的持久战，而且如果美国人的参战热情减退，局面就更加糟糕。

拿到这份文件后，丘吉尔失望至极。当然，就连拥有核武器的美国总统杜鲁门也对苏联感到畏惧。丘吉尔最后取消了"不可思议"计划，并说该计划"仅仅是在高度假想情况下的先发制人行动"。

1954年11月23日，丘吉尔在伍德福德对选民发表演说时公开承认："早在战争结束之前，以及在数十万德军投降的时候，我就致电蒙哥马利勋爵，命令他仔细收集德军武器并妥为保存，以便在苏联继续进攻时，把它迅速发给我们不得不与之合作的德国士兵。"

蒙哥马利元帅证实："我确实收到了丘吉尔的这份电报，并像士兵一样服从他的命令。"

然而，事情到此并未结束。解密档案显示：1947年，时任英国军情六处负责人的斯图尔特·孟席斯又制订了一份反苏计划，打算炸毁苏联军用列车、向莫斯科邮寄含有爆炸物的包裹、散发假钞票和假食品券、纵火、在大街上张贴反共宣传画，并诋毁、恐吓甚至绑架、刺杀苏联党政要员。不过，伦敦后来放弃了这项计划。从20世纪50年代中期起，英国转而派遣特工试图暗杀苏联要员。

大西洋海战

曾在英国战时内阁中担任海军大臣的温斯顿·丘吉尔，在第二次世界大战期间创造了一个术语——"大西洋海战"（Battle of the Atlantic）。这是德国同英美为争夺大西洋制海权而进行的一场战争史上最为复杂的持久战。

英国是个岛国，它的全部石油、1/2 的食品和 2/3 的原材料依靠进口。第二次世界大战前夕，英国拥有一支总吨位为 2100 万吨的商船队（约占世界商船总吨位的 1/3），每天航行在大西洋上的船只竟有 1500 多艘。对于英国而言，大西洋航线是最重要的生命线，英国皇家海军的首要任务就是确保这条航线的安全。事实上，英国皇家海军当时依然是世界上规模最大的海上力量，其基地遍布全球。它不但拥有航空母舰，而且还拥有作为核心力量的战列舰。在大西洋上，英国皇家海军的主要对手是德国海军。

对德国海军来说，在第一次世界大战期间，潜艇还是一种新鲜事物。但是，早在第二次世界大战以前，希特勒就避开《凡尔赛条约》的限制，逐渐重建了德国海军。1935 年 6 月，德军有了一支拥有 9 艘潜艇的部队。在短短的几年里，这支部队在它的将领卡尔·邓尼茨的领导下，得到了飞速发展。1939 年，德国海军拥有战列舰 4 艘、袖珍战列舰 3 艘、巡洋舰 9 艘、潜艇 56 艘，舰艇总吨位 35 万吨，总兵力约 16 万人。

邓尼茨 1910 年高中毕业后即参加德国海军，一战期间晋升中尉，被调到潜艇部队服役，希特勒上台后又担任了 U 型潜艇的指挥官。他当时十分自信，满以为德国会在大西洋海战中一鸣惊人。

初战：各有千秋

在大西洋海战初期，德国投入的破坏交通线的兵力有战列舰、巡洋舰、由商船改装的武装袭击舰等水面作战舰只，当然还有 U 型潜艇和航空兵。英国以海、空兵力保护交通线，并对德国实施海上封锁。

1939 年 8 月 21 日，希特勒的袖珍战列舰"格拉夫·斯佩海军上将"号，在朗格斯道夫上校的率领下，秘密驶往南大西洋海域。英国海军迅速作出反应，在 10 月 5 日以 28 艘大型军舰为骨干，在"艾克塞特"号、"阿贾克斯"号和"阿基里斯"号 3 艘重巡洋舰率领下，组建了 8 个搜索群，对"格拉夫·斯佩海军上将"号展开围追堵截。考虑到可能发生的危险，朗格斯道夫上校命令自己的战舰向阿根廷海岸驶去。12 月 13 日，一直紧追不舍的英国舰队终于将它包围起来。英国舰队布成"品"字形战阵，向"格拉夫·斯佩海军上将"号猛烈轰击。德国人也不甘示弱，用大炮全力还击。但是，英国舰队的速度更快，并从不同方向同时攻击，占了上风。开火 6 分钟后，英国的炮火击中了德国战舰，杀死了许多德国水兵。

接着，英国一艘战舰被击中，船上 57 名海员被打死，23 名海员被打伤。但是，船舰依然坚持作战。德国战舰也受到了严重的损伤，在乌云和硝烟的笼罩下，它钻出包围圈，逃进了乌拉圭的蒙得维的亚港。

"格拉夫·斯佩海军上将"号刚刚进港，英法代表就提出了抗议。他们提醒乌拉圭政府说，根据国际法，交战方舰船只能在中立国港口停留 72 小时。但是，修好"格拉夫·斯佩海军上将"号需要两周时间。朗格斯道夫舰长请求乌拉圭人延长停留时限，遭到拒绝。12 月 17 日，在 72 小时期限的最后时刻，3 艘英国战舰守候在港口之外。在距蒙得维的亚港 8 英里处，德国官兵在朗格斯道夫舰长的指挥下，乘小船向阿根廷等地散去，而"格拉夫·斯佩海军上将"号却迅速爆炸，38 毫米厚的钢板被炸得粉碎。3 天后，在蒙得维的亚的旅馆房间里，朗格斯道夫舰长掏出手枪结束了生命。之后很长时间，德国都没有再派舰船到这片海域进行冒险。

9 月 7 日，英国第一支护航运输船队驶离英国港口。

9 月 3 日，即在希特勒入侵波兰的第三天，按照英波条约，英国向德国宣战。为了袭扰和切断英国人赖以生存的海上交通运输线，德国海军开始在北海布设"西方壁垒"水雷障碍区，20 多艘潜艇悄然杀奔浩瀚的大西洋。"U-30"号潜艇未发警告，就把停泊在 1 艘辅助巡洋舰旁边的"雅典娜"号客轮击沉。此后，德国潜艇把第一批磁性水雷布设在英国的东海岸。

U 型潜艇当时采用的战术是小心潜伏，等待时机进行攻击。在第一

回合的战斗中，德国潜艇投掷炸弹，击沉了英军"勇敢"号航空母舰和其他一些战舰，其中包括1.5万吨的军舰。9月14日，德国的"U-47"号潜艇成功潜入英国海军的斯卡帕弗洛基地，将排水量近3万吨的英国战列舰"皇家橡树"号击沉。9月26日，13架德国飞机首次攻击停泊在北海的英国本土舰队，英军"皇家方舟"号险被击中。至9月30日，德国潜艇在北海和大西洋击沉同盟国商船48艘，共178664吨。10~12月，德国潜艇又击沉同盟国商船99艘，共34万吨。

10月13日晚上，德军舰长普里恩率领潜艇悄悄潜入奥克兰群岛东部海域，继而闯入柯克海峡。潜艇克服水流湍急的困难，绕过封锁船只，顺利突入斯卡帕湾，继续航行，寻找目标。普里恩指挥士兵沉着冷静地发射了7枚鱼雷，击中了英国军队的几艘战列舰。在英国皇家海军还没有从突然袭击中反应过来时，普里恩已经迅速转舵，越过封锁的船舶，全速撤离了柯克海峡。17日，普里恩带领船员胜利返回德国，受到热烈欢迎。此后，希特勒接见了他，并授予他十字勋章。

德国潜艇初战告捷，立即引起英国政府的警觉，首相丘吉尔发誓要抵抗德军的进攻。他总结了英国方面的长处和短处，并提醒说，英国面临危急形势，此时要大力加强护航系统。他认为，护航和防御组织的紧急任务是，密切注意来往的船只，防止敌方战舰前来攻击。当时，每个月都有1000多艘商船从世界各地来到英国，给英国运来各种供应物资。

U型潜艇的"狼群战术"

"U型潜艇"之"U"，来自德文 untersee boot（水下船）的第一个字母。

大西洋海战中最活跃的正是德国U型潜艇。丘吉尔在战后回忆录中曾经写道："在战争中，唯一让我感到恐惧的就是U型潜艇的时代。"确实，当时U型潜艇横冲直闯于大西洋中，一会儿潜入敌港从事偷袭，一会儿在公海上耀武扬威；一会儿深入内陆大河"偷鸡摸狗"，一会儿配合水面舰队进行水上决战，对盟军构成极大的威胁。

1940年6月德军侵占法国后，U型潜艇从布雷斯特、洛里昂等法国港口进入大西洋，在西经25°~30°以西海域进行偷击，而德军的远程轰炸机则从挪威机场起飞，袭扰爱尔兰以北的大西洋航线。

德国人认为，这段时光是他们的"幸运时光"。6月16日，德国飞机击沉英国1.6万吨的"兰开斯特里亚"号运输船，造成约3000人死亡的重大损失。至这年年底，德国U型潜艇在英吉利海峡西部和比斯开湾频繁出战，达到高潮，击沉同盟国商船323艘，共210万吨。U型潜艇白天潜入海底，难以被目标察觉，夜晚才浮出水面进行袭击。英国护航队的探测仪器在对付U型潜艇方面发挥不了多大作用，有时候，U型潜艇甚至可以穿过一队护航的船只。

根据后来的统计，单独横渡大西洋的商船，有80%被德国潜艇击沉，而组织起护航舰队后，损失率则降到5%。因此，护航队是保护商船不受U型潜艇袭击的最有效的方法。一支大型护航队由10列船舰组成，整个护航队宽约6英里、长约1英里，此外还有一艘救援船负责打捞被击沉的船只的船员。战争初期，英国为了给商船护航，几乎用尽了海军资源：驱逐舰、护卫舰、扫雷舰、炮舰、武装渔船，就连完全不适合海洋作战的内河船舶也装上了深水炸弹，担负横跨大西洋的作战任务。

皇家海军担任护航的海员们同在海上运输货物的商人一样，要忍受疲劳、面临危险。一位曾在大西洋护航船只上服役的军官约翰·哈维说："在海上航行的时候，嗯，夜晚比白天危险多了。U型潜艇的攻击和战斗机的袭击更容易在夜间发生。但是你还得按部就班地工作。我们睡觉的时间主要取决于运输货物的时间。但是如果你疏忽了防范，你知道，你可能会遭到鱼雷的攻击，它们可能在20秒钟之内击中你的船只。因此，你睡觉的时候要保持警惕，让门开着。一旦船只被鱼雷击中，你要立即作出反应，在船沉下去以前跑到甲板上，准备逃生。如果你想舒舒服服地睡觉，穿着睡衣，把舱门关上，像普通人那样地享受睡眠，那么一旦鱼雷袭击过来，你就没命了。"

"你有没有看见过那种可怕的场面？"

"有一次在波浪中，我看见一枚鱼雷袭击过来，就在我的船只旁边爆炸。我们必须加大马力，赶紧离开。而此时，水中有不少遇难者，正在那里呼喊救命。因为你是一名护航船的船员，不可能做别的事情。在那种情况下，你的船只必须继续前进，否则就会有其他的船舰跟在后面，威胁它的安全。你真心希望，有其他的船舰经过那里，可以救起那里的遇难者。"

1940年9月，德国情报部破译了一份密电，掌握了英国一支护航队的行踪。邓尼茨马上派4艘潜艇出海，虽然天气恶劣，这些潜艇仍然击沉了5艘英国货船。9月21日，邓尼茨再次出动潜艇，向一支由41艘商船编成的护航运输队进行攻击，击沉商船12艘。10月，一支英国护航队护送35艘商船离开纽芬兰，到达英国时，只剩下了14艘。英国的这

种损失虽然是创纪录的，但德国"狼群"攻击商船的狂潮，由此拉开了序幕。

狼群战是指使用集群潜艇对海上运输队进行攻击的一种战法。德国潜艇司令邓尼茨在打猎时看到成群野狼袭击猎物，受到启发，提出了"狼群战术"。通常，德国潜艇每群由 10 艘左右的潜艇组成，艇间保持 10~20 海里的距离，垂直部署于运输线附近。如果有一艘潜艇发现敌方舰船，就立即发出信号，周围其他潜艇收到信号后迅速赶来，占据攻击战位，发射鱼雷，进行集群攻击，消灭敌人后再分散撤离。德国潜艇的最高攻击纪录，是在两天内击沉盟国 38 艘商船。当时，"狼群战"与古德里安的"闪电战"，并称为纳粹德国军队的海陆两大"法宝"。

U 型潜艇上的生活非常艰苦，队员们每天都要在汹涌的波涛中进行长时间的观望。他们在观望塔上必须紧紧抓牢扶手。有时候出去观望的人被大浪冲走了，而潜艇中的人一点也不知道。在甲板下面，空气闷得令人窒息，充满柴油的味道。可以使用的淡水很少，空间也很狭小。海员们必须在船里吃饭，在船里睡觉。3 个船员使用两张床。

英美发起反击

到了 1941 年春天，由于潜艇探测器的发明，英国护航队开始向 U 型潜艇发起反击。其时，英国护航船员可以在一定距离内，对 U 型潜艇进行探测和定位，当潜艇向护航队驶过来时，他们可以精确地计算出潜艇钻到护航船正下方的时间。这时候，船员们就奔向甲板，投掷分别在不同深度爆炸的炸弹。在感受到这种爆炸的振荡之后，U 型潜艇唯一的办法就是逃走，向更深的地方潜去。有时，深水区的水压还会让潜艇的某些地方破裂。从 3 月到 10 月，护航队击沉了 17 艘 U 型潜艇。对于德国来说，这是"幸运时光"的结束。

多年后，丘吉尔政府反潜部门的部长莫哈德·约翰逊表示："1941 年年初，我们的部队变得更加强大，可以进一步深入大西洋进行护航。这些潜艇转移到更远的地方，到达冰岛、英格兰和纽芬兰之间的一块空的海域，并且占据了那里。1941 年，敌人开始把 U 型潜艇的影响力扩大到海面上。刚开始，潜艇一般是集体对护航船只进行攻击。我们的护卫队数量有限，但是我们在组建新的部队，它们可以从大洋这边到达那边护送商船。在 1941 年年末，尽管有很大的损失，我们还是能够保持自己的海上地位。"

1941年8月，丘吉尔和罗斯福在"威尔士亲王"号战舰上会面，对战争的目的达成了共识。美国从一个慎重的中立国变成了一个活跃的非交战国，并接管了丹麦海峡的安全和北大西洋的快速护航工作。9月4日，"'格里尔'号驱逐舰事件"向罗斯福提供了向德舰开火的口实：美国驱逐舰"格里尔"号在赴冰岛途中从英方获悉，附近发现德国"U–652"号潜艇，便对"U–652"号跟踪监视了几个小时。英机用深水炸弹攻击潜艇，而潜艇误向"格里尔"号发射了两枚鱼雷（均未命中）。罗斯福立即抓住这个事件，在一次"炉边谈话"中指出，"格里尔"号遭到了袭击。9月11日，罗斯福发布"射击命令"：轴心国船只胆敢驶入为保障"美国防务所必须保护的"海域，美舰"发现目标就立即射击"。

就在这个月，罗斯福大笔一挥，送给英国50艘一战时期生产的旧驱逐舰，条件是租借英国在西印度群岛、百慕大以及纽芬兰的海空基地99年。年底，美国正式参战，使得精疲力尽的英国海军大大松了一口气。从此，英国在美国、加拿大的支援下，对大西洋交通线进行了全线护航。

"俾斯麦"号沉没

为了应付新的局面，德国军部派出一批大型水面舰只参加大西洋海战。新建造的巨型战列舰"俾斯麦"号被视为德国海军的骄傲，它长224米，宽36米，有些部位的装甲厚达330毫米，排水量达4.2万吨。它拥有70多门大大小小的火炮，其中包括8门巨型火炮，活像一座浮动的海上炮塔。它的航速超过英国所有的军舰，全舰有官兵2000多人，因此，英国人认为，德国海军这艘战列舰是一个极难战胜的对手。

1941年5月中旬，"俾斯麦"号接到命令后，迅速与新巡洋舰"欧根亲王"号一同起航。出发前，德国海军舰队司令卢金斯在甲板上向青年军官们讲话说："诸位青年军官，我热烈欢迎你们的到来。你们是最高统帅部特意选派来参加这次战斗的。你们现在已经登上了最新式、最强大的战列舰，你们将获得最为冒险的一段经历。我们的敌人英国海军，没有任何一艘军舰能和我们匹敌，也没有任何一艘大型军舰能够在我们的炮口下幸免！只要'俾斯麦'号出现在大西洋上，英国的一切运输便会中断，已被打得焦头烂额的英国人就会困死在孤岛上。"

"俾斯麦"号向冰岛北部行驶，接近极地水域。当它航行到大西洋北部时，遇到了前来拦截的英军战列舰"胡德"号和"威尔士亲王"

号。德军两艘军舰集中对付英军最大的"胡德"号，使其爆炸起火，几分钟内便沉入海底。

"胡德"号被击沉后，英国海军司令部决定集中最大优势，从本土调遣"皇家方舟"号航空母舰和"诺福克"号、"尼罗德"号、"英王乔治五世"号、"多塞特纳郡"号战舰，以及大批双翼的"剑鱼"式鱼雷轰炸机，进行联合作战，围歼"俾斯麦"号，决心不惜一切代价把它击沉海底。

一天晚上，从英国航空母舰"胜利"号甲板上起飞的9架"剑鱼"式鱼雷轰炸机，冒着恶劣气候扑向"俾斯麦"号。大部分飞行员虽然没有受过海战训练，但他们勇敢地进行攻击，投下了所有的鱼雷。卢金斯发现"俾斯麦"号处在包围之中，当即决定加速突围返航。由于连续作战，舰上官兵几天几夜没有睡觉，大家一有机会倒头便睡。卢金斯于是走向话筒，开始训话："勇敢的士兵们！现在完全没有必要灰心丧气。我们能够把'英王乔治五世'号连同他们的舰队司令打沉海底。到明天中午，就会有许多潜艇来保卫我们……"卢金斯话音未落，"英王乔治五世"号和"尼罗德"号已经出现在它的正前方。

英国海军为"胡德"号复仇的日子到了。5月26日上午，"尼罗德"号的瞭望员报告："敌舰'俾斯麦'号右舷5度！"舰上的舵手从话筒里听到了沉着的航令声："左10度！"在火炮控制台上，枪炮官看到"火炮已经准备好"的指示灯亮起来了，就从望远镜里盯着"俾斯麦"号的侧影下达命令："开火！"随着一阵惊天动地的巨响和剧烈的震动，齐射开始了。接着又是第二次齐射。

"命中了！命中了！"舰上发出一阵欢呼声。

"俾斯麦"号后部顿时起火。接着，前炮台停止了射击。爆炸的气浪带着碎片猛烈地冲上舰桥，舰桥上的建筑物当即被摧毁，一片狼藉。在扭成一团的铁角、支柱和杂乱的碎片中，横七竖八地躺着许多尸体，其中就有卢金斯。

在以"皇家方舟"号航空母舰为主的英军联合舰队的追击下，"俾斯麦"号受到鱼雷、重炮和炸弹的轰击，被打得千疮百孔，失去了原形，浓烟从各个地方往外喷冒。接着，"多塞特纳郡"号巡洋舰又向徐徐下沉的"俾斯麦"号连续发射了两枚鱼雷，于是，这艘不可一世的庞然大物就在烟雾弥漫中翻沉在波涛之中，2000余名官兵全部葬身鱼腹。

"恶狼"之死

　　1942年年初,邓尼茨下令大规模制造U型潜艇,以求巩固在大西洋的军事基地,并向美国东海岸进发。这一年,德国潜艇数目有了大幅增加,"狼群"部队立下了新的战功,共击沉同盟国商船1160艘,总吨位达639万吨。

　　6月,英美海军组成联合护航队。美国军舰负责护送满载货物,从美国出发的商船向东航行1000海里,到达大洋中间后,再把它们交给英国军舰。但是,交接点处于两国飞机都无法到达的航空盲区,盟军的商船继续以每个月40万~50万吨的规模被击沉,而这些船只仅有一半得到补充。这年年底,邓尼茨仍然认为,德国潜艇离胜利已经不远了。

　　然而,到了1943年5月,大西洋海战发生了根本性的转折。整个5月,盟国商船只有16万吨被击沉,而德国潜艇却有43艘躺到了大西洋海底。这有两方面的原因。其一,盟军启用了一种超远程的"解放者"号轰炸机,其作战半径在1000海里以上;其二,护航队使用了航空母舰,可以在白天进行空中搜索和掩护。随后,飞机还装上雷达,能在目视距离之外发现目标,常常迫使德国潜艇下沉。空中和海上双重护航,大大削弱了U型潜艇的攻击力。随着整个战争发生有利于盟军的转折和美国强大军工生产能力转入战时轨道,英美已经能够抽调更多的海、空兵力投入大西洋海战,加强以护航航空母舰为核心的反潜体系。

　　1943年全年,德国潜艇只击沉盟国商船239万吨,还不到上一年的一半,自己却损失了潜艇245艘。

　　1944年,美国的航空母舰已发展到125艘,英国也达到40艘。6月4日,美国海军在法属西非布兰科角附近以深水炸弹击中正在水下航行的德国"U-505"号潜艇,缴获了艇上的密本、密表、密码机和密钥表,使德国潜艇的活动计划暴露无遗。同盟国在秘密情报的帮助下,在欧洲战场结束战争以前的11个月中(1944年6月~1945年5月),击沉德国潜艇近300艘。

　　与此同时,盟军舰载和岸基反潜飞机迫使德国潜艇难以再经比斯开湾航道进入大西洋,大西洋的制海制空权从此基本为盟军所掌握。盟军对德国工业尤其是潜艇制造工业基地的轰炸,也使德国的战争潜力受到严重破坏,损失的潜艇难以得到补充。德国潜艇猖獗的时代一去不复返了。

1945年5月4日，在第三帝国即将寿终正寝之时，邓尼茨给U型潜艇下达命令，要它们撤回德国。5月8日，他命令这些船员说："你们已经尽力了，现在我要向你们下达一道最难的命令——浮到水面上，升起那面黑色的大旗，向敌人投降。"大多数U型潜艇的指挥官简直不敢相信这道命令，许多潜艇在浮出水面后居然自沉了。最后的统计结果是：在原来的700艘U型潜艇中，只有156艘未沉。大西洋潜艇战就此告终。投降的德国潜艇被送往盟军基地，供英国海军仔细研究"狼群"之用。

在为期6年的大西洋海战中，英美参战的兵力有战斗舰艇约3000艘，飞机800余架。盟国及中立国共损失商船2100万吨，平均每月损失37.5万吨，其中被潜艇击沉的约为1600万吨，占总损失吨位的76％。3万名商船船员和7万名海军官兵做出了宝贵的牺牲。

德国共投入潜艇1160艘，被击沉780艘，占投入潜艇总数的67.2％。在参战的4万名德国潜艇人员中，有近3万人葬身海底，5000人被俘，战损率超过75％。

地中海海战

地中海位于南欧、北非和西南亚之间,是世界上最大的陆间海。东西长 4000 公里,南北平均宽约 800 公里,总面积 215 万平方公里。西端通过直布罗陀海峡与大西洋沟通,最窄处仅 13.5 公里。东北部以达达尼尔海峡—马尔马拉海—博斯普鲁斯海峡连接黑海。东南部经苏伊士运河与红海沟通。

第二次世界大战开始时,英国在直布罗陀和亚历山大港驻有两支小型作战舰队,它们主要用来策应处于危险状态的英国海军基地马耳他。英国当时在这一地区的属地只有直布罗陀、马耳他、亚丁和英属索马里,此外还占领了托管国或保护国塞浦路斯、埃及、巴勒斯坦、外约旦和伊拉克。相比之下,意大利和德国却在地缘上占有明显的优势。

地中海战场是第二次世界大战的组成部分。自 1940 年 6 月 10 日意大利宣布正式参战开始,至 1943 年 9 月 10 日意大利海军舰队在马耳他向英军投降为止,历时 3 年零 3 个月。地中海战场与欧洲战场、非洲战场直接关联,对大西洋战场、东南亚战场也产生了重要影响。在这个战场上,英美和意德双方在战略指导、兵力配置、海战态势上,长期陷于彼此攻防转换的局面,不过,从总体上说,英国采取了主动进攻的方式。

第二次世界大战中的第一次地中海海战,发生在 1940 年 7 月 3 日,当时,英国人发现他们不得不对自己几天前的盟友、位于奥兰附近的米尔斯比尔的法国海军发起攻击。这是自 1815 年以来英法两国军队第一次交火,因此,军事学家认为,即使从战争的观点来看,它也是一场悲剧。

海战的三个阶段

在地中海海战中,英国以地中海舰队为主,在大西洋方面舰队和美国海空军的支援下,挫败了德国和意大利的战略图谋,不但保证了北非

战场的胜利，还有力地配合了大西洋海战。这是一场以英美为首的同盟国与意德两国围绕着地中海海上交通线展开的争夺。1942年6月以后，由于美国海军投入战争，盟军的海上实力大大增强。德国海军虽也派出潜艇、鱼雷快艇和辅助舰艇参战，但未能扭转战局。

根据战场形势的发展，地中海海战分为3个阶段。

第一阶段开始于1940年6月10日意大利参战，结束于1941年5月30日德军空降部队占领克里特岛。

1940年6月10日，英意双方进入战争状态，英国海军于6月下旬开始向意属利比亚等地进行炮击，试图摧毁对方的防御工事和港湾运输设备。尔后，意军地面部队入侵埃及和希腊，导致了意英地面部队的冲突。这一阶段，两国海军编队除进行了卡拉布里亚、克里特岛外海、太乌拉达角和马塔潘角等数次海战外，双方还不断进行袭击和保护运输船队的海上战斗，以及多场海空巡逻遭遇战。英军海上运输船队损失较大。但是，当时英国地中海舰队实力较强，组织指挥较好，因此，意大利海军只能以轻型兵力配合潜艇和航空兵，对英国的地中海护航运输队进行袭扰和破坏。意海军主力对英海军常常采取"避战"政策，只求消极地进行牵制。1940年11月，英国海军舰载航空兵袭击了意大利主要海军基地塔兰托，重创了意军多艘战列舰和巡洋舰，这使意大利海军的士气受到严重的打击。这场海战被认为是世界海军史上的第一次航母战。不过，在德军夺取克里特岛的战役中，英舰也被击沉不少。

第二阶段自1941年5月底德军占领克里特岛起，至1942年11月盟军在北非登陆止。德军占领克里特岛后，轴心国在东南欧总的战略态势更为有利。德军前出至地中海海岸，直接威胁英国在地中海的运输线，同盟国在地中海的形势渐趋紧张。英法（戴高乐领导）联军于1941年6月8日先机进占叙利亚，以防德国入侵。12月8日，日军袭击珍珠港，并迅速侵占了东南亚各地，顿使盟军在西线作战的士气受到影响。1942年7月中旬，德军在从地中海和法属阿尔及利亚获得大量增援后，击败蒙哥马利指挥的英军第8集团军主力，占领了托卜鲁克，从而使英国海军受到直接威胁。这一阶段，英国海军虽忙于支援陆军地面部队作战，但仍不断伺机袭击意军，而意大利海军由于得到德国空军的支援，也处处寻找机会，积极破坏英军的海上运输，并使用岸基航空兵和配置在各岛的鱼雷艇编队，协同大型水面舰艇和潜艇作战，使英国海军遭到重大损失。1942年8月中旬和10月中旬，英军第8集团军在北非战场获得胜利，迫使德国隆美尔的非洲军团向西溃退。同月，美英联军在北非登陆，

地中海海战 | 311

英国海军在地中海的形势开始改观。

第三阶段发端于1942年11月美英联军在北非登陆，终止于1943年9月10日意大利海军向英国投降。

北非登陆成功后，美英联军声势大振。英军从1942年11月中旬开始，先后占领托卜鲁克和班加西，1943年1月下旬又进至的黎波里，并于4月上旬同美军在突尼斯会师。在这个阶段，交战双方的海上运输频繁，因而袭击和保护护航运输队的海战不断发生。盟军陆海军协同行动，给予轴心国的海上运输以沉重打击。德意军队在突尼斯溃败后，1943年7月，同盟国军队乘胜在西西里岛登陆，交战双方的海空战斗更为激烈。1943年9月3日，盟军攻入意大利本土，迫使意大利与同盟国签订停战协定。9月10日，意大利海军在马耳他岛向英国海军投降。

地中海海战历时3年多，最终以同盟国的胜利、轴心国的失败告终。意大利和德国海军损失舰船389艘，31万吨；商船损失132艘，216万吨。英美海军损失舰船349艘，5万多吨。

U型潜艇的悲哀

在地中海海战中，值得一提的是德军U型潜艇由于部署和指挥不当，最后遭到惨败。

1941年9月，鉴于北非战场局势日趋严峻，而意大利海空军实力太弱，致使正在北非激战的隆美尔军团的补给遇到了极大的困难。因此，希特勒命令海军派出U型潜艇进入地中海进行支援。从战略上讲，这无可厚非。但是，潜艇司令邓尼茨从专业角度考虑，坚决反对这一做法。他认为，地中海海域狭小，潜艇航行区域受限，很容易被岸基航空兵或水面舰艇发现。为了避免受到攻击，潜艇不得不长时间潜航，这就必然减缓机动速度，难以抢占有利的攻击阵位。同时，直布罗陀海峡有一股异常强劲的从西向东的海流，进入地中海是顺流，但要逆流而出，势必要开足马力，使得发动机噪音过大。U型潜艇一旦进入地中海，就等于被封闭起来。

更糟糕的是，U型潜艇本来是用来发现并攻击敌舰的，但它们现在却在地中海被用来护卫辅助巡洋舰、补给舰，甚至是普通商船。经验表明，U型潜艇必须以集团方式行动才能发挥威力，即使舰队只损失1艘潜艇，也会严重影响它的战斗力——潜艇数量一旦减少，既很难发现敌船，也很难接触敌船。在这种情况下，潜艇就不可能摆脱敌方护航舰队

的攻击。

但是，邓尼茨的提醒毫无效果。

1941年9月至11月，德国两次共派出20艘潜艇进入地中海，其中5艘在通过直布罗陀海峡时被英军击沉。11月3日，"U－81"号潜艇击沉英军"皇家方舟"号航空母舰，这艘航空母舰在倾斜了12小时后沉入海底。11月25日，"U－331"号潜艇击沉"巴勒姆"号战列舰。12月14日，"U－557"号又击沉"卡拉地亚"号巡洋舰。于是，希特勒对地中海战区表现出极大的兴趣，马上将10艘U型潜艇集中到地中海的东部，又下令将15艘潜艇配备到直布罗陀海峡附近的海面。

英国相应地强化了它在地中海地区的防卫，并有了"构思巧妙的新发明"：1941年秋，英国人在几艘商船上配备了飞机发射场，试图补满上空的"间隙"。这种装有水上飞机发射场的商船，载有一架"暴风雨"战斗机，任务完成之后，战斗机降落在海面上，飞行员则在商船附近跳伞等待救援。

美国作家道比·梅逊在《海中杀手·损失惨重的地中海之战》中说，到了1941年"11月份，U型潜艇的运气坏透了，不仅自身战绩不佳，还搭上了两艘U型潜艇补给舰"。"12月14日，（英）HG－76船队航行在直布罗陀海峡，伴有非常强大的护卫兵力。除'奥达西第'号外，还有两艘高速驱潜艇、3艘驱逐舰和7艘高速护卫舰。船队刚刚出港就打响了战斗，两艘要通过直布罗陀海峡的U型潜艇一开始就受到飞机的攻击。15日，'U－127'号被驱逐舰击沉。"

1942年11月，希特勒再次下令向地中海增派潜艇，要求在直布罗陀海峡附近海域部署30艘，但邓尼茨只部署了12艘。12月13日，眼看北非战局已无法挽回，德军统帅部下令终止U型潜艇进入地中海。

战后，德国于尔根·罗韦尔博士在《德国对同盟国补给线的潜艇战》一文中总结说："在邓尼茨看来，德国使用潜艇武器根本的决定性准则是尽快削弱敌人尽可能多的具有潜在作用的舰船吨位。……但是德国海军作战局却认为有时将潜艇用于执行其他任务也是必要的：诸如进行战略牵制、侦察、保护偷越封锁线的船只等。……毫无疑问，德国在地中海和该海以北保留1/3左右的作战潜艇，严重影响了大西洋之战要削减的敌船吨位的数字。这些潜艇的战果充其量不过是大西洋作战潜艇的一个零头。"

地中海海战 | 313

纳粹暴行

犹太人的苦难

每当犹太人聚集在犹太会堂，纪念一年一度的逾越节时，他们总说："在每个时代，人们总是群起攻击我们，企图摧垮我们。"事实也是，在犹太人3000多年的漫长历史中，他们始终受到迫害，大部分时间是在流亡和漂泊中度过的。

经过一再迁徙，犹太民族已成为散布全球的民族。1939年第二次世界大战爆发以前，全球约有1600万犹太人，其中欧洲约900万（苏联和波兰各300多万），美国约500万。据初步统计，20世纪80年代末，全世界的犹太人为1298万。

历史的凄风苦雨

4000多年前，在地中海东南海岸与阿拉伯半岛之间的无边荒漠中，横亘着一块葱翠肥沃的"新月"形土地——巴勒斯坦。闪族的一支迦南人首先在这里建立了城邦国家。公元前21世纪，闪族另一支的"始祖"亚伯拉罕，"遵照最高神灵耶和华的神启"，渡过伯拉河，也来到新月之地。迦南人称他们为"希伯来人"，意思是"渡河而来的人"。后来，为躲避自然灾害，希伯来人迁到埃及尼罗河三角洲东部。

公元前13世纪末，希伯来人在摩西的带领下返回迦南。前11世纪~前962年，大卫王建立了统一的希伯莱王国，定都耶布斯城（今耶路撒冷）。接着，所罗门王把王国带入了一个"黄金时代"。所罗门王逝世后，前926年，希伯来王国分裂为南北两个部分，北部称"以色列"，南部称"犹太"。前722年和前586年，两国先后被亚述人和巴比伦人所灭，以色列人被掳至亚述，犹太人则被掳至巴比伦。后者70年后回到故土，建立犹大省，因此他们此后就被称为犹太人。

在此后长达2000多年的流亡生活中，犹太人又被波斯人灭过一次，被希腊人灭过一次，被罗马帝国灭过一次。公元1世纪，罗马帝国攻占了巴勒斯坦，犹太人举行过多次大规模的起义，但都遭到血腥镇压。截至公元135年起义失败，在1个多世纪里，罗马统治者屠杀了上百万犹太人，最后又把剩下的犹太人赶出巴勒斯坦。

公元12世纪，犹太人向东迁入亚洲西部的帕提亚帝国，11～12世纪向西迁入北非和摩尔人统治的西班牙。13世纪向欧洲扩散，持续了四五百年。到了中世纪，欧洲人把犹太人口的增长看作是在欧洲社会蔓延的灾难，犹太教及其宗教活动在基督教社会中产生了广泛的恐惧感。罗马教皇英诺森二世曾组建十字军进攻犹太人，并且声称："杀一个犹太人，就能拯救自己的灵魂。"

15世纪初，德国开始驱逐和迫害犹太人，此后很多欧洲国家起而效尤。犹太人大批迁到东方的奥斯曼帝国，一些人则逃到东欧。犹太人在波兰受到前所未有的欢迎，被允许从事各种职业。波兰吞并乌克兰后，犹太人作为波兰的代理人迁到乌克兰。

1648年，乌克兰爆发起义，300多个犹太城镇毁于战火，10万犹太人被屠杀，这在犹太历史上被称为"1646和1649的神意"。18世纪，西欧的非犹太人把犹太人限制在犹太人居住区。

历史的磨砺铸就了犹太人的特质：坚忍顽强、勤奋好学。19世纪中叶，随着资本主义的发展，犹太人在欧洲工商业中成为一支重要的力量。他们善于理财，擅长投资，开办了许多大工厂、大公司、大庄园。多数犹太人居住在城市里，比较富有，为德国的崛起发挥了显著作用。正是在这种时代背景下，德国犹太人中产生了诗人海涅、作家伯尔尼、生物学家欧利希、化学家哈伯、科学社会主义的创始人马克思。

纳粹的大肆杀戮

19世纪后期，德国出现了大量的反犹出版物，涌现出一些反犹政治党派。1913年春，24岁的希特勒离开维也纳，多年的流浪生活在他心头酿成无比的仇恨，特别是对"犹太人的马克思主义"的刻骨仇恨。纳粹党党报、党刊充斥着反犹言论，宣传犹太人是罪犯、叛徒，是马克思主义者。纳粹的反犹书刊常有一幅描绘一个色眼迷迷的犹太人在阴暗角落里伺机强奸日耳曼金发女郎的漫画。

施特赖歇尔从1922年起就是希特勒最忠诚的随从，他创办了一份黄色周刊《冲锋队员》，专门刊载犹太人的"性罪行"，其文字之淫秽，连

很多纳粹党徒都不屑一顾。他的书刊还称"犹太人是人形魔鬼"。1938年9月，施特赖歇尔在一篇社论中把犹太人比作瘟疫和"为了人类利益必须铲除的寄生虫"。

第二次世界大战期间，纳粹德国对犹太人实行了灭绝政策，酿成了现代文明史上的一大悲剧。

1941年7月31日，纳粹党二号人物戈林授权党卫队中将海德里希"为在欧洲的德国势力范围内全面解决犹太人问题做好一切必要的准备"，即从肉体上消灭犹太人。为此，从9月19日开始，德国警方强行使用"犹太教六芒星形标志"。

1942年1月20日，"万湖会议"召开。会上，帝国保安总局局长海德里希宣布通过把犹太人"送往"东方和"其他办法"，在全欧洲"最后解决犹太人问题"。是年7月下旬，被集中在华沙犹太人居住区的大约35万犹太人，开始被有计划地解往特雷布林卡灭绝营。

在战后进行的纽伦堡审判期间，法庭曾听取当年奥斯威辛集中营长官赫斯的证词。据他估计，这个集中营仅在他任职期间（1940年5月1日至1943年12月1日）就害死了250万人，另有50万人死于疾病或饥饿。他供认："在奥斯威辛集中营有两名党卫队医生检查刚押运来的囚犯。犯人必须列队在其中一名医生身边走过，在他们走过他面前时，他就以手势当场做出决定。适于劳动的人被送进集中营，其余的立即被送进灭绝营。儿童因年幼不能劳动，一律都被消灭。还有一个方面，我们比特雷布林卡作得稍好的一点是，在特雷布林卡的被害者几乎都知道，他们将被消灭，而我们在奥斯威辛尽量欺骗他们，使被害者相信，他们是去消灭身上的虱子的。当然，他们也时常会看出我们的真实意图，所以我们有时也碰到一些骚扰与麻烦。妇女往往把孩子藏在衣服下面，但是我们一经发现马上就把孩子送去处死。"

他还说："杀死在死亡室里的人，需要3分钟至15分钟，根据气候情况而定。我们知道里面的人什么时候死了，因为他们停止了叫唤。在一般情况下，我们等半小时再打开门，并把尸体拖出去。尸体搬走之后，我们的特别行动队便从死人身上取下戒指，并挖出镶在牙上的金子。"

纽伦堡《判决书》也说："毒打、断粮、拷打和屠杀都是司空见惯的事情。1942年8月，达豪集中营的犯人被用于残酷的试验。受害者被浸泡在冷水里，直到他们的体温降到28℃立即死亡为止。其他的试验包括：在高压室里作高压实验、测定人在冰水中能活多久的试验、毒气弹的试验、传染病的试验以及用X射线或其他方法使男人和妇女丧失生殖能力的试验。"

"尸体焚烧之后，骨灰被用作肥料，在某些情况下，曾试图把尸体的脂肪利用为制作肥皂的工业原料。为了搜索犹太人，以把他们'最后解决'，还派出特别部队遍布欧洲各地。德国全权代表被派往诸如匈牙利、保加利亚等仆从国家，负责把犹太人运往灭绝营里。众所周知，到1944年底，在奥斯威辛集中营杀害了40万名匈牙利犹太人。还有证据证明，从罗马尼亚的一部分地区迁走了11万名犹太人，目的就是把他们'干掉'。受希特勒委托执行这项计划的阿道夫·艾希曼估计，实行这项政策的结果共有600万犹太人被杀害，其中400万人是在灭绝营里被消灭的。"

到底有多少犹太人死在纳粹的屠刀下？这一数字多年来一直处于争论之中。有人推测400万，有人说是600多万，世界犹太人大会的估计是500万左右，而当年在纽伦堡起诉书上的数字是570万。在纽伦堡审判中，两个党卫队的目击者供述，仅秘密警察犹太处处长艾希曼就杀死了五六百万犹太人。多年来，在西方学者的著述中，大多认为是400万～600万。我国学者较多地采用了600万之说。

希特勒为何要屠杀犹太人?[1]

希特勒是个极端的种族主义者和反犹主义者。他在《我的奋斗》中写道:"雅利安人的最大对立面就是犹太人。"他把犹太人看作是世界的敌人,一切邪恶事物的根源,人类生活秩序的破坏者。究其原因,除历史沉淀的偏见之外,至少还可以从以下几个方面加以探究。

宗教的情结

基督教是世界上流传最广、信教人数最多的宗教。在欧洲,特别是在西欧,人们普遍信仰基督耶稣。虽说基督教的经典《圣经》之一的《旧约全书》,原是犹太教的经典,两教之间有着密切的历史渊源,但是,基督教教义认为,是耶稣的12门徒之一的犹大为了30块银币而出卖了上帝之子,是犹太人将耶稣钉死在十字架上,这就造成了基督徒在情感上对犹太人的仇视。因此,信奉基督教的欧洲人在宗教感情上很难接纳犹太人。这种宗教感情的社会化,又逐渐衍化成一种大众化的厌恶犹太人的社会心理。同样,这种社会心理也成为一种文化沉淀,世代"遗传",并随着岁月的推移,逐渐与社会经济政治相结合,使之成为一种随时可以被利用的社会政治的潜在力量。当这种潜在的东西被政治野心家利用时,就会像火山一样喷发,成为一种疯狂的社会驱动力。

在当时的德国和奥地利民族内部,民族主义思潮盛行,原有的宗教情绪在现实利益冲突的激化下,使人们本来已有的反犹情绪更加激烈。在这种社会氛围的熏陶下,希特勒的"仇犹反犹"观点逐步形成,并迅速成为这股社会情绪的主导。德国和奥地利民族仇犹反犹的社会情绪极大地刺激了希特勒的政治野心,使其民族主义思想恶性膨胀,为其日后

---

[1] 此篇系据网络材料缩编。

仇犹反犹灭犹政策和措施制造社会价值取向，培植政治力量。

现实的需要

20世纪20年代末30年代初的世界经济危机，严重打击了德国经济，使德国的工业生产倒退到19世纪末的水平。经济危机不仅激化了国内的阶级矛盾，而且还刺激了垄断资产阶级对外扩张的野心。"德意志民族必须从掠夺的土地和生产空间中寻找出路"，希特勒的这一争霸世界的主张，得到了德国垄断资产阶级的拥护和支持。然而，要建立一个德意志民族的日耳曼帝国，需要巨额资金提供财力保证。在国力衰落的情况下，把手伸向富有的犹太人，成为他们的不二选择。

另外，居住在欧洲各地的犹太人，较之其他民族不仅富有，而且素质也高。面对这样一个民族，希特勒及其党徒既感到仇恨，又觉得胆怯。在他们的心目中，犹太人这个特殊的社会群体，是他们实现"第三帝国"美梦的严重威胁。这无疑加剧了希特勒对犹太人的仇恨和政治嫉恨。加上当时德国社会政治生活完全处在一种极端的疯狂中，使希特勒的仇犹反犹观点不仅有了适当的社会环境，而且还得以迅速蔓延开来。

狂暴的病态心理

希特勒是奥地利海关一个小官吏的私生子，从小缺少良好教育，青少年时代整天流浪在维也纳和慕尼黑街头，这铸就了他既自私又狂妄的性格。正如他小时候的一位班主任老师所说："希特勒缺乏自制力，至少被大家认为性格执拗、刚愎自用和脾气暴躁。"加上他患有痉挛性神经质，发起癫狂来甚至会趴在地上啃地毯。从有关史料中可以看出，狂暴是希特勒性格的典型特征。例如，1942年的一天，纳粹德国武装部队外科医师扎尔·伯罗赫奉命去晋见希特勒，希特勒的爱犬就猛扑这位医师，吓得医师魂不附体。医师被迫与它细声细语地说话，它很快就平静地趴下来，把前肢搭在医师的膝盖上，两眼温顺地看着医生，并与医师逗笑。希特勒见此情景，暴跳如雷："它是完全忠于我的唯一生物，可你把它骗去了，我要杀死它。"希特勒的声音越来越高，简直到了嘶叫的地步，怒吼着威胁要监禁医生。类似这样的事情时有发生。狂暴加嫉恨，又造就了他的狠毒和残忍，希特勒是一个有严重病态心理的政治狂人。

如果孤立地看，上述任何一个原因都很难构成对犹太人的灭绝性仇杀。只有当这些原因融合为一体时，才能产生使犹太民族在劫难逃的社会效应，而希特勒则是把这些原因巧妙地结合在一起的罪魁祸首。

生死攸关的签证[①]

1940年5月12日，德军逼近比利时首都布鲁塞尔，盖世太保要缉拿的要犯犹太教主教钱姆·布鲁格带着妻子和5个孩子匆匆登上末班火车逃到法国。布鲁格一家先在法国西南部的波尔多城犹太教主教堂住下。一天，一个十分偶然的机会，克鲁格在街上遇见当时葡萄牙驻法国总领事阿·门德斯。交谈中，克鲁格向门德斯讲述了这里的犹太难民将遭受德国法西斯迫害的事实，恳求门德斯出面帮助。门德斯随即拍电请示里斯本是否向难民发放签证。未等里斯本回电，门德斯就给克鲁格一家办了签证，并让克鲁格告诉其他难民，只要需要，任何人都可以获得签证。

阿里斯蒂德斯·苏泽·门德斯1885年出生在葡萄牙卡拉尼亚斯·维利阿图的一个富有的天主教家庭。1910年从法律学校毕业，几年后开始从事外交工作。他生活优裕，婚姻美满，膝下共有14个儿女，节假日就回到离里斯本350公里的卡拉尼亚斯·维利阿图老家，在那里有他自己的一座法式45厅房的大别墅。二次大战爆发后，葡萄牙宣布中立，门德斯把幼小的孩子放在国内，自己和妻子安杰利娜带着老大乔斯·安东尼奥与老二佩德罗留在波尔多。

德国威斯巴登的一家印刷厂厂主亨利·斯佩特，在1933年纳粹没收他的工厂后携带妻子和两个幼子逃到布鲁塞尔，现在也来到波尔多。他已获得去3个国家的签证，正苦于拿不到西班牙的过境签证。当时西班牙规定，持葡萄牙签证者过境时免签，因此，当他听说门德斯总领事很有同情心时，就赶到葡萄牙总领事馆。

正当门德斯以最快的速度办理签证时，里斯本的回电到了：任何情况下都不允许向犹太人发放签证。于是，门德斯不得不考虑如何处理来自里斯本的命令。他知道，葡萄牙独裁者安东尼奥·萨拉查不想得罪希

[①] 据美国《读者文摘》澳大利亚版改编。

特勒，要挽救难民只有违抗命令。门德斯将他的决定告诉家人，他说："我宁肯违抗人的命令而顺从上帝的意志。"于是乔斯与佩德罗一起帮助父亲审理签证申请，他们每天从早晨8点工作到次日凌晨两三点。签证申请表用完了，就用普通稿纸代替。普通稿纸用完了，就用任何其他纸张做签证，盖上领事馆的印章后，签上阿里斯蒂德斯·苏泽·门德斯这一决定生死的名字。在短短的几周内，门德斯一家签署了约3万份签证，其中1/3的签证发给了犹太人。

6月20日，德军的轰炸机群出现在波尔多上空，22日法德签署了停战协议。纳粹就要来了，等待办签证的难民陷入极度恐惧之中。

当时，门德斯的侄子西泽来到波尔多。据西泽回忆，为办签证，许多人星夜兼程赶到波尔多。葡萄牙领事馆的楼梯上、办公室里到处都挤满了疲惫不堪的难民，有的睡在椅子上，有的睡在地板上，他们甚至连饭也顾不得吃，生怕错过办签证的时间。一位教授带着4袋黄金来找门德斯，要用两袋黄金换签证，门德斯给他办了签证却分文未取。

罢免门德斯的命令到了，同时，外交部还特派两位官员乘坐高级轿车前来"护送"门德斯一家返葡。当他们的汽车驶过法国的巴约讷城时，门德斯看见驻该城的葡萄牙领事馆外面聚集了一群难民。他下车走到执行里斯本命令的副领事面前，愤怒地说："我没有被罢免，我还是你的上司。"于是，门德斯用副领事的印章给大批犹太难民发放了签证。

门德斯到达法国边境小镇昂代时，看见一群难民绝望地站在一家商店门口，他强行要司机停车前去问个究竟。交谈中，门德斯得知这些人已听说西班牙将要关闭西法边界，正愁没法获得过境签证。门德斯示意让这些人跟他到附近一家酒吧，要了些纸，为他们一一手写签证——这种没有政府印章的签证，在外交史上或许是独一无二的——门德斯写道："以葡萄牙政府名义，请西班牙政府对持本签证者予以通行的便利。"葡萄牙总领事阿利斯蒂德斯·苏泽·门德斯毫不退却地说："我还是总领事。"门德斯让这些难民跟在自己车后，然后命令司机沿小路慢慢行驶。不出门德斯所料，这条路通向的西班牙边境哨所只有一个哨兵，又没有电话。于是，门德斯以葡萄牙总领事的身份，向哨兵担保他送来的这些人均持有入葡的有效签证，哨兵只好放行。

门德斯回到里斯本后，葡萄牙外交部以违抗命令为由将他除名，并取消了他所有的养老补贴和退休金。

在获救人的心目中，门德斯是个了不起的人物，而在政府部门，人们都说他是个疯子，甚至连老朋友也疏远他。他向议会写信申辩："我所

做的一切是遵守宪法，并且体现了葡萄牙人民的仁慈。"结果毫无回音。为了养家糊口，门德斯不得不变卖家产，最后连他的别墅也忍痛变卖了。

1954年的一天，贫困潦倒的门德斯离开了人间。在萨拉查统治的年代，葡萄牙新闻界受到严格控制，所有报道大战期间救助难民的文章无一提到门德斯的名字。

1966年，以色列当局在祭奠大屠杀中牺牲的英烈时，首先正式承认并赞扬了门德斯高尚的英雄行为，并特制了门德斯纪念章。

1974年，葡萄牙发生政变后，门德斯的女儿乔娜曾写信给政府，请求为门德斯恢复名誉。两年后，外交部有人建议免去门德斯"违抗命令"的罪名，并赞扬他的人道主义精神，但在众多高级官员的反对之下，此事不了了之。

1986年，移民到美国加州的门德斯的儿子约翰·亚伯朗茨写了一份致葡萄牙政府的请愿书，请求为其父平反，在请愿书上签名的多达4800人。

1987年6月，门德斯7位家人来到耶路撒冷的正义园纪念门德斯时，受到以色列总统哈伊姆·赫尔佐克的接见。

同年，葡萄牙新任总统苏亚雷斯访美时，在葡驻美大使馆接见了门德斯一家。他说："我们总是委屈最优秀的儿子，现在我们要给一位过去和现在都为祖国争得荣誉的人追授葡萄牙自由勋章。"

1988年3月，葡萄牙议会投票通过决议，恢复门德斯生前的外交部职位，并向其家人发放抚恤金。表决结束后，全体代表起立向门德斯默哀致敬。

辛德勒与国际义人

奥斯卡·辛德勒（Oskar Schindler，1908~1974），德国商人。他在第二次世界大战时期，在纳粹大肆屠杀欧洲犹太人时，以生产军需品为名，通过聘用大批犹太人而拯救了这些杀戮目标。

辛德勒生于波希米亚（奥匈帝国即今捷克）的一个富裕商人家庭，其家在20世纪30年代的大萧条中受到冲击。德军入侵波兰后，辛德勒为了赚钱，来到这片新的土地开展业务。他以低廉的价格收购了克拉科夫的一家工厂，开始生产搪瓷器皿。他录用了大约1300名犹太人为其工作。他初期聘用犹太人，只是为了金钱，但他后来思想感情发生了变化，进而主动保护犹太人。

1942年，纳粹拉网式地在克拉科夫搜捕犹太区内的犹太人，将他们赶进克拉科夫的普拉佐集中营，波兰犹太人只得四处逃避、藏匿。这使辛德勒大为震惊，迫使他重新思考人生的意义。他与当地的指挥官阿蒙·歌德合作，把900多名犹太人转送到邻近的工厂。他曾两次因试图谋反而被捕，但两次都躲过了牢狱之灾——他往往通过贿赂政府官员而逃过检查。为了避免德军在败退前屠杀犹太人，辛德勒于1944年10月设法将1200名犹太工人迁移到位于捷克布瑞恩利兹的工场。一旦有他工厂的犹太人被误送到奥斯威辛集中营，他就会设法使他们回到自己身边。1945年5月，布瑞恩利兹获得解放。

战后，辛德勒移居阿根廷。在一连串投资失利后，他于1958年宣布破产，返回德国。1974年10月9日，他在德国希尔德斯海姆逝世，享年66岁。

以色列大屠杀纪念馆为表彰辛德勒在第二次世界大战中竭力拯救犹太人，褒奖他为"国际义人"。

辛德勒临终前的几年住在一位医生朋友的家里。他同这位医生是在以色列结识的。新发现的文件显示，20世纪60年代末，以色列犹太人

发起了一场要求德国人对纳粹暴行进行赔偿的运动,德国政府多次向以色列派出专家小组了解情况。正是在这个时候,辛德勒于 1970 年在以色列迷人的海滩遇到了他生命中"最后的爱人"——这位医生的妻子。穷困潦倒的辛德勒住到医生家里,他们为他提供了一个小房间。男主人悉心照顾患有心脏病的辛德勒,辛德勒与女主人保持着情人关系。

辛德勒唯一的遗物是一只破旧的黑箱子,这只箱子一直留在医生家里,从来没有被打开过。这家的男女主人去世后,他们的儿子在清理遗物时发现了这只尘封的皮箱。箱子已经发黑,但上面的字迹依然清晰可辨:奥斯卡·辛德勒。

皮箱里塞满了辛德勒写于 20 世纪 40~60 年代发自慕尼黑、布宜诺斯艾利斯、法兰克福、纽约、耶路撒冷、特拉维夫等地的几百封信件,成堆的剪报、照片、保险单据、抵押证明以及辛德勒工厂的位置草图等,其中最珍贵的就是那份所谓"辛德勒的名单"——被他拯救的犹太人的名单。

1993 年,美国导演史蒂文·斯皮尔伯格把澳大利亚作家托马斯·肯尼利的《辛德勒方舟》改编成了影片《辛德勒名单》,真实再现了当年的恐怖景象,充分体现了伟大的人性的光辉。该片轰动全球,并赢得了 7 座奥斯卡金像奖。从此,"辛德勒"这个名字便成了冒险拯救犹太人的象征。

"辛德勒"不止一人:弗兰克·福利被称为"英国的辛德勒",拉乌尔·瓦伦贝格被称为"瑞典的辛德勒",艾琳娜·森德勒和瓦里安·费赖伊被称为"美国的辛德勒",而何凤山则被称为"中国的辛德勒"。

2000 年,何凤山被以色列政府追授"国际正义人士"称号,名字刻入犹太人大屠杀纪念馆的"国际义人园"里。2001 年 1 月 23 日,以色列政府在耶路撒冷举行隆重的"国际正义人士——何凤山先生纪念碑"揭碑仪式,石碑上刻着"永远不能忘记的中国人"。2005 年,何凤山被联合国正式誉为"中国的辛德勒"。

何凤山,字久经,1901 年 9 月 10 日生于湖南。由于家境贫寒,父亲早亡,何凤山一家靠母亲给挪威一家教会打杂、洗衣的收入维持生计,何凤山本人被母亲送入挪威教会开办的信义小学读书。1921 年,聪颖好学的何凤山考入美国雅礼会在长沙创办的雅礼大学。1929 年,何凤山考取德国慕尼黑大学公费留学生,后获经济学博士学位。1933 年回国,代表湖南参加在美国芝加哥举办的百年纪念博览会。利用在美国约一年的机会,他抽空在芝加哥大学攻读国际公法和英美文学,为以后走入外交殿堂奠定了基础。

1934年，中国与土耳其建立外交关系，贺耀祖作为首任公使奉命前往筹设使馆。正在湖南省政府为省长何键当秘书的何凤山，被同乡贺耀祖选作使馆人员，担任二等秘书。1937年初，何凤山以一等秘书衔二等秘书身份，被调往奥地利维也纳使馆任职。正是这一外交使命，把何凤山与犹太人的命运连在了一起。

到任后的何凤山，迅速打开了局面，成为中国驻奥地利公使馆不懂德文的临时代办童德乾倚重的对象。卢沟桥事变后，他不仅撰文在奥地利报刊上介绍事实真相，而且还在中国侨民大会上发表演讲，鼓励侨民做政府的后盾。针对奥地利民众关心中日问题的情形，他精心准备，在奥地利著名社团"民主宪政会"演讲，揭露日本侵华的种种事实，引起轰动。随后，邀请他的人络绎不绝，他甚至到捷克的首都和南部地区进行演讲，演讲内容被书商冠名以《迎头痛击》出版，在社会上广为流传。他还组织了"中奥文化协会"，借以推进两国关系发展。

1938年3月，德国吞并奥地利。不久，希特勒命令各国驻奥使馆一律撤销，改为总领事馆。5月，南京国民政府宣布撤销公使馆，成立领事馆，委任原使馆代办何凤山为总领事。由此，奥国命运的变化，将何凤山推到了与犹太人命运相关的风口浪尖。

德国吞并奥地利后，纳粹分子迅速煽动反犹狂潮，犹太人店铺被捣毁，店主被送入集中营。面对灭顶之灾，犹太人纷纷决计出走，希望能躲避纳粹魔爪。但是，当时世界能接纳犹太人的地方并不多，尤其是犹太人想去的美国，签证条件十分苛刻。于是，很多犹太人就想到了有世界自由港之称的中国上海，并想从那里转赴他处。这样，中国总领事馆就成了犹太人获取"生死签证"的重要窗口。

然而，何凤山却面临困境。一方面，外交部训令对于犹太人签证不予限制；另一方面，中国驻德国大使陈介却出于对当时中德关系的考虑，要求禁止发放签证。但何凤山依然不加限制地向犹太人发放签证，使许多犹太人获得了生的希望。在1938年4月至1939年间，何凤山最多时一个月就给500人发放了签证，据保守估计总人数当在4000以上。

何凤山的行为引起德国不满，驻德大使陈介更是大为光火，以调查副领事周其庠"出卖签证，贪赃枉法"为名，派人到维也纳总领事馆调查。最后查无实据，不了了之。但何凤山已失去了大使对他的信任，随即被外交部调离维也纳。不过，他的善意举动，为世界和中华民族留下了一笔不朽的精神财富。

纳粹集中营

1933年3月21日,德国党卫队首领希姆莱在达豪建立了第一所实验性的集中营,这为后来在其他地方建立集中营树立了样板。这些集中营包括:1936年9月在奥拉宁堡附近建立的萨克森豪森集中营,1937年7月建立的布痕瓦尔德集中营,1938年5月建立并因战时用吉卜赛儿童进行活体解剖实验而臭名昭著的弗洛森堡集中营,以及1933年在奥地利建立的茅特豪森集中营。拉文斯布吕集中营于1934年开始使用,1938年以后改为妇女集中营。这些集中营公开的名称是"国家举办的劳动自新营",这清楚地说明其目的是改造在押犯人。营门上写着:"劳动就是解放"。希姆莱认为,集中营的作用是制造恐怖气氛,使纳粹的秩序得到遵守。1933~1944年,有上百万德国人被关进集中营,那些被视为"危害分子"的人注定要被清除,而首批被害者则是患有精神分裂症的病人。

在战争过程中,老的集中营用来收容从被占领国放逐到德国的囚犯,新的集中营不断兴建,其中最著名的有波希米亚的特莱西恩施塔特(特雷津)集中营,波兰的马伊达内克、奥斯威辛和施图特霍夫集中营,阿尔萨斯的纳茨魏勒-施特鲁特霍夫集中营,波罗的海诸国的考纳斯和里加集中营,以及德国本土上的诺因加默、格罗斯罗森、贝尔根-贝尔森和多拉集中营。到1942年,经过增加附属机构,整个集中营系统已拥有上千个拘留所或灭绝营。

1940年6月14日在波兰克拉科夫和卡托维兹之间建立的奥斯威辛集中营,于1942年1月变为一座用来加速"最后解决办法"的灭绝营。凡被认为不能工作的犹太人(婴儿、老人、怀孕的妇女、残废人和病人)就被送到奥斯威辛,并立即送进毒气室。其余的人(约占新来的人的20%~40%)被送往劳动营做工。在那里,当他们被工作和饥饿折磨得精疲力竭时,也被送进毒气室。

1941年夏天,希特勒在战争的掩护下,决定消灭犹太人,因此在屠

杀了 400 万人的奥斯威辛集中营和声称杀害过 100 万人的马伊达内克集中营两处增设了灭绝设施。此外还兴建了 4 个专门消灭犹太人的集中营：切尔诺集中营，有 31 万以上的犹太人在这里被杀害；贝乌泽茨集中营，每天能屠杀 1.5 万人；索比鲍尔集中营，每天杀害 2 万人；特莱布林卡集中营，每天杀害 2.5 万人。

1942 年 3 月在奥斯威辛附近的布热津卡（比克瑙）开设了第二座集中营。这是一座巨大的营地，打算容纳 20 万名囚徒，装备了 4 座焚尸炉，每座焚尸炉都有自己的毒气室。第三座集中营是一所由法尔本管理的合成橡胶厂的劳动营，位于莫诺威辛，是 1942 年 10 月开设的。有关这些集中营的全部文件都被党卫队销毁了，因此没有办法确切地了解到底在奥斯威辛死了多少人，有人估计数量有 400 万。

受害者的衣服、钱财和其他贵重物品被抢劫一空后，首先被送进理发室，因为头发在制造潜艇员穿的特种鞋子方面特别有用。然后诡称给囚犯消毒，把他们送进毒气室。再后从死尸中拔取金牙，检查肛门和阴道内有没有藏匿珍宝。最后将尸体当作制造肥皂、肥料和其他产品的原料，装进焚尸炉。

从 1936 年初开始，由党卫队派往集中营的警卫人员自称为"骷髅队"。集中营内部的纪律由集中营主任和典狱长负责。这些"军官"为了显示权威，携带一种用皮带包裹的铅头棍棒。集中营的工作人员也常常被关进牢房，他们也许面临这样的选择：或者同德国人沆瀣一气，或者自取灭亡。愿意出力报效的人，作为交换条件，将得到较好的食物和宽厚的待遇，这些人往往比他们的主子更加残忍。

一小撮党卫队员采取"分而治之"的办法，就能威胁一大群绝望的囚犯。犯人胸前戴着不同颜色的三角形标记，用来识别犯人的编号、囚禁原因和所属国籍的开头字母。紫色代表由于道德或宗教原因而拒绝服兵役者，绿色代表普通罪犯，浅红色代表同性恋者，黑色代表反社会组织者，红色代表政治犯，犹太人则佩戴两个互相重叠的三角形，其中有一个三角形是倒置的，构成犹太教的六芒星形。

当苏军和盟军从东、西两面进逼，集中营猝然奉命转移时，囚徒们面临着最坏的噩运。他们中间不能行动的被仓促消灭，其余的人在 1944～1945 年隆冬的严寒中徒步或乘敞篷车长途跋涉。在向"死亡进军"中，沿途到处都是子弹从后颈射入的尸体，盟军曾发现一堆堆的裸体尸首。那些党卫队来不及杀害的人也已经是极度衰竭。1945 年 4 月 13 日，在英军解放的贝尔根-贝尔森集中营里，空地上弃置了 1 万具尸体，其余 38500 人仍然活着，但已经濒临死亡，只有 1/3 的人能被救活。

据美国大屠杀纪念馆截至 2013 年的研究材料，战争期间，纳粹集中营和隔离区多达 4.25 万个，在集中营里死亡的人数很难统计，估计约为 770 万到 1100 万人。

在严酷和惨烈程度上有别于集中营的纳粹强制劳动营，是由希特勒亲自倡导的。他在 1939 年 3 月 23 日宣称："非日耳曼领土上的居民将不被征召服军役，但将参加劳动。"1940~1945 年，德国从欧洲各国动员了近 1000 万人到第三帝国的工业和建筑部门强制劳动。

东方的"劣等人"构成纳粹征集的劳工的多数，1938 年是捷克人，1939 年是波兰人，1940 年是罗马尼亚人，1941 年是南斯拉夫人和苏联人。他们的处境只比集中营送进工厂做奴隶的人稍好一点，工资极低，营养极差，遭受严重的歧视和虐待。他们多数是建筑工，在被称为"大西洋壁垒"的托特筑垒系统中干活。托特死后，德国军备部长阿·施佩尔成了欧洲劳工的总监。

随着德国战争机器需要的增长，施佩尔转向西欧国家寻求工程技术人员，以代替被动员入伍的德国人。1941~1942 年，德国在法国、比利时和荷兰的劳动机关还招募过"志愿人员"，有几千工人签署了劳动合同。1942 年 6 月，希特勒指派弗·绍克尔征召追加劳工，皮·赖伐尔就利用"宽赦囚徒"方案来满足绍克尔的要求。1943 年 2 月 16 日，强制劳动营征集了 1939 年到 1944 年毕业的 60 万法国人和 22 万比利时人。这些人中的许多人在获准休假后拒绝返回，有些人逃往英国，还有一些人参加了抵抗运动。

人间地狱——在波兰的德国法西斯集中营

姚 云

波兰是第二次世界大战中牺牲最惨重的国家之一。在那里，到处可以看到纪念在战争中牺牲的烈士和被害人的铜像石碑，令人怆然恻然，但是，更使人触目惊心的，是德国法西斯集中营的遗迹，这是真正的人间地狱。

地狱原来只存在于人们的想象之中。在四川大足，在新加坡的万金油公园，我看到过人们用石雕、泥塑表现的地狱情景，但是这些比诸法西斯集中营，只能说是"小巫见大巫"。用集中营的方式那样大规模地虐待、屠杀欧洲各国的爱国者、平民和战俘，把地狱变成现实，却是德国法西斯的创造。

在一个阴雨的早晨，我从华沙驱车170公里到卢布林去参观马伊达奈克集中营遗址。第二次世界大战中，德国法西斯把波兰作为进攻苏联的跳板和基地，对波兰的统治格外严酷，波兰全境集中营密布，其中恶名最著的当推奥斯威辛和马伊达奈克集中营，这也是德国法西斯在欧洲设置的两个规模最大的集中营。

马伊达奈克集中营建于1941年。最初计划囚禁2万至5万人，用以为卢布林地区的纳粹党卫队的工厂和建筑工程提供劳动力。后来计划扩大为拘留25万人，但这一计划只完成了20%。尽管如此，从1941～1944年，这所占地270公顷的集中营先后共拘禁过50万人，其中36万人惨遭德国法西斯的残杀。

集中营坐落在一片开阔空旷的原野上。长方形的营地又分为6个场区，每个场区内有22座木板棚屋，分为两列，用来监禁囚徒。营地边上另有一排14座棚屋作为工场和仓库。毒气室和焚尸房则设置在营地的角落上。

集中营由纳粹党卫队1200人守卫，周围架设着双重铁丝刺网，通以高压电流。18座岗楼上和6座岗亭内，装备着机枪和探照灯，士兵们日夜监视着整个营地。夜晚，还有党卫队带着警犬在周围巡逻。这一切设施，使囚徒几乎是插翅难逃。营地周围的铁刺网上赫然挂着德、波文的告示牌，上书："警告！集中营区，止步，严禁照相，可以不加警告随时开枪。"

来自欧洲各地，有50多个国籍的50多万名囚徒进过这个集中营。其中波兰人最多，主要是"政治犯"，其次是来自各国的犹太人和一部分苏军战俘，囚徒中也有中国人。德国法西斯把他们看作是敌人和"劣等民族"，必欲置之死地而后快。

囚徒大都是用货车经铁路运来，车箱内像沙丁鱼罐头一样塞满了人，车门紧锁，一路上即不给食物也不供水。一到卢布林火车站，纳粹党卫队便吆喝殴打，驱赶囚徒快步走向集中营。体力不支，跟不上队伍的，途中被枪杀。

到达营地后，囚徒先集中在标有"洗澡与消毒室"的棚屋外面。身体虚弱、不适于劳动的人首先被挑出来，送进毒气室杀死。大部分还有劳动力可供榨取的人，被命令脱光衣服，交出所有个人物品，然后洗澡。据一个囚徒说，起初，法西斯分子只是用几只大桶，装上掺了消毒液的浑水，囚徒被迫一个接一个地跳进桶内，法西斯分子则不时把他们的头按到水下"消毒"，一桶水洗数百个人都不更换。以后修了浴室，实行"淋浴"，但是德国兵随心所欲掌握阀门，忽而射出热水，忽而猛放冷水，囚徒们往往身体还没有淋湿就匆匆忙忙被赶出浴室。

接着，光着身子的囚徒排队进行登记。发给他们一身蓝灰色条纹的囚衣、囚裤，冬天则多发一顶便帽、一件外衣和一双木底鞋。每个囚徒被编一号码，代替姓名；必须佩戴一个三角形标志，不同的颜色表示不同的拘禁原因，上面还有一个字码，表明国籍。

囚徒们被分配到各个场区的棚屋内居住。每座棚屋本来只能住250人，但有时却要挤入500~800人。起初，囚徒只能席地而卧，后来搭起了上下三层的统铺。铺的是草垫，盖的是薄毯。人人虱子满身。有一位囚徒说："虱子和跳蚤很快变得不可忍受了，特别是在晚间，根本不可能睡觉，全身又痒又痛，有些人抓身上的疮伤。"

膳食极坏。早餐是半公升咖啡代用品或草茶，午餐是一碗稀汤，晚餐是与早餐一样的饮料加200克面包。一星期两次增添2片马肉腊肠或一汤匙甜菜酱或人造奶油。每人每日摄入的热量不过1000卡，而重体力

劳动者一般需要 3600～4800 卡。

但挨饿的囚徒必须承担沉重的劳动。法西斯把囚徒组成约 300 个劳动队，为集中营的修建和运行，或者为德国法西斯的军工厂和私人企业从事劳动。每天劳动 10～12 小时，星期天也不能休息。劳动时，他们经常遭受殴打、酷刑，甚至被枪杀。一位囚徒说："劳动队成员回营时常常拖着成堆的尸体回来。还没有死的，被人搀扶着，当他们在营门口被放下时，他们手脚并用，身体擦过冰冻的土地，爬着回棚屋去。有些人回棚屋后，想靠墙站立，但无法站直。"

非人的生活条件摧残了囚徒们的健康。他们个个骨瘦如柴，疾病缠身。伤寒、痢疾、痂疮等传染病流行。1943 年春、夏季，3/4 的囚徒得了斑疹伤寒。马伊达奈克集中营死亡率极高，在所有法西斯集中营中居首位。

法西斯有一整套刑罚手段迫害囚徒。通常是鞭打、双手反捆悬吊。还有在集中营周围的双层高压电网之间长时间罚站，结局往往是囚徒的死亡。企图逃亡的一旦被发现，立即当众吊死。每天的点名也成了折磨囚徒的手段。囚徒们从劳动场所回营之后，不论风沙雨雪，必须排队立正在营场中间的空地上，听候党卫队一一点名，时间常常长达两小时。有的囚徒经受不住，摔倒在地，就会同死者一起被送进焚尸炉。

设置集中营的根本目的在于屠杀、灭绝。用非人待遇慢性杀害囚徒还嫌不够，集体枪杀和毒气谋害囚徒就更加利索和直截了当。1943 年 11 月 3 日对犹太人的一次大枪杀便是一例。亲身经历这一事件的诺瓦克博士写道：这一天，"从清早起，成队的囚徒被提出去——证明是犹太人—— 在壕沟里被机关枪射杀。高高的杆子上的扩音器放送出狐步舞音乐，枪声与音乐交织在一起。……集中营被 3 层党卫队人员包围起来，每一座岗楼上有 3 挺机枪准备射击。……18000 多名犹太人就这样被杀害了。"

用毒气屠杀始于 1942 年秋。设有毒气室的棚屋外面挂的牌子却是"洗澡与消毒"。囚徒们被勒令脱光衣服时，还以为是要去洗澡。但是一进水泥构筑的小室，铁门就被扣上。从墙上管道和屋顶气孔喷出的竟然不是水而是毒气，惊恐的囚徒涌向铁门，但逃生无望，最多只能作几分钟的垂死挣扎了，这样的毒气室在此集中营就有 7 个。所使用的毒气是"一氧化碳"和"环酮 B"，前者杀人约需 40 分钟，后者原是烈性杀虫剂，用来杀人只需 10 分钟。据不完全的德国档案材料，1942～1944 年间，有 7711 公斤的"环酮 B"送到这个集中营。

与毒气室配套的是焚尸炉,这是法西斯向德国公司定做的。最大的一间焚尸房里设置了一长排连接起来的焚尸炉,每天可烧毁尸体1000具,但是还不够用,法西斯干脆用废弃的卡车底盘架起尸体在露天焚烧。

　　据估计,在马伊达奈克集中营牺牲的36万受难者中,约有20万人死于非人待遇,16万人是被直接屠杀的,其中又有25%是在毒气室中被毒死的。

　　法西斯既杀其人又谋其财。囚徒们的一切财物,包括服装、首饰、金钱,在进集中营时就已被剥夺。他们的头发被剃光,法西斯用以制造毛毡和保暖袜。他们被杀害之后,所有的眼镜和所镶的金牙、银牙也被夺去。在焚尸炉旁边的一个小房间里,设有一个长方形的水泥台,就是用于剥去尸体上的贵重饰物的。德国法西斯甚至还把没有完全焚毁的尸骨磨成粉,作肥料之用。

　　面对死神的狞笑,集中营里的许多囚徒并没有丧失勇气和斗争的意志。一批批的囚徒依靠机智和勇敢,千方百计逃出去了。集中营里有波兰工人党的地下组织和左翼组织《鹰会》在活动。囚徒们互相帮助,有的还组织学习和文娱活动。雕刻家A·M波涅茨基创作出有斗争意义的石雕来鼓舞伙伴们,如他雕刻了一只大乌龟,寓意"慢慢劳动",这是囚徒们对抗法西斯的强迫劳动的一句口号。他雕刻的另一只石头蜥蜴,象征爱国者的地下斗争活动。这两件大石雕,形象生动,栩栩如生,现在陈列在展览棚里。囚徒们还在营地里建造了一座纪念牺牲者的《三鹰柱》,柱子不高,柱顶有3只石鹰振翅飞向高空,显示了囚徒们争取自由的不屈意志。

　　参观完至今还保存着的集中营的部分设施,空中落下了凄凄细雨,我们的心情如天色一样黯然沉重。刚刚看到的囚徒们所戴的千千万万顶便帽和被屠杀的儿童们留下的成堆的小鞋子,一直在我们眼前晃动着。第二次世界大战至今已70年,世界又经历了许多风雨,冷战—热战反反复复,人类几次被推到大战的边缘。所幸运的是,今天世界发生了深刻的变化,形格势禁,大战的威胁减退,理智渐占上风。但是天下并非从此太平,恐怖和暴力仍在地球的许多角落肆虐。马伊达奈克集中营的骨灰池的纪念建筑顶上镌刻了这样一句警语:"我们的命运是对你们的警告。"是的,要避免历史悲剧的重演,人们还得作不懈的努力。

令人发指的暴行[①]

[美] 威廉·夏伊勒

奥斯威辛灭绝营

最大的也是最出名的灭绝营是奥斯威辛。这个灭绝营在快要完蛋的时候，曾创造一天毒死6000人的纪录。一度担任该营长官的鲁道夫·赫斯本来是一个曾犯谋杀罪的罪犯。

从近处看，毒气室及其附设的焚化场丝毫不是外表可怕的所在。上面是修整得很好的草地，草地四周还种上花；入口处的牌子上写有"浴室"字样，毫不生疑的犹太人以为只是把他们带到浴室来消灭虱子，而且他们在进去时还有美妙的音乐伴奏！

伴随着这些令人回忆起幸福和快乐年华的音乐，男女老幼被带进"浴室"。有时还领到毛巾。他们一走进"淋浴间"，这才开始看出有些不对头了，因为多至两千人像沙丁鱼似地被塞进了这个单间，根本无法洗澡。这时重实的大门马上推上了，加了锁，还密封起来。死亡室的顶上砌有蘑菇形通气孔，它们给修整得很好的草地和花坛掩盖得几乎一点也看不出来。勤务兵们站在这些气孔旁边，准备好一接到命令，就把紫蓝色的氢氰化物或称"齐克隆B"的结晶药品投下去。

刽子手们通过门上装着厚玻璃的窥视孔可以看到里边的情况。下面那些赤身露体的囚犯们有的仰头望着滴水不出的莲蓬头，有的望着地上在纳闷，为什么看不到下水道。毒气发生效果需要过一些时间，但是囚犯们不用多久就看出毒气是从上面的气孔放下来的。这时人人都吓慌了，一齐向离管子远的地方拥去，最后冲到巨大的铁门旁边。在大门附近，他们堆成了一个金字塔，人人身上发青，血迹斑斑，到处湿漉漉的。他

[①] 摘自[美]威廉·夏伊勒《第三帝国的兴亡》。

们互相抓着、掐着爬过去，一直到死还不松手。

二三十分钟后，这一大堆裸露的肉体都不动弹了，抽气机把毒气抽掉，大门打开，"特别队"的人员进来接手工作了。这些人都是被囚禁的犹太男子，营部答应他们免于一死，并给以足够食物，作为他们做这种人间最可怕的工作的报酬。

仅仅在奥斯威辛一个集中营里，到底屠杀了多少不幸的、无辜的人？赫斯本人在他的供状中估计，有"250万人是在毒气室和焚尸炉中被消灭的，至少还有50万人死于饥饿和疾病，总数约为300万人"。后来，在华沙法庭审判他本人时，他将这个数字减少为113.5万人。1945年1月红军占领了这个集中营以后，苏联政府进行过一番调查，获得的数字是400万。

医学试验

在寿命不长的"新秩序"时期，德国人的某些行为与其说是产生于大规模屠杀欲，不如说是出于纯粹的虐待狂。纳粹的医学试验便是一个例子。

"试验"的方法各种各样。囚犯们被置于压力试验室，受"高度"试验，直至停止呼吸。他们被注射致命的斑疹伤寒和黄疸病毒。他们被浸在冰水中作"冷冻"试验，或者被脱光衣服放在户外雪地里直至冻死。他们还被用来进行毒药弹和糜烂性毒气的试验。在专门囚禁妇女的腊文斯勃鲁克集中营，被称为"兔子姑娘"的成百名波兰女犯受到毒气坏疽病的创伤，其余的女犯则被进行"接骨"试验。在达豪和布痕瓦尔德，吉卜赛人被挑选来试验靠喝盐水究竟能活多长时间，是怎样活的。在几个集中营，以各种不同的方法大规模地对男女犯人进行了绝育试验，因为正如一个党卫队医生阿道夫·波科尔尼有一次在给希姆莱的信中所说："目前囚禁在德国的300万布尔什维克可以使之绝育，这样，就可以使他们做工，而又不致于繁殖，仅仅这个想法就展示了远大的前景。"

另一个胸怀"远大前景"的德国医生是斯特拉斯堡大学解剖学研究所所长奥古斯特·希尔特教授。他的专业是搜集布尔什维克的头盖骨，希尔特教授不要已经死掉的"犹太族布尔什维克政治委员"的头盖骨。他建议在这些人还活着的时候，先把他们的头量一量。

"新秩序"的主子们不仅搜集骨骼，而且还搜集人皮。有人发现它们可以用来制造极其精美的灯罩，其中有几只是专门为布痕瓦尔德集中

营长官的老婆依尔斯·科赫夫人制造的。文身的人皮似乎最受欢迎。一个德国囚犯在纽伦堡谈到这个问题：

"……所有文身的囚犯奉命须向医疗所报告……对囚犯们检查以前，其中刺得最好、最具有艺术价值的，就用注射毒药的办法杀死。然后将尸体送往病理学部门，把一片片符合要求的文身人皮从尸体上剥下来，并作进一步的处理。成品送给科赫的老婆，做灯罩和其他家具上的装饰品。"

1941年春，腊彻尔博士参加德国空军在慕尼黑举办的一个特种医学训练班时，突然异想天开。他说他吃惊地发现，关于飞行高度对飞行员影响的研究工作已陷于停顿，因为"一直找不到人来进行试验"。

于是拨来了一些囚犯，腊彻尔博士开始工作了。

他把慕尼黑的空军减压室搬到达豪集中营附近，那里有活人随时备用，被当做试验的豚鼠。先把空气从这个装置里抽掉，使其中的氧气和气压近似在高空中的状态，然后，腊彻尔博士就进行观察。下面是一个典型的观察情况：

"第三个试验是试验人体在相当于29400英尺高空时的失氧反应，受试验的是一个37岁的健康的犹太人。呼吸继续了30分钟。4分钟以后，受试者开始出汗和扭动头颈。

"5分钟以后，出现了痉挛增大状态；从第6分钟到第10分钟，呼吸急促，受试者失去知觉。从第11分钟到第30分钟，呼吸减慢，每分钟只吸气3次，到这段时间终了时，呼吸完全停止……停止呼吸后大约半个钟头，开始解剖尸体。"

在腊彻尔博士办公室内工作过的一个奥地利囚犯安东·巴霍莱格也描述了这些试验，不过不是那么有科学味道而已：

"我曾亲自从减压室的观察窗中，看到里面的囚犯站在真空中，直到他的两肺破裂……他们会发狂，扯掉自己的头发，想努力减轻压力。他们在疯狂中用手指和指甲抓破自己的头和脸，伤害自己。他们用手和头撞墙，高声号叫，努力减轻耳膜上的压力。这些情况总以试验者死去告终。"

腊彻尔博士的"冷冻试验"有两种：第一种是观察一个人最大限度能忍受多冷的气温，超过这个限度才会冻死；第二种是，找寻经受了极端寒冷而尚未冻死的人重新回暖的最好办法。

集中营的囚犯瓦尔特·奈夫曾在腊彻尔博士手下担任护士，他用外行话给"医生案件"提供了一份描述水冻试验的材料：

令人发指的暴行 | 339

"这是一次最残忍的试验。两个俄国军官从战俘营中被押解出来。腊彻尔把他们的衣服剥光，赤身浸入水桶。一个钟头又一个钟头地过去了，这一次，这两个人待了整整两个钟头还能应声答话，而一般情况下，最多只待上60分钟就会失去知觉。他们恳求腊彻尔给他们注射安眠剂，但怎么恳求也不答应。在快满第3个钟头时，一个俄国人向另一个说道：'同志，请你跟那个军官说，开枪把我们打死吧！'另一个人回答道，他不指望这个法西斯豺狼会发善心。然后，两个就握手道别，彼此说了一句'再见，同志'……试验至少延续了5小时，那两个受试者才死去。"

希特勒的谋杀罪行

希特勒杀人如麻，令人发指。他不仅有目的有组织地残杀民族对抗者，而且还乱立名目虐杀无辜，造成各民族的大悲剧。

1939年9月1日，希特勒签署了在德国屠杀伤病员及病残者的指令。该指令签署后，约有10万被称为"无用"的德国人，其中包括接受治疗的病人、被隔离的伤病员、残疾人、精神病院的犹太人，还有3000多生理发育不全在专门学校学习的儿童，都遭到屠杀。1941年，屠杀行为被制止。原因是：一方面，乱杀无辜遭到越来越多公众的强烈抗议；另一方面，希特勒妄图建立由病人组成的杀人队（代号T4），去屠杀犹太人。

1939年9月始，屠杀的厄运又降临到吉卜赛人的头上。为根除"劣等种族"，希特勒下令：对吉卜赛人决不手软。自此，在东欧各国的吉卜赛人到处受到围捕。被捕的吉卜赛人源源不断地被送往希特勒所设置的灭绝营地。残杀吉卜赛人从未得到披露，屠杀行动是在暗中进行的。大规模的屠杀是在1941年和1943年。据统计，被屠杀的吉卜赛人达50万。仅在德国，从1939年到1945年，25万吉卜赛人最终只剩下5000名幸存者。

1939年10月，波兰被占后，希特勒第三次大开杀戒，屠杀的对象主要是知识分子和社会名流，包括牧师、教师、教授、新闻记者、企业家和政治人士。1940年7月2日，纳粹头子海德里希在一份报告中提到，"元首发出了一项特别命令，消灭波兰人的指令传到了千万人中间"。据波兰官方声称，至战争结束，大约有600万波兰人的头颅在希特勒的屠刀下落地。

德军在占领苏联大片领土后，又挥动了血淋淋的屠刀。1944年5月1日，根据德国军队高级指挥部的资料，在500万到600万苏联战俘中，47.3万人被处决，近300万苏联士兵死在战俘营里。对苏联政治人士的

残杀，主要由德国人组成的别动队执行。到 1942 年 4 月，在苏联占领区，北部的第一别动队杀死了 25 万人，中部的第二别动队杀死了 7 万人，南部的第三别动队杀死了 15 万人，最南线的第四别动队屠杀了 9 万人。

波罗的海纳粹暴行

[俄] 尤·快托尔

　　第二次世界大战期间，在波罗的海沿岸地区，共有 60 多万平民和苏联战俘被折磨致死，其中许多人被毁尸灭迹。

　　位于立陶宛的波纳里镇上有一个公墓，它曾埋葬过数万名第二次世界大战期间无辜被杀的老人、妇女和儿童，这些人之所以遇害，有的因为是犹太人，有的因为曾对德军作过一点微不足道的抵抗，有的只是因为生病。在从波罗的海地区沿岸撤退之际，德国法西斯为了销毁罪证，烧毁了这些尸体。波纳里的公墓因此而成了一个巨大的火葬场，"波纳里火葬场"由此得名。

　　在卢比扬卡（前苏联克格勃所在地）的档案库里有一份独一无二的文件——波纳里火葬场的囚犯尤里·法尔伯的回忆材料。联邦安全局中央档案馆的工作人员、哲学副博士弗拉基米尔·马卡罗夫说，虽然战争已经过去，但这份文件仍足以让任何一个正常人惊惧颤抖。

　　他介绍说："这份文件的作者尤里·法尔伯是莫斯科的一名电子工程师，1941 年参军到了前线，在一场战斗中成了德军的俘虏，后来经历了波纳里火葬场的噩梦。虽然遭受了非人的待遇，但他不仅活了下来，而且成功地逃离了那个人间地狱。法尔伯先是参加了白俄罗斯游击队，后来又进入国家安全人民委员部少校警官沃洛基京的行动小组。在此期间，他写了一份书面材料，回忆德国法西斯 1941～1944 年间在波纳里的残暴罪行。1944 年 9 月 13 日，苏联国家安全人民委员梅尔库洛夫下令将这份材料转交给负责调查德国法西斯占领军及其同谋罪行的国家紧急委员会主席什维尔尼克。"该委员会随即赴波纳里进行调查，后来将调查结果提交纽伦堡国际法庭。

---

① 原载 2005 年 4 月 20 日俄罗斯《新闻时报》。

调查结果中写道:"波纳里的大规模枪杀场于1941年7月建立,一直使用到1944年7月……从1943年底开始焚烧尸体,一直延续到1944年6月。在这段时间里,共从总容积为21179立方米的9个坑内挖出并焚毁了至少10万具尸体。"

下面便是这份材料的内容。

……公路左侧的铁丝网旁设有岗哨,门口写着:"禁止靠近。危险。地雷。"场地中央还有一道双层铁丝网,里面是一个直径24米、深4米的大坑,大坑四壁垂直陡峭,由巨大的石块砌成。坑内有一间大木房子,这便是我们的住所。我们都被上了脚镣。然后德军指挥官开始训话:"你们将从事一项对国家具有重大意义的特殊工作……"

我们开始工作。来到一个直径100米的大沙坑,铲两锹沙土就会发现一具具腐败的尸体。沙坑旁边搭建了一个大灶,这是一个每边长约7米的方形台子。我们首先需要清理死人身上的沙子,然后将尸体抬放到灶上,一个紧挨一个。放满一层后,上面铺上杉树枝和一些干柴,再倒上汽油,然后再放下一层尸体。大约放上3500具尸体后,将其点燃焚烧。尸体一般要烧上三天三夜,最后只剩下灰烬和个别残余的碎骨。这些碎骨还要用锤子捣成粉末,然后再用铁筛子筛一遍,筛过的骨灰与大量的沙土掺在一起,最后将这些掺着骨灰的沙土倒回大沙坑。

"特殊工作"的意义至此完全清楚了——刽子手企图掩盖自己的罪证。德国军官对此毫不隐瞒:"敌人的宣传机器到处宣称:波纳里有8万人被屠杀并掩埋。这是胡说八道。让他们过几个月来找吧,想怎么找就怎么找。他们一具尸体也找不到。"波纳里的这些大沙坑里到底掩埋了多少具尸体,这一点不得而知。德国人说有8万。其中5.5万是犹太人,俄罗斯人和立陶宛人约有将近1万,剩下的是波兰人。

有一个沙坑里埋着250具全裸女尸。当囚犯们被运到波纳里火车站时,所有男性囚犯都被赶下车厢。德国人要求剩下的女囚脱下衣服,只穿内衣。女囚们拒绝了。刽子手们当即冲上车厢,对妇女们一顿毒打。车厢门打开了,赤身露体的妇女在德国秘密警察的凌辱驱赶下走向埋尸坑(距离至少有400米)。在实施集体屠杀前,德国人又强行将女囚身上的内衣、胸罩脱掉……所有妇女都浑身是血。刽子手的棍棒上沾满鲜血、头发和皮肤,甚至还沾着人肉……

有一个沙坑里埋着数百名神职人员,他们身着长袍,手拿十字架;还有一个沙坑里埋着数百名苏军战俘,其中大部分是军官。在挖尸体的

过程中，我们多次挖到怀抱婴儿的母亲……许多儿童的头骨常常是破裂的——刽子手们为了节省子弹，拎着孩子的双腿，将他们的头摔向大树……

即使是焚尸工作开始后，屠杀仍在继续。德军将一队队手无寸铁的囚犯双手反绑，赶到沙坑旁，用机枪扫射，幸存者再被用手枪射杀。仅1944年3月的最后一周就有450名犹太人、50名茨冈人和15名波兰人被杀害。

我们这批尸体搬运工共有80人……尸体腐败的气味让人难以忍受，许多1941年掩埋的尸体已成糊状，简直无法搬运。有的尸体已粘在一起，无法分开。我们的担架上常常不是一具尸体，而是一堆尸体。我们当中有的人根据衣服和头发认出了自己的妻子、孩子和父母，有一个名叫多吉姆的工人亲手从坑里拖出了母亲、妻子和两个妹妹的尸体，并将这些尸体抬到焚尸灶上。

每当那名德军指挥官来视察，我们的工作尤其紧张。这名贵族军官居高临下，监视每一个人，挑选病人送"医院"。如果有谁生病或丧失劳动能力，便会被拖到不远处。不久，我们就会听到一声枪响，病人"痊愈"了。

在没膝的死人堆里干上两个月，你便不再惧怕死亡。昨天你还在与工友聊天，今天你却在焚烧他的尸体。当你看到军装笔挺、养尊处优的德国军官，仇恨的怒火便会在心中燃烧。一定要逃出去，向见到的每一个人，向全世界大声说出我们在波纳里所看到和经历的一切。

然而怎么逃呢？四面都是陡峭的石壁，上面还有电网、地雷和哨兵。往上走是没有出路的，那么就只好往下走了。沙坑的底部有一个1.5米见方的储物窖，里面通常会储存一些食品。我们便从窖底挖地道。地道总长30多米。由于土质疏松，用手挖就可以。但是地道顶部不断向下掉土，我们便用木板和支架加固。我们从搬运的尸体身上找到了刀剪锉锯等小工具。为了不被德军士兵发现，我们晚上一起唱歌，只有一人躲在床下锯木板和支架。

我们80人编为10组，每组都任命了组长。大家排出了先后次序，相互传授了爬行要领。只有两三个人自私自利，其他所有人都服从分配。大家不是为了自己活命，只求有人能逃出去，哪怕不是自己。

4月15日，地道又延伸了40厘米，距离地面只剩下10厘米了。第一批共20个人除去腿上的锁链，爬进地道。天黑之后，我们捅开剩余的10厘米土层，爬出洞口，向铁丝网匍匐前行。四周一片漆黑。忽然一声

波罗的海纳粹暴行 | **345**

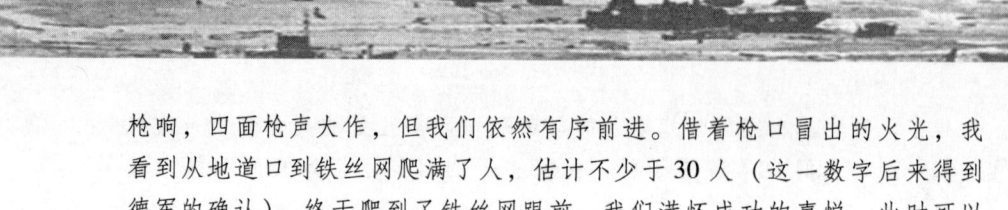

枪响,四面枪声大作,但我们依然有序前进。借着枪口冒出的火光,我看到从地道口到铁丝网爬满了人,估计不少于30人(这一数字后来得到德军的确认)。终于爬到了铁丝网跟前,我们满怀成功的喜悦。此时可以确信,我们当中肯定有人可以活着出去。4月22日,我们的小组经历千辛万苦,终于在日戈里内村找到了游击队……

对于波纳里的这段历史,犹太女作家玛丽·罗利尼凯特(德军集中营幸存者)曾有过这样的描述:"波纳里的松树林中战前就挖了许多大坑,当时是用来储存汽油和石油的。战争爆发后,这些土坑就成了公共墓地。德军将囚犯带到这里,说是要来干活,实际上是要执行枪决。囚犯被带到土坑边上枪毙,死者、伤者一起推入坑中掩埋。邻近村庄的居民战后曾说,在波纳里,大地在颤抖,地面时常出现断臂残肢。宗教信徒说,这是因为大地不接受冤死鬼。战后的波纳里建造了纪念碑,而那片恐怖的墓地则荒草丛生……"

一个弗里茨①的日记②

[苏] 爱伦堡

弗里德里希·施密特是德国第1坦克军团第626分队的战地秘密警察的秘书。这就是他的称号。这位秘书曾经写过日记。日记是从今年（1942）的2月22日开始，一直到5月5日为止。他的这本日记是在玛留波尔附近的布琼诺夫卡村写成的。下面就是从这本日记里摘录出来的一些段落：

"2月25日。我没有预料到，今天会成为我生活中最紧张的一天。……女共产党员叶卡捷林娜·斯科罗叶多娃，在俄国人进攻布琼诺夫卡的前几天，就已经知道了这件事情。她痛骂了那些和我们协力合作的俄国人。12点钟的时候，我们把她枪毙了。……沙姆森诺夫卡村的一个老头儿萨威里·彼特罗维奇·斯捷潘连科和他的妻子，也被枪毙了。……此外，还杀掉了戈拉维宁的爱人和一个4岁的小孩子。午后4点钟左右，解来了4个18岁的女孩子，她们是溜着冰从耶叶斯克偷跑过来的。……皮鞭子把她们教训得更驯服了一些。这4个都是女学生，并且都很漂亮。……在挤满了人的监房里面真是可怕得很。

"2月26日。今天的事情是我从来没有体验过的。……漂亮的塔玛引起了我很大的兴趣。然而又解来了4个青年人和一个女孩子。无论怎样用嘴说服，无论怎样用皮鞭施以最残酷的拷打，都丝毫没有一点办法，这些家伙真是顽强得可怕！那女孩子没有流眼泪，她只是死死咬紧牙齿。……在无情的拷打之后，我的手酸得都不能动弹了。……我享受了两瓶白兰地酒。一瓶是冯·菲斯特伯爵参谋部的科赫中尉的，另一瓶是罗马尼亚人的。我又非常高兴了。外面吹着南风，开始融雪。战地宪兵

---

① 作者用"弗里茨"代称德国人。
② 摘自[苏]爱伦堡《爱伦堡政论通讯集》，戈宝权译，新华出版社1982年版，第94—101页。

队第一连的人,在布琼诺夫卡北边3公里的地方,抓到了5个17岁左右的青年人。他们都被解到我这儿来。……我就开始用皮鞭拷打,我把皮鞭的柄打得粉碎了。我们是两个人一齐打的。……可是他们丝毫都不承认什么……又解来了两个红军。……照样是拷打。……我右手的肌肉已经发痛了。外面在继续下雪。……

"3月1日。又是一个战地的星期天。领到了105个马克和50个芬尼。……今天又在罗马尼亚人那里吃了一顿午饭。我吃得真好。……下午4点钟的时候,突然来人请我到冯·菲斯特将军那儿去喝咖啡。……

"3月2日。今天很不舒服。突然拉痢疾了。我不得不躺在床上。……

"3月3日。审问了要我调查的那个波诺马连科中尉。波诺马连科在3月2日这一天头部受了伤,就逃到罗莎·卢森堡集体农场里去,在当地化了装和躲藏起来。藏匿波诺马连科的一个人家,起初还撒谎。用不着说,我把他们痛打了一顿。……晚上,又解来了5个从耶叶斯克来的人。正像往常一样,都是些青年人。我还是利用我擅长的简便的方法,把他们拷打一番,要他们认罪。天气是更加暖和了。

"3月4日。今天是晴朗的有太阳的天气。……下士伏伊格特把皮匠亚力山大·雅库宾科枪毙了。他的尸体被我们丢进了万人冢。我的身体整天痒得真难过。

"3月6日。我捐出了40个马克作为'冬赈捐款'。……

"3月7日。我们过得更好了。我领到了牛油、鸡蛋、鸡和牛奶,我们每天都吃着各式各样的冷盘。……下午4点钟的时候,又解来了4个年轻的游击队员。……

"3月8日。下士施普里格瓦尔德和勒德曼夫人从玛留波尔回来了。他们带来了邮件和给格罗谢克关于枪决的指令。……今天我已枪毙了6个人。……有人告诉我,说从快活村又解来了一个17岁的女郎。

"3月9日。太阳在微笑着。白雪在闪着光,甚至就是这样金黄色的太阳也不能使我高兴起来。今天是个劳苦的日子。我3点钟就醒了。我做了一个可怕的梦,这是因为我今天必须枪毙掉30个被我们捉来的青年人。今天早晨,玛利娅为我做了一个很好吃的蛋糕。……10点钟的时候,又解来了两个女孩子和6个青年。……我只得无情地把他们打了一顿。……继而就举行集体枪毙:昨天是6个,今天又是33个迷途的羔羊。我饭吃不下去。假如他们将来捉住我,那就糟糕了。我自己不能再相信布琼诺夫卡还有安全。毫无疑问,大家一定都憎恨我的。而我又必

须这样做。我的亲人们怎能知道，我是怎样度过了难挨的一天！深坑里差不多完全堆满了尸体。而这些布尔什维克的青年又死得多么英勇。这是什么缘故呢？是因为他们对于祖国的爱，还是因为渗入他们血肉中的共产主义所造成的呢？其中有些人，特别是女孩子们，几乎都没有流一滴眼泪。这也是一种勇敢。我们命令他们都脱光了衣服（衣服我们要拿了去卖）。……假如这里的人把我捉住，那我才真糟糕呢！

"3月11日。对于低级人种只能用鞭子来教训。在我的住宅旁边，我造了一间很好的厕所，我还在前面挂了一个大的牌子，禁止一般人使用这个厕所。……在我们卧室的对面，是乡长的办公室，到田里去做工的人们，每天早晨都要到他那里去。虽然我贴着布告，但他们还是使用我的厕所。为了这件事情，我把他们痛打了一顿！今后我还想为这件事情枪毙几个人。

"3月13日。由于工作特别繁忙，我已经好久不写家信了。说真话，我也不想写信给家里的人。……接着，我就下令拷打一个57岁的俄国人和他的女婿，因为他们对德国人有所不敬。后来我又到一位罗马尼亚的上校那儿去了。……

"3月14日。天又重新寒冷起来。今天又拉痢疾了，并且心脏部位很痛，我要他们去请医生。……他作了诊断，说是胃部消化不良和心神不宁。……今天我下令把一个17岁的女孩子柳德米拉·丘康诺娃枪毙掉了。我必须杀掉许多青年人，大概正因为这样，我的情绪有些神经质。

"3月17日。我早晨起来后的第一件工作是下令用马车将第五个俄国跳伞兵从医院里载来，并在万人冢前面把他枪毙了。之后，我平静地过了一天。午饭后散步一会儿。土地又冻起来了。

"3月19日。我躺着。下令将我们的军医官请来。他检听了一下，说我的心脏是正常的，他认为我的病是心绪不宁。他给了我一些治疗便秘的丸药和治痔疮的油膏。……我们有一头很好的猪，我们准备做许多腊肠。

"3月21日。像这样可怕的日子，我们在布琼诺夫卡还没有经历过。晚上，出现了一架俄国的轰炸机，这架飞机投下了照明弹，接着就丢下了12颗炸弹。窗子的玻璃都震得发响。我躺在床上听见了飞机的响声和爆炸声，你们是不难想象出我在当时的心境的。……

"3月23日。今天我审问了一个女人，这个女人抢了我的女翻译勒德曼夫人的东西。我们拷打了她的光屁股，甚至勒德曼夫人看到这种情况时也流了泪。接着我在村里散步，看一看我们的屠夫，他正为我做腊肠。……后来又审问了两个青年人，他们想从冰上跑到罗斯托夫去。我们把他们当作奸细枪毙了。继而又解来了一个青年，他几天之前溜着冰从耶叶斯克来。……这时候，他们把用肝脏做的腊肠送来了。味道还不错。我想再拷打一个女青年团员。……

"3月27日。一夜平静地过去了。……我审问了两个在近郊乱跑的14岁的孩子。下令拷打一个女人，因为她没有登记。

"3月28日，访问了魏伊奈尔上校。下午6点钟的时候，下令枪毙了一个男人和一个女人，他们想从冰上逃跑。……

"4月1日。领到了相当于108个马克数目的卢布，这是一大包钱。瓦里娅又为我按摩和洗过澡。……

"4月10日。太阳很晒人。当早晨玛利娅推开窗子的时候，明亮的阳光照满了我的床。现在我的鼻肿了。玛利娅为我捉虱子。冰已经融解了。现在我们只怕飞机。我又拷打了好几个女孩子和青年人，因为他们逃避登记。其中有一个是村长的女儿。当天气暖和起来的时候，我心里老是不愉快，我那时就想起轰炸机。

"4月11日。大家都因为我的来临而高兴。他们把我当皇帝一样地接待。我们的晚饭吃得很好，还喝了伏特加酒。……

"4月12日。每天早晨我都喝热的牛奶和吃煎蛋卷。……工作少下去了。……我们现在只以当地为范围来工作。刑罚就是拷打，或者是枪决。我更常常用鞭子拷打他们的光屁股。

"4月16日。今天是个平静的日子。解决了村长和民警局长之间的争执后，接着拷打了3个男人和一个女人，他们是违反禁令跑到布琼诺夫卡来找工作的。……后来我又拷打了一个女人，她承认自己曾做过女救护员。……我从罗马尼亚人那里接受过好几次伏特加酒、纸烟和糖。我又变得非常高兴。格罗谢克终于办成了一件事，推荐我因服役有功，应获得二等宝剑十字章，因此我得到褒奖了。

"4月17日。女孩子们（玛利娅、安娜和薇娜）围着我的床唱歌和嬉戏。……晚上有人送了一个消息来，我立即带了一个翻译去，当地将事情解释清楚，完全是些娘儿们的流言。我在自己的住宅里面，拷打了两个女孩子的光屁股。……

"4月18日。是个阴沉的落雨的日子。我叫了许多痛骂战地秘密警察的女孩子来，我把她们都痛打了一顿。"

战地秘密警察秘书弗里德里希·施密特的日记，我就摘录到这儿为止了。我费了很大的力气才把这些可怕的句子抄下来。好像在全世界的

文学里面，还没有写过像这样可怕和卑鄙的恶人。他枪毙了许多青年人，但他又害怕飞机。这是个可怜的胆小鬼。他夜里睡不着，因为害怕轰炸机会飞来。这是一个真正的属于良种的德国人。他们因为他服务有功而奖给他一个宝剑十字章，这并不是白费的，他不是勇敢地拷打过许多俄国的女孩子吗？他甚至还英勇地杀死了一个14岁的小孩子。这是一个不洁的懦夫，他害怕一件事，"假如突然被他们捉住了呢？"因为恐惧的缘故，他生了疥疮和患了痢疾。这是一个炫学的德国人，他记录下他一共吃了多少鸡蛋，枪毙了多少女孩子，并且怎样治痢疾。这是一个肮脏的畜生，他为了高级人种呕吐了一厕所。这是一个狂荡者和虐待狂者，他欢天喜地地承认，"拷打了许多女孩子"。他没有任何一种人的感情。他不爱他自己的亲人，他甚至找不出一个温暖的字样来讲起该诅咒的德国。这是一个刽子手的腊肠师傅，他只提起腊肠。他很贪财，他计算他自己为了刽子手的工作所领到的钱，他计算着马克和芬尼、卢布和戈比。有一次，某一件事启发了这个疯狂的畜生，他看见俄国的青年人和俄国的女孩子们英勇地忍受拷打，他怀着恐惧的心情问道："这是什么缘故呢？"这是一个被人类优越的光辉弄得晕眩了的畜生！

这位战地秘密警察的秘书的日记，是一个特别重要的文件。是的，我们从前也读过关于枪毙人的可怕的指令。是的，我们从前在德国兵士的日记中，也找到过一些关于杀人和拷打人的记事，但那些都是些枯燥无味的记载。现在这个德国人自己把全部的事情描绘出来了。现在这个德国人告诉了全世界，他自己究竟是什么样子。

我请求各国的新闻记者，把这位秘密警察秘书的日记发表在所有爱自由的国家的报纸上。让英国人和美国人知道这位弗里德里希·施密特的工作。让中立国的人民也知道这件事。这位德国的征伐者，这位戴宝剑十字章的骑士，这位冯·菲斯特伯爵的最亲近的助手应该要扬名全球。

我请求我们这个美丽的、真诚而纯洁的国家的读者和公民，仔细地读一读这个德国人的日记。让他们对于无耻的侵略者的憎恨变得更强烈吧。这些句子会使得任何一个苏联人不能安眠的。他看见在他自己的前面，站着一个生了疥疮的刽子手，这个刽子手为了拷打一个俄国女孩子的柔软的身体，把鞭子的柄都打断了；他看见在他自己的前面，站着一个德国人，这是个腊肠师傅，是个出卖被枪毙了的人们的衣服的小商人；他还看见一个杀死4岁的小孩子的刽子手。男工们、女工们！制造出更多的炮弹、地雷、子弹和炸弹吧，制造出更多的飞机、坦克和大炮吧！成千和上万像弗里德里希·施密特这样的德国人，正在我们的土地上疾驰，折磨和杀死我们的亲人。

　　我请求我们英勇的红军的指挥官和战士们，读完弗里德里希·施密特的日记。战士朋友们，记住，在你们前面的正是弗里德里希·施密特。用不着多讲一句话——只拿起武器来就行，要把他们杀得一个不留！读完了关于在布琼诺夫卡死难的弟兄们和姊妹们的记事之后，我们要宣誓：不让敌人中有一个人能活着跑掉！一个都跑不掉，一个都跑不掉！

外交风云

苏德三次媾和秘档

1939年年初，英法政府迫于希特勒的战争压力，稍稍改变了绥靖政策，做出愿意同苏联谈判的姿态。4月15日，三国的政治谈判在莫斯科举行。4月17日，苏联外交人民委员李维诺夫向英法提出了8点建议，其中有如下三点：

1. 英国、法国、苏联缔结为期5到10年的盟约，相互承担义务，在欧洲发生针对任何一个缔约国的侵略时，彼此立即给予一切可能的援助，包括军事援助在内。

2. 英国、法国、苏联约定，在发生针对分布于波罗的海与黑海之间同苏联接壤的东欧国家的侵略时，给予这些国家一切可能的援助，包括军事援助在内。

3. 英国、法国、苏联约定，在最短期间内讨论和确定在履行第1条和第2条时给予这些国家中每个国家的军事援助的规模和方式。

时至7月，战争有一触即发之势，为了使谈判早日取得成果，苏联政府建议打破常规，在举行政治谈判的同时举行军事谈判，并为此而派出了以国防人民委员伏罗希洛夫为首的全权代表团。地点仍在莫斯科。然而，这没有得到英法的积极响应。到了8月底，3国谈判在进行了4个多月后，仍然达不成协议。

苏联当时面临着极其复杂的国际形势。在东方，日本在"北进"还是"南进"的争论中，继1938年挑起张鼓峰事件后，又于1939年8月再次试探苏联的虚实，在中蒙边境的诺门坎同苏联军队进行了一场激烈的局部战争。

此时的希特勒在准备对波战争时，唯恐重蹈第一次世界大战时两面作战的覆辙，因而迫不及待地要破坏英、法、苏联盟，不惜放低身段拉拢苏联。8月19日，当苏方同意德国外长里宾特洛甫可于8月26日或27日访苏时，希特勒马上给斯大林去了一封长电，恳求斯大林允许里宾特洛甫在 22 日或至迟在 23 日访苏。斯大林为了挫败英法祸水东引的企图，冲破德、意、日法西斯的包围圈，同意了希特勒的请求。

1939 年 8 月 23 日中午，即在德军入侵波兰前一个星期，里宾特洛甫带着希特勒亲笔签字的全权证书，急忙飞抵莫斯科。经过两国政府的高级谈判，当天晚上就签订了《苏德互不侵犯条约》。条约规定：缔约国双方互不使用武力，也绝不参加直接或间接反对缔约国另一方的国家集团。如果相互之间发生纠纷，两国将通过和平方式解决。条约有效期为 10 年。

就在这天晚上，苏德还签订了《苏德条约秘密附加议定书》，其内容是：

双方在签订互不侵犯条约时，上述全权代表就互相确定双方势力范围问题在秘密的情况下交换了意见，结果达成以下各点：

一、属于波罗的海国家、芬兰、爱沙尼亚、拉脱维亚、立陶宛等国的地区，如发生领土和政治变更时，立陶宛的北部疆界就自动构成德国、俄国势力范围的疆界，同时双方承认立陶宛在维尔纽斯的利益。

二、波兰国家的领土如发生疆界和政治变更时，德国和苏联的势力范围将大体以纳雷夫河—维斯瓦河—桑河一线为界，从缔约双方的利益来看，是否需要维持一个独立的波兰国家和这个国家的边界应如何划定，只有在今后政治局势发展中方能最后确定。在任何情况下，两国政府都将通过友好谅解的途径解决这个问题。

三、在东南欧方面，苏联强调它在比萨拉比亚的利益，德方声明，它在这个地区没有任何政治利益。

四、双方把本议定书看做绝密文件处理。

1940 年 11 月 12～13 日，莫洛托夫访问柏林，同希特勒和里宾特洛甫就苏联加入三国同盟条约，以及在英国被战败和英帝国瓦解后，如何划分势力范围的问题进行了会谈。莫洛托夫提出了对芬兰、罗马尼亚、保加利亚的领土要求，以及在土耳其诸海峡获得基地的要求，并将此作为会谈的先决条件。双方同意通过信函继续交换看法。11 月 25 日，苏联在一份给德国政府的照会中，更为详细地表述了莫洛托夫访问柏林时就苏联加入三国同盟条约的先决条件。希特勒未予答复。从此，柏林和莫斯科之间进行谈判的纽带就被扯断了。

但是，在第二次世界大战最紧要的关头，斯大林仍然数次想与希特勒秘密议和。从 1953 年对贝利亚的审讯记录中，人们可以得知斯大林打

算议和的情况。当时，贝利亚被判犯有德国间谍罪和判国罪。记录显示：1941年7月初德国人占领明斯克后，保加利亚驻苏联大使斯塔梅诺夫曾被召到克里姆林宫。斯大林想马上同柏林联系，斯塔梅诺夫成了最佳人选。一方面，保加利亚是德国的盟国，另一方面，据传这位大使是苏联情报机关的人。与斯塔梅诺夫见面的有3个人：斯大林、贝利亚和外交人民委员莫洛托夫。贝利亚说，斯大林一直沉默不语，由莫洛托夫主谈。他坚持要与希特勒议和。作为交换条件，苏联准备交出波罗的海沿岸地区、乌克兰西部、白俄罗斯和摩尔达维亚的部分地区。

苏德这次谈判最终未能成行。一种说法认为，斯塔梅诺夫对苏联领导人说，他不想当中间人，因为他说，苏军"即使后撤到乌拉尔，你们还是能打赢这场战争"。另一种说法是，保加利亚大使把苏联的想法告诉了希特勒，但遭到希特勒的拒绝。希特勒认为按照这种条件媾和对他不合算。

莫斯科保卫战之后，斯大林又想媾和。据历史小说家卡尔波夫说，斯大林议和的借口是需要一个喘息机会，以便重新部署军队。

1942年2月底，苏德在德军占领的姆岑斯克举行了谈判。斯大林派副内务人民委员梅尔库洛夫为代表，德方代表是党卫队头目之一的沃尔夫。苏联要求德国从1942年5月5日上午6时起全线停火，然后，根据计划，苏德将共同对英国和美国作战。卡尔波夫在书中披露了这个协议的复印件。俄罗斯科学院通史研究所的研究人员米亚格科夫说："我认为这些文件是伪造的，不知道是谁编造的，错误百出。"

1970年，英国历史学家加特出版了《第二次世界大战史》。他肯定说，1943年6月莫洛托夫和德国外长里宾特洛甫在基洛沃格勒举行了会晤，德国人将边界划在第聂伯河上，而莫洛托夫要求恢复战前边界。据加特说，因为美国得知了这次接触，所以会晤被迫中断。

有关莫洛托夫与里宾特洛甫举行谈判的传言可能是交战任何一方策划的行动。莫斯科需要这样做，以便促使美英尽快开辟第二战场。而德国人也有可能在库尔斯克战役前放出这样的传言，以便在反法西斯同盟中挑拨离间。库尔斯克战役胜利后，斯大林再也不提与柏林单独媾和一事。

卡尔波夫书中的《绝密报告》如下：

莫斯科　克里姆林宫　1942年2月27日　斯大林同志收
1942年2月20~27日在姆岑斯克与德国司令部的代表沃尔夫举行谈

判，德国司令部认为不可能满足我们提出的要求。

它对我方提出的建议是：停火后，战线维持现状到1942年年底之前。

德国不排除这样的可能：德苏能够建立对付英美的统一战线。

讨论中以下问题出现了分歧：

1）拉丁美洲应当属于德国。

2）很难理解中国文明。德国司令部认为，中国应当成为日本的被占领土和保护国。

3）在北非，阿拉伯世界应当成为德国的保护国。

因此，应当指出，在谈判中双方观点和立场是完全不同的。

德国司令部的代表否认德国军队有可能战败。他认为，与俄罗斯的战争会拖上几年，德国最终会取得彻底胜利。德国的主要打算是，一旦俄罗斯在战争中耗尽力量和资源，就会被迫在2~3年后按更苛刻的条件重新举行谈判。

苏联副内务人民委员梅尔库洛夫

苏联"反革命军事法西斯组织"案

1937年5月中旬,希特勒党卫队保安处的海德里希在柏林艾伯莱希特亲王大街盖世太保的秘密地下室里,成立了一个特别实验室。多位特工人员——语言学家、逻辑学家、心理学家、印章专家和笔迹摹仿专家,正在秘密炮制苏联元帅图哈切夫斯基谋反的"专卷"。

海德里希于1904年出生在德国萨勒河畔的哈勒市,家庭优裕,生活富足。他18岁入伍,24岁成为海军军官,27岁成为党卫队里仅次于希姆莱的显赫人物。希姆莱视他为"天生的情报人才","一个了解所有线路并使它们始终连接畅通的有头脑的人物"。他性格坚毅,冷血残酷,为达目的不择手段,并因有一头金发而被捷克斯洛伐克人民称为"金发野兽"和"布拉格屠夫"。

1936年12月16日,十多年前被红色苏维埃驱逐出境,充当了双料间谍,而目前正在巴黎避难的原沙皇的将军史科布林,急匆匆来到德国驻法国大使馆,向盖世太保的大间谍卢戈森提交了两份"机密情报"。第一份情报说,苏联红军统帅部正在策划一起推翻斯大林、建立亲德政权的阴谋,主谋正是图哈切夫斯基元帅;第二份情报说,图哈切夫斯基及其亲密战友同德军统帅部和谍报机关一直保持接触。

卢戈森得到这两份"情报"后,如获至宝,马上亲自乘飞机把它送到了海德里希的手里。海德里希不问情报的真伪,只觉得满可以将之变成一把刺向图哈切夫斯基的利剑!

图哈切夫斯基于1893年出生在斯摩棱斯克省多罗戈布日县的一个贵族家庭,从小受到良好的教育。1914年毕业于亚历山大军事学校,获中尉军衔。他参加过第一次世界大战,被俘后逃回俄国,随即加入了苏联共产党。

1918～1921年,图哈切夫斯基在短短两三年里,就获得了6枚战斗奖章,并在军中被称为"红色拿破仑"。一战结束后,他又因在红军改

进技术装备，改革军队体制，发展航空兵、机械化兵、空降兵、海军和培训军政干部方面成绩卓著，特别是首次提出了军事史上的大纵深战役和战斗理论而登上荣誉之巅，获得了列宁勋章和红旗勋章。1935年，他被授予苏联元帅的最高军衔。

另外，图哈切夫斯基又在他出版的《进军维斯拉河》、《国内战争史》中，两次不点名地批评了华沙之战中的决策性错误，让斯大林心怀忌恨。1930年，他又在重新装备红军等问题上同斯大林、伏罗希洛夫产生了矛盾。于是，这位杰出的苏军将领渐渐失去了苏联最高层的信任。1934年基洛夫遇刺事件发生后，苏联笼罩着一片政治恐怖气氛，斯大林掀起了大规模"揭发和铲除人民的敌人"的运动，而这又恰恰引起了具有勃勃侵略野心的德国法西斯的注意。

希特勒在听了海德里希的详细汇报后，很快就认同了这个罪恶计划。

海德里希的第一步是伪造档案。他先派出老间谍罗德曼潜入德军最高统帅部的机密档案库，盗走了关于图哈切夫斯基的代号为"R"的文件——1922～1923年德国一个商业企业家联合会在军事方面同苏联打交道的文件，其中就有图哈切夫斯基的谈话。

德国特工人员在炮制图哈切夫斯基"专卷"时，采用了模仿、篡改"R"文件的办法，一是按照图哈切夫斯基的语调在谈话记录中增添了图哈切夫斯基串通叛国等词句，二是刻意模仿他本人的笔迹和风格，伪造了他给德国朋友的一封信。与此同时，图哈切夫斯基等人给德国出具的收款凭据等也被伪造出来了。文件和信件的每一页上，都盖有德国军事谍报局的"绝密"钢印，德军十多名高级将领的德文缩写签字也出现在文件上。

某日，捷克斯洛伐克驻德国大使马斯特内来到柏林一家高级酒店的餐厅。这是柏林外交官和达官贵人经常光顾的地方。马斯特内作为一名捷克斯洛伐克间谍，刚刚领受了本国政府的一项任务——"必须摸清德苏关系的发展趋势"。

马斯特内心情沮丧，满脸愁容，一声不响地喝着闷酒。

"不要发愁，亲爱的，把所有的烦恼都抛在脑后吧！"贝丽尔小姐关切地劝道。

"你有什么愁心事呀，马斯特内。"贝丽尔小姐娇嗔地问道，"这可能是我们最后一次见面了。"

"怎么啦？"马斯特内不解地问。

"我很害怕……"她小声说，"大家都希望苏德和好，但愿不要发生

意外……"贝丽尔想说又停了下来。

"我们应该单独待一会儿。"马斯特内对贝丽尔说。

"好吧。"贝丽尔举起酒杯，脸上掠过一丝喜悦。

"德国政府正在与苏联红军中的反斯大林集团联络，希望苏联出现混乱。"贝丽尔对马斯特内说。

这件事使马斯特内感到震惊，但他脸上依然很平静。"亲爱的，但愿苏德能够保持友好！"贝丽尔说着，用双臂去拥抱马斯特内。

马斯特内的情人贝丽尔是一名德国警察。她年仅24岁，同时兼任德国外交部的秘书。海德里希命令她"在无意之中"把图哈切夫斯基的绝密情报告诉马斯特内。

第二天，捷克斯洛伐克总统贝奈斯得到了这份情报。他马上召见苏联驻布拉格大使亚历山德罗夫斯基。

3天后，法国政府在巴黎举办外交官招待会。法国总理达拉第向苏联大使波特金通报了法国得知的情报："先生，莫斯科有改变政治方针的可能。据可靠情报，德国正与苏联某些红军将领密谋推翻斯大林。"

"这是谣传，先生，不要上当！"波特金说。

10分钟后，波特金回到大使馆，用密电向斯大林作了汇报。这也是海德里希为增加情报的可信度，故意向法国人施放的烟幕。

海德里希的陷阱已经挖好，苏联一步步地陷了进去。

海德里希的代表来到布拉格，同捷克斯洛伐克总统贝奈斯取得了联系。在贝伦茨向贝奈斯提出出售图哈切夫斯基谋反的"专卷"后，贝奈斯马上密报了斯大林。就这样，贝奈斯的特使同贝伦茨进行了接触。斯大林的代表叶若夫也来到柏林。贝伦茨向斯大林索价300万卢布，斯大林毫不犹豫地答应了。

5月20日，斯大林解除了图哈切夫斯基的副国防人民委员的职务，让他担任伏尔加河沿岸军区司令员。苏联人不敢想象，在"五一"节上还陪伴在斯大林身边的图哈切夫斯基，这么快就失宠了。这位生性耿直的苏军元帅感觉事情不妙，赶忙写信给斯大林和伏罗希洛夫，要求退役复员，但他得到的答复却是尽快上任。这时，副国防人民委员戈马尔尼科告诉他："米哈伊尔·尼古拉耶维奇，最近以来一直有人在暗算你。……我认为，对你的全部指责都是胡扯……"

几天后，图哈切夫斯基元帅来到莫斯科喀山火车站，同苏联高级军官们告别。

"元帅，请保重！"许多军官握住他的手。

"谢谢大家。"图哈切夫斯基举手投足之间，显示出一种病态。他步履蹒跚地登上了列车。

6月4日，伏尔加沿岸军区召开了政治工作会议。会议刚刚结束，图哈切夫斯基就被逮捕了。6月10日，在阴暗的地下室里，由伏罗希洛夫等4名元帅组成的军事审判团设立秘密法庭，审讯图哈切夫斯基和另外几位著名将领的"罪行"。图哈切夫斯基说："我不会去请求宽恕，因为这个法庭只能以三流侦探编造出来的假文件为凭据，任何一个思想健全的人都不会尊重这种法庭的。你们自以为是法官，可我要告诉你们，犯罪的是你们而不是我们。"

与此同时，斯大林也在莫斯科召开了苏联革命军事委员会扩大会议，揭露了这个"反革命军事法西斯组织"，号召人们粉碎"反革命阴谋"。

6月12日，图哈切夫斯基和基辅军区司令员亚基尔、白俄罗斯军区司令员乌鲍列维奇、伏尔加军区副司令员帕里曼科夫、红军军事学院院长科尔克、红军干部部长费里德曼等高级干部均被处决。戈马尔尼科在斯大林派人前去逮捕他时，开枪自杀了。当天，塔斯社播发了一则新闻："以图哈切夫斯基为首的反苏托洛茨基军事集团成员犯有违背军人天职罪和叛国罪，已被处决。"

1937年下半年至1938年，斯大林处决了3位元帅、14位军区司令、60位军团长、136名师长（总共35000名红军军官）。就这样，苏联军队元气大伤，这为日后希特勒突袭苏联奠定了基础。

20年后，苏联检察院开始复查这起案件，并向最高法院提交了撤销对所有被告的判决并通过诉讼程序终止此案的结论。1957年1月31日，苏联最高法院军事法庭做出了最终裁决：撤销原判并终止此案。

《大西洋宪章》与《联合国家共同宣言》

苏德战争爆发后,美国总统罗斯福和英国首相丘吉尔考虑到本国的利益和安全,秘密商定进行战时第一次会晤。1941年8月9~12日,罗斯福和丘吉尔在大西洋纽芬兰岛阿根夏湾的军舰上举行美英首脑会议,史称"大西洋会议"。

会议商讨了欧洲和远东局势,安排了战略部署,确定了对德对苏政策,一致同意对日本发出严重警告,并致函斯大林,建议三国在莫斯科举行会议,为援苏事宜做出正式安排。

大西洋会议标志着美英联合对德宣战。

8月13日,美英双方签署了一项联合声明,并于14日正式公布了这项声明。声明共8条,史称《大西洋宪章》:

美利坚合众国总统罗斯福和联合王国国王陛下政府代表首相丘吉尔经过会晤,认为他们两国国策中某些共同原则应该予以宣布。他们对于世界所抱有的一个美好未来局面的希望是以此项政策为根据。

(一)两国并不追求领土或其他方面的扩张。

(二)凡未经有关民族自由意志所同意的领土改变,两国不愿其实现。

(三)尊重各民族自由选择其所赖以生存的政府形式的权利。各民族中的主权和自治权有横遭剥夺者,两国俱欲设法予以恢复。

(四)两国在尊重它们的现有义务的同时,力使一切国家,不论大小、胜败,对于为了它们的经济繁荣所必需的世界贸易及原料的取得俱享受平等待遇。

(五)两国愿意促成一切国家在经济方面最全面的合作,以便向大家保证改进劳动标准,经济进步与社会安全。

(六)待纳粹暴政被最后毁灭后,两国希望可以重建和平,使各国

俱能在其疆界以内安居乐业，并使全世界所有人类悉有自由生活，无所恐惧，亦不虞匮乏的保证。

（七）这样一个自由，应使一切人类可以横渡公海大洋，不受阻碍。

（八）两国相信世界所有各国，无论为实际上或精神上的原因，必须放弃使用武力。倘国际间仍有国家继续使用陆海空军军备，致在边境以外实施侵略威胁，或有此可能，则未来和平势难保持。两国相信，在广泛而永久的普遍安全制度未建立之前，此等国家军备之解除，实属必要。同时，两国当赞助与鼓励其他一切实际可行的措施，以减轻爱好和平人民对于军备的沉重负担。①

在制定《大西洋宪章》过程中，双方就各自的殖民利益进行了激烈的争夺。会议期间，美国谴责了英帝国关税限制制度和英德操纵世界贸易的状况。罗斯福认为，大战以后，必须把英国殖民地问题拿出来讨论，而丘吉尔则当场勃然大怒，说他当英国首相的目的，"并不是来主持大英帝国的解体的"。

尽管如此，《大西洋宪章》还是一个重要的历史文献，它成为后来联合国宪章的基础。

1941年9月，在伦敦召开的同盟国会议讨论了《大西洋宪章》。参加会议的有英国、苏联、比利时、卢森堡、荷兰、南斯拉夫、波兰、捷克斯洛伐克、希腊、挪威和"自由法国"。会上，罗斯福和丘吉尔联名致函斯大林，建议召开苏美英三国会议，讨论共同对德作战的问题和援苏问题。

9月24日，苏联发表声明，同意《大西洋宪章》的基本原则。

1941年9月29日到10月1日，在莫斯科召开了苏美英三国会议。苏联代表团团长是外交人民委员莫洛托夫，英国代表团团长是军需大臣比弗布鲁克，美国代表团团长是罗斯福总统的特使哈里曼。斯大林也参加了这次会议。会议主要讨论了美英向苏联提供武器装备和战略物资的问题。斯大林在会前同丘吉尔的通信中，希望英国能在1941年内于巴尔干或法国开辟第二战场，以迫使德国从东线调走30～40个师。但英国当时自身难保，无法满足苏联的要求。

莫斯科会议取得了很大成果。1941年10月30日，罗斯福代表美国政府写信给斯大林，宣布给苏联10亿美元的无息贷款。11月7日，美国

① 引自《国际条约集》（1934～1944），世界知识出版社，1961年版，第337～338页。

把《租借法》扩大到苏联。到 1941 年年底，美国援助苏联 204 架飞机、182 辆坦克；英国供给苏联 669 架飞机、487 辆坦克和 301 枝反坦克枪。

1941 年 12 月，日本发动了太平洋战争，美国正式参加了第二次世界大战。12 月 22 日，美英两国首脑在华盛顿聚会（代号"阿卡迪亚"，意为"世外桃源"），以商讨两国的整个作战计划。会议期间，美国倡议由所有对轴心国作战的国家签署一项共同宣言，即《联合国家共同宣言》。美国提出的宣言草案经与英苏政府磋商并加以修改后，用急电发给各同盟国政府。12 月 27 日，罗斯福和丘吉尔分批会见了各同盟国驻华盛顿大使，并告知他们关于这个宣言的内容。

1942 年 1 月 1 日，26 个国家的代表开始在《联合国家共同宣言》上签字。美、英、苏、中四国的代表罗斯福、丘吉尔、李维诺夫和宋子文（中国新任外长）先在白宫罗斯福的书房里签了字。1 月 2 日，《联合国家共同宣言》移放国务院，其余 22 国大使按英文字母顺序依次签了字。

《联合国家共同宣言》全文如下：

美利坚合众国、大不列颠和北爱尔兰联合王国、苏维埃社会主义共和国联盟、中国、澳大利亚、比利时、加拿大、哥斯达黎加、古巴、捷克斯洛伐克、多米尼加共和国、萨尔瓦多、希腊、危地马拉、海地、洪都拉斯、印度、卢森堡、荷兰、新西兰、尼加拉瓜、挪威、巴拿马、波兰、南非联邦、南斯拉夫各国的联合宣言。

本宣言签字国政府，

对于 1941 年 8 月 14 日美利坚合众国总统与大不列颠和北爱尔兰联合王国首相所作联合宣言称为《大西洋宪章》内所载宗旨与原则的共同方案业已表示赞同，

深信完全战胜它们的敌国对于保卫生命、自由、独立和宗教自由并对于保全其本国和其他各国的人权和正义非常重要，同时，它们现在正对力图征服世界的野蛮和残暴的力量从事共同的斗争，兹宣告：

每一政府各自保证对与各该政府作战的三国同盟成员国及其附从者使用其全部资源，不论军事的或经济的。

每一政府各自保证与本宣言签字国合作，并不与敌人缔结单独的停战协定或和约。

现在或可能将在战胜希特勒主义的斗争中给予物质上援助和贡献的其他国家得加入上述宣言。

1942 年 1 月 1 日签字于华盛顿。

（各国代表签名）

《大西洋宪章》和《联合国家共同宣言》，为联合国的成立奠定了基础。

1945年4月25日到6月26日，《联合国宪章》制宪会议在美国旧金山召开。这次会议是在柏林战役已进入激烈巷战的时候召开的。会议根据1945年2月雅尔塔会议的决议，由中苏美英4国发起，50个国家的代表参加，讨论、制定了《联合国宪章》。

《联合国宪章》共19章、119条。它规定联合国的宗旨是："维护国际和平及安全"，"发展国际间以尊重人民平等权利及自决原则为根据之友好关系"，"制止侵略行为"，"促成国际合作"等。《联合国宪章》规定联合国及其成员国应遵循的原则是：各国主权平等；以和平方法解决国际争端；联合国不得干涉各国的政策。《联合国宪章》还规定了会员国的义务和权利以及6个主要联合国机构的职能范围。

6月26日，各国代表签署了《联合国宪章》。在签字仪式上，中国代表团因在发起国中按字母顺序排在第一位，故代理宋子文担任首席代表的顾维钧第一个在《联合国宪章》上写下了自己的名字。同年10月21日，蒋介石代表中国在联合国宪章上签字。

第二战场之争

1942年,美英苏三大国围绕斯大林多次提出的在法国北部开辟第二战场的问题,曾有过多次谈判和激烈交锋,最后终于达成谅解。

在德国法西斯进攻苏联后,美英两国人民一致要求政府在欧洲开辟第二战场,减轻苏联的沉重负担。英国50万产业工人为此举行了声势浩大的示威游行,美国明尼苏达州的工会也号召职工"尽一切力量援助同希特勒作战的国家"。

据已解密的"俄罗斯社会政治历史国家档案资料",1941年8月下旬,斯大林在给苏联驻英国大使迈斯基的一份电报中说:"我们在乌克兰和列宁格勒战场上的形势很不乐观。问题在于,德国人把最后30个师从西部战线调到与我们作战的战场。这使我方情况日趋严峻,更不用说还有20个芬兰师和22个罗马尼亚师也参加了进攻我们的战斗。现在,我们的敌人在战场上一共有300多个师。……如果局面继续这样维持下去,同时英国人还不行动起来的话,我们的处境就会十分危险。……私底下跟你说——我应该对你开诚布公,如果英国人不能在最近的3到4个星期内在欧洲开辟第二战场,我们和我们的盟国就可能输掉这场战争。这是很让人悲哀的,但这很可能是事实。"

同年9月3日,斯大林又在给英国首相丘吉尔的信中写道:"德国人认为西线毫无威胁可言,于是便有恃无恐地把西线的全部兵力都调集到了东线。……结果,我们丢掉了大半个乌克兰,此外,敌人还逼近了列宁格勒。……所有这些都削弱了我们的防御能力,并使苏联处于灭亡的边缘。"斯大林认为,要摆脱这种危险的局面,英国"今年必须在巴尔干的某个地方,或者在法国开辟第二战场,迫使德国人从东线战场调走30到40个德国师,同时,在今年10月初之前,保证向苏联提供3万吨铝,并每月至少供应400架飞机和500辆坦克(小型和中型的)。如果没有这两种形式的援助,苏联要么彻底失败,要么削弱到极点,在同法西

斯斗争的战场上,永远没有能力再用积极的军事行动去帮助自己的盟国。"

莫洛托夫的穿梭外交

美国总统罗斯福从反法西斯战争的全局出发,积极支持斯大林的倡议。1942年4月1日,他批准了陆军参谋部制定的"西欧作战计划",即"马歇尔将军计划"。4月8日,他委托总统顾问哈利·霍普金斯和陆军参谋长乔治·马歇尔带着这个计划前往伦敦,征求英国的意见。他在给丘吉尔的信中说:"哈里和乔治·马歇尔所要告诉你的一切,都是我的由衷之言。我们两国人民要求开辟一个战场,以便卸下俄国人肩上的压力。两国人民很有智慧,完全能够看到俄国人今天所杀死的德国人和所摧毁的装备,比我们两国加起来的总和还要多。即使还没有得到全盘的成功,这毕竟是一个巨大的收获。必须实现这个计划!"

马歇尔和霍普金斯在同丘吉尔和英国三军参谋长们接触后,双方基本达成协议,准备于1943年向西欧发动进攻。在此情况下,罗斯福于4月11日致信斯大林,请他派两名特使前往华盛顿,商讨这一作战计划。但是,斯大林认为,开辟第二战场是美英两国的事情,必须有丘吉尔的坚决支持,因此,他决定派苏联外交人民委员莫洛托夫先到伦敦,再往华盛顿。

斯大林对一贯反苏的丘吉尔的疑虑不是没有缘由的。第二次世界大战初期,由于有了美苏这两个反法西斯的强大盟国,德国对英国的致命威胁已经基本消除,因此,他对开辟第二战场采取了比较消极的拖延态度。对此,希腊记者杰烈比曾在他的《丘吉尔秘密》一书中写道:"丘吉尔希望苏联在战争中流血牺牲,希望在胜利时苏联已经筋疲力尽,无法在欧洲和世界起首要作用。红军经过战争初期短暂的失利之后,已经成为决定同盟国能否胜利的重要因素。这时,丘吉尔企图通过战争削弱苏联的想法更加强烈。……斯大林焦急不安地紧急呼吁开辟西线第二战场,可是丘吉尔却始终支吾搪塞。"另一方面,丘吉尔又担心,如果苏联在短期内得不到美英的军事援助,它就有可能放弃单枪匹马同德国作战的做法,而同德国签订和约,退出战争。

1942年5月21日,莫洛托夫一行到达伦敦,同英国政府进行谈判。5月26日,双方签订了一项为期20年的同盟条约。但是,在开辟欧洲第二战场的问题上,双方议而未果,因为丘吉尔推说要等罗斯福先表个态。

5月29日下午4时,莫洛托夫到了白宫,会见了罗斯福、国务卿赫尔和霍普金斯,进行了初步接触。第二天上午,美国总统罗斯福同莫洛托夫进行了会谈,在座的有马歇尔和海军上将欧内斯特·金。莫洛托夫在会谈时表示,开辟第二战场的问题既是个军事问题,也是个政治问题,"但它主要还是个政治问题,因此,它不应当由军人,而应当由国务活动家们来解决"。他列举大量事实,证明美英在1942年开辟第二战场,比到1943年才动手更为有利。他说:"如果你们拖延你们的决定,你们最终将承负战争的主要压力,而如果希特勒变成大陆上无可争辩的主人,那么,明年无疑地将比今年更为艰难。"罗斯福当即征询马歇尔的意见,然后授权莫洛托夫转告斯大林:"我们期望今年开辟第二战场。"

罗斯福认为事情到此还是有点含糊,于是又给丘吉尔发了一份电报:"我尤其渴望莫洛托夫能就他的使命带回一些实际的结果,并给斯大林一个令人高兴的报告。我倾向于认为,俄国人现在有点儿垂头丧气。"

6月1日上午,罗斯福和莫洛托夫进行了最后一次会谈。莫洛托夫问罗斯福:"对于已经提出的那个总的问题,我将给伦敦和莫斯科带回一个什么样的答复呢?总统对第二战场的答复是什么呢?"罗斯福回答说,他可向莫斯科表明,美国政府力争并希望在1942年开辟第二战场,英国和美国都在这方面进行着大量的准备工作。加速组织第二战场的办法之一,就是缩减美国对苏联的供应,以便腾出辅助吨位,把美国军队调往英国。

6月11日,美苏两国同时发表共同声明说:

对于1942年在欧洲开辟第二战场的迫切任务已达成完全的谅解。此外,还讨论了美国向苏联增加和加速供应飞机、坦克以及其他各种战争物资的各项措施……

双方对于在所有这些问题上的观点完全一致表示满意。

莫洛托夫返回伦敦后,又要求英国政府同意于1942年横渡英吉利海峡开辟第二战场。丘吉尔在《第二次世界大战回忆录》中是这样表述他当时的想法的:"我们仍在同美国参谋长一道积极研究这个问题,然而除困难以外,别无所见。一项公开声明当然于事无损,也可使德国人有所畏惧,从而尽可能将其军队留在西线。我们因此同莫洛托夫商妥,发表一项公报。"

英苏公报的内容同美苏共同声明一样,载明将于1942年在欧洲开辟第二战场。但是,在草拟公报时,丘吉尔向莫洛托夫递交了一份备忘录,

第二战场之争 | 369

其中指出:"我们正在为1942年8月或9月在大陆登陆进行准备",但是,"事前很难说,到时候是否会出现采取这种行动的形势。我们因此无法许下任何诺言"。

英美提出"火炬"计划

6月8日,丘吉尔在给英国三军参谋长会议的指示中,更为明确地表示,英国无意于1942年在欧洲开辟第二战场。他说:

我将要求三军参谋长考虑下列两项原则:
(1)除非我们打算留在那里,不在法国大举登陆;而且
(2)除非德国人在与俄国人作战中再次失利,因而士气不振时,不在法国大举登陆。

1942年6月17日,即在莫洛托夫回国后不久,丘吉尔带着总参谋长艾伦·布鲁克等飞往美国,次日傍晚抵达华盛顿。在两国政府首脑和参谋长们会谈期间,丘吉尔不赞成于1942年在法国本土登陆,而主张研讨在法属西北非的军事行动。6月21日早晨,丘吉尔到总统的书房去看望罗斯福。正在这时,一封电报送到总统的手中,上面写着:"托卜鲁克投降,25000人被俘。"英军在北非的惨败使丘吉尔大吃一惊,也更增加了他想在北非采取军事行动的理由。马歇尔后来在他的报告中写道:"在这次讨论期间,盟国在北非的形势更为严重,以托卜鲁克陷落达到顶点。此后就几乎完全是讨论要采取什么措施以对付开罗所面临的威胁,因为隆美尔的军队被阻挡在阿拉曼一线是费了九牛二虎之力的。"

7月间,马歇尔、金氏和霍普金斯访问伦敦时,美国参谋们主张在西欧作牵制性的进攻,但英国军政领导人则坚决主张在北非采取军事行动,因为这时如在西欧发动有限攻势,那么地面部队、尤其是空军则主要靠英国提供。双方争执不下,最后马歇尔请示罗斯福,美国总统终于同意了英国领导人的意见。

7月24日,美英双方决定于1942年秋天在北非登陆,这次军事行动的密码代号为"火炬"。次日,美国总统正式批准了这个计划。

美英关于登陆北非的决定在英国高层引起了非议。为了劝说苏联接受这种安排,丘吉尔只好偕同他的军政顾问和美国总统驻英特使艾夫里尔·哈里曼,前往莫斯科安抚斯大林。

8月10日深夜,丘吉尔一行从开罗飞往德黑兰。12日,飞机进入苏

联领空。丘吉尔后来在回忆录中说："我们隐约望见西海岸的巴库和巴库油田。德军现在离里海很近，因此我们便取道古比雪夫，以便远离斯大林格勒和战区。这就使我们飞近伏尔加河三角洲。极目远望，俄罗斯大地一片褐色，平原万里，了无人烟。……巨大的伏尔加河有很长一段是在宽广黑色的沼泽中流过，蜿蜒曲折，闪耀着光芒。……我反复思量着我到这个悲惨而阴险的布尔什维克国家去的使命。这个国家诞生之初，我曾一度力图扼死它；在希特勒出现以前，我认为它是文明自由的死敌。现在我要对它说明些什么才算尽到责任呢？"

8月12日下午5时，丘吉尔一行飞抵莫斯科，受到莫洛托夫等的隆重欢迎。晚7时，他来到克里姆林宫。丘吉尔回忆说："我到了克里姆林宫，第一次会见这位伟大的革命领袖，深谋远虑的俄国政治家和战士；在以后3年中，我同他保持密切、严肃的关系，相处之中常常感情激动，但有时也非常亲切。"

会见时，英国首相说："英美双方对（在欧洲开辟第二战场）这个问题进行了详细的审查。两国政府认为，他们不能在9月份发动大规模的战役。但是，正如斯大林元帅所知，英美两国正准备在1943年进行一次规模很大的军事行动。为此目的，100万美国军队业已定在1943年春季到达联合王国的集结地点，编成27个师的远征军。英国政府还准备为远征军增加21个师。我充分了解，这个计划在1942年对俄国毫无帮助。我有充足理由反对1942年进攻法国海岸……"他还辩解说："战争就是战争，不是开玩笑，如果惹起对任何人没有好处的灾难，那就太愚蠢了。"

斯大林对丘吉尔的论据不以为然，他反驳道："你们要是不愿冒险，就不可能赢得战争"，"你们不该这样怕德国人。……据我了解，你们是不能用大量的兵力来开辟第二战场，甚至也不愿用6个师登陆。"

丘吉尔回答："我们能够用6个师登陆，但这样的登陆有害无益，因为它会大大影响明年计划实行的大规模战役。"

为了打破僵局，丘吉尔摊开一幅南欧、地中海和北非的地图，抛出了他的"火炬"作战计划。他说："我想回过头来谈谈1942年的第二战场问题。我是专为这个问题来的，我并不认为法国是进行这样一次战役的唯一地点。还有别的地方。因此，我们和美国人决定了另外的计划。美国总统授权我来把这个计划秘密地告诉斯大林元帅。"

斯大林安详地坐着，笑嘻嘻地说："希望英国报纸不要走漏任何消息。"

丘吉尔又扼要介绍"火炬"计划说:"这个计划不迟于10月30日开始,但罗斯福总统和我们都力争在10月7日实施。……如果能在今年年底前占领北非,我们就可以威胁希特勒欧洲的腹部。这次战役应该被认为是同1943年的战役相配合的。"

说到这里,丘吉尔在纸上画了一条鳄鱼,说:"我们在打鳄鱼的硬鼻子时,也要攻击它柔软的腹部。"

斯大林高兴起来,说:"愿上帝使这一计划成功!"

这时,哈里曼也补充说:"罗斯福总统尽管念念不忘太平洋,但仍把欧洲战场视为他主要关心的所在。他将竭尽他所能支配的资源来支持这个战场。"

斯大林思索了一会儿,对丘吉尔说:"照阁下的介绍,开展'火炬'战役有4点理由:第一,它会在背后打击隆美尔;第二,它会威胁西班牙;第三,它会使德国人和法国人在法国发生战斗;第四,它会使意大利首当其冲。"

丘吉尔接着列举了第五个理由:"它缩短了地中海的海程。"

会谈持续了4个小时。时间已到午夜,丘吉尔还需半个小时才能回到国家宾馆——别墅7号。他虽然有些疲倦,但仍然精神焕发。回到宾馆,他口述了致战时内阁和罗斯福总统的电报。他此时感到,坚冰已经打破,富有人情味的接触已经建立起来。

苏联同意英美安排

8月13日中午,丘吉尔按事先的约定,到克里姆林宫拜访了莫洛托夫,详细阐述了有关"火炬"计划的一些军事问题。晚11时,丘吉尔一行再次来到克里姆林宫,同斯大林举行第二轮会谈。斯大林首先递给丘吉尔一份文件——苏联最高统帅当天签发的《备忘录》:

……我和我的同事们认为,1942年存在着在欧洲开辟第二战场的最有利条件,因为几乎大部德军,并且是最精锐的德军已调往东线,留在西欧的德军为数不多,战斗力也不强。至于1943年开辟第二战场的条件是否将如1942年那样有利,就难说了。

因此,我们认为,在欧洲开辟第二战场,特别是在1942年,是可能的,而且是有效的。我为此事曾力图说服英国首相先生,不幸未收成效,而美国总统的代表哈里曼先生在莫斯科会谈中则完全支持首相先生。

当译员逐字逐句翻译这一文件时，丘吉尔表示要给予书面答复。接着，双方又争论了两个小时。丘吉尔甚至说道："我千里迢迢来到这里，为的是建立良好的合作关系。我们曾竭力帮助俄国，而且将继续帮助下去。现在三大国既已结成同盟，只要不分裂，就一定能取得胜利。"

为了缓和会谈气氛，在译员翻译之前，斯大林开了一句玩笑，说他很爱听丘吉尔先生发言的声调。此后，双方的会谈继续在平静的气氛中进行。

次日，即8月14日上午，丘吉尔在英军参谋长布鲁克和常务副外交大臣卡多根的协助下，对斯大林的《备忘录》作了如下答复：

1942年最好的第二战场以及从大西洋开展的唯一可能的大规模战役是"火炬"作战计划。如果它能在10月实行，将比任何其他计划对俄国更有帮助。它也为1943年的战役铺平道路，并且具有斯大林元帅在8月12日会谈中所提到的四大优点。英美政府对此已下定决心，并且正在以最快的速度进行一切准备工作。……

当天晚上，丘吉尔一行出席了克里姆林宫的正式宴会。宴会约有40人参加，其中包括几位司令官、政治局委员和其他高级官员。斯大林和莫洛托夫诚挚而亲近地招待了客人，气氛友好、热烈。

宴会上，斯大林通过译员同丘吉尔进行了愉快的交谈。双方无拘无束，潇洒自然。斯大林说："若干年前，萧伯纳先生和阿斯特夫人曾经来访。阿斯特夫人建议我邀请劳合·乔治先生访问莫斯科。我说：'我们为什么要请他来？他是干涉我们的头子。'对这一句话，阿斯特夫人回答说：'那是不确切的，是丘吉尔使他误入歧途的。'我说：'不管怎么样，劳合·乔治是政府的领袖，属于左派，他应对这事负责。我们宁愿喜欢真敌人，而不喜欢假朋友。'阿斯特夫人说：'哎，丘吉尔这下完蛋了。'我说：'我不能肯定是这样。假如大难临头，英国人民或许还要求助于这匹老战马哩。'"

斯大林说到这里，丘吉尔插话说："阿斯特夫人讲得真有意思。的确，我是干涉你们的最为活跃的人物。我不希望你有不好的想法。"丘吉尔见斯大林露出友好的笑容，说："阁下，你已经宽恕我了吗？"斯大林回答："这一切都已过去，过去的事情应该属于上帝。"

英国外交官亚历山大·卡多根爵士后来写道：宴会结束后，丘吉尔和斯大林在翻译的帮助下，进行了一次私人会面。两人在深夜豪饮，直至次日凌晨3点，气氛"像婚礼钟声一样欢乐"。卡多根爵士还说："我在那儿找到了斯大林和丘吉尔,莫洛托夫也在场,他们坐在摆得满满的桌子两旁:在各种食物中,最醒目的是一只乳猪和无数酒瓶。……毫无疑问,温斯顿很受感动,我认为这种感情得到了回应。"

8月16日,苏英首脑会谈公报发表。公报全文如下:

苏联人民委员会主席约·维·斯大林同英国首相温斯顿·丘吉尔先生在莫斯科举行了会谈,美国总统代表哈里曼先生参加了会谈。参加会谈的,苏联方面还有:外交人民委员莫洛托夫、伏罗希洛夫元帅;英国方面还有:英国驻苏大使克拉克·克尔爵士、帝国总参谋长布鲁克爵士以及英国军队的其他负责代表和外交部常务次官(副外交大臣)卡多根爵士。

会谈就反对希特勒德国及其在欧洲的同伙的战争,做出了若干决定。对于这场正义的解放战争,两国政府决心全力以赴,直至希特勒主义和任何类似的暴政完全消灭为止。会谈是在热诚和十分真挚的气氛中进行的。这次会谈使我们有机会重申,苏、英、美3国完全依照3国间的同盟关系,已结成亲密的友谊,达成相互的谅解。

丘吉尔于当天上午5时30分从莫斯科起飞。他虽然感觉疲劳,但心情愉快。他后来写道:"总的说来,这次访问莫斯科的确使我受到鼓舞。""此外,斯大林完全承认'火炬'作战计划的优越性。"

罗斯福得知丘吉尔与斯大林的会谈成功后,马上给斯大林发了一份电报:

非常遗憾,我不能参加你和丘吉尔先生在莫斯科的会谈。我充分认识到战局的迫切需要,尤其是关于你自己的东线的需要。……我深深地认识到,我们大家的真正敌人是德国,我们必须在尽可能早的时间里集中我们所有的军队和我们的威力来对付希特勒。我可以向你保证,只要关于海运的安排是人力做得到的,都要马上做到。另一方面,8月份就要从这里运出1000辆坦克给俄国,其他急需物资,包括飞机,也在赶运之中。

请相信我,我们正以最快的速度和最大的力量在援助你们。美国人民懂得,俄国今年在作战中是首当其冲的,付出了最大的伤亡代价。对于你们所作的杰出的抵抗,我们是充满崇敬的。

太平洋会议：中国对西藏拥有主权

1943年5月，太平洋会议在美国首都华盛顿举行。出席会议的有中国、美国、英国、加拿大、澳大利亚的重要人物。中方代表是时任中华民国外交部长的宋子文，英方代表则是首相丘吉尔。会议主要研究了同盟国各成员国在对德、对日交战中的战略使命。

在5月21日的会议上，丘吉尔突然对宋子文说："听说中国正在向西藏大举增派部队，准备进攻西藏，那个国家现在很恐慌。"

宋子文当即回应："西藏可不是什么独立国家，中国和英国间所签订的全部条约中，都承认中国对西藏拥有主权。"

当天，宋子文即将此事电告重庆的蒋介石。第二天，蒋介石回电明确答复：丘吉尔的说法是对中国内政的干涉，必须坚决反对。

宋子文21日的电文是：

丘相谓，近闻中国有集中队伍进攻西藏之说，致该独立国家大为恐慌，希望中国政府保证不致有不幸事件发生……文答并未有此项消息，且西藏为中国主权所有。

蒋介石22日回电：

丘吉尔称西藏为独立国家，将我领土与主权，完全抹煞，侮辱实甚。西藏为中国领土，藏事为中国内政，今丘相如此出言，无异于干涉中国内政。中国对此不能视为普通常事，必坚决反对。

开罗会议

1943年是整个第二次世界大战转折性的一年。欧洲、北非、远东和太平洋战场上的主动权已经转入盟军手中,而中国人民的抗日战争也已进入再发展阶段。但是,退却中的德日法西斯军队还在顽强抵抗,妄图拖延战争。在这种情况下,美英两国政府首脑在6月17~24日举行的会议上通过了"霸王"作战计划,决定两国军队大约于1944年5月1日在法国北部登陆,开辟欧洲第二战场,并在德国崩溃后12个月内击败日本。

三国外长莫斯科会议

10月19~24日,苏、美、英外长会议在莫斯科举行。三国代表团的领导人是苏联外交人员委员莫洛托夫、美国国务卿赫尔、英国外交大臣安东尼·艾登。据《艾登回忆录》,会上,"每一个主角都有一个他认为特别重要的题目。俄国人所关心的是1944年春天在欧洲开辟第二战场。最合乎赫尔心意的题目是关于战争目标的四国宣言和维护和平的国际组织。我的目的是就建立盟国可以磋商与战争有关的机构达成协议,因为这些问题正纷纷找上门来。所有这些主要目的都一一得到实现。"

会议决定在伦敦成立欧洲咨询委员会,以研究战后的合作问题。

外长会议通过了四项宣言:《四国关于普遍安全的宣言》、《关于意大利的宣言》、《关于奥地利的宣言》和《关于希特勒分子对于其所犯暴行的责任的宣言》。

在《四国关于普遍安全的宣言》中,中国作为四大同盟国之一的国际地位受到重视。据赫尔回忆,关于中国参加《四国宣言》的事,他曾同莫洛托夫商量。赫尔说:"美国政府就中国局势做了并正在做一

切可做的事情。在我看来,不能把中国从《四国宣言》中删去。我的政府认为,中国已经在世界范围内作为四大国之一进行战争。对中国来说,现在如果俄国、大不列颠和美国在宣言中把它抛到一边,那在太平洋地区很可能要造成可怕的政治和军事反响。"莫洛托夫承认赫尔说得有理,但以时间紧迫,担心中国驻苏大使得不到授权为理由,想不让中国参加。后经赫尔多次说服和周旋,莫洛托夫终于同意。结果,中国驻莫斯科大使傅秉常与其国三国外长一起,在《四国宣言》上签了字。

《四国宣言》全文如下:

美利坚合众国政府、联合王国政府、苏联政府和中国政府,共同遵照 1942 年 1 月 1 日联合国家宣言以及以后历次宣言,一致决心对他们现正与之分别作战的轴心国继续采取敌对军事行动,直至各轴心国在无条件投降的基础上放下武器为止;

负有使他们自己和同他们结成同盟的各国人民从侵略威胁下获得解放的责任;

认为必须保证迅速而有秩序地从战争过渡到和平,并建立和维持国际和平与安全,使全世界用于军备的人力与资源缩减到最低限度;特联合宣告:

(一)他们用以对其各自敌人进行战争的联合行动将为建立和维护和平与安全而继续下去;

(二)他们中与共同敌人作战的那些国家,对于有关该敌人的投降和解除武装等一切事项将采取共同行动;

(三)他们将采取他们认为必要的一切措施,以防止对敌人提出的条件遭到任何破坏;

(四)他们认为必须在最短期间,根据一切爱好和平国家主权平等的原则,建立一个普遍性的国际组织,所有这些国家不论其大小,均可加入为成员国,以维护国际和平与安全;

(五)为了维持国际和平与安全,在重建法律与秩序和创立普遍安全制度以前,他们将彼此协商,必要时并将与联合国家的其他成员国进行协商,以便代表一个国际共同体采取共同行动;

(六)战争结束后,除了经过共同协商和为实现本宣言所预期的目标以外,他们将不在别国领土上使用其军队;

(七)他们将彼此,并与联合国家的其他成员国协商和合作,以便

对战后时期控制军备达成一个实际可行的全面协议。

维·莫洛托夫
科德尔·赫尔
安东尼·艾登
傅秉常
莫斯科，1943年10月30日

《关于意大利的宣言》确定，同盟国对意大利的政策应彻底消灭法西斯主义和建立民主制度，但并不限制意大利人民以后选择自己政体的权利。

《关于奥地利的宣言》称，奥地利应从德国统治下获得解放，成为一个自由独立的国家。

《关于希特勒分子对于其所犯暴行的责任的宣言》载明，希特勒罪犯将在其犯罪地点由各国人民加以审判。

10月30日，外长会议结束。当晚，斯大林在克里姆林宫的叶卡捷琳娜大厅举行宴会，招待美英代表。赫尔坐在斯大林右边。据《赫尔回忆录》，席间，斯大林低声对英语译员别列日柯夫说："注意地听一下，把我下面的话逐字逐句地翻译给赫尔听：苏联政府研究了远东的局势问题并已做出决定：在盟国打败了希特勒德国，结束欧洲战争之后，苏联将立即对日宣战。让赫尔转告罗斯福，这是我们政府方面的立场。但目前我们还要保守秘密。"

中国应邀参加会议

莫斯科外长会议后不久，主要同盟国政府首脑便决定举行会议。然而，会议的筹备过程十分复杂。开会的建议首先是由丘吉尔提出来的，不过，他的初衷不是召开美、英、中三国首脑会议，而是由美英两国首脑在德黑兰会议之前进行双边磋商，统一口径，联合起来同苏联打交道。但是，罗斯福担心的正是这一点——他并不希望斯大林感觉到美英两国在联合对苏。罗斯福巧妙地把丘吉尔的建议纳入了自己的轨道，其理由是有许多涉及远东的问题需要商讨，特别是中国战局和战后中国的国际地位问题。

罗斯福本想召开有苏联参加的美英苏中四国首脑会议，因而建议除邀请蒋介石外，还要邀请莫洛托夫参加。可是，斯大林拒绝参加有蒋介

石参加的国际会议，因为苏联当时对太平洋战争仍持"中立"态度，他不愿参加讨论对日作战问题的国际会议。最后，罗斯福和丘吉尔决定把会议分成两个来举行，一个是中国人参加、苏联人不参加的开罗会议，另一个是苏联人参加、中国人不参加的德黑兰会议。

开罗会议举行前，罗斯福曾经踌躇满志地对他的儿子埃利奥特透露了他对国际局势的看法："美国将不得不出面担任领导工作，领导并运用我们的斡旋进行调解，帮助解决其他国家之间必将产生的分歧：俄国与英国在欧洲，英国与中国、中国与俄国在远东的分歧。我们有能力做到这一点，因为我们是大国，是强国，而且我们没有妄求。英国已走下坡路，中国仍处于18世纪的状态，俄国猜疑我们，而且使得我们也猜疑它。美国是能在世界中缔造和平的唯一大国。这是一项巨大的职责，我们实现它的唯一办法是面对面地与这样的人会谈。"

1943年11月9日，罗斯福第三次给蒋介石发去电报，邀请他在11月22日抵达开罗，参加四强会议。蒋介石认为，这是一个废除不平等条约、恢复中国国家利益的好机会，于是指定最高国防委员会参事室、秘书厅拟订会谈方案。在最高国防委员会秘书长王宠惠的主持下，参事室拟定的方案有以下几项：一、旅顺、大连两地，一切公有财产及建设，一并无偿交还中国；二、南满铁路与中东铁路无偿交还中国；三、台湾及澎湖列岛两处一切公有财产及建设，一并无偿交还中国。在军事方面，史迪威和商震等人提出，美国应为蒋介石装备训练90个师的军队，并要求英国在反攻缅甸时大力支持。

11月18日，蒋介石偕宋美龄，率领16名随员离开重庆，向南飞越喜马拉雅山脉，到达印度北部的盟军军用机场，20日从印度起飞，向西穿越阿拉伯半岛和红海，于21日上午7时抵达开罗培固机场，下榻于城郊一所独用住宅。随后不久到达的丘吉尔住在离蒋氏夫妇居所不远的英国大使馆里。

11月23日上午11时，开罗会议在可以眺望金字塔的米纳饭店里开幕。罗斯福、丘吉尔、蒋介石及这三国的高级官员均出席了第一次会议。会场四周戒备严密，设有高射炮和雷达阵地，并有英军一个旅负责警卫。在5天的会议中，三国首脑举行高峰会1次，美中首脑会谈4次，英中首脑会晤3次。

会上，各方就远东的战略问题进行了激烈的交锋。在讨论对日作战计划时，罗斯福、马歇尔和史迪威为扩大美国对中国的影响与控制，主张从印度经缅甸向中国方向进攻，将日军逐出缅甸，恢复与中国的陆上

交通；蒋介石也希望在缅北发动战役，并要美国满足他"对金钱的没完没了的要求"。但是，丘吉尔不愿美国在东南亚和远东的地位得到加强，不愿美中军队参与解放英国前殖民地缅甸的作战，因而予以反对。三方最后做出在滇缅路对日作战的决定。关于远东战后安排，三方在剥夺日本自1914年以来在太平洋地区夺取或占领的所有岛屿，并将日本侵占的中国领土归还中国等问题上，达成了一致意见，但在战后如何处置原为欧洲国家和日本属地或势力范围的某些殖民地附属国问题上，却出现了明显分歧。罗斯福主张给这些国家以形式上的独立权，以便日后美国扩大自由贸易市场；丘吉尔则拒绝讨论任何有关远东英国殖民地的前途问题，拒绝交还中国的香港与九龙。

开罗会议期间，罗斯福同蒋介石秘密讨论了远东战后的安排问题，特别是在11月23日晚上，罗斯福在宴请蒋介石夫妇之后，进行了一夕长谈。关于这次会谈，美方没有正式记录。后台湾当局通过其驻美"大使"，于1957年把中方的中文记录英译件交给美国国务院，并允许其发表。根据这份记录，会谈的内容有：

（1）关于中国的国际地位——罗斯福总统表示，中国应取得四大国之一的地位，平等参加四强机构，参加制定此类机构之一切决定。蒋委员长回应说，中国将乐于参加四强机构及其一切决定。

（2）关于日本皇族的地位——罗斯福总统征求蒋委员长的意见，战后日本天皇制度是否应该废除。委员长说，这将涉及战后日本政府形式问题，应该让日本人民自己去决定，以免在国际关系中铸成永久的错误。

（3）关于对日本的军事占领——罗斯福总统的意见是，中国应在战后对日本的军事占领中担任主导角色。但蒋委员长认为，中国尚不具备条件担此重任，这个任务应在美国领导下实行，届时如有必要，中国可以参加，以示协助。……

（4）关于用实物赔偿——蒋委员长建议，战后日本对中国的赔偿一部分可用实物支付。日本的许多工业机器和设备、军舰和商船及铁路车辆等等，可以转让给中国。罗斯福总统表示他同意这个建议。

（5）关于归还领土——蒋委员长和罗斯福总统一致同意，日本从中国强占的中国东北四省、台湾和澎湖列岛在战后必须归还中国，这应理解为，辽东半岛及其两个港口，即旅顺和大连必须包括在内。……

（7）关于朝鲜、印度支那和泰国——罗斯福总统表示，中国和美国

应就朝鲜、印度支那和其他殖民地以及泰国的未来地位取得相互谅解。蒋委员长同意，强调必须给予朝鲜独立。他还认为，中国和美国应共同努力以帮助印度支那在战后取得独立，而泰国的独立地位应当恢复。总统表示他同意。

《开罗宣言》正式公布

据媒体披露，就在11月23日晚上，罗斯福和蒋介石单独谈到剥夺日本在太平洋侵占的岛屿时，罗斯福想到了琉球群岛，并对蒋介石说："琉球系许多岛屿组成的弧形群岛，日本当年是用不正当手段抢夺该岛，也应予剥夺。我考虑琉球在地理位置上离贵国很近，历史上与贵国有很紧密的联系，贵国如想得到琉球群岛，可以交给贵国管理。"罗斯福突然提出将琉球群岛交给中国管理，大大出乎蒋介石的预料，蒋介石一时不知道如何回答。过了一会儿，他才对罗斯福说："我觉得此群岛应由中美两国占领，然后两国共同管理为好。"罗斯福听蒋介石这么一说，觉得蒋介石不想要琉球群岛，因而不再往下说。11月25日，罗斯福与蒋介石再度会晤时，又谈到琉球群岛。蒋介石还是坚持共同管理。据后来跟随蒋介石到开罗的国民党官员分析，蒋介石当时去开罗的主要目的是解决日本归还东北、台湾和澎湖列岛问题，没有把争要琉球群岛列入计划。另一方面，蒋介石也怕中国得到琉球群岛后，日本战后会找中国的麻烦，使中日两国再度结怨。①

开罗会议最主要的成果是美英中三国联合发表的《开罗宣言》。这个宣言是由霍普金斯起草的，经罗斯福、丘吉尔、蒋介石一致同意后，又被带到德黑兰去征求斯大林的意见。斯大林表示完全同意。于是，《开罗宣言》于1943年12月1日在开罗正式公布：

三国军事方面人员，关于今后对日作战计划，已获得一致意见，我三大盟国表示决心以不松弛之压力，从海陆空诸方面加诸残暴的敌人。此项压力已经在增长之中。

---

① 国民政府和蒋介石此前一直主张收复琉球。1942年11月3日发表在《大公报》上的宋子文谈话，明确提出"中国应收回东北四省、台湾及琉球，朝鲜必须独立"。6天后，蒋介石再次申明："东三省与旅大完全归还中国"，"台湾、琉球交还中国"。另外，宋美龄1943年3月访美前，蒋介石为其拟定的与罗斯福谈话要点也把琉球包括在内。宋与罗斯福会谈后曾致电蒋，表示罗在战后领土问题上同意"琉球群岛、满洲及台湾应归还中国"。

开罗会议 | 381

我三大盟国此次进行战争之目的,在于制止及惩罚日本之侵略,三国决不为自身图利,亦无拓展领土之意。三国之宗旨在剥夺日本自1914年第一次世界大战开始以后在太平洋所夺得的或占领之一切岛屿,在使日本所窃取于中国之领土,例如满洲、台湾、澎湖群岛等,归还中华民国。日本亦将被逐出于其以暴力或贪欲所攫取之所有土地,我三大盟国轸念朝鲜人民所受之奴役待遇,决定在相当期间,使朝鲜自由独立。

我三大盟国抱定上述之各项目标并与其他对日作战之联合国家目标一致,将坚持进行为获得日本无条件投降所必要之重大的长期作战。①

《开罗宣言》确认台湾和包括钓鱼岛在内的附属岛屿是中国的神圣领土,它是一份具有国际法效力的条约性文件,即它从法律上明确了日本侵占台湾的非法性,为战后中国处理台湾问题提供了国际法依据。

---

① 引自《国际条约集》(1934—1944),世界知识出版社1961年版,第407页。

《开罗宣言》无庸置疑

1943年11月开罗会议期间,美英中三国首脑具体讨论了如何协调对日作战的军事问题和战后如何处置日本等政治问题。其中,中国国民政府主席蒋介石(兼行政院院长、军事委员会委员长)和美国总统罗斯福在23日晚和25日下午两次长谈时,主要讨论了政治问题。在此之前,美英两方已就有关问题进行过磋商。讨论时,蒋介石和罗斯福就8个方面的问题达成共识。

"归还"与"放弃"之争

中美首脑晤谈后,美国总统特别助理霍普金斯受罗斯福委托,根据美英中三国会谈和美中会晤精神,起草了《开罗宣言》。关于日本把台湾归还给中国的问题,霍氏拟订的供罗斯福审阅的草案明确表示:"被日本人背信弃义窃取的中国之领土,例如满洲和台湾,应理所当然地归还中国。"25日,美方正式打印的草案中将上述文字中的"日本人"改为"日本"。这份草稿先送给中国代表王宠惠和蒋介石过目,然后在11月26日交中英美三方代表讨论。中方代表是王宠惠,美方代表是霍普金斯和美驻苏大使哈里曼,英方代表是外交大臣艾登和外交副大臣贾德干。

此时,中英两国代表进行了颇为激烈的争论。英国代表贾德干说,宣言草案中对日本占领的其他地区都"应予剥夺",惟独满洲、台湾和澎湖写明应"归还中华民国",为求一致,宜将满洲、台湾和澎湖也改成"必须由日本放弃"。中国代表王宠惠反驳道,全世界都知道,第二次世界大战是由日本侵略中国东北引起的,如果《开罗宣言》对满洲、台湾、澎湖只说应由日本放弃而不说应归还哪个国家,中国人民和世界人民都将疑惑不解。贾德干辩解道,草稿中的"满洲、台、澎"之上,已冠有"日本夺自中国的土地"的字样,日本放弃之后,归还中国是不言而喻的。王宠惠据理力争说，外国人对于满洲、台、澎，带有各种各样的言论和主张，英国代表想必时有所闻，如果《开罗宣言》不明确宣布这些土地归还中国，而使用含糊的措辞，那么，联合国家共同作战和反侵略的目标，就得不到明确的体现，《开罗宣言》也将丧失其价值。美国代表哈里曼赞成王宠惠的意见，贾德干陷于孤立。结果，英方未能就宣言草案这一实质问题进行修改，只是对美方草案作了一些非实质性的文字上的改动，把此段文字表述为："被日本所窃取于中国之领土，特别是满洲和台湾，应归还中华民国"，这样就删去了美方文本中语气较强的"背信弃义"和"理所当然"两个词组。丘吉尔本人又对宣言草案文字做了进一步修改，将文中的"特别是"改为"例如"，又在"满洲和台湾"两个地名后，加上了"澎湖"。

经过当天认真讨论，《开罗宣言》草案经中美英三国首脑一致同意后，正式定稿，但暂不发表，由美英人员送往德黑兰，听取参加美英苏三国德黑兰会议的斯大林的意见。11 月 30 日，丘吉尔引用了《开罗宣言》有关日本归还其侵占领土的一段话，询问斯大林有何意见。斯大林答称，他"完全"赞成"宣言及其全部内容"，并明确表示：这一决定是"正确的"，"朝鲜应该独立，满洲、台湾和澎湖等岛屿应该回归中国"。

中国对台澎恢复行使主权

1943 年 12 月 1 日，中美英三国在重庆、华盛顿、伦敦同时发表《开罗宣言》。这样，《开罗宣言》就在反法西斯战争的历史背景下，以中美英三国首脑会谈精神为基础，由美国代表草拟，经中美英三国代表认真讨论，三国首脑同意，并征得斯大林的完全肯定，实际上以国际协定的形式公布于世，表达了同盟国打击并惩罚侵略者、维护国际正义的共同政治意愿，其合理性、严肃性、正义性和有效性毋庸置疑。

1945 年 10 月 25 日，中国政府正式收复台湾、澎湖列岛，恢复对台湾行使主权。台湾省行政长官兼警备总司令陈仪在台北市接受了日军第 10 方面军司令长官安藤利吉的投降，被迫割让给日本 50 余年的台湾省，终于彻底摆脱了日本的殖民统治，回到了祖国的怀抱。1946 年 10 月，在台湾回归祖国一周年之际，蒋介石和夫人宋美龄曾专程赴台湾视察。

第二次世界大战结束时，台湾是中国的一个省，是中国不可分割的神圣领土，在国际社会中被广泛接受和承认。1949 年 8 月，美国国务院

白皮书《美国与中国的关系》写道:"根据日本投降书,及日本政府按照盟军总部 1945 年 9 月 2 日指令所发表的总命令第一号,中国军队在美国小组的协助下,从日本人手中接收了该岛(台湾)的行政权。"同年 12 月 23 日,美国政府在《国务院关于台湾政策宣传指示》中重申:台湾在政治上、地理上和战略上都是中国的一部分,虽然它被日本统治了 50 年,"然而从历史上来看,它是中国的。在政治上和军事上,它是一种严格的中国的责任"。英国政府持有同样的立场,1949 年 11 月 11 日和 14 日,英国外交部次长梅修在国会下院两次回答问题时都明确表示:根据《开罗宣言》,中国当局在日本投降时收复台湾,并在此后一直行使对该岛的控制。

在《开罗宣言》之前的 1941 年 12 月 9 日,中国政府的《对日宣战布告》宣布:"所有一切条约、协定、合同有涉及中日间之关系者,一律废止";在《开罗宣言》之后的 1945 年 7 月 26 日的美英中《促令日本投降之波茨坦公告》第八项重申,"《开罗宣言》之条件必将实施";1945 年 8 月 15 日日本投降,同年 9 月 2 日,美英中法等九国代表于停泊在东京湾的美国海军战舰"密苏里"号上接受日本投降。日本外相重光葵和日军参谋总长梅津美治郎等代表日本天皇和日本政府在投降书上签字,同意接受《波茨坦公告》中所列的全部条款,无条件地将包括台湾在内的所掠夺的领土全部交出。日本《无条件投降书》开宗明义第一条就是:日本接受"中、美、英共同签署的、后来又有苏联参加的 1945 年 7 月 26 日的《波茨坦公告》中的条款"。这样,《中国对日宣战布告》、《开罗宣言》、《波茨坦公告》和日本《无条件投降书》,这 4 个文件组成了环环相扣的国际法律链条,明确无误地确认了台湾作为中国领土一部分的法律地位,保证了台湾回归中国的国际协议具有无可否认的有效性。

长期以来,日本右翼势力总是煞费苦心地质疑《开罗宣言》存在的法理效力与存在的真实性,试图以片面媾和的《旧金山和约》抵消或取代《开罗宣言》。近年来,个别"台独"分子也以当年中国个别媒体以"公报"等措词发表《开罗宣言》为借口,提出《宣言》在当时只能算是一份"新闻公报"(Press Communique),不具法律效力。他们还提出,对于 1945 年 7 月 26 日发表的《波茨坦公告》中确认开罗宣言的条款,其效力远不如经 48 国所签订的旧金山和约,而旧金山和约并未决定台湾主权归属,因此有了所谓"台湾主权未定论"之说。

对于上述谬误,国际公众普遍认为,虽然《宣言》本身只是盟国的战时目标,但盟国已将宣言的条款加入了《波茨坦公告》,并经中、美、英三国元首确认，成为盟国对日无条件投降所提出的条件，而日本也在9月2日的投降书当中确认了《波茨坦公告》。

《波茨坦公告》第八条规定："《开罗宣言》之条件必将实施，而日本之主权必将限于本州、北海道、九州、四国及吾人所决定其他小岛之内。"显然，其他小岛具体何指，身为侵略者和战败国的日本根本没有发言权。

及至1951年《旧金山和约》签订时，日本早已失去台湾、朝鲜等地的主权，因此，《旧金山和约》中的领土条款仅是日本放弃对当地主权的宣示。再说，《旧金山和约》把中华人民共和国排斥在外，当时就遭到中国政府的抗议和反对。

对于今天的国际社会而言，《开罗宣言》仍具有维护亚太和平的现实意义。作为继承《开罗宣言》精神的政治、外交实践，中国一方面要求日本正视历史，忠实履行战争结束时对国际社会做出的政治承诺，同时也希望美、英以及所有曾参与制定第二次世界大战后国际秩序的国家负责任地坚守自己的政治立场，维护《开罗宣言》所开启的东亚和亚太秩序。

德黑兰会议

开罗会议结束后，罗斯福和丘吉尔于1943年11月27日直飞德黑兰。在伊朗首都，英、苏两国大使馆近在咫尺，但美国公使馆却距离它们较远。出于安全方面的考虑，斯大林邀请罗斯福迁入苏联大使馆内的一所单独的楼房，罗斯福欣然同意。

会议主要研究并制订了对德作战方针，此外，还讨论了波兰的边界问题、战后分割德国问题，以及建立维持世界和平的国际组织等问题。在忙忙碌碌的4天里，三巨头就连吃饭时也在进行磋商。罗斯福单独同斯大林会见了几次，发现斯大林这位穿着米色军装、戴着元帅金质肩章的"苏联独裁者"信心十足，给人以十分深刻的印象。

军事问题很快得到了解决。罗斯福和丘吉尔向斯大林保证，横渡英吉利海峡的作战将在1944年5月1日前后开始。斯大林表示，苏联将配合这次作战发动一场攻势，并答应苏联将在打败希特勒后参加对日本的战争。

波兰的战后地位问题比较复杂。丘吉尔指出，英国打仗是为了保卫一个独立的波兰，他要求讨论波兰未来的政治制度和边界问题。斯大林拒绝同伦敦的波兰流亡政权发生任何关系。关于领土问题，斯大林提出，在西边，波兰人应取得以奥得河为界的领土；在东边，斯大林坚持1939年9月底的边界线。他说，如果把沿涅曼河左岸一带的东普鲁士北部，包括蒂尔西特和哥尼斯堡划归苏联，他准备接受寇松线①作为苏波边界。据美国政府印刷局1961年印制的《美国对外关系》，当时，罗斯福和丘吉尔都表示同意波兰的国土西移，但是，罗斯福在同斯大林私下会谈时说，1944年就要举行总统选举，美国大约有六七百万波兰血统的美籍公

---

① 寇松线是1920年7月苏俄红军击退波兰干涉军转入反攻时，英国外交大臣寇松向苏波提出的建议停火线。这条停火线大体按波兰人和俄罗斯人的种族边界划定，并符合1919年12月巴黎和会波兰事务民族委员会提出的波兰东部国境的临时界线。

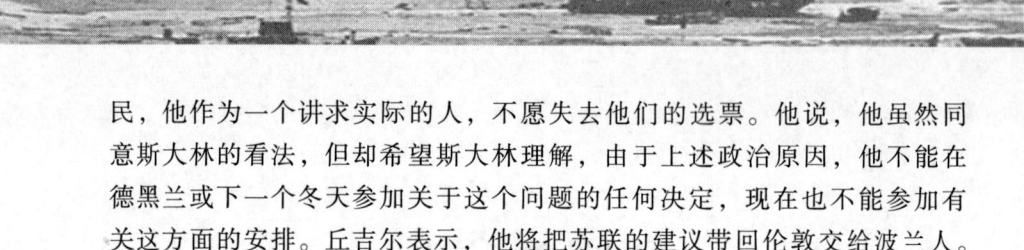

民，他作为一个讲求实际的人，不愿失去他们的选票。他说，他虽然同意斯大林的看法，但却希望斯大林理解，由于上述政治原因，他不能在德黑兰或下一个冬天参加关于这个问题的任何决定，现在也不能参加有关这方面的安排。丘吉尔表示，他将把苏联的建议带回伦敦交给波兰人。因此，三大国在这个问题上未达成协议。

关于分割德国的问题，会议认为，一个强大的德国会把世界再次拖入战争。罗斯福主张把德国分成5个部分。丘吉尔认为普鲁士是发动战争的祸害，应把它孤立起来，建立一个在奥地利或匈牙利影响下的多瑙河联邦，而对德国的其他部分则应宽容一些。斯大林赞同罗斯福的建议，说要分割德国，那就应当真正地分割。最后，三大国首脑决定由欧洲咨询委员会再进一步研究这个问题。

此外，斯大林要求把400万德国男人运到苏联参加一定时间的重建工作，他还要求不经审判程序，就对5万名德国军官进行判决，丘吉尔对此提出异议。

苏联译员别列日柯夫在《德黑兰会议的最后一天》中写道："原定12月2日全天举行会议，然而胡齐斯坦山区突然降雪，使得气候条件骤然变坏。因此，罗斯福需要尽快飞离德黑兰。12月1日夜晚仓促地通过了会议的最后宣言。当时已没有时间将宣言的俄文和英文文本用打字机重打干净，也没有时间去举行签署宣言的隆重仪式，只能采取类似'询问'的方式，分头搜集对这一极其重要文件的签字。会议的每一位主要参加者都分别匆忙地签署了文件。我们手中保留着一页折皱不堪、上有铅笔签名的原稿。这张原稿的外形和即将成为举世闻名的三国德黑兰宣言的庄严内容是何等的不相称。"

《苏美英三国德黑兰宣言》全文如下：

我们，美利坚合众国总统、大不列颠首相和苏联人民委员会主席，于过去4天，在我们盟国伊朗的首都德黑兰举行了会晤，确定并重申了我们的共同政策。

我们表示决心，我们3国在战时和战后的和平时期，都将进行合作。

关于战争，我们3国参谋部代表参加了我们圆桌会议的讨论，我们商定了消灭德国武装力量的计划。我们就从东、西、南3方面将发动的军事行动的规模和时间达成了完全一致的协议。

我们在这里达成的相互谅解，保证胜利必将属于我们。

关于和平，我们确信，我们之间现存的协同一致，必将保证持久和

平。我们充分认识我们及所有联合国家对实现这种和平负有崇高的责任,这种和平将获得全球绝大多数人民的拥护,并在未来许多世代中,消除战争的祸患与恐怖。

我们和我们的外交顾问一起研究了未来的问题。所有和我们3国一样专心致力于消灭暴政与奴役、压迫与苦难的大小国家,我们都将努力谋求它们的合作和积极参加。我们欢迎它们在它们愿意的时候加入民主国家的和睦大家庭。

世界上没有任何力量能阻止我们在陆地上消灭德国的军队,在海上消灭德国的潜艇和从空中消灭德国的兵工厂。

我们将无情地、日益猛烈地进攻。

我们结束了我们友好的会议,满怀信心,期待着那样一天的到来,那时全世界各国人民将不受暴政的压迫,按照各自不同的意愿和自己的良心自由地生活。

我们满怀希望和决心而来,我们作为志同道合的真正朋友而离去。

罗斯福

斯大林

丘吉尔

1943年12月1日于德黑兰签署

会议签署的《苏美英三国德黑兰总协定》当时是保密的,没有公布。后来解密的《总协定》称:

(四)注意到"霸王战役"应于1944年5月发动,同法国南部的战役相配合。此项战役在登陆器材的数量允许的比例范围内着手准备。会议进一步注意到斯大林元帅的声明,根据这一声明,苏联军队将在差不多同一时间发动攻势,以便阻止德国军队从东线战场调到西线战场。

斯大林对德黑兰会议给予高度评价,他说:"德黑兰会议关于对德国共同行动的决议以及这个决议的光辉实现,是反希特勒联盟战线巩固的鲜明标志之一。"

"西塞罗"秘密行动

德黑兰会议是第二次世界大战时期最引人注目的外交事件之一，它对大战的进程和结局产生了重要影响。由于反法西斯联盟的团结，反对共同敌人的战争首次取得了辉煌胜利，为尽快粉碎德国法西斯创造了条件。

然而，会议做出的最重大的决议——在法国北部开辟第二战场，却是在最后一刻才达成一致的。

那天，当"三巨头"聚在一起共进早餐时，罗斯福笑容满面，喜气洋洋，以引人注目的郑重态度向与会代表宣布说："先生们，我想告诉斯大林元帅一个使他愉快的消息。在英国首相和美国总统的参加下，联合参谋部今天通过了下列决议：'霸王'战役将于1944年5月进行，并将得到在法国南部登陆作战的配合。这次辅助战役的兵力大小视当时登陆工具的数量而定。"

对于这项声明，苏联代表表面上显得镇静自若，但是，他们每个人的内心里都是十分激动的。斯大林的情绪只有从他那异常苍白的脸色和显得更加低沉的嗓音中察觉出来。他略略低下头，说道："我对这个决定很满意……"

大家沉默了好几分钟。然后，丘吉尔说，战役开始的确切日期显然要取决于月相。斯大林指出，他并不要求告诉他准确的日期，5月份内当然需要一周或两周的机动时间。他说："我想告诉丘吉尔和罗斯福，在法国登陆战役开始时，俄国人将做好准备，给德寇以沉重的打击。"

罗斯福感谢斯大林的决定，并指出，这可以使德国人无法把部队从东面调往西面。

德黑兰会议就这样结束了有关在法国北部开辟第二战场的问题的讨论。众所周知，后来英美两国对当时所作的承诺又重新加以考虑，拖延了时日，"霸王"战役不是在5月份，而是在1944年6月6日才开始的。

"霸王"战役的问题决定之后，会议参加者又着重研究了对所达成的协议严加保密的问题。丘吉尔指出，不管怎样，敌人会很快发觉同盟国的准备活动，因为他们会根据同盟国列车的大量聚集和港口运输繁忙等情况发现这一点。

丘吉尔建议同盟国军事参谋部考虑，如何掩饰准备活动，以迷惑敌人。

斯大林介绍了苏联在这方面的经验。他说，在这种情况下，苏军蒙骗敌人的办法是制造假坦克与飞机模型，修建假机场，然后用拖拉机带动这些模型。这样，敌人就会以为苏军要在这个地区准备进攻。很多地方制造的坦克模型达5000至8000个，飞机模型达2000个，还有大量的假机场。此外，还用无线电来迷惑敌人——在不准备发动进攻的地区进行电台呼唤。敌人测出这些电台，就以为这里有大部队集结。敌机往往夜以继日地轰炸这些实际上完全空旷无人的地区。与此同时，在真正准备进攻的地区却十分平静。所有的运输都在夜间进行。

丘吉尔在听完这些解释之后特别说道："在战争中，真相是如此宝贵，以致它必须由谎言来护卫。"然后他又一本正经地补充说："无论如何将要采取各种措施来迷惑敌人。"

会议参加者商定，了解德黑兰会议所通过决议的人数应尽可能加以限制，并决定采取其他一些防止走漏消息的补充措施。

事后，苏联方面没有像往常一样，口授并用打字机打下最后一次的会谈内容，而是手写记下进攻的准确日期和其他一些决定，以便后来在莫斯科将其整理成记录。为了做到万无一失，苏联方面还把有关德黑兰决议的手写记录交给信使队。这些记录装在特制的厚厚的黑色信封里和帆布袋中，并在多处打上火漆加以密封，然后由武装外交信使送往莫斯科。大概英国人和美国人也采取了类似的措施。尽管如此，有关德黑兰会议最重要的决议仍然落到了德国人手里。

德黑兰会议结束后，法西斯情报部门动用了一切可能的手段来查实会议通过的极为重要的决定。

直到战后才真相大白。英国外交大臣安东尼·艾登从德黑兰返回伦敦后，就向英国驻安卡拉大使纳·海森爵士详细通报了会议的各项决议。他在密码电报中，不仅透露了有关土耳其的谈判情况（这当然是应该的），而且还通报了其他重要问题，其中包括"霸王"战役的日期。所有这些情报都通过海森爵士的侍从、德国雇佣的间谍伊列萨·巴兹纳（阿尔巴尼亚人）而落入希特勒分子之手。此人由于向希特勒党卫队情报部门提供了大量重要情报而获得"西塞罗"①的代号。巴兹纳经常拍摄英国大使收到的机密文件,并且提供给在安卡拉的党卫队头子慕吉斯。而海森爵士对此却表现出令人瞠目的麻痹大意,他时常把存有文件的黑色小箱放在卧室不加照管,因此,"西塞罗"搞到这些机密电报不费吹灰之力。

慕吉斯在1950年出版的回忆录中谈到,有一次他通宵达旦地在照片洗印室内冲洗"西塞罗"提供的底片。他发现,他已经完全掌握了开罗会议和德黑兰会议的记录。巴兹纳也在此后不久出版的书中对此有所叙述。他写道,在他为德国人拍摄的文件中可以"清楚地看到英国人、美国人和俄罗斯人的企图"。

战时曾任德国驻土耳其大使的冯·巴本写道:"'西塞罗'的情报由于两方面的原因很有价值。德黑兰会议上所通过的决议的概要都发送给英国大使,这个概要泄露了同盟国对德国战败后的政治地位的考虑,也向我们表明了,他们之间存在哪些分歧。但他们的情报更为重要的,首先是使我们掌握了有关敌人战役计划的确切情报。"

不过,各方面的情况表明,纳粹头子没有充分利用这一极其珍贵的情报。巴本认为,原因是里宾特洛甫和第三帝国的其他政治家、军事家"对希特勒隐瞒了坏消息"。诚然,希特勒对在德黑兰通过的关于给予法西斯德国以沉重打击的决定,关于盟国达成的要德国无条件投降的协议,肯定不会高兴。但是,从另一方面来说,里宾特洛甫和负责"西塞罗"行动的卡尔滕布龙纳未必敢于对希特勒隐瞒如此重要的情报。不过,法国人马塞尔·博多等主编的《第二次世界大战历史百科全书》确曾写道:"里宾特洛甫和卡尔滕布龙纳为谁应将这些重要情报告希特勒争吵了很长时间,以致由于诺曼底登陆,这些材料失去时效。"

最大的可能是:法西斯头目们始终怀疑英国人是否有意泄露这些文件,用假文件来蒙骗他们。要不然,就是他们了解"西塞罗"提供的这些情报意义重大,担心暴露情报的来源,因而不敢让更多的人知道这些情报。显而易见,德国武装力量指挥部在制定战役计划时,完全没有利用这些情报,很可能他们根本就不知道这些情报。不论如何,对德军司令部来说,1944年6月6日拂晓英美联军在诺曼底的登陆完全是突如其来的。

话说回来,即使法西斯的将领们拥有大量关于"霸王"战役的情

---

① 巴兹纳的文藻流畅动人,有如古代罗马政治家西塞罗,所以巴本给他这个代号。

报，他们也不可能阻挠盟军在法国北部开辟第二战场，因为他们在那里没有足够的兵力来对抗美英军队展开的范围极大的登陆战役。当时在法国北部、比利时和荷兰，德军指挥部仅仅拥有基本上是由17岁的年轻人和上了年纪的老兵补编的40个师，且员额不足，装备陈旧，缺乏足够数量的运输工具。相反，在1944年6月1日前夕，在东部战场上部署的德军却有179个师。

"西塞罗"本人也没有因这次战役而大发横财，希特勒分子支付给他的30万英镑全部都是伪钞。

慕吉斯回忆录出版后，英国议会曾就英国驻安卡拉使馆战时向德国人泄露绝密情报一事进行了质询。下面就是1950年10月18日英国下院会议记录中的一段：

　　谢泼德先生就有关从我国驻土耳其大使馆窃走并转交给德国人绝密文件，其中包括涉及"霸王"战役的文件的报道一事向外交大臣提出质询。谢泼德先生询问，是否进行过调查，结果如何，采取了何种防止类似事件再度发生的措施。

　　外交大臣贝文回答说，事实上，战时英国使馆没有任何文件被窃。但对案件的侦讯证明，大使的侍从曾在大使馆内拍摄若干十分重要的机密文件，并将胶卷出卖给德国人。如果大使遵守保存机密文件的各项现行规定，他的侍从就不可能如此行事。此次事件之后，已向有关人员发出新的指令，并已采取防止此类事件再度发生的种种措施。

　　谢泼德先生指出，慕吉斯在其书中就此问题所作的声明在我们社会上引起极大的不安。假如"霸王"战役的计划事实上未曾被窃，那么，为什么外交部在这种情况下不对此声明加以驳斥？

　　贝文先生再次强调说，文件未曾被窃，只是被照了相，而盗窃和照相归根到底是一回事。

这样，伦敦方面就正式确认了希特勒分子曾获得绝密文件，其中包括德黑兰会议上做出的极其重要的决议这一事实。

雅尔塔会议

1945 年年初，德军在西线发动的最后一次攻势已被击败，红军已占领波兰和东欧，正在向德国本土逼近，而美国部队刚刚解放了马尼拉，并对日本实施空袭。德日法西斯的失败已成定局。苏美英 3 国为协商解决战后一些重大问题，展开了频繁的外交活动，三巨头的会晤已经刻不容缓。

早在 1944 年 7 月 19 日，罗斯福就致函斯大林，提出了举行三大国首脑会议的建议。但是，斯大林复信表示，他要亲自指挥红军作战，无法分身参加这样的会议，这一建议只好搁浅。同年 10 月，丘吉尔亲赴莫斯科，同斯大林讨论了欧洲和巴尔干问题。在他动身之前，罗斯福两次致函斯大林，表示美国"关心"世界上的所有军事和政治问题，因而希望美国驻苏大使哈里曼能以观察员的身份，列席丘吉尔和斯大林的会谈——罗斯福对英苏两国在巴尔干划分势力范围很不放心。

关于 10 月同斯大林的会晤，丘吉尔在回忆录里写道：

我们在 10 月 9 日下午抵达莫斯科，晚上 10 点我们在克里姆林宫进行了第一次重要会晤。当时在场的只有斯大林、莫洛托夫、艾登和我，另有译员皮尔斯少校和帕甫洛夫。这是达成协议的合适时机。我说："让我们安排一下巴尔干的事情吧。你们的军队已经占领罗马尼亚和保加利亚。我们在那里有我们的利益、使团和谍报人员。我们不要在小事情上造成误会。至于英国和俄国，你看，你们在罗马尼亚保持 90% 的优势，我们在希腊保持 90% 的影响，在南斯拉夫各占 50%，如何？"

我把纸条从桌子上推到斯大林面前，斯大林听完了翻译，停了一会儿，然后拿起蓝铅笔，在纸条上画了一个大勾，之后便把纸条还给了我们。解决全部问题所用的时间还没有写这张纸条所用的时间多。此后是一段长时间的沉默。写着铅笔字的纸条在桌子中间放着。最后我说："人们会不会认为，对于千百万人命运攸关的这样一个问题，我们解决得如

此轻而易举,这是否显得有些玩世不恭?还是让我们烧掉这个纸条吧?"

"不,您还是把它保存起来吧。"斯大林说。

事实上,1944年盟军在诺曼底登陆前两周,丘吉尔曾要英国驻莫斯科大使向斯大林和莫洛托夫试探就确定在中欧、南欧和巴尔干的相互利益达成协议的可能性。当时苏联红军正迅速逼近罗马尼亚和保加利亚,而丘吉尔则愿意在这一地区做出让步,以作为对方在巴尔干其他地区,首先是在希腊做出让步的报答。丘吉尔将试探情况通报了罗斯福,但罗斯福对此表示反对,没有同意丘吉尔的计划。丘吉尔在致函罗斯福时态度十分坚决,执意要罗斯福同意他做的这种安排。在丘吉尔的强求下,罗斯福终于让步了。后来,美国国务卿赫尔在回忆录中写道:美国对丘吉尔-斯大林协议的这种让步,"对雅尔塔会议产生了灾难性的后果"。

前南斯拉夫时事评论员雷·菲亚奇科曾在《在雅尔塔的幕后》一文中说,丘吉尔那张闻名的纸条上写的是:

罗马尼亚	俄国	90%
	其他国家	10%
希　　腊	大不列颠	
	(同美国协商)	90%
	俄国	10%
南斯拉夫		50%:50%
匈牙利		50%:50%
保加利亚	俄国	75%
	其他国家	25%

这年年末,哈里曼奉命拜会斯大林,试探苏联参加对日作战的条件。最后,三国政府决定,于1945年2月4~11日在苏联克里米亚半岛的雅尔塔举行三大国首脑会议,即史称克里米亚会议或雅尔塔会议。

美英两国代表团商定,先在马耳他晤面,然后再一同飞往雅尔塔。

会议地址是罗斯福与斯大林协商的结果。据说,斯大林不愿远离祖国,坚持选择黑海海滨的雅尔塔。身体虚弱的罗斯福远涉重洋,在海上先作为期10天的航行,航程近8000公里,再乘坐飞机飞行2200公里,才抵达满目疮痍的雅尔塔。

哈里曼、艾贝尔合著的《特使》一书说,自1937年以来,罗斯福一直为反常的高血压所折磨。从1944年春天开始,他由于心脏扩大和充血性心力衰竭,一直在进行治疗。但是,他现在仍然乘坐"昆西"号重巡洋舰横渡了大西洋。"1945年2月2日星期五早晨,罗斯福到达马耳他。这时,他只有不到10个星期的时间好活了。他那憔悴而衰弱的面容,使丘吉尔和哈里曼均为之吃惊。"

当晚,20架美国"空中霸王"和5架英国的"约克式"运输机,载着大约700名美英官员由马耳他启程。3日正午前后,飞机相继在雅尔塔附近的萨基机场着陆。美英贵宾受到莫洛托夫等人的热烈欢迎。他们在检阅了仪仗队后,分别乘车缓行80英里前往雅尔塔。《特使》写道:路上,"人口稀疏的乡村,展现出残酷战斗留下的创伤;劫掠一空的房舍,横七竖八躺着的烧焦的坦克和打坏的德国车辆。罗斯福和他的女儿安娜·伯蒂格坐在第一辆车上,注视着这种战争景象,对德国人的痛恨油然而生。第二天他对斯大林说:'我比一年以前更加嗜杀了。'"

雅尔塔周围的地区曾在德军撤退时遭受掠夺,但它美丽的风光掩盖了原始状态。丘吉尔带去了大量威士忌来抵抗流行的斑疹伤寒、虱子和臭虫,美国海军的一个消毒小组把罗斯福的住处消毒3次,然后才住进去。

雅尔塔会议是在从前沙皇尼古拉的避暑行宫——利瓦吉亚宫举行的。这也是美国代表团的住所。全体会议、两国首脑的私下会晤、外长或参谋长的分组会穿插进行,讨论的问题十分广泛。罗斯福的目标是使苏联加入一个维护和平的世界组织,并做出对日作战的保证。丘吉尔最关心的是波兰问题。但三巨头在德国问题上是团结的,这就是确保德国不会重新起来折磨欧洲。

2月9日下午,当"三巨头"在会议厅听取美国国务卿宣读三国外长上午草拟的关于联合国托管领土的计划时,丘吉尔尚未听完就暴跳如雷:"这个材料我连一个字也没有同意过!没有人征求过我的意见,我也没有听说过有这么一件托管的事!"他激动地宣告:"在任何情况下,我都不会让四五十个国家胡闹地染指大英帝国的领属!只要我当首相,我绝不会把大英帝国世袭的财产交出去,哪怕一分一毫也不成!"他毫不掩饰地任凭泪水顺颊而淌,会场如坟场般静寂。

会议最后签署了《英美苏三国克里米亚(雅尔塔)会议公报》、《克里米亚(雅尔塔)会议议定书》和《苏美英三国关于日本的协定(雅尔塔协定)》。

会议批准了欧洲咨询委员会拟定的关于德国占领区和管理"大柏林"的协定,规定3国武装部队在占领德国进程中应占据严格确定的区域。苏联武装部队应占领德国东部,英军占领德国西北部,美国占领德

国西南部。"大柏林"区由苏美英共同占领——苏军占领东北部，美英占领西南部。会议公报还说："我们已就共同的政策与计划商得同意，以便实施在德国武装抵抗最后被击溃后，我们要共同使纳粹德国接受无条件投降的条款。……计划规定，成立一个中央管制委员会执行互相协调管理控制的工作，该委员会由3国的最高司令官组成，总部设在柏林。"

根据丘吉尔的建议，3国代表一致同意，把德国的一个地区让给法军占领，该地区将从英国和美国占领区划出，其范围由英美同法国政府协商决定。

关于德国赔款问题，丘吉尔同斯大林在会上发生了激烈的争论。苏联代表主张，应根据"谁对战争贡献最大"、"谁受损失最多"的原则来分配德国的赔偿。苏联的实物赔偿方案是：德国赔偿总额为200亿美元，其中50%应归苏联所有。丘吉尔反驳说，苏联方案是异想天开，"我们不应重蹈第一次世界大战后赔款问题的覆辙"。最后，3国首脑仅仅同意把苏联的方案作为基础，并决定在莫斯科成立一个赔偿委员会来进一步研究这个问题。

关于波兰问题，三方同意组成一个以华沙政府为核心，吸收波兰流亡代表参加的波兰"全国统一临时政府"；三方同意波苏边界基本按寇松线划分。

关于南斯拉夫问题，会议建议1944年11月1日签订的铁托-舒巴希奇协议立即生效。

会议还讨论了联合国问题，并就安全理事会的表决程序等达成了协议。

会议期间，罗斯福同斯大林就苏联参加对日作战的条件，达成了秘密的《雅尔塔协定》，并邀请丘吉尔共同在协定上签字。这一协定是在没有中国代表参加的情况下做出的直接涉及中国主权和利益的决定。

1983年，内森·米勒在《罗斯福正传》一书中写道："雅尔塔会议引起的争论比富兰克林·罗斯福的对外政策的任何其他方面引起的争论都要多。人们指责他把波兰和东欧'出卖'给俄国人，把中国拱手交给共产党。虽然这些指责在50年代已达到顶峰，但直到目前仍有新闻。批评雅尔塔的人的共同特点是，他们有一种事后聪明的优越感。他们回过头来看雅尔塔会议，认为会议结果是苏联力量的掠夺性发展、冷战、蒋介石被赶出中国大陆……但是总统总算做成了在他所处情况下的最好的交易。"

保卫雅尔塔的"谷地战役"

1945 年 1 月的雅尔塔，是很少有人愿意去的地方。半年之前，克里米亚半岛还是硝烟弥漫的战场，还有不少德军的残部在暗中活动。此外，雅尔塔离前线不够远，还有遭受大规模轰炸的危险。

保卫雅尔塔会议的行动代号为"谷地战役"。1944 年春天，乌克兰第 4 方面军反侦察局在克里米亚半岛清剿德军残部时，抓到了两个年轻的亚美尼亚人，他们是来自维也纳的德国间谍小组的报务员。他们供出了小组其他 4 名成员。这个间谍小组受命潜伏在辛菲罗波尔和巴赫奇萨赖地区，搜集有关苏军的情报，电台呼号是 LPC。从那时起，反侦察机关就利用他们与德国特务机关玩起了无线电游戏。"谷地战役"行动开始时，突然从德军方面发来命令："总部致 LPC，请回答，你们已经收集到了些什么情况？另外还要加上天气情况，具体是阴晴雨雪，天空是否晴朗？能见度如何？气温是多少摄氏度？请准确地向我们报告，这对我们非常重要。顺致敬意！"这份电报被立即上报给了斯大林。德国人显然是在着手研究克里米亚半岛地区的战役条件。斯大林非常担心德国人对雅尔塔进行大规模的空袭或其他破坏活动。

果不其然，在"谷地战役"行动全面展开的第一天，苏方就发现了大量隐藏的武器弹药和地雷。

为了确保万无一失，各代表团驻地的警卫人员都是由行动总指挥克鲁戈夫亲自挑选的。内务人民委员部 4 个加强军官配备的混成团被调到克里米亚半岛，另有国家安全人民委员会的 900 名工作人员参加警卫工作，其中 200 人为私人警卫，200 人为哨兵警卫，120 人为道路警卫。除此之外，所有的司机都由侦察员担任。

与此同时，无线电游戏也玩得非常带劲。

"总部致 LPC：我们在等待来自克里米亚的新消息！你们那里天气情况如何？请用第 2 或第 3 频道向我们报告每天具体的天气情况！顺致

敬意！"

"LPC 致总部：克里米亚没有什么变化。塞瓦斯托波尔港正在扫雷。天气情况多云、大风。早 8 点气温为 2℃。在森林中遇到了一批鞑靼志愿者。他们希望能得到帮助，急需电台用的电池和武器。我们应该怎么办？请指示！"

这份电报抛出了鱼饵，目的是引诱德国特务机关上钩。

"总部致 LPC：请吸收志愿者与你们一道工作，请等待阿利耶夫前往你处！顺致敬意！"

按照约定，情报人员点燃了 4 堆篝火，旁边有 12 名内务部工作人员守候，另有 25 人封闭了所有的通道。夜里 3 点，传来了飞机发动机的响声，夜空中随即绽开了第一朵伞花，下面系着一个箱子。一共 4 只降落伞，其中 1 个箱子落地时被地面的石头撞开了，里面装的是电池和纸币。紧接着跳伞着陆的是阿利耶夫。但是，在着陆之前，他好像发现了什么可疑的情况，就投下一颗手榴弹。但是手榴弹没有爆炸。阿利耶夫只有乖乖地就擒。

第二天早上，LPC 向总部发报称："阿利耶夫已到达，但是身体有病。"

这是约定的暗语，报告阿利耶夫一切都好。苏联反侦察机关通过间谍小组的电台继续戏弄德国的特务机关。实际上，当时那一段时间有可能是克里米亚有史以来天气最好的时期。但是，这种情况若是让德国人知道了，那就完全有可能使"三巨头"会议流产。因为德国空军的轰炸机飞到克里米亚半岛还不足 4 个小时。

克里米亚半岛的防空拦阻火力和密度完全可以与 1941 年、1942 年的莫斯科的防空火力网相比。雅尔塔、塞瓦斯托波尔、萨卡机场等目标都建立了由 600 门高射炮和高射机枪组成的防空火力网。防空部队高度戒备，人不离炮，昼夜如此。

300 架歼击机为克里米亚提供空中保护，其中有 100 架具备夜航夜战能力。除了主要的机场之外，萨拉姆伊、斯坦尼察、敖德萨、尼古拉耶夫等备用机场也都进入了高度戒备状态。

1945 年 1 月 27 日，贝利亚向斯大林报告："所有的接待工作都已全部准备就绪。"

斯大林的特别专列 1 月 29 日从莫斯科出发开往辛菲罗波尔。在辛菲罗波尔，最高统帅换乘装甲轿车前往雅尔塔。在特别车队上路时，所有车辆都被禁止通行。

盟国代表团是从马耳他乘飞机到达这里的。从2月2日晚上到3日早晨，一架接一架的盟国飞机在机场降落。按照"谷地战役"的计划，苏军的歼击机在空中为盟国的飞机护航。在机场上实施了严格的空中管制，对回答不出己方暗号的飞机，无须警告和请示就直接开火。

　　利瓦季亚宫位于雅尔塔城西4公里处，是"三巨头"会谈的主要场所。住在这里的是美国代表团。英国建筑师设计的伏隆佐夫宫被用来接待英国代表团。

　　从理论上讲，德国的突袭小组有可能潜入雅尔塔向代表团驻地发起攻击，但在实际上，密集重复设置的检查站杜绝了外来人员自由出入。每一个检查站加盖的印章都有特殊的暗记。会谈代表、警卫、引导员持有不同的证件。各代表团驻地设有三道防线。

　　在斯大林和苏联代表团的驻地尤苏波夫宫，第一和第二道防线由内务人民委员部混成团的400名官员负责警卫，楼内的保卫工作由随行的警卫人员负责。利瓦季亚宫、伏隆佐夫宫的情况也是如此。

波茨坦会议

波茨坦会议也称"柏林会议"。

1945年7月17日至8月2日,苏、美、英在柏林西南的波茨坦举行了会议。这是第二次世界大战中第三次三大国首脑会议。会议分为两个阶段:第一阶段从7月17日到25日;第二阶段从7月28日到8月2日。在会议第一阶段,温斯顿·丘吉尔代表英国,第二阶段则由工党新政府首相克莱门特·艾德礼代表英国。

会议讨论的问题较为广泛,中心是战后占领德国的基本政治、经济原则,德国和意大利的赔偿,分配德国的商船队和军舰,对意大利、罗马尼亚、保加利亚、匈牙利、芬兰的政策,波兰西部边界,控制黑海海峡,哥尼斯堡地区"让与"苏联以及对战败国某些领土的"委任统治权"等。通过讨论,三大国首脑在一些主要问题上基本达成协议,有些问题还有待进一步协商,因为分歧还不能马上完全消除。

8月1日,三大国首脑签订了《柏林会议议定书》,其中载明战后处置德国问题的原则是将之视为一个"经济单位",还规定解除武装,取消卡特尔,拆除工业设施,肃清纳粹主义,在柏林建立同盟国管制委员会等。在赔偿问题上,三国没有确定最高数额。

会议决定东普鲁士北部和柯尼斯堡委托苏联管理,还决定设立苏、英、中、美、法五国外长会议。

会议期间,即7月26日,苏美英首脑讨论了结束对日作战的条件和有关对日本的战后处置方针,并通过了著名的《波茨坦公告》。《公告》以美英中三国共同宣言的形式发表。苏联当时还没有参加对日作战,因而没有在上面签字。中国政府虽然没有参加讨论,但在《公告》发表之前已表示同意。苏联出兵对日作战后,也正式在《公告》上签了字,所以,《公告》实际上成了四国的共同对日宣言。

《波茨坦公告》确认了1943年12月1日的《开罗宣言》,要求日本无条件投降，这对日暮途穷的日本法西斯来说是一个沉重的打击。《公告》说："日本必须决定一途，彼将继续受其一意孤行、计算错误而使日本帝国陷于毁灭边沿之军人统制，抑或走向理智之路？"《公告》特别指出："开罗宣言之条件必将实施，而日本之主权必将限于本州、北海道、九州、四国及吾人所决定其他小岛之内。"《公告》最后警告日本："吾人通告日本政府立即宣布所有武装部队无条件投降，并对此种行动之诚意予以适当及充分之保证。除此一途，日本即将迅速完全毁灭。"

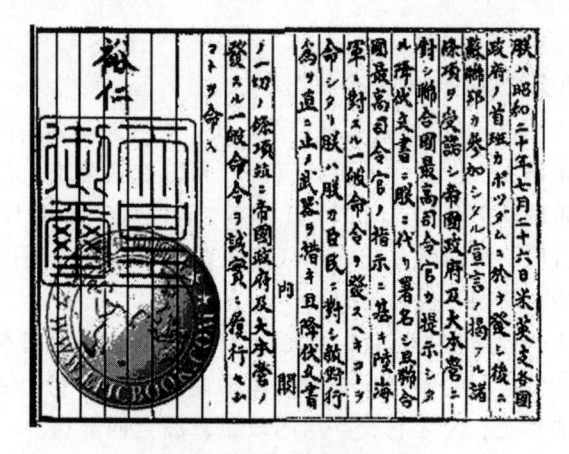

日本天皇接受《波茨坦公告》

纽伦堡审判

第二次世界大战给各国人民造成了深重的灾难。为了维护战后和平，国际社会在两个方面采取了重大措施：一是建立一个维护世界和平的国际组织——联合国，二是审判和惩处在第二次世界大战中犯下滔天罪行的战犯。

战争期间，世界各国人民就已纷纷要求惩办战争祸首。1942年1月，轴心国在它们占领的土地上大肆进行杀戮，因此，在伦敦的法国、比利时、荷兰、卢森堡、希腊、挪威、波兰、南斯拉夫等八国流亡政府提出警告：法西斯国家的所有罪行都将组织法庭进行审判，罪犯必须被绳之以法。

筹　备

1943年11月2日，苏、美、英首脑在莫斯科宣言中作出了关于惩罚法西斯战犯的决定。1945年8月8日，苏、美、英、法代表在伦敦正式缔结了"关于控诉和惩处欧洲各轴心国家主要战犯"的协定，并通过了《国际军事法庭宪章》，决定由该四国各派法官和助理法官1名，组成纽伦堡国际军事法庭，审判第二次世界大战的主要战犯。

这次史无前例的审判，是在极其困难的条件下进行的。当时的德国一片混乱，国家的基础设施几乎全部被毁，人民的未来完全没有着落。食物短缺，盟军尽力为德国平民提供最基本的口粮。大量的德国投降士兵被关押在临时搭建的战俘营中，条件恶劣，食物匮乏。所有的德国陆海空士兵都必须接受审查，主要目的是确定他们的真实身份，判明他们是否犯下了战争罪。党卫队成员是重点审查对象，所以不少人极力隐瞒自己的身份，其中就有党卫队和盖世太保的最高首领海因里希·希姆莱。但是，每一个党卫队成员的手臂上都有编号刺青，他们不难被审查人员

发现。

欧洲国际军事法庭的地址最后确定在纽伦堡。该市是巴伐利亚州境内一座具有千年历史的古城，也是纳粹运动的发源地和纳粹党人的精神大本营。纳粹党登场后，每年的党代会都在这里举行。第二次世界大战期间，它又成为希特勒的鹰巢。在第三帝国雄霸天下的日子里，纽伦堡是纳粹党的头面人物经常出没之处。从法律角度来看，纽伦堡曾经产生过极其丑恶和肮脏的《纽伦堡法》，它以法律的形式排斥、迫害犹太人，成了第二次世界大战种种兽行的一根导火索。把审判放在纽伦堡，是以正义战胜邪恶的极佳表现。

军事法庭的章程规定，犯有下列三种罪行的个人或组织应受审判和惩罚：一、破坏和平罪：指策划、准备、发动或进行侵略战争，或参与实施上述任何罪行的计划或阴谋等；二、战争罪：指杀害、虐待或劫走占领区的平民，杀害或虐待战俘或海上人员，杀害人质，掳掠公私财产，恣意破坏城镇等；三、违反人道罪：指战争发生前或战争期间对于任何平民的杀害、灭种、奴役、放逐以及其他不人道的行为等。

审判前的逮捕工作充满了奇遇和惊险。战争快结束时，纳粹二号人物赫尔曼·戈林居然给艾森豪威尔将军写了一封信，说是想同将军单独谈判。艾森豪威尔表示："好吧，你等着。"他派汽车把戈林接到美国军营里。几天以后，戈林作为战犯被捕了。

在纽伦堡审判中被指控和起诉的纳粹德国罪魁共20多人：赫尔曼·威廉·戈林、鲁道夫·赫斯、约阿希姆·冯·里宾特洛甫、罗伯特·莱伊、威廉·凯特尔、恩斯特·卡尔滕布龙纳、阿尔弗雷德·罗森堡、汉斯·弗兰克、威廉·弗里克、尤利乌斯·施特赖歇尔、瓦尔特·冯克、雅尔马·沙赫特、古斯塔夫·克虏伯·冯·博伦和哈尔巴赫、卡尔·邓尼茨、埃里希·雷德尔、巴尔杜尔·冯·席拉赫、阿尔贝特·施佩尔、弗里茨·绍克尔、阿尔弗雷德·约德尔、马丁·鲍曼、弗朗茨·冯·巴本、阿图尔·赛斯-英夸特、阿尔贝特施·佩尔、康斯坦丁·冯·牛赖特和汉斯·弗里切。

被宣布为犯罪集团或组织的是：德国内阁、德国民族社会主义工人党政治领袖集团、包括保安勤务处（通常被称为SD）在内的德国民族社会主义工人党党卫队（通常被称为SS）、秘密警察（通常被称为"盖世太保"）、冲锋队（通常被称为SA）以及参谋总部和国防军最高统帅部。

在开始审讯以前，战犯莱伊（希特勒的忠实信徒）畏罪自杀。战犯克虏伯经医务委员会检查，认为患有不治之症，不能受审，法庭宣布中

止审讯他的案件。被告鲍曼未缉拿归案，关于他的案件，法庭决定实行缺席审理。

按照法律程序，罪犯在受审前30天，即在1945年10月，各自收到一份长约2.4万字的德文起诉书。

审　　讯

1945年11月20日上午10时3分，国际军事法庭开始审讯。庄严肃穆的法庭内座无虚席。英国劳伦斯大法官担任军事法庭庭长。纳粹首要罪犯由宪兵监押，分两排坐在辩护律师的后面。起诉书对24名德国纳粹分子、6个犯罪集团或组织提出指控。24名被告中有21名出庭受审，他们都在纳粹统治德国和争霸世界的年代里，充当了希特勒的左膀右臂，给欧洲人民和世界人民带来极大的痛苦和灾难。

开庭后，首席检察官、美国大法官杰克逊首先宣读起诉书。他说："我们力图审判的这些罪行是被精心策划的、极端恶毒的和充满破坏性的，人类文明无法容忍它们被忽视而不受到审判，更无法容忍它们卷土重来。"

从1945年11月底到翌年3月，法庭对战犯罪行进行了检举。

11月29日，法庭上放映了纳粹党人关押和残杀俘虏的集中营的纪录影片，战犯们反应强烈。脸色苍白的弗里切看到德军把俘虏关在仓库里活活烧死时，吓得目瞪口呆。凯特尔取下耳机，擦拭头上的汗水。形容憔悴的赫斯双眼瞪着银幕。施佩尔满头大汗地坐在那里，显得很是颓丧。冯克哭了起来。

12月初，起诉代表团根据缴获的无数文件和电影纪录资料，揭露了纳粹德国准备进行侵略战争的详细情况，特别是揭露了进攻苏联的"巴巴罗萨"计划的情况。在确凿的罪证面前，除了戈林桀骜不驯，拒不认罪外，其余战犯一个个哑口无言。德国海军总司令邓尼茨说："一开始，我对自己被当做战犯押来受审非常生气，可是现在听了这些控诉，我觉得应该把事情的真相搞个水落石出。"

从1946年3月8日起，战犯们开始为自己辩护。每个被告都提出种种遁词，推卸罪责。戈林等还把罪责一股脑儿推在希特勒身上。尽管他百般狡辩，但在法庭检察官的严词质询和确凿的证据面前，他不得不承认自己负有杀害战俘和犹太人的罪责。在审讯期间，这个曾经飞扬跋扈的纳粹头子体重减轻了80磅。

纽伦堡审判 | 405

赫斯和里宾特洛甫不愿出庭为自己辩护。里宾特洛甫面色苍白，神情沮丧。凯特尔为自己辩护时，说他只是奉希特勒之命行事。许多战犯都试图抵赖杀害犹太人的罪行。巴本、牛赖特、赛斯－英夸特、沙赫特和冯克等则拒绝承认自己有罪。

针对战犯们的罪行，法官杰克逊又发言说："半个世纪以来，世界上从未见过这样残酷的大屠杀和不人道的行为，这样野蛮地把大批人逐出家园，使之沦为奴隶的暴行，这样骇人听闻的灭绝少数民族的血腥罪行……被告席上的这些战犯，对上述种种罪行并不是不知情，相反，他们和这些暴行都有关系……可是这些被告却在法庭上声称自己没有罪……如果承认这些人无罪，那就等于承认世界并没有发生过战争，并没有人遭到屠杀，也并没有发生过罪行。"

英国的哈莱特·肖克劳斯在补充发言中指出，纳粹党人杀死了1200万人。欧洲犹太人的2/3都被他们杀害了。单是杀人犯自己承认杀害的人数就达600万人。在奥斯威辛、达豪、特来勃林卡、布痕瓦尔德、毛特豪森、梅德奈克和奥兰宁堡等地的集中营，纳粹凶手们用毒气室和焚尸炉，像工厂操作那样集体屠杀了大批的人。700万欧洲的男人、妇女和儿童被赶出家园，被当作牲畜备受虐待、殴打和杀戮。对于这样空前的暴行，全世界人民能够视而不见吗？

纽伦堡法庭进行了长达4个月的法庭审讯，共开庭403次。核实查对3000多份原始材料。传讯237名证人和数百名其他人。听取16个报告。为被告进行辩护的22名德国律师提交法庭的书面材料不少于30万份。法庭的英文记录厚达17000多页。

判　　决

1946年9月30日，法庭开始判决。法官们在长时间的发言中，把纳粹的罪行作了系统的叙述——判决书长达250页。

10月1日，法庭对每一名战犯进行判罪，并判决纳粹党的领导机构、党卫队、国家秘密警察和保安勤务处为犯罪组织。

那天，每一名受审者依次在被告席上出现。第一个出现的是戈林。法庭庄严地宣布：判处戈林绞刑。当他听说被判死刑时，脸色灰白，张目结舌，一动不动地站了一会儿，然后扔下耳机，转身走出法庭，回到囚室，躺在铺上。其他战犯在听取判决时，有的故作镇静，有的惊恐万状。

被判处绞刑的有 12 人：赫尔曼·威廉·戈林、约阿希姆·冯·里宾特洛甫、威廉·凯特尔、恩斯特·卡尔滕布龙纳、阿尔弗雷德·罗森堡、汉斯·弗兰克、威廉·弗里克、尤利乌斯·施特赖歇尔、弗里茨·绍克尔、弗雷德·约德尔、阿图尔·赛斯—英夸特、马丁·鲍曼。

被判处无期徒刑的有 3 人：鲁道夫·赫斯、瓦尔特·冯克、埃里希·雷德尔。

被判处有期徒刑的有 5 人：卡尔·邓尼茨（10 年）、康斯坦丁·冯·牛赖特（15 年）、巴尔杜尔·冯·席拉赫（20 年）、阿尔贝特·施佩尔（20 年）。

宣告无罪的有 3 人：雅尔马·沙赫特、弗朗茨·冯·巴本、汉斯·弗里切。

国际军事法庭上的苏联法官对上述 3 人被宣告无罪，对鲁道夫·赫斯被判处无期徒刑，对不宣布德国内阁、参谋总部和国防军最高统帅部等组织为有罪，发表了不同意见。苏联法官说："我不同意法庭对上述部分的判决，因为它不符合事实真相，并且是以不正确的结论为根据的。"

这天下午，法庭闭庭。被告施佩尔、邓尼茨等 6 人先后上诉，要求减刑；戈林也上诉，要求改绞刑为枪决。所有上诉均被驳回。1946 年 10 月 16 日，判决得到执行，里宾特洛甫等罪犯被押上纽伦堡监狱死刑室的绞架。

欧洲其他国家也进行了各自的战犯审判。其中，挪威审判并处死了曾于 1940 年鼓动德国入侵本国的吉斯林，法国审判并监禁了亨利·贝当元帅，后者曾是法国的民族英雄，但在 1940 年法国战败后，他成了维希政府的领导人。

戈林自杀

1946 年 6 月，戈林的律师施塔默尔声称，戈林曾真诚地力图制止战争，他个人不能对希特勒的侵略政策承担责任；他只是为国家利益才掠夺艺术品，并未参加把集中营扩建为死亡工厂的活动。最后，这位辩护人的结论是："他对希特勒的忠诚毁了他自己。"

然而，法官杰克逊却勾划了一幅戈林的可憎形象："戈林所起的巨大的、多方面的作用在于他既是军人又是强盗。他到处插手。他利用他的冲锋队的彪形大汉使这帮人夺取了政权。为了巩固这一政权，他又阴谋策划、烧毁了国会大厦。他建立了盖世太保和集中营。如果需要干掉对

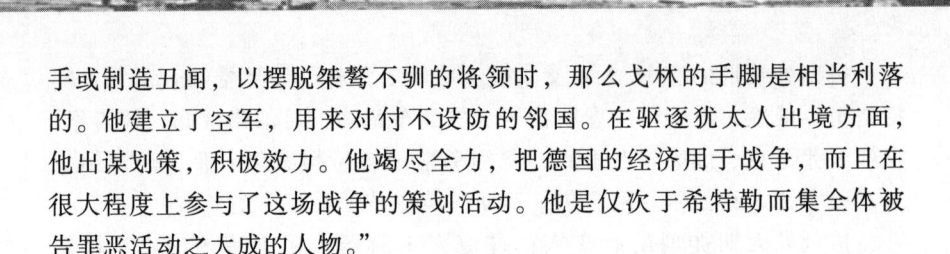

手或制造丑闻，以摆脱桀骜不驯的将领时，那么戈林的手脚是相当利落的。他建立了空军，用来对付不设防的邻国。在驱逐犹太人出境方面，他出谋划策，积极效力。他竭尽全力，把德国的经济用于战争，而且在很大程度上参与了这场战争的策划活动。他是仅次于希特勒而集全体被告罪恶活动之大成的人物。"

英国主要起诉人肖克劳斯爵士也从起诉当局的角度总结了戈林的罪行："戈林在所有这些问题上应负的责任是无法否认的。他把自己打扮成正人君子，但是在建立这个罪恶体系的人物里，他是希特勒以外的最大的人物。有谁比他更了解发生的这些事件，或更有机会对事件的进程施加影响呢？他们领导纳粹国家的政府，逐步建立起旨在进行战争的各种组织，阴谋策划侵略战争，实施暴政。这些事件都离不开纳粹国家各机构密切的配合。如果不是纳粹统治集团有计划地强迫军队执行命令，他们不会侵入异国领土，不会开枪，不会投炸弹，不会去建造毒气室，不会去驱赶受害者。在全德境内所犯下的，如今已昭然若揭的这一系列罪行，必然涉及纳粹统治集团中的每个人，因为他们构成这一条锁链的各个环节。因为如果没有每个人的配合，侵略计划也好，大规模屠杀也好，都是不可能进行的。纳粹分子借以对领袖忠心效劳的领袖原则正是纳粹党和这批人的创造。"

一个月后，国际军事法庭在1946年9月30日和10月1日再次开庭，法官劳伦斯勋爵宣读了对戈林的最后判决："戈林是进行侵略战争的元凶之一，他经常、几乎是一贯起了推动作用，而且一贯紧跟希特勒行事，所以不存在减刑的可能。他既是政治的、也是军事的首脑。他是奴隶劳工计划的负责人，也是制定在国内外镇压犹太人和其他种族计划的元凶。所有这些罪行他都供认不讳。他本人的供词足以证实他的罪行。这种罪行是骇人听闻的。根据全部材料，对这样的人根本不能宽宥。"

戈林是被叫到审判大厅听取判决书的第一名被告。当审判大厅的同声翻译装置出现故障时，肃静紧张的气氛更为强烈，法官和被告不得不等待技术人员排除故障。然后，法官劳伦斯勋爵宣判说："被告赫尔曼·威廉·戈林！国际军事法庭根据起诉书所确定的你的种种罪行，判处你绞刑。"

戈林通过耳机听到这一判决后，一动不动地站在那里。此时，座无虚席的法庭也鸦雀无声。戈林把耳机扔到桌上，转过身子，最后一次离开了法庭，并对下面等着他的盖伯特说："死刑！"他的双手微微抖动，请求让他自己一个人待一会儿。他的双眼淌出了泪水。

在整个审讯过程中，戈林一直担心他的妻子和女儿。他被捕后，埃米·戈林也被捕受审，她被准许把女儿埃达留在身边。她一直被关押到1946年3月。盖伯特博士在她被释放之后曾去看过她，后来还允许她与戈林通信。她被释放的消息使戈林在精神上稍许轻松了一些。自9月中旬起，埃米·戈林也和其他犯人的妻子一样，可以在最严密的监视下去探望丈夫。当然他们之间隔着一道金属栅栏。有一次探望时，她把埃达也带去了，然而这被证明是一次疏忽，因为戈林一见到他的小女儿就昏倒在地。直到死，他都同其妻子保持着密切关系。在宣判死刑后，埃米被准许最后一次探望她的丈夫。

戈林曾说，他作为一名军人，应该执行枪决，不应蒙受绞刑的侮辱。法庭驳回了他的申请，戈林因此决定自杀。1946年10月15日晚，他在自己的单间牢房里服了毒药。当看守发现情况有些不对头时，戈林已处于垂死挣扎之中。请来的医生确认他已死去。

戈林是怎样躲过各种搜查，成功地把纳粹头目一向随身携带的毒剂胶囊，一直隐藏到临死之前的呢？直到1967年9月，由于当年的监狱长美国人安德勒斯上校公布了戈林的诀别书，这个谜才被最后解开。诀别书的日期是1946年10月11日。内容是：

监狱长：

自我被俘以来，我一直把毒剂胶囊带在身边。在我被押解到蒙道尔夫时，我身上共有3粒胶囊。我把第一粒留在我的衣服里，以便它在搜查时可能被发现；第二粒在我每次脱衣时放在衣帽里，穿衣服时再随身带上。我在蒙道尔夫和在这里的单身牢房里巧妙地把这粒胶囊隐藏起来，所以它虽经反复彻底搜查也未被发现。在出庭时我把它藏在我的手提箱中那个圆形护肤霜盒的护肤膏里。对于受命检查我的人，他们不应为此而受到指责，因为事实上，这粒胶囊是不可能被找到的。这也许只是事出偶然吧。

赫尔曼·戈林

写于盖伯特通知我监察委员会拒绝我要求把行刑方式改为枪决的申请之后的片刻。

囚徒和逃犯

对于没有被判处死刑的被告来说，西柏林的施潘道监狱就是他们的归宿。这座可容纳 600 人的监狱由占领国的军队轮流看守。在所有囚犯中，服刑时间最长的是鲁道夫·赫斯。

赫斯于 1894 年 4 月 26 日出生于埃及亚历山大港，他的父亲是一个富商，他在埃及生活了 14 年，后来成为希特勒的忠实信徒。1941 年 5 月 10 日晚 6 点，也就是德国进攻苏联前 1 个多月，赫斯竟然爬进一架 M-110 战斗机，独自一人在暮色中飞往英国，在苏格兰的贝蒂市附近跳伞时扭伤了脚踝。他自称阿尔弗雷德·霍恩，是英国的朋友，被一农民搀扶到他家的厨房。接着，在见到汉弥尔顿公爵时，他便改变了腔调说："我是来拯救人类的，我是鲁道夫·赫斯。"他要求英国向德国投降，并在遭到拒绝后要求回国，但英国没有同意。战争期间，他一直被关押在一家大庄园里，直到送上纽伦堡战犯审判庭。赫斯的飞行"使命"究竟是什么？数十年中，众说纷纭。赫斯本人 1966 年在施潘道监狱曾对施佩尔说，他的那个主意是在睡梦中由超自然力量所启示的。孰是孰非，只有待英国政府今后公开档案时，谜底才能揭晓。

晚年的赫斯，身患多种疾病，其双目近乎失明。尽管这样，他依然笃信法西斯主义，拒不承认自己犯下的罪行，也拒绝以犯人身份同家属见面。

1987 年 8 月 17 日下午 3 时，施潘道监狱里除了执行守卫任务的美国士兵外，只有一个幽灵似的老年德国犯人。此人老态龙钟，步履蹒跚。他像往常一样，离开囚室，来到狱中花园。卫兵跟在后面，见他随意走进花园中的一个小屋。好几分钟过去了，仍不见老犯人出来。卫兵急了，冲进小屋一看，不由得大惊失色：老犯人倒在地上一动不动，脖子上缠着一根电线……老犯人被送入邻近的英军医院急救，该用的办法都用上了，4 时 10 分，医生终于宣布：抢救无效，犯人死了。一道道电波迅即传遍全球：鲁道夫·赫斯在遭囚禁 41 年之后自杀身亡，死时 93 岁。

赫斯死后，施潘道监狱立即被拆除了。

当第二次世界大战的硝烟散去时，同盟国曾经提出，要把战犯们一一捉拿归案。事实上，在纽伦堡审判中，到案的战犯达 95％。但是，由于种种复杂的政治原因，仍有许多战犯逃之夭夭。资料显示，在可统计的纳粹逃犯中，逃往阿根廷的人数多达 5000 名，逃至巴西的有 1500～2000 名，逃至智利的有 500～1000 名，其余逃犯则大多躲在巴拉圭、乌拉圭、美国等国家。

瓦尔特·劳夫是一名顽固的纳粹分子和前党卫队成员，他是"流动毒气车"的发明者，东线的 10 万犹太人、俄罗斯人就被极其痛苦地杀害

在这种车子里。但是，他却逃脱了审判，逍遥法外，死后被葬在南非，昔日的同党们还向他的坟墓行了纳粹举手礼。

恶名昭著的"死亡天使"约瑟夫·门格尔曾是纳粹德国设在波兰的奥斯威辛集中营的希特勒冲锋队军医，执掌生杀大权。他以"改良人种"为名，把无数囚犯作为试验品，直接或间接杀死了40万人，其中大部分是犹太人，有1/4是孩子，约1500人是孪生者或侏儒。1949年春，门格尔逃到阿根廷，与另外两人会合。他尽量隐瞒自己的身份，并且不断改变行踪。10年后，门格尔获得了巴拉圭的国籍，然后转到巴西定居。1979年2月5日，门格尔在家中咽下了最后一口气。1985年6月，世界新闻界聚集到圣保罗附近的一个小城，观看了一座坟墓的挖掘。这座坟墓埋葬的是沃尔冈夫·格哈德，然而，真正的亡灵却是约瑟夫·门格尔。

奥地利犹太人西蒙·维森塔尔曾一直致力于追捕纳粹战犯，他和同伴一起，曾将1100名纳粹战犯送上法庭。其中，被称为"里昂屠夫"的克劳斯·巴比虽在战后得以逃到玻利维亚，但却于1983年被法国政府引渡归案，并以反人类罪被判处终身监禁。

阿道夫·艾希曼是纳粹大屠杀政策的制定者之一，在被屠杀的600万犹太人中，大约有200万人由于他制定的"最后解决方案"死于非命。他于1950年5月偷渡到意大利后，一个深知他底细的神父给了他一本化名克莱门特的护照，并帮助他逃到了阿根廷。1960年，由于维森塔尔作出的巨大努力，艾希曼被以色列秘密特工绑架，使他在耶路撒冷受到审判。由于有不少纳粹大屠杀受害者出面作证，以色列政府将艾希曼安排在防弹玻璃后面受审。面对控诉，艾希曼全以"一切都是依命令行事"作答。但是，大量人证物证决定了他的命运，他因战争罪被判处死刑，并于1962年5月31日被押上了绞刑台。

绞　　刑[1]

[美] 金·史密斯

戈林元帅终于成功地欺骗了盟军的法庭，从而逃脱了上绞架的命运——就在10名其他纳粹战犯被处死之前不久，他在监狱里自杀了。

尽管美国卫兵昼夜监视他的每个行动，这个纳粹王朝的皇太子还是向嘴里塞了一个装有氰化钾的小玻璃瓶，把它咬碎，吞进肚子里。

戈林吞毒的时候，监狱警卫司令、美国陆军上校波顿·C·安德雷斯正在步行穿过监狱大院，到死囚牢向戈林和其他10名被判了死刑的纳粹领导人宣读国际军事法庭下达的执行死刑的命令。

如果戈林没有服毒自杀的话，那么，在死刑执行令宣读后的一个小时，以他为首的纳粹政治、军事头目就要押出监房，带到监狱庭院中的体操房里，在那里，他将第一个被送上绞架。

戈林自杀前，并没有告诉他以及其他死刑犯，他们即将被处死。他是怎样猜到自己大限已到？又是怎样藏了一小瓶毒药的？这些问题，连监狱警卫部队也感到困惑不解。

首先被绞死的是纳粹外交部长里宾特洛甫。然后，其余9名纳粹头子一个接一个魂归西天。死刑在纽伦堡城监狱里的小健身房执行，其内部颇像一个谷仓。执行死刑时，有电灯照明。

处死里宾特洛甫等10人，大约用了一个半小时。这个一度飞扬跋扈的纳粹外交骗子走进行刑室时是今天凌晨1时11分。1时16分，他脚下的活板被打开。1时30分，监刑官宣布他已毙命。

今天一共动用了两台绞架。走上绞架，要通过13个台阶。最后一个上绞架的是奥地利奸细、纳粹驻荷兰长官赛斯-英夸特。他脚下活板被拉开，掉下去被吊死的时间是2时45分。宣布他已毙命是2时57分。

---

[1]　合众国际社1946年10月16日电。

在面临死亡的时候，10名罪犯全都摆出无所畏惧的样子。他们中有的态度激烈，有的听天由命，有的祈求上苍宽恕。

除了纳粹理论家阿尔弗雷德·罗森堡之外，所有的人在绞架前都发表了简短的遗言，遗言中充满民族主义的感情，表达了他们对德国未来的福利和复兴的关心。

只有一个人的临终遗言同纳粹的意识形态有关。那是屠杀犹太人的头号刽子手施特赖歇尔，他比其他死囚都更桀骜不驯。在他即将登上通往绞架的台阶时，他用全部力量高呼"希特勒万岁"。

2时12分半，施特赖歇尔在行刑室出现了。就在这里，守卫监狱的美国部队在上周六傍晚举行了一次篮球比赛。

施特赖歇尔走到行刑室门口时，在门口值勤的卫兵敲一下门。其他人被押进来时都是如此。

奉命到监狱院子里的死囚牢提押犯人的美军中校首先进来。紧跟着，走进来施特赖歇尔。两名美军伍长把他拦住，架住他的双臂。另一个伍长则取下他的手铐，再把他的双手用皮带绑好。

施特赖歇尔和其他罪犯走进行刑室时，首先见到的是站在他们眼前的另一名美军中校。在这位中校监视下，他们的双手被反绑，而他们进来时，却戴着手铐。

这个罪犯形容丑陋、猥琐，身材矮小，他穿着旧得露了线的外衣和系上领扣的绿色旧衬衫，没戴领带。他瞥了一眼矗立在他眼前的3具绞架。其中有两具用来处死罪犯，第三具做备份。

在很快地瞥了一眼绞架后，施特赖歇尔环视行刑室。在看到临场监刑的美国、英国、法国和俄国军官时，他的眼光在他们身上稍停了一会儿。

这时，施特赖歇尔的双手被紧紧地捆在背后。两名卫兵，一边一个，把他引到左边的1号刑台。他以坚定的步伐，走完了通往第一个木台阶的6英尺路。但是，他脸上的肌肉却在紧张地痉挛着。当卫兵要他停下验明正身时，他尖叫一声："希特勒万岁！"

他的尖叫，使记者不由得打了一个冷战。这时，记者正以美国新闻界唯一代表的身份，在现场观看执行死刑。

当他的尖叫声消失的时候，站在台阶旁的另一位美国上校直截了当地说："问他叫什么名字！"

翻译把这句话译成德语后，施特赖歇尔喊道：

"你们知道，问什么！"

翻译又把问题重复一次，这次，他嚎叫道：
"尤利乌斯·施特赖歇尔！"
刑台有8英尺高、8英尺宽，到上面去，要走13层台阶。施特赖歇尔被卫兵推了一下，才走完最后两步，来到绞索前。

绞索是从架在两根柱子上的横梁上挂下来的。行刑人是个美军伍长，他把绞索的一头固定到一根木头上。

卫兵把施特赖歇尔拉转过来，让他面对行刑室正面的入口处。

他再一次瞥了一眼盟军的军官和代表世界新闻界的8名记者，这些人坐在面对绞架的小桌子的后面，他们的背后是墙壁。

施特赖歇尔眼里燃烧着仇恨，他看看临场监刑的人，尖叫起来：
"这是1946年的皮里姆节！"①
站在绞架边的美国军官说：
"问他还有什么话要说！"
当翻译把这句话译完时，施特赖歇尔喊道：
"布尔什维克早晚要把你们全部绞死！"
当黑色的绞索套在他的脖子上的时候，有人听到施特赖歇尔说："阿德莱，我亲爱的妻子！"

就在这时，他脚下的活门呼地一声打开了。绞索立即拉直，施特赖歇尔的身体在空中猛烈摇晃。人们清楚地听到，从下面的陷坑里传来了痛苦的呻吟声。

从死囚牢到行刑室，大约要走70步。原来的打算是把罪犯押解过来的时候，不给他们戴械具。然而，当监狱当局发现戈林自杀时，便立即给他们都戴上了手铐。

当等着行刑人把绳索套在他的脖子上的时候，面孔像黄鼠狼的里宾特洛甫对人类发表了最后一次演讲。他用坚定的语调，响亮地说：
"愿上帝拯救德国！"
他又问道：
"可以说几句话吗？"
翻译点头表示同意。这个前纳粹外交变色龙，在德国入侵波兰之前曾与俄国就签订互不侵犯密约进行过谈判，他也曾赞成处死被俘的盟军飞行员。他说：
"我最后的希望是，德国能继续存在，东西方之间能达成谅解。我愿

---

① 皮里姆节是犹太人的节日，每年春季举行，庆祝圣经上的杀犹刽子手哈曼被绞死。

世界永远和平！"

在活板打开前，这个头套绞索的前外交家目不斜视，双唇紧闭。

紧接着里宾特洛甫走上绞台的是威廉·凯特尔元帅，他是普鲁士军国主义和官僚主义统治的象征。

他是根据盟国制定的法律被处死的第一个军事领导人。依照这个法律，职业军人不得以执行上级命令为借口，逃脱对发动侵略战争应负的法律责任。

凯特尔走上刑台时，是在里宾特洛甫脚下活板打开后两分钟。后者还吊在绞索上。

这位元帅当然见不到前外交部部长，因为后者吊在平台下面，绳子仍然是直的。

凯特尔看来不像里宾特洛甫那样紧张。尽管他双手反绑，但是他却昂着头，迈着军人的步伐走到绞台边。

当监刑人问他叫什么名字时，他用响亮的声音回答："威廉·凯特尔！"他登上刑台时意气昂扬，似乎在登上阅兵台，接受德国军队的致敬。看来，他根本不需要一左一右两个卫兵扶持。

他在刑台上转过身来，带着普鲁士军人那种传统的傲慢气概看着台下的目击者。当被问到有何遗言时，他双目直视远方，高声说：

"我恳请全能的上帝怜悯德意志人民。为了祖国，有200万德国军人献出了生命。我不过是在步我的儿子们的后尘而已。"

然后，他高呼："一切为了德国！"这时，他脚下哗地一声，他那穿着军服、足蹬皮靴的身体径直掉了下去。在场观察的人都说，他在这里表现出来的勇敢精神，比在法庭上更大。在法庭，他试图用希特勒鬼魂为自己开脱。他声称，一切过错都应归于元首，他不过是在执行命令，因此他不负任何责任。

就在里宾特洛甫和凯特尔还吊在绳子另一端的时候，这个令人毛骨悚然的进程暂停了一会儿。

负责指挥行刑的美军上校向代表盟军联合指挥部的美国将军请示，在场观刑的人是否可以抽烟。在将军表示同意之后，在场的30多个人都掏出香烟来了。

他们中包括美军占领区德国政府的两名代表——巴伐利亚政府首脑魏尔汉姆·霍格纳博士和纽伦堡市检察官杰科伯·雷斯纳博士。

美军官兵们一声不响地走动着，有时悄悄交换几句，而盟国的记者则拼命地记笔记，把这个历史性的血腥场面记录下来。

过了几分钟，一位美国军医在一位俄国军医陪同下，走向第一具绞架，他们掀开屏幕，在绞台后面消失了。两位军医都带着听诊器。

1时30分，他们出来了，开始同一位身材矮小、壮实、脚蹬马靴的美军上校交谈。这位上校转过身来，啪地一声来了个立正，面对监刑人宣布道：

"罪犯业已毙命！"

两名美国担架兵出现了，他们抬着一副担架，走了进去。这时，行刑人从腰旁的刀鞘里抽出一把侦察兵用的刀子，割断了绳索。

很快，里宾特洛甫僵硬的尸体被抬出来了，送到行刑室的另一头的硬帆布屏幕的后面。死者的脖子上，仍然套着黑色的绳索。干完这事，不过用10分钟。

指挥行刑的上校面对观看的人说："请把烟熄灭掉，先生们。"然后，他对他称为"诺尔曼"的另一位上校说了些什么，对方说了一声"OK"，就走了出去，到死囚牢里提押罪犯。

被带进来的是恩斯特·卡尔滕布龙纳，他是盖世太保首领，是欧洲中古黑暗时代以来最大规模谋杀的直接指挥者。

卡尔滕布龙纳走进行刑室是1时36分。他很紧张，在登上刑台时，不断舔嘴唇，但他的步履十分坚定。当被问到他叫什么名字时，他的回答声音冷静而低沉。当他在刑台上转过身来时，他看到有位美军随军神父按照方济各会教派习惯，身穿法衣，站在他的对面。

监刑人问卡尔滕布龙纳还有什么话要说。他冷静地回答道：

"我想说几句话。"

"我热爱我的德意志人民，热爱我的祖国。"

"我按照我的人民制订的法律，尽了自己一份职责。遗憾的是，领导我国人民的并不是军人，在我并不知道的情况下，犯了罪行。"

这些话，很像他手下的一位特务——他的名字可能是罗道夫·胡埃斯——在法庭上发表的奇谈怪论。这个特务按照卡尔滕布龙纳的命令，在集中营里用毒气处死了300万人。

当行刑人即将把黑色的绞索套到他的脖子上的时候，他还在用冷静、低沉的声音讲话。他讲了一句德国成语，翻译出来，意思大约是——

"让德国交好运吧！"

1时39分，他脚下的活板打开了。

1时44分，监刑人宣布凯特尔元帅毙命，3分钟后，卫兵就把他的尸体抬走了。于是，绞架被腾出来，准备绞死阿尔弗雷德·罗森堡。此

人是纳粹理论的奠基人，他试图把纳粹主义变成一种宗教。

罗森堡表情木然，双颊深陷，面色青黄。但他并不紧张，他走向并登上刑台时，步履从容。

罗森堡看了牧师一眼，但没有说话。在他走进行刑室后90秒钟，就被吊起来了。处死罗森堡，用的时间比其他人都短。1时52分，监刑人宣布卡尔滕布龙纳毙命，在此之前，行刑室安静了一会儿。接着，汉斯·弗兰克被押了进来。此人是驻波兰长官，前党卫队将军。在所有的死囚中，只有他面带微笑走向死亡。

尽管他很紧张，不断往肚子里吞口水，这个罪犯——在被捕后，他改信了天主教——的表情像在表明，他为能够清偿自己的罪孽感到如释重负。

他安详地报告了自己的名字。当被问到有无临终遗言时，他用几乎听不到的耳语似的声音说：

"我对我被拘押期间得到的待遇表示感激，我请求上帝以怜悯之心接受我的到来。"

当绞索的套子降临到他头上的时候，他又吞了一口口水，闭上了眼睛。

纳粹内政部长、69岁的威廉·弗里克是第6个被处死的。2时5分半，他走进刑室，其时，罗森堡毙命的消息刚宣布。看来，他的步履最不坚定，因为在登上刑台时，在第13个台阶上绊了一下。他的临终遗言是："德意志万岁！"

2时20分，宣布弗里克毙命，之后，他的尸体被抬走。接着，弗里茨·绍克尔——此人是血债累累的纳粹头目，负责组织奴隶劳动。

绍克尔身穿毛衣，但没穿外衣。他双目圆睁，是10名死囚中态度最恶劣的。

就是这个绍克尔，把数百万人赶到奴役场所，这种罪行，从纪元前到现在，都是空前的。他从刑台上环视着行刑室，突然尖叫道：

"我是无罪而死的。对我的判决是错误的，愿上帝保护德国，使它再次强大起来。愿上帝保护我的家庭。"

2时26分，活板打开，如同施特赖歇尔一样，在绞索被他自己的身体拉紧的时候，绍克尔大声呻吟。

第9个被处死的是阿尔弗雷德·约德尔上将，他是希特勒的战略顾问，也是他的密友。他那黑领子的魏玛共和国制服在背后卷起来，看来是匆匆忙忙地穿上的。当他走进行刑室时，带着明显的紧张表情。

绞 刑 | 417

他不断舔嘴唇。当他向前走的时候，看来疲惫不堪，步履不像凯特尔那样稳定。但是，当他说出最后6个字时，声音很安详：

　　"祝福你，德意志！"

　　2时34分，约德尔摔到绞架下的陷洞里，在那里，他和绍克尔吊在一起。6分钟后，监刑人宣布约德尔已死亡，他的尸体然后被抬走。

　　捷克斯洛伐克出生的赛斯－英夸特在这场盟国法律导演的血腥戏剧中，是最后出场的演员。他于2时38分30秒走进行刑室。他戴的那副眼镜，使他在用铁腕统治荷兰的那些年代里，成了人人熟悉的可憎的形象。在那些年代里，他把数以万计的荷兰人送进德国的劳动营。

　　赛斯－英夸特用紧张、低沉的声音发表了临终演讲。他说：

　　"我希望，这次处决，是第二次世界大战后采取的最后一次悲剧性行动。我希望各国人民和平相处，相互了解，这将成为从这次大战吸取的教训。"

　　"我相信德国！"

参考文献

一、长期积累的报刊剪报，这些报刊主要有：《新华每日电讯》、《参考消息》、《参考资料》（内部发行）、《环球》、《作家文摘》、《读者文摘》、《青年文摘》等。

二、中文书籍

[美] 威廉·夏伊勒著，董乐山等译：《第三帝国的兴亡》，世界知识出版社1979年版。

[苏] 朱可夫等著，王健夫等译：《斯大林格勒保卫战》，天津人民出版社1980年版。

《原火燎原》选编，中国人民解放军战士出版社1981～1982年北京版。

[法] 戴高乐著，北京编译社译：《战争回忆录》，世界知识出版社1981年版。

[苏] 别列日柯夫著，李金田等译：《外交风云录》，世界知识出版社1981年版。

[苏] 别列日柯夫著，李文厚等译：《外交风云录（续篇）》，世界知识出版社1982年版。

[德] 汉斯-阿道夫·雅各布森等著，中国人民解放军军事科学院外国军事研究部译：《第二次世界大战的决定性战役（德国观点）》，江苏人民出版社1982年版。

[德] 维·克赖佩等著，申庚译，史雁校：《纳粹将领自述》，商务印书馆1982年版。

[苏] 伊·爱伦堡著，戈宝权等译：《爱伦堡政论通讯集》，新华出版社1982年版。

[苏] 鲍·波列伏依著，徐耀魁等译：《粉碎"台风"计划——随军采访四年》，新华出版社1983年版。

[苏] 鲍·波列伏依著，徐耀魁等译：《大进军——随军采访四年》，新华出版社1983年版。

［苏］鲍·波列伏依著，徐耀魁等译：《距柏林896公里——随军采访四年》，新华出版社1983年版。

［苏］鲍·波列伏依著，徐耀魁等译：《纽伦堡审讯——随军采访四年》，新华出版社1983年版。

［苏］符·柯切托夫著，王庚虎等译：《战时札记》，新华出版社1983年版。

［美］詹姆斯·奥唐奈著，秦梅等译：《希特勒暗堡》，世界知识出版社1983年版。

陈漫远著：《第二次世界大战概况》，湖北人民出版社1984年版。

［美］小奥托·普·钱尼著，张光远、沈澄如译：《朱可夫元帅》，新华出版社1984年版。

［南］达姆扬诺维奇等编，达洲等译：《铁托自述》，新华出版社1984年版。

［苏］伊·科涅夫著，肖兵等译：《方面军司令员笔记》军事译文出版社1985年版。

蓝鸿文主编：《外国新闻通讯选评》，长征出版社1985年版。

［美］内森·米勒著，祥里、黄建东、钟建国、李增国、张兆荣译：《罗斯福正传》，赵师传校，新华出版社1985年版。

解力夫著：《盗世奸雄——希特勒》，世界知识出版社1985年版。

［美］《读者文摘》社编，冯之丹、席林生译：《秘密与间谍》，商务印书馆1985年版。

［苏］朱可夫等著，余力译：《莫斯科会战》，军事译文出版社1985年版。

［苏］伊万·斯塔德纽克著，苏黎译，甘霖校：《战争》，中国青年出版社1985年版。

［英］约翰·科斯科洛著，王伟、夏海涛等译：《太平洋战争》，东方出版社1985年版。

［英］戴维·欧文著，张德广等译：《盟军高级司令部内幕——将军们之间的战争》，邓蜀生校，新华出版社1986年版。

［英］罗杰·曼维尔著，钟璜等译：《赫尔曼·戈林》，群众出版社1986年版。

张阁林、宋官德著：《日本大战犯东条英机》，商务印书馆1986年版。

张海麟、韩高润、吴广汉著：《第二次世界大战经验与教训》，世界

知识出版社 1987 年版。

[德] 安·希尔格鲁贝等著，戴耀先译：《第二次世界大战大事记》，军事科学出版社 1987 年版。

[法] 马·博多等主编，曹毅风、华人杰、吕民序、曾获、熊秉慈等译，华人杰校：《二次世界大战历史百科全书》，解放军出版社 1988 年版。

[德] 施泰尼格尔编，石奇康等译，王昭仁校：《纽伦堡审判》，商务印书馆 1988 年版。

[日]《朝日新闻》东京审判记者团著，吉佳译：《东京审判》，河北人民出版社 1988 年版。

解力夫著：《临危受命——丘吉尔》，世界知识出版社 1989 年版。

吴继德、郑平、锁正甫、张东辉、武华、董保华等编文：《第二次世界大战史连环画库》（6 册），中国连环画出版社、云南人民出版社 1990 年版。

解力夫著：《大器晚成——艾森豪威尔》，世界知识出版社 1991 年版。

张京著：《第二次世界大战演义》，成都出版社 1992 年版。

[苏] 沃尔科夫著，彭训厚、高洪山、刘聪译，刘聪、王谊民校：《第二次世界大战内幕》，军事科学出版社 1992 年版。

[美] 道比·梅逊著，叶斌、张春林译：《海中杀手》，解放军文艺出版社 1992 年版。

[英] 伦纳德·莫斯利著，曾诚、赵鹏译：《不列颠战役》，解放军文艺出版社 1992 年版。

郑志国等编：《第二次世界大战画册》（上、下），世界知识出版社 1995 年版。

贺新诚主编，丁守庆等著：《血肉长城——中国抗日战争著名战役纪实》，世界知识出版社 1995 年版。

马骏主编，崔长崎等著：《远征欧亚——美军反法西斯著名战役纪实》，世界知识出版社 1995 年版。

吴伟主编，葛新生等著：《横扫千军——苏联卫国战争著名战役纪实》，世界知识出版社 1995 年版。

[捷] 尤·伏契克著，蒋承俊译：《绞刑架下的报告》，漓江出版社 1995 年版。

之学编著：《世纪大交锋》（2 册），中国文史出版社 1996 年版。

胡德庭、张坚、倪恩强著：《决胜之役——20世纪世界重大会战决战览胜》，世界知识出版社1998年版。

葛立德、黄文政著：《挥别硝烟——20世纪世界重大战事结局揭秘》，世界知识出版社1998年版。

李树宝、吴杰斌著：《血铸金戈——20世纪世界兵器发明研制探秘》，世界知识出版社1998年版。

刘瑞敏编著：《震撼历史的瞬间》，河南文艺出版社1999年版。

蔡仁照著：《中国抗日时期的战争》，解放军文艺出版社2001年版。

郝雪廷著：《八路军改编纪实》，浙江人民出版社2005年版。

曾景忠、王东方等编著：《血色长空：空军抗战与抗日胜利纪实》，团结出版社2005年版。

埃伯利、乌尔著，朱刘华、韩梅译：《希特勒档案》，金城出版社2005年版。

范大鹏著：《往事千年——历史长河中的精彩瞬间》，世界知识出版社2005年版。

张子申、薛春德等著：《历史的耻辱柱——侵华日军将帅毙命全纪录》，解放军出版社2005年版。

雪岗、阮家新主编，高玉亭等撰：《神圣抗战》，中国少年儿童出版社2005年版。

陈泽卿主编：《二战往事》（2册），中国长安出版社2006年版。

陈书方主编：《二战大海战》（2册），中国长安出版社2006年版。

陈泽卿主编：《二战地图》（2册），中国长安出版社2007年版。

朱贵生等著：《第二次世界大战史》，人民出版社2007年版。

马骏著：《马骏细解二战谜中谜》，中华书局2007年版。

杨天石著：《找寻真实的蒋介石·蒋介石日记解读》，山西人民出版社2008年版。

孔寒冰著：《东欧史》，上海人民出版社2010年版。

姜子钒编著：《世界特工全传》，凤凰出版社2010年版。

张越主编：《烽火东南亚》，外文出版社2010年版。

袁腾飞著：《战争就是这么回事儿》，湖南人民出版社2013年版。

胡兆才著：《战殇：国民党对日抗战实录》，台海出版社2013年版。

张宏伟编著：《二战风云大全集》，中国华侨出版社2013年版。

三、保加利亚文书籍

Хесус Ернандес: Загадки и мистерии на втората световна война

Лорънс Рийс: Тайните на втората световна война
Алексей Исаев: Десет мита за втората световна война
Марк Солонин: Анатомия на катастрофата
Джеймс Дъглас: Жестокият пръстен